BANHAO RENMIN MANYI DE JIAOYU

QUANGUO JIAOYU MANYIDU DIAOCHA
BAOGAO

国家出版基金项目
NATIONAL PUBLICATION FOUNDATION

办好人民满意的教育

——全国教育满意度调查报告

中国教育科学研究院　著

教育科学出版社
·北 京·

前　言

"全国教育满意度测评研究"是中国教育科学研究院承担的教育部哲学社会科学研究重大课题委托项目（项目批准号：13JZDWJY02）。本课题于2013年1月启动，协同全国教育科研系统共同组织实施。五年来，课题组开展了两轮全国基础教育、中等职业教育和高等教育满意度调查工作，调查工作受到教育部党组高度重视和基层教育行政部门大力支持，调查报告先后在各类报刊发表。

一、研究背景

教育满意度调查研究与实践探索，是教育部门贯彻落实党的十八大、十九大报告精神的重要举措。党的十八大报告提出办好人民满意教育、坚持教育为人民服务的要求。党的十九大报告再次强调"优先发展教育事业。建设教育强国是中华民族伟大复兴的基础工程，必须把教育事业放在优先位置，深化教育改革，加快教育现代化，办好人民满意的教育"。

当前全社会对开展教育满意度调查工作的需求是极为紧迫的。党的十八大、十九大报告将教育列为民生事业之首，充分体现了教育事业的重要性——关系千家万户对未来生活的美好期盼。教育决策做得好不好，应将人民拥护不拥护、满意不满意作为一项重要标准，因此，做好教育这项"民生"工作，首先要了解"民声"，要坚持问政于民、问计于民、问需于民。实施满意度调查工作，就是要及时回应人民的呼声，同时，有针对性地引导社会形成对教育工作的良性期待，树立正确的舆论导向，消除社会上一些对教育工作片面分散的评价，以规范统一的声音凝聚全社会的力量共同举办人民满意的教育。

二、组织实施

为保障调查研究方案的科学性、有效性和可操作性，保证教育满意度调查结果真实可靠，课题组先后召开了教育部有关司局征求意见会，省级教育行政部门负责人和直属高校负责人座谈会，学科专家咨询会，学生、家长、教师和校长座谈会。广泛开展实地调研，进行了万人规模的各级各类教育满意度调查试测。最终，正式调查工作采取分层多阶段不等概率抽样方法，在全国31个省份开展。经过几轮试测、正式实测，课题组建立了教育满意度调查的组织实施机制。

（一）建立调研联盟

为保证整个调查的客观性和公正性，课题组与中国教育科学研究院建立了调研联盟，成立了覆盖全部样本单位的调研员队伍，建立了跟踪巡查机制，对调查前、调查中和调查后的工作进行检查、指导和总结。

（二）研发网络系统

为保证调查问卷填报的独立性和真实性，课题组研发了网络数据填报系统。各地调查均应用网络直报形式，网络直报系统自动审核问卷填报是否完整，快速地完成了调查数据的整理和描述分析。

（三）召开培训会议

为保证调查各项工作落到实处，调查实施前课题组召开培训工作会议，进一步明确调研联盟的职责，系统培训调研员队伍，动员部署教育满意度调查工作，把各项工作落到实处。

（四）组织实施调查

课题组于 2015—2019 年组织实施了两轮基础教育、中等职业教育和高等教育满意度调查工作。按照统一问卷和测评方法，基于各级各类学校问卷调查，依据结构方程模型得出测评指数。

（五）完成调查报告

全国教育满意度调查报告分为五个方面：一是全国教育满意度总指数、全国各级各类教育满意度指数、全国教育质量和教育公平满意度指数；二是分省教育满意度指数、分省各级各类教育满意度指数、分省教育质量和教育公平满意度指数；三是直属高校教育满意度指数；四是教育满意度指数的变化趋势，在教育满意度调查常规化以后，可以根据历年数据，看到以上各项指数的变化趋势；五是对影响教育满意度情况的原因分析，以及对不同层次、不同类型学校和不同工作层面的政策建议。

三、调查结果

（一）基础教育满意度调查结果

课题组于 2017 年在全国开展了基础教育满意度调查。与 2015 年的调查结果相比，学生（家长）满意度稳中有升，总体满意度分值是 81.41。义务教育阶段的满意度上升幅度相对较大。幼儿园家长、小学生及家长、初中生、普通高中学生的总体满意度分值分别是 85.52、87.42、80.71、71.97。四个学段相比，小学生及家长的满意度分值最高，普通高中学生最低。

（二）中等职业教育满意度调查结果

课题组于 2016 年在全国开展了中等职业教育满意度调查。中职学生总体满意度分值为 66.46。在教育期望、教育质量感知和教育公平感知三个维度中，教育质量感知分值最高，为 68.69；其次是教育期望，分值为 67.13；教育公平感知分值为 64.15。

（三）高等教育满意度调查结果

课题组于 2016 年在全国 31 个省份开展高等教育满意度调查。高等教育总体满意度分值为 69.42。教育公平感知分值为 69.25，教育环境感知分值为 69.23，教育质量感知分值为 67.87，教育期望分值为 66.45。

本书共分为十章。第一章为教育满意度调查的价值和意义；第二章为教育满意度调查的发展背景及趋势；第三章为研究设计；第四章为学前教育满意度调查结果；第五章为义务教育满意度调查结果；第六章为普通高中教育满意度调查结果；第七章为中等职业教育满意度调查结果；第八章为高等教育满意度调查结果；第九章为社会公众满意度调查结果；第十章为结论与建议。

没有调查，就没有发言权，更没有决策权。调查研究是进行科学决策的前提和基础。"全国教育满意度测评研究"课题组所开展的全国教育满意度调查工作是全国教育领域的首次探索，具有里程碑意义。课题组借鉴了顾客满意度理论模型，构建了我国教育满意度理论模型。调查样本覆盖面广、代表性强，是全国规模最大、覆盖学段最全的调查。本书可以作为有关满意度测评和各级教育政策研究的文献资料，也可以作为教育实践者、决策者改进工作的重要参考。

目 录
CONTENTS

第一章

教育满意度调查的
价值和意义

民惟邦本，本固邦宁。我们党的初心和使命，就是为中国人民谋幸福，为中华民族谋复兴，这是中国社会不断前进的根本动力。为人民服务是党的根本宗旨，教育为人民服务是党的教育方针的重要内容，办好人民满意的教育是社会主义教育的本质要求。习近平总书记明确指出"人民对美好生活的向往，就是我们的奋斗目标"，党的十九大报告强调以人民为中心的发展理念，指明新时期我国社会主要矛盾的新变化，把党的十八大报告提出的"努力办好让人民满意的教育"提高到"办好人民满意的教育"。着力解决好教育发展不平衡不充分的新问题，推动教育现代化，建设教育强国，努力让每个孩子都能享有公平而有质量的教育，成为新时代教育工作的新使命。

一、充分认识办好人民满意的教育的时代意义

经过改革开放 40 多年的快速发展，我国经济水平显著提高，人民生活总体上达到小康水平，人均收入达到世界中上水平，中低收入者占据主体，中等收入群体持续扩大，人民生活消费从生存型消费阶段向发展型阶段迈进，对优质教育的需求不断提高。但同时，我国还存在 3000 万以上的绝对贫困人口，低收入群体比重较高，"橄榄型"社会结构还未形成，消费能力明显不足，人民对教育公平的要求日益增强。目前，我国正处于跨越"中等收入陷阱"并向高收入国家迈进的历史阶段，矛盾和风险比从低收入国家迈向中等收入国家时更多、更复杂。社会教育需求多样化的态势，使教育不仅成为民生重点，也成为社会热点，更是人生起点。注重教育民生、保障教育民生、改善教育民生始终是经济社会发展的出发点和落脚点。历史经验表明，对前进中的问题和矛盾认识越充分，现实工作就越有针对性；对倾向性、苗头性问题越是感知敏锐，应对措施就越能细致周全（人民日报评论员，2014）。增强问题意识、忧患意识、进取意识，不仅是教育长期发展的经验总结，也是教育全面深化改革不可或缺的精神力量。

（一）办好人民满意的教育是为人民服务的重要内容

"水能载舟，亦能覆舟。"我们党坚持以人民为中心，把为人民服务作为党的根本宗旨，一切奋斗和工作都是为了造福人民。1944年，毛泽东同志在张思德追悼会上发表了著名的演讲《为人民服务》，通过赞扬张思德那种为人民而生、为人民利益而死的共产主义精神，阐述了为什么要为人民服务和怎样为人民服务的问题。他提出民族的、大众的、科学的教育方针。在改革开放时期，邓小平同志提出以人民拥护不拥护、赞成不赞成、高兴不高兴、答应不答应作为衡量为人民服务的标准，深刻道出人民群众在共产党人心中的位置。教育政策把提高民族素质摆在首位，突破重重阻力恢复高考，取消各种不合理限制，让考大学成为每个人的权利，为不同阶层的人提供平等发展的机会，重塑了公平、公正的社会价值观，改变了几代人的命运，推动"支持留学，鼓励回国，来去自由"的出国留学方针，大规模派出留学生，普及义务教育……以江泽民同志为核心的中央领导集体在领导中国特色社会主义现代化建设过程中，明确提出了"立党为公、执政为民"的重要理念，尤其是把"代表最广大人民的根本利益"作为"三个代表"重要思想的核心内容，实施"两基"攻坚，推动高校扩招……21世纪以来，以胡锦涛同志为总书记的党中央明确提出了以人为本的科学发展观，强调发展为了人民、发展依靠人民、发展成果由人民共享的重要思想，始终把实现好、维护好、发展好最广大人民的根本利益作为党和国家一切工作的出发点和落脚点，把促进教育公平作为国家基本政策，开启了免费义务教育、高等教育大众化等教育民生工程。

党的十八大以来，以习近平同志为核心的党中央继承和发展了为人民服务的思想，明确提出中国共产党人的初心和使命，就是为中国人民谋幸福，为中华民族谋复兴。习近平总书记指出"人民对美好生活的向往，就是我们的奋斗目标"，要求"切实做到人民有所呼、改革有所应"。具体到教育上，他强调："始终把教育摆在优先发展的战略位置，不断扩大投入，努力发展全民教育、终身教育，建设学习型社会，努力让每个孩子享有受教育的机会，努力让13亿人民享有更好更公平的教育，获得发展自身、奉献社会、造福人民的能力。"这彰显了鲜明的人民立场，蕴含着深厚的人民情怀，充分体现了我们党全心全意为人民服务的根本宗旨。教育是民生之首，关系亿万人民群众的切身利益、根本利益、长远利益，理所当然是为人民服务的重要内容。习近平总书记关于教育的系统论述，进一步深化了对中国特色社会主义教育规律的认识，为办好人民满意的教育提供了根本遵循。

民之所望，施政所向。办好人民满意的教育是实事求是的重要体现。党的十六大报告首次将"为人民服务"写入党的教育方针，强调"坚持教育为社会主义现代化建设服务"与"为人民服务"并重，既指出了教育改革的根本宗旨和发展方向，也对教育工作提出了明确要求，符合教育工作的实际。党的十七大报告首次把教育列入保障和改善民生的重要内容，提出建设人力资源强国和"办好人民满意的教育"并重的要求。党的十八大报告把十七大报告提出的"办好人民满意的教育"调整为"努力办好人民满意的教育"，这是实事求是、量力而行的重要体现。在创新驱动下的社会转型期，人民对教育的期盼和要求越来越高，人民日益增长的教育需求和教育资源供给之间还是存在很大差距的，增加"努力"二字，不是降低要求，而是更加务实。党的十九大报告首次提出建设教育强国是中华民族伟大复兴的基础工程，再次明确要"办好人民满意的教育"，这种自信和决心来自我国经济保持高速增长，在世界主要国家中名列前茅，对世界经济增长贡献率超过30%；来自 GDP 总量从 2007 年的 3.55 万亿美元（世界第四）增长到 2016 年的 11.2 万亿美元（稳居世界第二），在世界 GDP 总量中的占比由 5.99% 上升到 14.84%；来自人均 GDP 从 2007 年的 2652 美元（世界第 104 位）增长到 2016 年的 8865 美元（世界第 69 位）；来自我国教育事业的快速发展，教育水平总体处于世界中上水平，基础教育成绩举世公认，越来越多的一流大学、一流学科跨入世界前列，成为世界第三、亚洲最大的留学目的地国。因此，在此时提出这个目标是实事求是和尽力而为的重要体现。

（二）办好人民满意的教育是教育本质的回归

马克思曾经指出，"每个人是手段同时又是目的，而且只有成为手段才能达到自己的目的，只有把自己当作自我目的才能成为手段"（马克思，恩格斯，1975）[196]。在经济文化落后的条件下，人被当作发展的工具，而非发展的目的，教育主要为满足政治、经济、文化发展的需要培养"工具"的人，教育附属于上层建筑和经济基础，作为教化手段而存在，而非为满足人的自身需要培养"自主"的人，教育处在

"以条件定发展"的阶段。只有在经济文化比较发达的条件下，"仓廪实而知礼节，衣食足而知荣辱"，人们的教育观才能逐步摆脱功利性，向以人为本转变，教育才能逐步回归本质，进入"以需求定发展"的阶段。

教育的本质是育人成才，教育工作要回归这个常识、回归这个本分、回归这个初心、回归这个梦想。坚持以人民为中心、办人民满意的教育是社会主义教育的本质要求，为人民办教育、为人民培养人才，依靠人民办教育、依靠人民发展教育，是中国特色社会主义教育的根本方向。习近平总书记多次指出，教育的根本任务是立德树人，培养社会主义事业的合格建设者和可靠接班人，把教育为人民服务列为"四个服务"之首，明确回答了新形势下教育培养什么样的人、怎样培养人、为谁培养人这个重大问题。

（三）办好人民满意的教育是人民对美好生活的期盼

教育是群众最关心、最直接、最现实的利益问题，也是群众最困难、最忧虑、最急迫的实际问题。教育是人民群众的精神需求，是实现自我价值和自我超越的需求，具体表现在三个方面。一是基本需求，为人民群众提供公平的受教育机会，满足人民群众对接受基本教育的期望，切实解决人民群众极为关注的人人"有学上"的问题，这是满足人民最基本的教育需要，也是经济社会发展的客观要求。二是高质量需求，促进人的全面发展，满足人民群众多样化需要，实现社会全面进步，都对教育发展提出了新的更高层次的要求，应推动教育在更高的起点上实现更大的发展，满足人民群众极为关注的人人"上好学"的问题。三是多样化需求，为每个学习者提供适合的教育，满足不同社会阶层的多元教育需求，满足所有人的各种不同需要。习近平总书记始终强调人民对美好生活的向往就是党的奋斗目标，在十八届中央政治局常委中外记者见面会上指出："我们的人民热爱生活，期盼有更好的教育、更稳定的工作、更满意的收入、更可靠的社会保障、更高水平的医疗卫生服务、更舒适的居住条件、更优美的环境，期盼着孩子们能成长得更好、工作得更好、生活得更好。"这10个"更"是中国梦最贴近人民生活实际的诠释，是党的全心全意为人民服务宗旨的具体体现，也是人民群众对于幸福生活的新期待。10个"更"中，教育居首，引人注目，发人深思。改革开放以来特别是党的十八大以来，教育改革发展取得了显著成就，人民群众"有学上"的基本需求已转化为"上好学"的更高要求和"个性化"的多样化多层次多方面教育需求，这种变化也印证了党的十九大做出的我国社会主要矛盾已经发生重大转变的重大论断。教育要主动适应新时代人民的新要求，着力解决好教育发展中存在的不平衡不充分问题，不仅要让每个孩子都能享有公平而有质量的教育（习近平，2016）[3]，还要使绝大多数城乡新增劳动力接受高中阶段教育，更多接受高等教育，更好地推动人的全面发展和社会全面进步。

（四）办好人民满意的教育是教育改革发展的动力

人民有所呼，改革有所应。习近平总书记指出，改革要从群众最期盼的领域改起，从制约经济社会发展最突出的问题改起，让全社会感受到改革带来的实实在在的成果，最大限度凝聚改革正能量。经过多年努力，我国教育发展总体水平进入世界中上行列，但与世界发达国家先进水平相比仍存在明显差距，区域间、城乡间、校际发展还不平衡，各级各类教育发展也不充分，导致不同群体间受教育机会存在一定差距。随着人口结构变化和技术变革加速，教育水平的差距还有可能拉大，改革需求迫切。我们需要加快教育现代化步伐，推动城乡义务教育一体化，改变"村空乡弱城挤"现象，发展普惠性学前教育，解决"入园难""入园贵"问题，振兴中西部教育，优化课程体系，改进教学模式，培养创新创业能力，确保每个学生人生出彩，成为有用之才。

二、正确理解办好人民满意的教育的科学内涵

办好人民满意的教育，是马克思主义群众学说与中国具体实践相结合的时代要求，集中体现了教育以人为本的核心理念，体现了教育为人民服务的崇高宗旨，反映了新时代中国特色社会主义对教育的现实要求。

（一）办好人民满意的教育是坚持走中国特色社会主义教育发展道路

基于对中外教育发展历史规律的深刻把握，我国教育发展要坚定不移走自己的路。习近平总书记强调，我国教育发展要"扎根中国、融通中外，立足时代、面向未来，坚定不移走自己的路""办好中国的世界一流大学，必须有中国特色"。这些

重要论述是中国特色社会主义道路自信、理论自信、制度自信、文化自信在教育领域的重要体现。独特的历史、文化和国情决定了我国必须走适合自己的教育发展道路，这是办好人民满意的教育的内在要求。

（二）办好人民满意的教育是增强人民安全感、获得感、幸福感的过程

办好人民满意的教育不能只停留在口号上文件中，得有显示度，为群众所感知。安全第一，生命至上，教育增强群众的安全感，要加强人防、技防、物防，推行校方责任保险，完善校园安全伤害事故风险管理机制，落实安全保障措施，把学校建成最安全、学生最快乐、家长最放心的公共场所。教育增强群众的获得感，要以增强人民群众公平获得感为根本标准，努力通过教育帮助个体实现自我发展，帮扶贫困地区脱贫致富，促进社会纵向流动。一是要加快缩小城乡差距。推进城乡学校建设、教师编制、生均公用经费基准定额、基本装备配置"四统一"。全面改善贫困地区义务教育薄弱学校基本办学条件，实施国家农村和贫困地区定向招生专项计划。二是要加快缩小区域差距。实施中西部高等教育振兴计划，实施国家支援中西部地区招生协作计划，加快发展民族教育。三是要加快缩小校际差距。2017年全国2300个县（市、区）通过义务教育均衡发展评估认定，占全国总数的近80%。四是要加快缩小群体差距。进一步健全覆盖各级各类教育的家庭经济困难学生资助体系，免除普通高中建档立卡家庭经济困难学生学杂费。不断扩大残疾人受教育机会。完善进城务工人员随迁子女就学保障和农村留守儿童关爱服务体系（陈宝生，2017）。增强群众的获得感，更要把质量作为教育的生命线，把质量获得感作为人民满意的重点，坚持回归常识、回归本分、回归初心、回归梦想。深化基础教育人才培养模式改革，掀起"课堂革命"，努力培养学生的创新精神和实践能力。大力发展现代职业教育，推进具备条件的普通本科高校向应用型高校转变，统筹推进世界一流大学和一流学科建设。高校在实施创新驱动发展战略中发挥着越来越重要的作用，在载人航天、量子通信、超级计算机等领域取得了一批具有国际影响的标志性成果，应积极推进教育对外开放，增强中国教育国际竞争力。党的十九大报告在以往"学有所教"基础上增加了"幼有所育"目标，要求办好学前教育、特殊教育、网络教育、继续教育，直击教育体系的短板和弱项。十九大报告还提出，使绝

大多数城乡新增劳动力接受高中阶段教育，更多接受高等教育，这是送全国人民的"大红包"。增强幸福感，要求在教育过程中全面贯彻党的教育方针，发展素质教育，推进教育公平，促进学生德智体美全面发展。这"三感"是判断教育改革成功与否的根本标准，是衡量教育工作成效的根本标准，也是检验教育工作作风的根本标准。要以增强人民群众安全感、获得感、幸福感为根本标准，确保改有所进、改有所成。

（三）办好人民满意的教育是把握群众主流意见的过程

人民满意的教育是对教育工作的主观评价，满意与否取决于需要的满足程度，办好人民满意的教育不能只停留在抽象理念和口号上，要可测量、可评价、可操作，需要使用科学的教育满意度测评工具，把群众的主观感觉客观化、分散意见集中化、定性评价定量化。针对一些地方教育行政部门自评满意度超高，而一些社会教育研究机构测评满意度过低的情况，急需客观、中立的第三方评价机构做出科学评价。受教育部党组委托，中国教育科学研究院联合知名高校和国家统计局等机构，研制教育满意度结构方程，修订完善调查问卷，联合全国教育科研机构组成教育调研联盟，自2015年以来开展了长线调查。调查结果表明，群众对教育的总体满意度保持在70分左右，属于基本满意范围，其中对基础教育的满意度高于高等教育和中等职业教育，东部地区群众的满意度高于中西部地区，城市群众的满意度高于农村，学生的满意度高于教师，教育外部的满意度高于教育内部。2017年开展的第二轮基础教育满意度测评发现满意度呈现稳中有升的态势（中国教育科学研究院，2018），这对教育工作既是鼓舞，也是鞭策。

（四）办好人民满意的教育是进行群体间比较的过程

满意是比较出来的，人们对教育的满意度很大程度上取决于比较维度。我国教育发展水平虽已进入世界中上行列，但与世界教育强国相比还有一定差距。从教育投入看，国家财政性教育经费占GDP比例始终保持在4%以上，2016年首次超3万亿元，但与世界5%的平均水平相比尚有差距。投入不足很难吸引优秀人才长期从教，难以让好教师不断涌现，也难以持续支撑教育强国建设、不断提高人民对教育的满意度。分教育阶段看，目前我国小学阶段净入学率达到99.9%，初中阶段毛入学率达到104.0%，义务教育普及程度超过高收入国家平均水平；高等教育毛入学率达到42.7%，超过中高收入国家平均水平。但学前教育三年毛入园率为77.4%，九年义务教育巩固率为93.4%，高中阶段教育毛入学率为87.5%，相较之下仍有差距。分区域看，东中西部教育存在较大差距，尤其是在非义务教育领域，普及程度和质量水平差距比较明显。从重点高校分布状况看，有14个省份（含新疆生产建设兵团）尚无部属院校，大多数是中西部地区，中西部高校进入"双一流"建设名单的竞争力还比较弱，高考录取率最低省份与全国平均水平相差4个百分点。分城乡看，城乡在办学条件和标准方面趋于一致，但教育质量差距依然存在。因此要承认差距，努力缩小差距，克服"马太效应"。

（五）办好人民满意的教育是增强广大教育工作者获得感、成就感、荣誉感的过程

教育工作者是人民满意的教育的具体提供者，他们的职业操守、服务态度、服务水平决定了人民的满意水平，而他们的职业操守、服务态度、服务水平取决于自身对职业的认同，取决于地位待遇，取决于能力素质，取决于社会认可度。

使教师成为最受社会尊重的职业和造就高素质教师队伍是教师工作的总目标。2018年1月20日，中共中央、国务院颁布了《关于全面深化新时代教师队伍建设改革的意见》，这是新中国成立以来党中央和国家出台的第一个专门面向教师队伍建设的里程碑式政策文件，将教育和教师工作提到了前所未有的政治高度。这是指引新时代教师队伍建设的行动指南，是凝心聚力推进教师制度改革的集结号，是教育战线翘首以盼的福音。其中对教师职业属性、素质规格以及待遇保障等方面的战略定位是最大亮点，具体表现在四个方面。一是更高定位。文件赋予教师更高的职业定位，首次确立了公办中小学教师作为国家公职人员的特殊的法律地位，凸显了教师职业的公共属性，不但明确了公办中小学教师特殊的政治地位，更为加强公办中小学教师的待遇保障提供了制度基础。二是更高素质。文件提出，到2035年，教师综合素质、专业化水平和创新能力大幅提升，适应加快教育现代化、建设教育强国的要求。三是更高标准。文件明确提出提高教师入职标准，逐步将幼儿园教师学历提升至专科，小学教师学历提升至师范专业专科和非师范专业本科，初中教师

学历提升至本科，有条件的地方将普通高中教师学历提升至研究生。这意味着要办好人民满意的教育，必须吸引优秀人才从教，用更优秀的人去培养优秀的学生。四是更高待遇。文件要求把提高教师地位待遇作为增强教师职业吸引力的根本举措，健全中小学教师工资长效联动机制，特别是首次明确要求核定绩效工资总量时统筹考虑当地公务员实际收入，目的是使教师安心从教、热心从教、舒心从教、静心从教，在岗位上有获得感、在事业上有成就感、在社会上有荣誉感，使教师职业成为让人羡慕的职业。

（六）办好人民满意的教育是掌握教育需求循序渐进节奏的过程

依据需要层次理论，人的需要是一个由低到高、逐级形成并逐级得到满足的动态发展过程，在教育领域明显反映为从"有学上"到"上好学"再到"能就业（创业）"的需求，反映普及、公平、质量、效益的不同发展阶段的变化。这就要求教育供给方从保障人民受教育机会的"一个都不能少"转向保障教育过程的"为每个孩子提供适合的教育"，再发展到保障教育结果的"让每个孩子都能成为有用之才"。

（七）办好人民满意的教育是实现需求侧和供给侧动态平衡的过程

既要积极适应人民群众教育需求侧的动态变化，扎根中国大地办好教育，还要主动提供新的教育理念、教育技术、教育方法、教育制度，为走向世界和面向未来培养人才，办出世界水平的现代化教育，合理引导群众预期，引领社会发展。

（八）办好人民满意的教育是建设现代化教育强国的社会基础

办好人民满意的教育，是深入贯彻以人民为中心的发展思想的具体体现，只有办好人民满意的教育，才能为实现中华民族伟大复兴的中国梦提供源源不断的智力支持，才能为建设现代化强国提供坚实基础。因此，办好人民满意的教育不仅要统筹内外，还要兼顾就学与就业；既要使学生健康成长全面发展，又要使之学得一技之长；既要为学生提供适合的教育，还要把每个学生培养成有用之才。

三、准确感知教育满意度的"晴雨表"

教育满意度测评是切实办好人民满意的教育的有力抓手，是转变政府职能、创新管理方式的有效形式，也是引导干部、教师、家长树立素质教育观的重要举措，是促进教育内涵发展的推动力。为了提高办好人民满意的教育的针对性和自觉性，教育部决定在全国各级各类教育中开展教育满意度测评工作。通过测评，客观了解人民群众对教育的满意程度，及时把握社情民意，努力提高教育服务水平。2013年初，教育部启动了教育满意度测评工作，委托中国教育科学研究院牵头组织全国教育科研力量，会集国家统计局、高校、科研机构的专家成立课题研究组，研究测评工作方案、工具和实施办法。经过长期的科研攻关，在"科学、引导、可靠、简洁"的原则指导下，课题组已研制出统一的教育满意度测评标准，编制了10多套测评问卷，拟从学生、家长、教师和社会人士的角度出发，测评人民群众对各级各类学校和各级政府的满意程度。课题组在全国多个省市进行了多轮调研试测工作，不断完善测评的内容和流程，形成了可测量、可评价、可操作的调查问卷。这套科学的教育满意度测评工具，能够把群众主观感觉客观化、零碎意见集中化、定性评价定量化，帮助找到问题症结，方便对症下药。

（一）创新政府教育管理方式的风向标

教育是服务性行业，消费者评价最有说服力。在整个教育体制改革的过程中，必须牢牢记住改革的根本目的是提高民族素质，多出人才、出好人才。教育满意度体现人民意愿，体现党和政府推进科学决策、民主决策的思想，是治理体系和治理能力现代化的标志，充分反映问政于民、问需于民、问计于民的理念，把解决突出问题、回应群众关切体现在教育管理工作的全过程，从人民群众实践中汲取智慧和力量。这种在全国范围内开展的教育满意度测评工作在国内还是第一次，从所有教育利益相关方处全面了解教育满意度也是第一次。系统完整准确的信息反馈，既有助于国家了解全国教育发展情况，及时调整政策措施，优化资源配置，聚焦内涵发展，注重公平和有质量的教育，也有利于有的放矢地指导督促省级地方政府改进工作，密切与人民群众的联系。

（二）改进学校工作的体检表

学校是教育的细胞，是"育人为本"的服务机构。"育人为本"是现代学校教育工作的根本要求，《中国教育改革和发展规划纲要》提出"育人为本"，明确了学校教育最根本的任务。以人为本的教育体制改革，把我国教育改革的主题和内涵提高到了一个新的层次，使"育人为本"成为学校的头等大事，教育重新找回了人性化的价值取向。《中共中央关于教育体制改革的决定》明确指出"衡量任何学校工作的根本标准不是经济收益的多少，而是培养人才的数量和质量。紧紧掌握这一条，改革就不会迷失方向"。"育人为本"说到底就是"教育第一，教学第二；教书第二，育人第一"。教育首要的任务是教会学生做人，做人永远是第一位的。"育人为本"就是要确立"以人格为本位"的教育观念，重视对学生的情感滋养、价值引领和精神锻造，把培养学生健全的人格作为学校教育的终极目标。教育满意度测评就是要了解学生及其家长的消费感受，了解一线教师的真实想法，形成稳定的意见沟通通道，贯彻"办学以教师为本，教学以学生为本"的理念，体贴教师，关心学生，有针对性地改进学校工作，创造良好的育人环境，有效提高教育满意度。

（三）改进教师服务水平的指南针

教师承担着传播知识、传播思想、传播真理的历史使命，肩负着塑造灵魂、塑造生命、塑造人的时代重任，是教育发展的第一资源。开展教育满意度测评，有助于了解学生及家长需求，树立"尊师重道，一切为了学生、为了学生一切"的理念，形成尊师爱生的优良风气，改善师生关系，让教师对学生一视同仁，有得天下英才而教之的感觉，让学生亲其师而信其道，有青出于蓝而胜于蓝的心气，有效提高教育满意度。

四、深化教育改革，加快教育现代化，办好人民满意的教育

当前，我国教育事业的发展已经进入了全面提高质量、让孩子们上好学和建设教育强国的新阶段。在社会需求旺盛与优质教育资源供给有限之间的矛盾日益突出的情况下，如何适应新时期、新阶段教育发展多样化、大众化的要求，满足社会不同人群的不同需求，满足人民群众的新期待，是新形势下中国教育面临的新课题。

（一）深刻把握新时代有利环境和条件

新时代为办好人民满意的教育提供了良好的历史机遇，习近平新时代中国特色

社会主义思想为办好人民满意的教育提供了强大的武器，社会主义现代化强国新战略为办好人民满意的教育提供了行动指南。我们要以习近平新时代中国特色社会主义思想为指导，深化改革，全面开放，加大投入，将人民受益作为最基本的教育政策价值取向，把为人民提供充足的受教育机会作为基本措施，把教育资源的合理配置作为政策的战略重点。

（二）牢固树立育人为本的教育发展观

教育发展要充分体现人民的新期盼，必须坚持人民至上的理念，不断满足人民群众的新期待。要深化教育改革，不断满足人民群众日益增长的教育需要。既要满足人民群众当前的教育需要，又要满足人民群众的长远需要，兼顾国家整体利益与人民群众的长远利益。坚持教育为人民服务的宗旨，着力解决人民最关心、最直接、最现实的利益问题。通过发展教育，大力促进教育公平，保障人民享有接受良好教育的机会。既满足人民日益增长的接受优质教育的需求，也满足人民选择教育的需要，办出适应不同学生个性发展需要的教育。坚持以终身学习理念引领教育改革，为人一生的学习发展奠定基础。构建灵活开放的终身教育体系，搭建终身教育的"立交桥"，为人的发展提供全面、长久与强劲的动力，为建设全民学习、终身学习的学习型社会奠定坚实基础。

（三）坚持内涵发展，加快教育由量的增长向质的提升转变

始终坚持以学习者为中心，为不同层次、不同类型的受教育者提供个性化、多样化、高质量的教育服务，促进学习者主动学习、释放潜能、全面发展；始终坚持协同育人，推进学校教育、社会教育、家庭教育有机融合，深化校企合作、产教融合，努力把社会资源转化为育人资源；始终坚持学习型社会建设，创造"人人可学、时时可学、处处可学"的环境，让学习成为一种生存需要和生活方式，淡化"一考定终身"和"学校论出身"的观念；始终坚持推进教育治理体系和治理能力现代化，构建全社会共同参与建设、共同参与治理、共同分享成果的教育发展新格局。

（四）以信息化全面推动教育现代化

推进教育信息化，让农村、边远、贫困和少数民族地区的孩子们共享优质教育

资源，缩小区域、城乡、学校差距。提高教师运用信息技术的能力，创新教育理念和教学模式，提高人才培养质量。把握"互联网+"潮流，发展人工智能教育，开放共享教育资源，降低知识分享门槛，为创客、众创等创新活动提供有力支持，为全民学习、终身学习提供教育公共服务。

（五）以扩大开放促进教育现代化

要"请进来"与"走出去"并重，提升国际交流合作质量，提升留学工作的质量和水平，使中国成为位居世界前列的留学生源国和国际学生流动目的地国，有效拓展双边、多边教育合作广度和深度，开展"一带一路"沿线国家教育合作，大幅提升参与教育领域国际规则制定的能力，显著提高教育对外开放规范化、法治化水平，更好地满足人民群众多样化、高质量的教育需求，更好地服务经济社会发展全局。教育发展的核心是实现人的全面发展，目标是让人人获得最大福祉，让社会得到进步。教育发展必须不断满足人民群众日益增长的教育需要，特别是要满足人民群众渴望子女接受优质特色教育的需要。办好人民满意的教育，在于办好每一所学校，上好每一节课，教好每一位学生，让教育发展的成果惠及全体人民。2019年2月，中共中央、国务院发布《中国教育现代化2035》，提出推进教育现代化的总体目标。2035年主要发展目标是：建成服务全民终身学习的现代教育体系、普及有质量的学前教育、实现优质均衡的义务教育、全面普及高中阶段教育、职业教育服务能力显著提升、高等教育竞争力明显提升、残疾儿童少年享有适合的教育、形成全社会共同参与的教育治理新格局。

面向未来，发展具有中国特色世界水平的现代教育，要求我们紧密团结在以习近平同志为核心的党中央周围，解放思想、开拓创新。要始终坚持以德为先，把理想信念教育放在首位，把社会主义核心价值观教育贯穿人才培养全过程，不断增强广大青少年对中国特色社会主义的政治认同、情感认同、价值认同；始终坚持以教育公平促进社会公平正义，面向人人、面向社会，努力提供公平、优质、包容的教育，让每个人都有人生出彩的机会；始终坚持以学习者为中心，为不同层次、不同类型的受教育者提供个性化、多样化、高质量的教育服务，促进学习者主动学习、释放潜能、全面发展；始终坚持协同育人，推进学校教育、社会教育、家庭教育有机融合，深化校企合作、产教融合，努力把社会资源转化为育人资源；始终坚持学习型社会建设，创造人人可学、时时可学、处处可学的环境，让学习成为一种生存需要和生活方式；始终坚持推进教育治理体系和治理能力现代化，构建全社会共同参与建设、共同参与治理、共同分享成果的教育发展新格局。

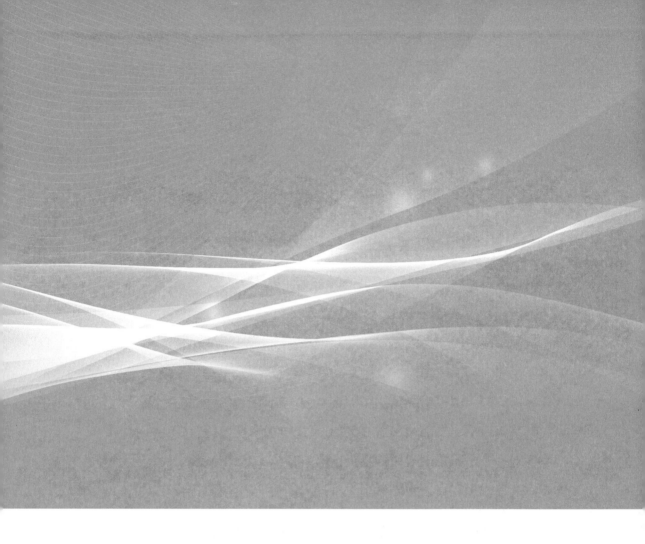

第二章

教育满意度调查的
发展背景及趋势

随着办人民满意的教育理念的深入贯彻和推进，如何评价教育满意度成为一项重要课题。满意度评价是一项复杂工作，教育满意度评价尤其如此。梳理和归纳国内外满意度调查相关研究及实践，有助于把握教育满意度调查的发展历程和趋势，为科学评价教育满意度提供依据。

一、满意度调查的相关理论及顾客满意度指数

满意度调查起源于经济领域，更加确切地说是市场营销领域。在市场营销过程中，研究者发现：消费者对产品质量的认识与企业对产品质量的评价不一致，质量好的产品未必卖得好。1965 年，美国学者卡多佐（R. N. Cardozo）首次将"顾客满意"概念引入商业领域，强调在企业营销过程中关注服务质量。

（一）满意度调查的相关理论

1. 利益相关者理论——满意度调查涉及的相关人群依据

利益相关者理论产生于企业管理领域。在企业控制权归属问题上有两种相对的理论，股东至上理论（shareholder primacy theory）和利益相关者理论（stakeholder theory）（金海平，2007；洪彩真，2008）。股东至上理论认为，股东是企业的所有者，承担着企业的运营风险，因此也理应享有企业控制权和索取剩余价值的权力。企业里，股东的利益处于优越地位，在治理结构上，利益相关者被排除在公司治理框架之外，被认为在分配剩余价值之前已经得到所有应被支付的收益。利益相关者理论对这一传统的公司法理念提出挑战，主张企业由相关利益者组成，股东只是其中一员，所有的企业利益相关者都对企业的生存和发展注入了一定的专用性投资，同时也分担了一定的企业经营风险，或是为企业的经营活动付出了代价，因而，企业管理者不仅要为股东负责，也要为其他利益相关者服务，在经营治理中考虑他们的利益，企业的目标应该是促进所有的包括股东在内的利益相关者的利益。

王身余（2008）通过对利益相关者理论发展历程的分析，将其划分为三个阶段，分别是利益相关者影响阶段、利益相关者参与阶段和利益相关者共同治理阶段，并认为每一阶段都可视为一次跨越。传统的股东至上理论不能应对外部环境变化带来的管理风险，而利益相关者理论帮助管理者将外部环境变化转变为内部变化，解除外部环境变化带来的不确定性风险，确保企业或组织管理的有效性。在利益相关者影响阶段，企业或组织的利益相关者通常被作为外部环境因素或者管理客体，对其进行界定和分类，有助于管理人员理解利益相关者环境，从而增加管理的有效性。利益相关者影响研究的工具主义取向受到批评，研究的关注点转向利益相关者参与，更加注重管理对利益相关者的影响及利益相关者的需求，将利益相关者问题纳入组织内部程序。但这一阶段的"参与"是一种"受控的"和"受限的"活动，管理目标仍然是组织本位的，尚未完全超越传统的"股东主义"。到第三个阶段——利益相关者共同治理阶段，学者们则主张企业和组织中凡是投入了专用性人力资本或其他专用性资产并承担该资产失效风险的所有利益相关者都应该分享剩余收益并承担剩余风险，企业治理应该按照一定的契约安排和治理制度给利益相关者分配一定的企业控制权，从而实现所有利益相关者参与的"共同治理"。

利益相关者参与治理有利于实现组织的内部制衡，降低管理成本，提高组织的长期绩效。现代人力资源管理的研究和实践表明，现代员工不会只满足于完成自身的工作，他们还有参与管理的要求和愿望。利益相关者理论是满意度研究的重要的元理论，是判断分析公众对政府或企业提供的服务、产品是否满意的出发点，也是引导公众积极参与服务评价的支撑理论。该理论为我们考虑参与教育满意度调查的相关人群提供了依据。

2. 服务质量理论——教育作为一种服务产品具备开展满意度调查的可行性

满意度总是与产品质量、服务质量紧密相关，当教育被当作一种公共服务产品时，教育满意度调查的实施也变得更为可行。联合国统计署发布的《主要产品分类》中，服务产品分为 5 个部类、30 个门类、114 个大类、406 个中类及 919 个小类，教育属于第 9 个大类"社区、社会和个人服务"的第 2 个中类，其代码为：921 为初等教育服务，922 为中等教育服务，923 为高等教育服务，929 为其他教育和培训服务（洪生伟，2004）[8-13]。世界贸易组织（WTO）服务贸易理事会的国际贸易服务部分分类表，把服务产品贸易分为 12 个大类、53 个中类和151 个小类，教育属于第 5 大类，代码为 5.1 的中类是初等教育服务，5.2 是中等教育服务，5.3 是高等教育服务，5.4 是成人教育服务，5.5 是其他教育服务（人民出版社，2002）[13-19]。国际标准化组织（ISO）的《质量管理和质量管理体系要求第二部分：服务指南》将服务业分为 12 类 73 项，第 8 类"专业"中包含"培训和教育"。在我国国家认证机构认可委员会（CNAB）认证认可范围分类中，教育属于第 37 类，包括初等教育、中等教育、技术和职业教育、高等教育、成人教育及其他教育服务（洪生伟，2004）[8-21]。

可见，将教育作为一种服务产品已经是国际和国内的共识，因此在考虑教育满意度调查时，可以参照经济领域服务产品的相关理论，从而使教育满意度调查在理论上更为可行。

3. 顾客满意度理论——满意度调查的数理测量模型

顾客根据服务质量及其体验到的总体满意程度来感知服务，类似"质量""满意"等顾客导向的术语，已经成为近年来企业管理人员及相关学者关注的焦点。20世纪 80 年代以来，西方学者对顾客满意度进行了大量的研究，提出了许多理论模型来解释顾客满意度的形成过程，并探讨其测量方法，影响最为深远的是美国学者福内尔（C. Fornell）开发的顾客满意度指数模型。

（1）顾客满意度理论模型

最具代表性的顾客满意度理论模型是认知模型"期望—不一致模型"（Oliver，1980）。该模型认为，顾客在购买产品或服务之前先根据过去经历、广告宣传等途径形成对产品或服务的期望，然后在购买和使用过程中感受到该产品或服务的真实绩效水平，最后在感受到的实际绩效与之前期望的比较过程中进行满意度判断。如果实际绩效低于期望，顾客就会不满意；如果实际绩效符合或超过期望，顾客就会满意。有学者认为，服务质量的实际感知即感知表现也会影响顾客满意度，从而提出"认知—表现模型"（Churchill，Surprenant，1982）。有研究者将"期望—不一致模型"修正为"认知—情感—表现"模型（Oliver，1993），该模型在前述研究基础上增添了情感因素，它和期望、不一致、公平和属性表现共同影响顾客满意度，是对前两者的综合和扩展。

（2）顾客满意度指数模型

美国密歇根大学商学院国家质量研究中心的福内尔提出的基于因果关系的顾客满意度指数模型，在顾客满意度研究与实践领域影响深远。1989年福内尔为瑞典开发最早的国家顾客满意度指数模型——瑞典顾客满意度晴雨表（Swedish Customer Satisfaction Barometer，SCSB），1994年又为美国开发顾客满意度指数（American Customer Satisfaction Index，ACSI）模型。后来，世界上许多国家（组织），如欧盟、德国、新西兰、加拿大、挪威、韩国、马来西亚、新加坡、巴西等，相继参照美国的ACSI构建了本国（本地区）的顾客满意度指数模型。

顾客满意度指数模型的主要产出是顾客满意度指数（Customer Satisfaction Index，CSI）。顾客满意度指数模型采用模型建构的方法，基于结构方程，从总体、综合的角度，将顾客满意的衡量指数化，即以市场上被消费过或正在消费的商品或服务为对象，量化各个层次和各种类型的顾客对该商品或服务的评价，从而获得一种综合性的经济指标（刘慧，2012）。顾客满意度指数模型的优势在于，其将顾客满意度作为潜变量，采用多重指标的方法进行测量，这与满意度自身的心理属性相符合；同时，该模型不仅关注满意度本身，还关注满意度的原因变量和结果变量，采用计量经济学的方法，通过建构结构模型，评价各因素对满意度的影响和贡献度，所得权重更为客观，从而测评结果更科学全面。该模型中顾客满意度指数与五个因素相关，包括期望、质量感知、价值感知、顾客投诉和顾客忠诚度。测评不仅能获得顾客对产品或服务的满意度值，还能对影响满意度的因素进行分析，从而为提升产品或服务的满意度提供依据。指数模型同时关注了结果变量，这就让测评结果不仅能对当期的满意度进行评价，还能对未来前景进行预测，因而在应用中更有价值。

（二）主要国家（组织）的顾客满意度指数测评

国际和国内对于顾客满意度的研究已非常深入，自1989年瑞典率先建立全国性的顾客满意度指数模型——瑞典顾客满意度晴雨表起，世界上许多国家（组织）先后建立了本国（本地区）的顾客满意度指数模型，如美国的顾客满意度指数模型、欧盟的欧洲顾客满意度指数（European Customer Satisfaction Index，ECSI）模型、韩国的顾客满意度指数（Korea Customer Satisfaction Index，KCSI）模型等。在世界许多国家，顾客满意度指数成为测评一个企业、一个行业、一个产业乃至整个国家经济运行质量的新指标（梁燕，2007）。

1. 瑞典顾客满意度指数模型

瑞典于1989年建立了世界上第一个全国性顾客满意度指数模型——瑞典顾客满意度晴雨表。它涉及瑞典31个主要行业的100多家公司，运用瑞典统计局收集的数据，分别编制瑞典国家指数、各经济领域指数和各类公司指数。其模型可用下面两个函数关系式表示：

顾客满意度 = f（购前期望，感知表现）

顾客忠诚度 = f（满意度，转移障碍，顾客意见）

SCSB的满意度测评指标涉及三个测评项：总体满意度、对期望的满足程度、与理想的差距。模型包括两个原因变量——顾客对产品/服务的表现感知和顾客对产品/服务的期望，以及两个结果变量——顾客抱怨和顾客忠诚（许寅，2008），具体如图2-1所示。

图 2-1　瑞典顾客满意度指数模型

注：图形中圆形表示潜变量，"•"表示潜变量对应的测量变量。

资料来源：FORNELL C, 1992. A national customer satisfaction barometer: the Swedish experience [J]. Journal of Marketing, 56(1): 6–21.

顾客满意度来源于顾客的主观评价，其不能被直接观测，因此在测评中将总体顾客满意度视为一个潜变量。图 2-1 中的 5 个圆圈中的变量即为潜变量，而其旁边的内容则是各潜变量对应的由顾客直接评价的测量变量。SCSB 是由 5 个潜变量和 10 个测量变量组成的结构方程模型，5 个潜变量包括顾客期望、表现感知（价值感知）、顾客满意、顾客抱怨、顾客忠诚。其中顾客期望、表现感知为原因变量，而顾客抱怨和顾客忠诚为结果变量。顾客期望由总体期望测量；表现感知包括两个测量变量：给定价格下对质量的感知和给定质量下对价格的感知，即顾客对产品或服务价值的感知。顾客满意度包括总体满意度、对期望的满足程度和与理想的差距三个方面。结果变量的顾客抱怨包括对个人的抱怨和对管理层的抱怨，顾客忠诚包括对价格的承受能力和重新购买的意愿。该模型把顾客满意度的数学运算方法和顾客购买产品或服务的心理感知结合起来，成为迄今最为成熟和被广泛运用的顾客满意指数理论。

2. 美国顾客满意度指数模型

（1）ACSI 的基本模型和结构

美国顾客满意度指数模型于 1994 年建立，是在福内尔主持下，由美国密歇根大学商学院、美国质量协会等单位联合编制的。ACSI 是测量美国家庭消费情况的指标。作为强有力的经济指标，ACSI 追踪消费者的满意状况，为美国的企业、行业贸易协会和美国政府机构提供有价值的基础数据，为洞察国家、行业以及企业的消费经济状况提供了一个有价值的测评基准。ACSI 为反映经济产出质量提供了有用信息，成为与消费品价格指数、失业率和通货膨胀率同等重要的参数（Fornell，刘金兰，2006）[52]。ACSI 作为应用比较成熟的模型，被许多国家和地区采用或借鉴。

ACSI 是顾客对在美国本土购买、由美国国内企业提供或者是在美国市场上占有相当份额的国外企业提供的产品和服务质量的评价。为了能够反映国家整体的经济情况，ACSI 建立之初便收录了 200 多家企业的数据，涵盖了 7 个主要经济领域的 40 多个行业，这些企业 1994 年的销售总额超过 2.7 万亿美元。其后，ACSI 不断发展，每年调查的美国有关企业和机构的产值约占国内生产总值的 40%

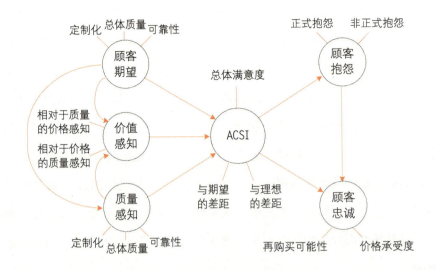

（Fornell，刘金兰，2006）[64]。美国顾客满意度指数模型见图2-2。

图 2-2　美国顾客满意度指数模型

资料来源：Fornell C，刘金兰，2006. 顾客满意度与 ACSI[M]. 天津：天津大学出版社：64.

　　ACSI 是在 SCSB 的基础上修订而成的，模型中包含6个潜变量，分别为顾客期望、质量感知、价值感知、总体满意度、顾客抱怨和顾客忠诚，这6个潜变量由14个测量变量度量。与 SCSB 相比，ACSI 主要的变动有两点：首先，将表现感知一分为二，拆分为价值感知和质量感知，以便区分顾客是属于质量驱动型还是价格驱动型，价值感知仍然采用 SCSB 中表现感知的测量变量，并为新增加的质量感知变量设计了三个测量变量，分别为总体质量、可靠性和定制化（满足需求的能力）；其次调整了顾客期望的测量变量，在保留了总体质量期望的基础上，相应地增加了两个测量变量，即对可靠性（指企业提供的产品或服务的可信赖性、标准化及无缺陷的程度）的期望以及对定制化（指企业提供的产品或服务满足不同顾客需求的程度）的期望。在 ACSI 中，顾客期望、质量感知和价值感知是顾客满意度的原因变量，即决定因素；顾客抱怨和顾客忠诚是顾客满意度的结果变量。

（2）ACSI测评数据的收集与指数合成方法

ACSI是测量顾客感知满意的指数，其数据来自感知的主体——顾客。在ACSI中，顾客是按经济部门—行业—企业分类的。为了得到相关部门的顾客满意度指数，就要向该部门的顾客收集数据，而该顾客应归属于该部门的某个行业，同时一定归属于该行业中的某个企业或者是该企业的某个品牌。按照这个逻辑，为了获得一个全国性的顾客满意度指数，ACSI涵盖了10个经济领域，也包括美国30家最大的联邦政府机构。

在各经济领域中，根据各行业对国民生产总值贡献的大小来选择主要行业。在每个行业中，根据总体销售情况，选择几个有代表性的行业。最后，在每个选定的行业中，选择一些销售额在该行业中所占比重较大的企业作为调查对象，这些企业很好地代表了该行业的主要销售情况。因此，测评结果能够代表国家整体的经济情况。同时，被测企业的选取是动态的，某个具体的企业是不是被囊括并保留在ACSI中取决于它们市场地位的变化，只有保持较高的市场占有率才能继续作为ACSI的测量对象。

ACSI测评的不仅是各企业部门，也包括地方和联邦政府机构，以及医疗卫生机构。在测量对联邦政府机构的满意度指数时选择的顾客（公众）都是最近与这些机构打过交道的。所选的大部分机构都是有广泛影响的，因为它们加在一起与90%的公众发生联系。同样，地方政府服务质量的顾客满意度测量的是警察和垃圾处理这两个与大多数公众都有关系的服务部门。

ACSI指数是对每年大约70000个消费者的电话访谈或邮件（E-mail）访谈的基础数据进行计算的结果。这些消费者的满意度是企业层面上的。对于每个企业，选取大约250个现有消费者进行调查。被采访对象是按照随机摇号的方法抽取的（包括电话样本和网络样本），均为来自美国家庭的成年人，他们是在给定的时间段中购买和消费特定产品与服务的消费者。给定的时间段是不相同的，内容则包括3年内对重要耐用品的购买，1个月之内对消费性产品和服务的经常性购买，以及最近以顾客名义进行的银行或保险业务。这些被访者就其在最近特定时段内（这些时段因产品或服务的不同而不同）所购买和使用的特定产品或服务回答一些问题。那些亲自购买的人会被问到其购买的是哪个企业的或者什么品牌的产品。只有那些被确认为消费者的才能成为最终的调查对象。ACSI 调查以每一个顾客为单位收集数据。对于某一个企业，它的所有顾客的评分一起生成该企业的评分结果；而对于一个行业，则由它所包括的企业的分数加权平均而得出结果。各企业的权重是根据它们的收益水平确定的，但当企业的产品出现跨行业的情况时，只计算属于该行业的产品的销售收益。经济部门的满意度指数由其包括的行业的满意度指数加权计算得出，权重则为各行业的收益水平。同理，全国的指数也是这样计算：以各经济部门对 GDP 的贡献大小为权重计算平均值。因此，ACSI 基于其模型生成四个层次的指数：每个企业（230 个）的顾客满意度指数、各行业（47 个）的顾客满意度指数、各经济部门（10 个）的顾客满意度指数及国家的顾客满意度指数。

（3）ACSI 的定期报告与应用价值

ACSI 已成为美国的常规调查，并拥有专门网站（http://www.theacsi.org/），其首次发布是在 1994 年 10 月，报告发表于《华尔街日报》(*The Wall Street Journal*)。从 2010 年 5 月起，测评数据由之前的季度更新变更为月度更新，每个月都会发布最新的 ACSI 调查结果。

ACSI 的调查结果非常重要，因为顾客的满意度最终影响到企业的顾客保有率，进而影响企业的利润和竞争力。ACSI 的调查结果可以直接回答美国市场的产品和服务质量的总体满意度是在提高还是在降低，顾客对具体经济部门、具体行业或者具体企业的满意度是在提高还是降低，还可以进行多个部门、行业、企业之间的比较。

ACSI 为美国的消费者提供了一个表达自己对所购买和使用的产品或享受的服务的满意程度的机会，相关组织会重视他们的意见，推动产品和服务质量的提高，进而使消费者从中受益。同时，企业也可以应用 ACSI 的建模和分析软件评价自身的表现，并与业内公司比较，找到影响顾客满意度提升的基本因素和顾客满意度提升的空间。

总之，ACSI 有利于把大众的注意力集中到提高质量和顾客满意度上，把提高顾客满意度作为提高大众生活水平的一个方面。

3. 欧洲顾客满意度指数模型

欧洲顾客满意度指数模型是由欧洲质量组织（European Organization for Quality，EOQ）和欧洲质量管理基金会（European Foundation for Quality Management，EFQM）等机构共同完成的，1999 年开始在欧盟 11 个国家进行试点调查并正式建立（刘慧，2012）。ECSI 是在 ACSI 的基础上构建的结构方程模型，模型包含 7 个潜变量、20 个测量变量。ECSI 以 ACSI 为基础进行了四个方面的调整。首先，增加了公司形象变量并设计了相应的测量变量，分别为商业实践、商业道德、社会责任感和总体形象。研究表明，在欧洲，公司形象被认为是影响消费者选择和满意度的一个重要因素。其次，将质量感知拆分为两个变量：质量感知（硬件）和质量感知（软件），并对质量感知的测量变量进行了微调，删去了可靠性的度量而增加了与竞争品牌的比较。再次，从模型中删除了顾客抱怨变量，因为许多国家的顾客投诉系统已经比较完备。最后，对顾客期望和顾客忠诚的解释变量进行了调整。具体模型参见图 2-3。

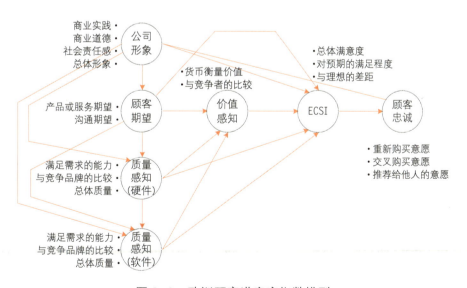

图 2-3 欧洲顾客满意度指数模型

资料来源：VILARES M J, COELHO P S, 2013. The employee-customer satisfaction chain in the ECSI model [J]. European Journal of Marketing, 37 (11/12)：1703-1722.

1995 年，新西兰、加拿大开始在几个行业中建立了顾客满意度指数模型；1996 年挪威顾客满意度指数模型建立；1998 年，韩国、马来西亚开始实施有关建立顾客满意度指数模型的计划。世界上许多国家相继建构了本国（本地区）的顾客满意度指数模型（刘慧，2012）。

（三）顾客满意度指数模型简评

顾客满意度指数模型，从 SCSB 发展到 ACSI，再到 ECSI 等，在核心变量相对稳定的基础上，不断依据所处情境修正原有模型。在上述模型中，应特别关注美国顾客满意度指数模型，该模型建立在瑞典顾客满意度指数模型的基础上，同时也是欧洲顾客满意度指数模型的基础，并被新西兰、澳大利亚采用，目前已成为影响最为广泛的模型（梁燕，2007）。

比较分析后发现，世界各国的顾客满意度指数模型都大同小异，都是综合运用结构模型方程方法建立的，只是模型之中的变量和变量之间的关系略有不同，模型变得越来越复杂，模型中所包括的潜变量和测量变量越来越多。按照变量之间的因果关系，各国的模型都可以分为三个部分：顾客满意度形成的原因、顾客满意度、顾客满意度的结果。

SCSB 是世界上第一个国家层面的顾客满意度指数模型，该模型中只有顾客期望和表现感知两个原因变量，但是表现感知应该是质量感知和价格综合作用的结果，所以 SCSB 不能区分高质高价和低质低价产品或服务的顾客满意度之间的差异。

ACSI 通过增加一个潜变量——质量感知，克服并弥补了 SCSB 的缺陷，并且在 1998 年的修正模型中进一步将质量感知分为产品质量感知和服务质量感知，以适应服务在企业营销活动中日益重要的趋势。

ECSI 增加了潜变量——公司形象，以解释公司形象或品牌形象对顾客满意度的影响。ECSI 的结果变量中没有顾客抱怨，其对此的解释是顾客抱怨以及企业对抱怨的处理应当作为服务的一个环节，是影响顾客满意的因素，而不是结果。1998 年，挪威、瑞典、美国的一些学者联合起来建立了一个新的模型，在模型中将顾客抱怨作为顾客满意的前置因素。然而对挪威境内 5 个行业的 6900 名顾客的调查结果显示：抱怨处理对顾客满意或顾客忠诚均没有显著的影响。抱怨处理只能让顾客恢复到没有不满意的程度，却不能使顾客达到满意的程度。

顾客满意度指数模型还会随着理论和实践的发展不断完善。顾客满意度指数模型不仅被用于经济领域，也被广泛应用于公共管理领域，许多国家在其顾客满意度指数模型基础上开发了运用于评价公共部门顾客满意度的相关测评方法。

二、国际教育领域的满意度调查

顾客满意度指数已成为评价产品或服务质量好坏的一项重要标准。前述分析表明，教育也被视为一种公共服务产品，许多学者和机构也开展了教育领域的满意度研究，研究最多的是学生满意度。在国外的教育满意度测评中，主要以大学生满意度测评为主，其中最具代表性是美国和英国的大学生教育满意度测评，测评对象均以大学生为主，但同时也设有家长问卷和教育机构问卷，主要评估学生对校园生活（经历）的满意度。

（一）美国大学生满意度测评

美国高等教育机构开展学生满意度调查通常是自觉的管理行为，学生满意度调查可以帮助学校评估自身服务质量，确立优先发展领域，树立品牌形象，因此满意度测评成为美国大学一种常用的管理工具（刘建岭，2014）。美国高校的学生满意度调查形式多样，在众多调查中，拉夫洛·诺埃尔·莱维茨（Ruffalo Noel Levitz, RNL）公司开展的始于 1994 年的 RNL 满意度—优先级评估项目（RNL Satisfaction–Priorities Assessments）参与院校多，调查规模大，调查结果被视为大学生满意度测评的国家标准，在一定程度上代表了美国大学生满意度调查的基本情况（韩玉志，2006）。

1. RNL 学生满意度调查量表的主要调查内容

RNL 满意度—优先级评估项目主要是测评学生对大学生活各方面重要性（期望）的看法和满意程度，并由此发现一些学生所关心的切实影响他们校园生活和学术成就的关键因素，从而帮助学校调整管理策略，促进学生和学校发展。截至 2017 年，已经有超过 2900 所美国高等教育机构参与过该项目，RNL 公司每年会发布项目的调查报告，最新一期为《2017 年全国学生满意度和优先级报告》（*2017 National Student Satisfaction and Priorities Report*），报告中展示了不同类型高校（四年制公立 / 私立高校、两年制公立高校、成人高校、在线高校等）学生对校园生活的满意程度，调查 970 所高校的 68.3 万名学生最近三学年（2014—2015 学年、2015—2016 学年、2016—2017 学年）的数据。

项目的主要调查工具为 RNL 学生满意度调查量表（RNL Student Satisfaction Inventory™）。该量表通常由大学根据自己的需要，自愿向 RNL 公司提出有偿申请，由公司向申请院校的全体或部分学生发放，可以采用在线问卷和纸质问卷两种形式，而后 RNL 公司根据调查结果并参照全国调查项目情况为学校提交一系列调查报告。除了 RNL 学生满意度调查量表，RNL 公司同时开发了机构量表、家长满意度量表、成人学生量表、在线学习项目量表等配套调查量表，由学校自主选择。

RNL 学生满意度调查量表包括 70 道题和 40 道题的版本，涵盖大学生在学经历的各个领域，不同类型的高校量表内容有所区别，可以分为四年制学院 / 大学、社区学院 / 专科 / 技术学院以及两年的职业 / 私立学校等。学生对每个项目的反应采用重要性等级与满意度等级，即根据要求对每个指标的重要性（importance）和满意度（satisfaction）打分，分值均为 1—7。每项有 3 种得分：重要性得分（importance score）、满意度得分（satisfaction score）及绩差（performance gap score）（重要性得分减去满意度得分）。绩差较大表明院校在该指标上没有满足学生的期望；绩差较小表明院校在满足学生期望上做得较好；绩差为负表明院校超越了学生期望，这种情况很少出现，更可能出现在学生认为重要性低的指标里。

以 70 题的四年制学院 / 大学版本为例简要介绍 RNL 学生满意度调查量表。该版本量表中，70 个项目被归入 12 个维度（见表 2-1）。每个维度提供一个综合分数（composite score），通过这个综合分数能对这类项目的满意度水平有一个总体了解。

表 2-1 RNL 学生满意度调查量表的主要维度

分值	重要性	维度（共12个）	满意度	分值
1	根本不重要	1.以学生为中心：测评学校带给学生的归属感、愉悦体验等，包括学生对学校的归属感、个人体验、与工作人员及管理人员的相处等；	根本不满意	1
2	不十分重要	2.校园生活：测评学校学生生活项目的效力，包括体育运动、住宿生活、社团组织、学生手册、纪律程序、言论自由等多个方面； 3.教学效果：评价学校为学生提升学术能力提供的课程、师资及相关举措，包括专业指导、课程设置、教师教学及沟通反馈、成长收获等多个方面；	不十分满意	2
3	有点不重要	4.招生与财政资助：测评大学以有效态度招收学生的能力，这个指标体系覆盖了包括入学顾问人员的知识、能力及财政资助项目的有效性和可得性的评价；	有点不满意	3
4	中立	5.校园支持服务：评价学校图书馆等校园服务支持体系的效力，包括图书馆人员友善、资源丰富、计算机充足、学生支持充足等； 6.学术建议：评价学生顾问是否为学生学术成长提供了有效的支持，包括学生顾问的态度、能力等；	中立	4
5	有点重要	7.注册效力：测评学校注册与收费的顺利程度和有效性； 8.安全：评价学校的安全、安保、停车便利性等； 9.关心个人：评价学校将每个学生作为个体来对待的许诺，涉及经常与学生打交道的各个群体，如教师、学术顾问、咨询人员、宿舍工作人员等；	有点满意	5
6	重要	10.服务卓越：评价学校一线工作人员对学生的可感知的态度，对学生的关心、友善、服务可得性等； 11.对不同人群的反应能力：测评学校对弱势群体、残疾学生、兼职学生、夜校学生等的承诺；	满意	6
7	非常重要	12.校园风气：相对综合的评价，整合前面几个相关维度的项目，综合评价学校在培养学生的校园自豪感和归属感方面所提供的支持与举措	非常满意	7
总体评价		1.总体来说，学校教育经历是否满足期望 2.对学校教育经历的总体满意度 3.若再有重新选择的机会，还会不会到该校就读	7 点评分	

2. 学生满意度调查在大学管理中的应用

RNL 满意度—优先级评估项目应用面广，问卷设计科学合理，可以为学校管理决策提供依据，帮助学校提升社会声誉。同时，该项目积累了美国众多高校多年的横截面学生满意度数据，一方面有助于其在一定范围内全面了解美国高校学生的满意度，存在的共性和个性问题；另一方面，也有助于学校了解自身相对于其他同类型、不同类型高校所处的位置、优势与不足，调查结果还可以为高校参与一定的标准化认证提供数据支持。

RNL 学生满意度调查量表是二维的，既包括学生对大学经历满意度的评价，也包括学生对大学经历重要性的看法。重要性评价可以反映出学生认为哪些项目在自己的教育经历中对自己的成功较为重要。满意度评价可以测评学生对各项目的满意程度，对哪些最满意、对哪些最不满意。通过对二者得分差异的分析，可以得出分析评价结果的一个重要指标——绩差，绩差分析可以帮助学校找出对改善学生体验、提升学生学术成就、提高满意度最重要的方面。通过该调查，不仅能发现学校教育中让学生满意或不满意的项目，还能比较准确地找出学生认为重要的且真正影响他们学术成就的关键因素。特别是可以通过建立重要性—满意度矩阵，将调查数据概念化、具体化，将调查项目分到"高重要性—低满意度、高重要性—高满意度、低重要性—低满意度、低重要性—高满意度"四个象限中（见图 2-4），根据重要性和满意度，确定应优先调整的项目。高重要性—低满意度项目（挑战项）是学校亟须改进的关键领域，针对这些项目，大学要采取优先行动，提高学生在这些方面的满意度；高重要性—高满意度项目（强优项）是学校的优势项目，有利于大学良好形象的建立，因此，大学可以将这些项目用于招生宣传、营销和公关活动之中；低重要性—高满意度项目，即学生认为不重要但却很满意的项目，针对这些项目，大学可以对其资源进行重新调整，将资源从学生认为的低重要性领域调整到高重要性领域。

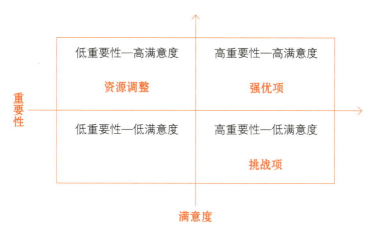

图 2-4 学生满意度调查重要性—满意度矩阵分析图解

学生满意度调查在院校层次上进行，由于其覆盖面广，通过对调查结果的比较，不仅可以分析个体样本院校的学生满意度情况及该院校的优势项目和挑战项目，而且还可以分析全国各类型院校的学生满意度情况，进而为院校发展提供参照，调整院校规划、营销和公关战略。例如，犹他州立大学（Utah State University）通过参与调查，改进政策，在五年内将一年级至二年级的保持率从 61% 提高到 75%（韩玉志，2006）。

美国大学生满意度调查给国家和高等教育机构提供了一个从学生满意的角度系统地测量教育服务质量的途径，是美国高等教育市场化的产物（韩玉志，2006）。从院校层次上看，使用学生满意度调查结果可以评估学生忠诚度，精确地找到学生的期望还没有得到满足的地方，使院校在战略和战术上瞄准亟须改进的领域，提升学生对大学的满意度及学校声誉；从不同类型院校层面来看，运用学生满意度调查结果可以对各种类型院校进行比较，找出异同，使它们互相借鉴；从高等教育系统来看，参与度高的大学生满意度调查可对高等教育中的校生关系状态进行全方位扫描和监测，有助于政府和公众了解高等教育机构的运行情况，实现对高等教育机构的有效问责，保持高等教育系统与政府和社会的良好关系；从学生角度看，学生满意度调查反映了学生对其所使用或购买的高等教育服务的评价，是学生作为高等教育消费者行使权力的一种方式。

（二）英国大学生满意度调查

英国大学生满意度调查（National Student Survey，NSS）自 2005 年开始，每年开展一次，英国所有获得公共资助的高等教育机构均参加该项调查，调查对象是毕业年级学生，相比美国的大学生满意度调查，覆盖面更广，具有更强的政府主导性。调查结果被视为高校教育质量的重要反映，会在专门网站上公布，作为学生选择学校的重要依据，并影响学校得到的拨款、学费标准等。2018 年的调查共有约 32 万名大学生参与。

1. 英国大学生满意度调查的主要内容

英国大学生满意度调查所使用的大学生满意度量表由英国高等教育学会（Higher Education Academy）与伊普斯公司（Ipsos MORI）共同设计，由伊普斯公司独立执行调查工作。目前该项目受英国学生办公室（Office for Students，OFS，其官方网站为 https://www.officeforstudents.org.uk，提供调查结果）领导，英国学生办公室是英国高等教育部门的监管机构。自 2005 年首次实施调查以来，核心项目基本保持稳定，同时个别题目或表述略有变化或增减，最初有 23 个项目，2018年为 27 个项目（有的学校会根据需要增加部分与学生学习经历相关的项目）。调查内容包括课程教学、学习机会、评估和反馈、学术支持、组织与管理、学习资源、学习社区、学生声音和学生会等（见表 2-2）。量表采用五级评分，即完全同意、基本同意、一般、基本不同意、完全不同意，另外还可以选择不适用（not applicable）。调查采用在线方式，目标学生会在调查阶段收到电子邮件提醒，超过50% 的参与调查的学校会给出在学校机构中的满意度排名情况。

表 2-2　英国大学生满意度调查量表（2018 年版本）的维度及主要内容

维度	内容
课程教学（1—4 题）	课程教学的教师投入、吸引力、获得性等
学习机会（5—7 题）	课程为学生提供思考、收集信息及应用知识的机会情况
评估和反馈（8—11 题）	反馈的及时性、公平性、清晰度和有益性等

续表

维度	内容
学术支持（12—14题）	能得到及时、有效、充足的学术支持
组织与管理（15—17题）	课程的组织管理科学有效，能及时沟通
学习资源（18—20题）	学习资源的充足性、便捷性等
学习社区（21—22题）	学生与教工及学生间的合作交流对学习的支持情况
学生声音（23—25题）	学生能够及时有效地表达自己对课程的看法
学生会（26题）	学生会能够有效代表学生的学术兴趣
总体满意度（27题）	总的说来对学习的满意情况

2. 英国大学生满意度调查结果的应用及争议

英国大学生满意度调查让学生有机会对所在高等教育机构或所学课程表达自己的感受、观点，帮助高等教育机构了解自身需要改进的方面，为公众和高等教育机构申请者提供了解其教育质量的机会，也为面向高等教育机构的财政支持和问责提供了重要参考。该调查不仅能让高校了解自己，了解学生需求感受，提高办学质量，同时可以为将要申请入学的学生提供选择学校和专业的参考。近年来，英国高等教育机构的拨款方式由直接拨款变为通过对学生的资助进行间接拨款的方式，在这种情况下，把学生满意度调查结果列为参考依据就显得特别重要。因为调查满意度高的学校会赢得更多的生源，也就可以带来更多财政支持（武正营，汪霞，2012）。公众和政府对英国大学生满意度调查结果的重视，在一定程度上促进了高等教育机构教育质量的提升。

不过，对于英国大学生满意度调查结果的应用也有一些其他的声音和争议（邵宏润，迟景明，2016）。一是认为其问卷设计缺乏具体情境，过于宽泛，缺乏对于具体问题的深入分析；二是认为调查结果的真实有效性存疑，有的机构可能会为提高其调查表现引导学生的态度，可能导致调查结果没有反映课程质量的真实信息；三是作为教育质量改进工具的指导性较弱，调查结果并不是教学质量改进的一个有力工具，因为其没有反映学生体验的清晰具体的方面，这影响了其使用效力。

三、满意度调查在我国的应用与发展

我国顾客满意度理论和实践研究开始于 20 世纪 90 年代。随着市场经济的发展，企业不仅关注规模、价格、利润等，也非常关注顾客资源，而政府作为市场监管者，也负有监督各种产品与服务质量的责任，顾客满意度研究受到重视（梁燕，2007）。顾客满意度调查不仅应用于经济领域，在社会管理服务领域也有比较广泛的应用。

（一）我国的顾客满意度指数模型

1999 年国务院颁布了《关于进一步加强产品质量工作若干问题的决定》，明确提出"要研究和探索产品质量用户满意指数评价方法，向消费者提供真实可靠的产品质量信息"，推动研究建立中国顾客满意指数的工作。此后，《顾客满意度测评》《中国顾客满意指数指南》等专著陆续出版。2009 年，国家质量监督检验检疫总局和国家标准化管理委员会联合发布了国家标准《GB/T 19038-2009 顾客满意测评模型和方法指南》（以下简称顾客满意度测评模型标准），规定采用结构模型方法实施顾客满意度测评的方法和程序，指出该标准适用于组织采用结构模型方法实施的外部顾客满意度测评。

顾客满意度测评模型标准指出，需要在识别顾客及顾客要求的基础上，根据顾客在购买和使用产品过程中"满意"形成的因果关系构建顾客满意度测评模型，即我国的顾客满意度测评模型为因果关系模型，包括由潜变量相互影响形成的结构方程和由潜变量（如质量感知、价值感知、顾客满意度等）及其所对应的测量变量（每个潜变量对应的问卷中的具体题目，如相对于产品的价格实际感受到的产品的质量如何）相互影响形成的测量方程。顾客满意度测评模型标准给出了顾客满意度测评模型的结构示例，各组织在实际应用时，可根据组织所提供产品的特点构建适合于自身的测评模型。

顾客满意度测评模型标准中还给出了与美国大学生满意度调查类似的重要性矩阵分析示例。将满意度的影响因素——测量变量，按照得分高低和对满意度影响的重要性程度（基于结构方程中的因果关系系数判断）分别列入以重要性（横向）和满意度（纵向）划分的四个象限中，形式可见图 2-4。右下角属于优先改进区，其中的测量变量得分较低，但对顾客满意度影响的重要度较高；右上区域属于优势区，重要性程度和满意度得分均较高；左下角属于机会区，重要性程度和满意度得分都较低；左上角为维持区，满意度得分高，但重要性程度低。

在实践中，不同的行业企业会在基础模型的基础上，对模型有所修正，构建更适合自己的模型，也陆续发表了有相关研究，如保险领域的顾客满意度研究、网络购物领域的顾客满意度研究等。

（二）公共管理领域的模型应用

满意度测评模型也被引入公共管理领域。一方面，重视社会公众评议是当代政府部门绩效评估的发展方向，我国政府也在努力建设服务型政府，公众满意度测量成为政府绩效评估体系的重要部分；另一方面，随着公众的权利意识增强，越来越多的公众要求参与公共服务的供给过程，维护个人合法权益，评价和监督政府部门（刘武，刘钊，孙宇，2009）。

公共服务的多个领域都可见到满意度指数模型的应用。例如，刘武等（2009）的研究采用结构方程技术，在借鉴美国顾客满意度指数模型的基础上，构建了地方行政中心公共服务满意度指数模型和一般公共服务满意度指数模型。研究表明，两个模型都具有较好的拟合性和适应性，一个适合于对具体部门的具体服务项目的评价，一个更适合于对一般性的公众满意度的评估。满意度指数模型还被应用于基本公共服务均等化（何华兵，2012）、电子政府服务（刘燕，陈英武，2006）、城市道路公共服务（冯焕东，杨静，张蕊，2017）、农民工公共服务（徐增阳，崔学昭，姬生翔，2017）、政务微博服务（邹凯，包明林，2016）等领域。这些研究基本都是采用结构方程技术，在顾客满意度指数模型的基础上，结合所评估公共服务的特征，对模型的潜变量和测量变量进行设计。下面基于刘武等（2009）的行政服务中心公共服务满意度指数模型对相关模型的建构做简要介绍。

刘武等（2009）建构的行政服务中心公共服务满意度指数模型整体采用了美国公共部门顾客满意度指数模型的主要潜变量：顾客期望、质量感知、顾客满意、顾客抱怨和顾客忠诚，根据我国政府公共服务的特点对各潜变量的名称和测量变量进行了适当改进。其建构的具体模型见图 2-5。该模型将服务对象"顾客"表述为"接受者";根据政府服务部门的特点,基于工作人员、规范化、客观环境三个维度设计感知质量的测量变量;对潜变量接受者抱怨的测量变量,根据中国政治文化影响的特点做了调整(中国公众的直接投诉少,但可能在熟人或陌生人中表达相关不满),即将相关测量变量设为投诉想法、熟人抱怨和陌生人抱怨。该研究通过对沈阳市七个行政服务中心的实地调查,证明模型的拟合度较好,适合于对政府具体部门的具体服务项目的评价。

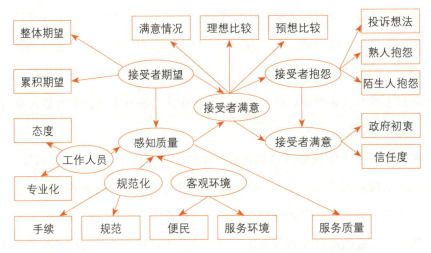

图 2-5　行政服务中心公共服务满意度指数模型

资料来源:刘武,刘钊,孙宇,2009. 公共服务顾客满意度测评的结构方程模型方法 [J]. 科技与管理,(4):40-44.

(三)教育满意度的相关研究

满意度指数模型在教育领域也积累了一定的应用基础,以政府层面的对政府教育管理的满意度评价和学校层面的高等教育学生满意度评价为代表。

在政府教育管理满意度测评研究方面,有一系列研究试验和地方实践。例如,刘静(2008)较早对地方政府教育管理公众满意度测评的实施路径进行了探讨,并在后来开展了相关的实证研究(刘静,2011)。刘静认为,政府教育管理公众满意度测评是在政府履行教育管理职能的过程中,社会公众对政府教育政策制定、公共财政供给、教育督导、教育公平保障、教育事业改革等的管理绩效和服务质量的感受评价。其在借鉴美国经典顾客满意度指数模型的基础上建构了地方政府教育管理公众满意度指数模型，该模型包括公众期望、公众质量感知、公众价值感知、公众满意度、教育行政部门形象及公众信任六个潜变量，前面三个为原因变量，后面两个为结果变量。质量感知是影响公众满意度的重要因素。该模型基于政府教育管理的主要方面设计了教育政策的制定与落实、教育管理与改革、教育经费支出、教育公平维护和教育机构管理等五个二级维度。邓赞洲（2010）基于教育资源配置的视角，分析了地方政府教育资源配置公众满意度的形成路径。其研究参考顾客满意度指数模型，通过理论分析和实证研究构建了地方政府教育资源配置公众满意度指数模型，模型结构与刘静的地方政府教育管理公众满意度指数模型类似，包括公众期望、质量感知、教育公平程度、公众满意、政府形象和公众信任六个潜变量。因评估主体不同，二者质量感知的构成不同。该模型质量感知的二级维度为整体教育投入、各级教育投入和学校师资设施环境。同时在教育资源配置中，教育公平是重要方面，因此该模型将以往模型中的价值感知更新为教育公平程度。在地方政府的实践方面，成都、大连、潍坊、北京等多地政府均委托有关机构开展了教育满意度调查，推动相关工作的开展。

整体而言，政府教育管理的满意度调查与针对其他公共部门开展的满意度调查比较类似，而学校层面的满意度调查则更接近对具体组织（企业）机构的满意度调查，调查对象通常是其直接服务对象——学生。与国外类似，在我国，该类调查在高等教育领域开展得比较广泛。例如，在学校层面，天津大学、厦门大学等高校已系统开展学生满意度调查工作，以了解学生对学校教育教学工作的意见，并推进工作改进。在研究层面，也有大量相关论文发表。例如，刘武和杨雪（2007）参照美国顾客满意度指数模型提出了中国高等教育顾客满意度指数模型；刘慧（2012）建构了中国高等教育学生满意度指数模型；王晓永（2011）设计了研究生教育满意度指数模型；雷育胜等（2012）等设计了高校就业服务学生满意度指数模型；刘凯等则以民族地区高校学生满意度研究为基础，设计了高等教育学生满意度指数模型、学生家长满意度指数模型、高校毕业生用人单位满意度评价指数模型等系列满意度指数模型，并对民族地区高校与一般高校的大学生满意度进行了比较（刘凯，张传庆，张会庆，2013；刘凯，张传庆，张会庆，2014；刘凯，张传庆，刘武，2014；刘凯，张传庆，2014）。上述这些研究都较好地丰富了教育满意测评工作的理论和实践基础。下面以刘慧（2011）建构的中国高等教育学生满意度指数模型为例，介绍一下高等教育领域的学生满意度测评研究。

刘慧参考以往的满意度测评模型，重点分析了高等教育服务自身的特点，建构了面向高校学生的中国高等教育学生满意度指数模型（见图2-6）。模型包括七个核心变量，其中学校形象、学生期望、质量感知和价值感知是原因变量，学生满意度、学生抱怨和学生忠诚度是结果变量。刘慧的研究表明，在影响学生满意度的因素中，直接影响最大的是质量感知，总体影响最大的是学校形象，其次是价值感知。在影响学生忠诚度的因素中，直接影响和总体影响最大的是学生满意度，间接影响最大的是质量感知。

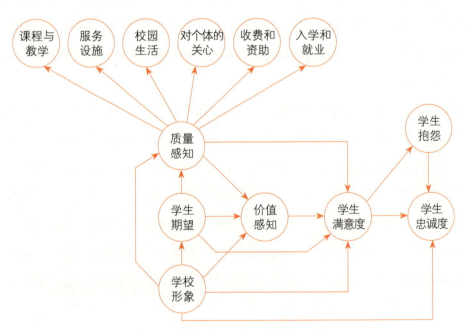

图2-6　中国高等教育学生满意度指数模型

资料来源：刘慧，2011. 基于PLS-SEM的中国高等教育学生满意度测评研究[D]. 镇江：江苏大学.

除了上述量表、模型层面的教育满意度测评外，教育满意度研究领域也形成了很多用于直接测量的调查问卷。例如：21世纪教育研究院从2005年开始针对教育公平、教育收费、教育过程、教育决策与参与制度、教育质量、教育选拔制度、教育的个人效益和效能感七个方面进行了基础教育满意度调查；2011年，中国教育科学研究院牵头，围绕《国家中长期教育改革和发展规划纲要（2010—2020年）》（以下简称《教育规划纲要》）目标的贯彻落实设计了全国教育满意度调查。

四、教育满意度调查的发展趋势

办好人民满意的教育是党和国家对我国教育发展提出的根本要求，也是我国教育发展的重要方向与目标，科学评价教育满意度是必要的也是必需的。整合前述分析，可以将教育满意度调查的发展历程和趋势概括如下。

（一）从经济管理延伸至社会公共服务领域及教育领域

满意度测评起源于经济领域，更加确切地说是市场营销领域。1965年，卡多佐首次将"顾客满意"概念引入商业领域，强调在企业营销过程中关注服务质量。1989年，瑞典首次尝试在全国范围内建立顾客满意度测评体系。1994年，福内尔主持建立了美国顾客满意度指数模型，该模型后来逐步发展成为全世界影响最大的顾客满意度指标。如今，在美国、德国等国家，顾客满意度的重要性已同GDP、就业率等指标，成为国家经济宏观运行情况的风向标和晴雨表。随着以"重塑政府""再造公共部门"为目标的新公共管理运动的兴起和发展，在强调政府和社会公共组织应以"顾客满意"为宗旨，倡导行政就是服务、公众就是顾客的思想的影响下，满意度测评逐渐由经济领域向政府和社会领域拓展。许多国家在其顾客满意度指数模型的基础上开发了运用于评价公共部门顾客满意度的方法。如今，教育作为一种服务的观念越来越为人们所普遍接受，从满足学生、家长、社会用户期望的角度，测评教育工作的满意度已成为众多国家教育管理工作的重要内容。

（二）从注重测量走向结合评估改进工作

在教育满意度测评中，单纯地为得到一个满意度分值的做法已不能满足需要，人们更希望通过满意度测评，了解民意，明确差距，明确影响满意度的重要因素，以便更有针对性地改进工作。工作目的的转变直接反映在测评内容的变革方面。从满意度测评的内容看，有两种基本做法：单一总体评价法和要素总和评价法。单一总体评价法要求被调查者回答满意与否的总体感受。例如，针对"你对教育工作满意吗"，被调查者要从很不满意、比较不满意、一般、比较满意、很满意等几个选项中选择一个作答。这种方法比较简单明了，回答也直接方便。但是，由于满意度的内涵非常丰富，笼统地进行总体评价，极容易受到外部舆论和个别事件的干扰，导致调查结论不可信，而且这种问题也不能帮助学校和政府获得如何提高教育满意度以及改进教育工作的信息。鉴于此，对教育满意度进行科学测量的呼声越来越高。将满意度作为不可直接测量的潜变量，通过多维度的测量变量进行分析的方法不断发展，这种方法被称为要素总和评价法。要素总和评价法是在测评内容上把教育满意度分成若干个构成因素，用多个要素来测量满意程度和水平。例如，把教育满意度分为教育质量和教育公平两个维度，将教育质量分为教育理念、校园文化、课程教学、教师素质、学校管理和学校内外环境等内容，将教育公平分为机会公平和过程公平两个二级维度，针对每个细化的内容或二级维度设置不同的客观问题，通过综合这些要素和维度的测评结果得到教育满意度水平。要素总和评价法比单一总体评价法复杂，但能获得更精确的测量和评价结果，有利于被测评单位发现存在的问题，并制定相应的改进措施和对策。

（三）从测评单一群体走向对利益相关者的全面关注

早期的教育满意度测评，受企业的顾客满意度评价影响，更多的是直接测评学生的满意度。但随着满意度测评研究和实践的深入，顾客满意度、工作满意度和社会满意度之间的融合趋势越来明显，利益相关者的观点、感受都应得到考虑。人们越来越认识到，仅有学生的满意度是不全面的，教师的工作满意度是影响学生满意度的重要因素。美国哈佛大学的一项调查研究表明，员工对所在企业的工作满意度每提高3个百分点，能使该企业的顾客满意度提高5个百分点。与此类似，在教育领域中，如果教师的工作满意度不高，就不可能有良好的师生关系和教育教学效果，当然也谈不上较高的学生满意度。此外，某一阶段的教育毕竟不是一件定型的产品，特别是在对普通高中、普通本科教育和职业教育的评价方面，已毕业的学生、用人单位对教育的长远效果有更加全面和系统的认识，因此，近年来跟踪调查毕业学生、用人单位的满意度已成为趋势，并成为科学测评教育满意度的重要构成要素。

（四）从简单描述走向数据模型的因果建构

在满意度测评的发展历程中，人们对满意度的认识不断深化，满意度测评框架更加理论化和模型化。例如，"期望—不一致模型"将期望作为满意度测评的重要因素，认为满意是基于期望而言的，没有期望也就无所谓满意。期望是指一个人根据以往的经验，在一定时间内希望达到目标或满足需要的心理预期。对于同一结果，期望越高满意度可能越低，期望越低满意度可能越高，然而期望与满意度之间的关系往往比较复杂，期望本身会受到前期知识和感受的影响，在不同情境中会有所不同。要客观认识教育满意度，就必须引入对教育期望的测评和分析。同时，对教育而言，质量和公平往往是人们的最大关注点，对教育质量、教育公平的感知是影响教育满意度的两个核心要素，它们与教育期望一起，构建起相互影响的教育满意度测评模型。研究者运用结构方程模型，通过科学测量获得数据，基于数据迭代客观计算出在被调查者心目中各影响因素对于满意度的影响大小。与传统的统计方法相比，模型建构的最大优点是能够同时计算多个自变量和因变量之间的因果关系，通过运算得出变量之间的关系，揭示了决定教育满意度的复杂关系，保证了改进建议的科学性和针对性。

与我国经济社会发展同步，社会公众对教育的需求越来越高，从教育发展的审视者演变为教育发展的参与者和评判者。党和国家也明确提出了"办好人民满意的教育"的要求。而教育事业是一项全局性的工作，无论是政府的教育管理，还是各级各类学校开展的日常教育活动，都牵动着千家万户、影响着千家万户。习近平总书记指出，教育是提高人民综合素质、促进人的全面发展的重要途径，是民族振兴、社会进步的重要基石，是中华民族伟大复兴的基础工程。他强调，重视教育就是重视未来、重视教育才能赢得未来，要始终把教育摆在优先发展的战略地位。开展教育满意度调查和测评需要全局意识与全纳观，要包含各级各类教育，要倾听各界声音，在吸收以往研究经验的基础上，开展科学的整体性设计，构建整套教育满意度测评体系。

第三章

研究设计

一、研究思路与基本理论模型

（一）理论模型

人民是否满意是检验我们教育工作的最高标准（李曜明，2012），满意度就是检验承诺是否兑现、目标是否达成的重要指标。满意度作为一种"其要求已被满足的程度的感受"（中华人民共和国国家质量监督检验检疫总局，2009），是民意的反映。本书的研究目的定位于回答人民对基础教育、中等职业教育和高等教育的满意度如何，政府工作是否得到社会认可，哪些群体需要政府给予特别关注，哪些方面的问题需要优先解决。

1. 以往研究存在的不足

对人民满意度的准确评价依赖于调查研究的科学性。近年来各类机构和组织开展了大量教育满意度调查，按实施主体分为三类：一类是各级政府直接开展或者委托第三方开展的调查，以评价政府部门绩效为目的；一类是媒体、民间组织开展的调查，以推动政府工作为目的；一类是研究机构出于研究目的开展的调查。但是鲜有对全国各级各类教育开展的全面调查。调查工具主要采用问卷或者量表，调查对象有网民、社会人士、学生和家长等。

以往调查研究存在的不足主要有以下几个方面：

第一，调查对象往往比较单一，不能从不同角度全面反映教育满意度状况。政府的绩效调查往往缺少对社会公众的调查，民间调查则主要面向社会公众，现有学术研究性调查的对象类型以及样本数量往往非常有限。

第二，调查较多围绕热点、难点问题展开，多数调查没有考虑期望对满意度产生的潜在影响，调查结果常被诟病不能进行地域、群体间的比较。部分教育满意度调查混合在民生调查中，由于问题数量非常少，只能呈现整体满意度，无法为工作改进提供更多信息。

第三，数据收集方式除了少量入户调查，大多采用信息技术手段在线填写。部分媒体和民间机构组织的调查采用网络开放式数据收集方式，任何有意愿填写问卷的人都可以作答，而不考虑抽样和人群的代表性，导致调查结果的可靠性受到质疑。

第四，数据分析方式多为计算"非常满意"到"非常不满意"的各类人群的百分比，或者计算原始平均分，将所有题目视为对满意度具有同等权重，然而事实是总有某些方面的问题相比其他问题会更令人们在意，对满意度有更大的影响。

基于以往研究存在的不足，从各类服务对象、服务提供者、管理者和社会公众等角度对各级各类教育进行满意度调查，准确了解全体人民的教育满意度状况以及影响因素，全面反映我国教育事业发展的效益和不足，分析重点人群和重点问题，为政策改进提供科学依据，具有重要意义。

2. 测评范围与调查对象

评价体系是现代社会治理体系的重要构成，开展教育满意度测评是推进政府职能转变的需求，测评结果不仅反映教育工作绩效，而且能够为政府工作改进提供科学可靠的依据。教育满意度一般包括对政府教育工作的满意度和对学校工作的满意度两个方面，但政府是我们开展教育满意度测评的对象。有些地方政府开展教育满意度调查主要是为了评价学校的绩效，学校是主要测评对象。本研究是在全国范围内评价人民对教育工作的满意度，调查内容涉及学校工作，但除了高等教育满意度测评外，研究结果不涉及对具体学校的评价，而是通过学校工作总体水平评价政府的管理水平，因为对学校的满意程度间接地反映了对政府的满意程度。

了解全国人民对教育的满意度水平是我们的研究目标，因此，本研究测评对象包括从基础教育、职业教育到高等教育的各级各类教育。

为了评价人民对政府教育工作的满意度，我们需要界定调查对象。首先，人民是一个抽象的概念，我们必须明确我们最关心谁的满意度，并将其具体化为可以抽样的群体。其次，要全面客观地了解教育满意度，需要清楚我们的调查要覆盖哪些群体。最后，我们应认识到丰富调查对象的类型有助于了解具有不同立场的各个群体对教育工作看法的一致性和差异性，提高评价的客观性、全面性，更有针对性地为提高教育服务工作的水平提出政策建议。

基于顾客满意度理论，教育服务对象的满意度是办好人民满意的教育的重要指标，因此，学生（家长）作为教育工作的直接服务对象，应是教育满意度测评关注的核心群体，他们的意见是教育工作改进的重要依据。学生抽样一般选择各学段毕业年级学生，他们对教育服务有较长时间的体验，能够更全面地回答问题。职业教育和高等教育的服务对象还应包括雇主群体，雇主满意度是衡量人才培养质量和专业设置合理性的重要指标，能够反映教育竞争力及市场适应水平。

同时，基于利益相关者理论，我们还应关注教育事业的相关人群——教师、校长和社会公众的看法。其中，教师群体是教育服务的一线工作者，直接与学生和家长打交道。教师的工作满意度会影响其工作质量、工作态度和离职倾向，进而影响教育服务对象的满意度。同时，教师群体也是教育政策服务的重要对象。教育满意度测评应包含教师群体的工作满意度。校长属于教育管理者群体，与政策制定者以及政府服务对象——学生、家长和教师都能够近距离接触，是一个能够相对理性地评价教育政策效益和教育发展状况的群体。社会公众满意度反映了社会对教育事业的心态，影响社会舆论、大众行为选择甚至政策导向。及时了解社会公众的教育满意度，有助于为教育事业营造良性社会环境，促进教育事业健康发展。

3. 研究变量的结构与关系

各类调查对象在教育满意度调查中发挥的功能不同，满意度的测量方式也必然存在差异。但总的来说，各类群体的满意度测评在宏观层面仍旧存在一定的一致性，这是由满意度测评的共性特征和国家教育事业发展的阶段性特征所决定的。

美国顾客满意度指数模型是目前服务对象满意度研究领域影响最大的模型，是众多满意度研究的基础模型，包括顾客期望、质量感知、价值感知、总体满意度、顾客抱怨和顾客忠诚。其中，顾客期望、质量感知和价值感知是顾客满意度的原因变量，而顾客抱怨和顾客忠诚是满意度的结果变量。期望是顾客依据以往经历、媒介宣传，如口碑、广告等对未来产品和服务的预期。价值感知主要从给定质量的价格和给定价格的质量角度来测量，考虑顾客相对于付出的价格所感受到的产品和服务的质量。而教育属于政府提供的基本公共服务，尤其义务教育是免费的且服务对象大多没有选择权，因此本研究不测评价值感知、忠诚度。这也是通常的做法，如美国政府在 ACSI 基础上测量公共部门的满意度时就删除了价值感知和忠诚度（吴建南，庄秋爽，2005）。

顾客满意度指数模型也是本研究各群体满意度指数测量的主要参照模型。考虑到本研究的目标是测量学生、家长、教师、雇主等群体对教育工作的满意度及有关的影响因素，为改进教育工作提供政策建议，因此除了雇主群体，本研究不测量价值感知、投诉行为和忠诚度。教育公平和教育质量是当前我国政府教育工作的两大主题，也是群众关注的核心内容，影响群众的教育满意度，因此，这两方面应作为教育满意度测量的重点。从政府教育发展战略和人民需求的角度来讲，实现教育公平是提高教育质量的前提性工作。因此，教育满意度指数的理论假设模型设定为：教育期望对满意度有直接和间接影响，教育公平感知、教育质量感知对教育满意度产生直接影响并传递教育期望的影响，教育公平感知能够预测教育质量感知水平（见图 3-1）。在教育满意度测量模型中，总体满意度是因变量，教育公平感知和教育质量感知既是预测变量也是因变量，这三个变量是我们研究的重点。教育期望作为控制变量，主要用于控制调查对象过往经历对其当下教育满意度的影响。

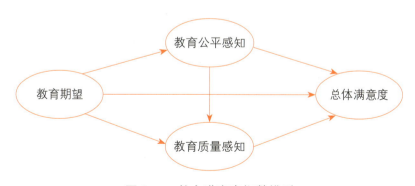

图 3-1 教育满意度指数模型

总体满意度的测量结构包括当前的总满意度、与期望相比的满意度以及对学校的信心三个维度。教育期望则从必备属性、一维属性、魅力属性角度（徐娴英，马钦海，2011）测量调查对象接受本教育服务之前的看法。教育公平感知从机会公平和过程公平角度测量，并内含分配公平和程序公平维度。教育质量感知主要评价学校层面的工作，包括教育理念、校园文化、课程教学、教师素质、学校管理和内外环境六个方面。高等教育满意度指数模型将教育环境设置为一级指标。

教师满意度属于学校工作满意度的范畴，但由于教师也属于教育政策的服务对象，所以在结构设计上兼顾了两个方面，包括总体满意度、教育期望、保障条件感知、学校管理感知四个维度。教师对公平和质量的感知主要体现在保障条件感知和学校管理感知方面。其他调查对象的测量框架根据教育类型、学段特征、调查对象特征等在图 3-1 的基础上进行调整。

4. 问题项的设计

问题项的设计坚持以下几个原则。

首先，坚持点面相结合原则。教育满意度调查不是对教育热点、难点问题的专项调查，也不是对教育成就或者某类教育政策的专项调查，必须包括教育工作的各个关键方面，力求对教育工作有一个全面客观的评价。但人民关切的热点、难点问题也是教育工作的重点，必须在调查中有所突出，这样调查结果才能为教育决策提供更有价值的建议。

其次，坚持共性和个性相统一原则。教育满意度调查覆盖各级各类教育，必须做到一级指标保持一致，二级指标大致相近，问题数量大致相近，相同指标下的问题项表达方式尽量统一，这样有利于学段和类别之间的比较，也有助于给社会一个完整的教育满意度印象。问题设计还应照顾到学段和教育类型的差异，学前教育、高中教育应突出普及问题，而义务教育要突出素质教育。在教师责任心方面，针对学前教育，要设计与保育有关的问题；针对其他学段，则可以统一问学生有困难时教师能否及时提供帮助。

最后，坚持简洁通俗和普遍性原则。调查对象覆盖全国范围，从区域层面的地理、文化、语言习惯、教育发展程度到个人层面的年龄、文化程度、职业和收入等都有非常大的差异，题项的语言表达必须考虑在不同环境下的适用性。

5. 量表计分方式

李克特量表是满意度调查应用最为广泛的一种形式，本研究调查题项采用李克特七点量表，从 1 到 7，对应的选择分别为非常不满意、不满意、一般、比较满意、满意、非常满意，非常不满意计 1 分，非常满意计 7 分。

李克特量表计分方式一般有三点计分、四点计分、五点计分、七点计分、十点计分等。关于量表等级数的信度比较研究没有形成定论，有的研究认为某个等级或者某几个等级信度更好（Bending，1954；Nunnally，1967；Finn，1972；Cicchetti，Shoinralter，Tyrer，1985；Jensen，Tøndering，2005；李育辉，谭北平，王芸，等，2006），有的研究则认为内部一致性与量表等级数无关（Peabody，1962；Boote，1981；Brown，Widing，Coulter，1991）。李育辉等人（2006）采用手机消费满意度数据比较分析了五点、六点、七点和十点量表的效度，发现七点与五点量表效度最好，在某些维度上二者各有所长。区分度的研究显示在样本量相同时量表等级数越多区分度越好（李育辉，谭北平，王芸，等，2006）。以往研究还发现量表等级数越多，调查对象在判断时花费的时间就越长（Jensen，Tøndering，2005；Matell，Jacoby，1972）。量表等级数对中间点选择偏好有一定影响，量表等级数为三点和五点时平均约有 20% 的调查对象选择中间点，而七点以上量表选择中间点的被试平均约为 7%（Matell，Jacoby，1972）。但是当问题敏感时，例如调查个人对上司的看法时，调查对象选择中间点的概率升高（Wong，Peng，shi，et al.，2011）。

综合考虑时间成本、信度、效度、区分度和中间点偏好等因素，本研究选择采用七点量表。

（二）研究过程与方法

中国教育科学研究院教育满意度测评研究起始于 2013 年。为保证研究的可靠性和科学性，从 2013 年开始进行论证、设计，并实施两轮试测。

研究设计考虑了不同层面群体的意见。在行政层面召开数次教育部有关司局征求意见会，了解测评结果使用者的意见；召集了北京大学、清华大学、中国人民大学、北京师范大学、华东师范大学、天津大学、东北大学及国家统计局、中国标准化研究院等机构行政管理学、经济学、教育学、统计学、社会学、心理学、人类学等学科专家召开 7 次专家咨询会，全面论证了满意度测评涉及的各类技术问题；召开 17 个省级教育行政部门负责人和 16 所直属高校负责人座谈会，他们既是测评对象也是测评结果使用者，是重要的利益相关者。教育满意度测评工作方案、测评技术、测评方法、结果使用及组织实施办法等问题得到充分论证。

课题组先后在北京、上海、天津、河北、山东、广东、湖南、吉林、甘肃、宁夏、四川、云南等地进行实地调研和第一次试测，召开了 35 次学生、家长、教师和校长座谈会；向上百名大中小学校长、教师、教育局局长征询工作方案和调查问卷修改意见，对修改工作方案特别是修改问卷发挥了重要作用。

第二次试测样本按照抽样人群的类别和所在区域进行抽取，保证试测的科学性和可行性。试测范围覆盖华北、华东、华南、华中、东北、西北、西南七大区，从中随机抽取北京、天津、山东、广东、湖南、吉林、甘肃、宁夏、四川等省份。根据各省份人口和经济社会综合情况，每个省份抽取 2—3 个区县，共 21 个区县。参与试测的人群涉及在校学生、学生家长、教师和社会人士，覆盖幼儿园、小学、初中、普通高中和中等职业学校。对象为各校毕业年级学生（家长），样本量为 4200 人，教师 1050 人，社会人士 210 人。高等教育试测在每个省份各抽取一所高职和一所普通本科学校，以及两所部属高校。试测对象为毕业年级学生，样本量为 5760 人。试测结束后，依据试测的问卷分析及技术报告结果，有针对性地修订各群体调查问卷中的具体题目，删除或修改其中区分度、信效度不高的题目。

在调查的组织实施方面，中国教育科学研究院在全国 31 个省份建立了全国教育调研联盟，设立省级和区县两级联络员、调研员，并在每轮测评工作开展之前对全国调研员进行培训。调研员按照调研方案选择样本学校，组织被调查者参与网络问卷调查。网络填答系统由中国教育科学研究院开发，调查对象在系统上直报。学校和调研员没有权限查看问卷填写结果，仅省级调研员有权限查看本省调查完成进度，从而保障了问卷回答的真实性。调查完成后，调查工具、分省数据和分省报告分别反馈给各省份，为各省份教育工作改进提供了可靠依据。

在经过理论框架设计、调查工具开发、小范围试测、全国正式试测、调查工具修订、抽样方案设计、搭建网络平台、部署调研联盟、组建调研队伍、开展调研培训等多个阶段后，课题组最终于 2015 年开展了第一轮基础教育满意度调查。2017年，在对 2015 年的工具进行修订的基础上，开展第二轮基础教育满意度调查。2016 年，完成了第一轮中等职业教育和高等教育满意度调查，2018 年开展了第二轮高等教育满意度调查，2019 年将开展第二轮中等职业教育满意度调查。

本书中基础教育满意度调查的结果主要为 2017 年的结果，中等职业教育和高等教育满意度调查有关内容均为 2016 年的研究结果。

（三）统计分析方法

数据分析采用结构方程模型。之所以如此，一是对应教育满意度指数的测量结构，方便分析测量因素之间的关系，尤其是各因素对总满意度的影响；二是可以客观计算各维度和变量的权重；三是有助于筛选和判断应优先改进的问题。满意度重要性矩阵中的项目重要性采用交叉载荷系数，矩阵的中心点为重要性均值和项目评分均值的交叉点。

1. 结构方程数学表达式

结构方程模型由结构模型和测量模型构成。测量模型反映测量变量与潜变量之间的关系，结构模型反映潜变量之间的因果关系。第一步，为各潜变量建立测量模型；第二步，组合各测量模型建立结构模型。

测量模型描述测量变量与潜变量之间的关系，数学表达式如下：

$$X = \Lambda_x \xi + \delta \tag{1}$$
$$Y = \Lambda_y \eta + \varepsilon$$

式中，X 是外源指标组成的向量，如教育期望、教育公平感知等，相当于回归分析中的自变量；Y 是内源指标组成的向量，如总体满意度，相当于回归分析中的因变量；Λ_x 是外源指标与外源潜变量之间的系数矩阵，是外源指标在外源潜变量上的因子负荷矩阵；Λ_y 是内源指标与内源潜变量之间的系数矩阵，是内源指标在内源潜变量上的因子负荷矩阵；δ 是 X 的测量误差；ε 是 Y 的测量误差。

结构方程的数学表达式为：

$$\eta = B\eta + \Gamma\xi + \varsigma \tag{2}$$

式中，η 是内源潜变量，即总体满意度；ξ 是外源潜变量，即教育期望、教育公平感知和教育质量感知等；B 是内源潜变量间的关系；Γ 是外源潜变量对内源潜变量的影响；ς 是结构方程的残差项，反映了 η 在方程中未能被解释的部分。

2. 指数计算和表达方式

基础教育满意度指数模型采用结构方程模型分析软件 AMOS17.0 进行分析，中等职业教育和高等教育满意度指数模型采用偏最小二乘法结构方程模型软件 SmartPLS 进行分析，具体版别见各学段的研究设计部分。通过模型估计得到每个测量变量的权重系数，利用每位调查对象的测量变量值和权重系数进行加权，可得到每位调查对象各潜变量指数。学校和省区市的满意度指数由每位调查对象的满意度指数平均加权计算而成。

潜变量指数的计算公式为：

$$INDEX = \frac{\sum_{i=1}^{k} w_i \overline{y}_i - \sum_{i=1}^{k} w_i}{6\sum_{i=1}^{k} w_i} \times 100 \qquad (3)$$

式中，$INDEX$ 是各潜变量指数，y_i 是调查对象满意度的测量变量实际分值，w_i 是各个测量变量对应的权重，k 是各潜变量的测量变量数量，教育期望和教育总满意度的测量变量均为 3 个，教育公平感知和教育质量感知各群体有所不同。

将潜变量中各显变量的权重进行归一化处理之后，式（3）可进一步简化为：

$$INDEX = \frac{\sum_{i=1}^{k} w_i' \overline{y}_i - 1}{6} \times 100 \qquad (4)$$

式中，W_i' 是显变量归一化权重，W_i' 之和为 1。

除了 2017 年度调查的幼儿园园长、中小学校长、社会公众外，所有群体的满意度指数均采用结构方程模型估计，数据结果采用百分制呈现，"比较满意"评分线为 66.67，"满意"评分线为 83.33。

二、基础教育满意度研究设计

（一）调查对象与工具设计

基础教育满意度调查对象为毕业年级的幼儿园学生家长、小学生及家长、初中生、普通高中学生、各学段教师和学校校长（园长）等。与调查对象相对应，问卷分幼儿园、小学、初中、普通高中四类学生（或家长）的教育服务满意度问卷，幼儿园教师、义务教育学校教师和普通高中教师的教育工作满意度问卷，幼儿园园长、义务教育学校校长和普通高中校长的调查问卷。

针对学生和家长的教育服务满意度问卷包含四个维度：总体满意度、教育期望、教育公平感知、教育质量感知。总体满意度从总满意度、与期望相比的满意度以及对学校的信心三个维度测量，包括是否喜欢学校或者对学校满意、假期后是否愿意去学校、是否符合期望、是否愿意推荐亲友来本校或者本幼儿园等问题。教育期望则从入学（园）前对本地教育、对本校（园）的感觉角度测量。教育公平感知包括校际差异、资源配置和教育教学中能否公平对待学生等方面。教育质量感知考虑了教育理念、校园文化、学校管理、课业负担、教学活动、教师素质等方面的问题。

教师的教育满意度属于工作满意度，其问卷包括总体满意度、教育期望、政府保障感知、学校管理感知四个维度。总体满意度方面的问题包括对从事教师职业、对在本校的发展的满意度等。教育期望从总的期望、对教师职业的期望、对本校的期望三个维度测量，问题包括自评入职前是否适合做教师、本校对自己的适合程度等方面。政府保障感知主要测量教师待遇、权益保障、工作条件和发展支持措施等。学校管理感知主要测量学校氛围、管理与评价、发展机会等。政府保障感知和学校管理感知在测量结构中的位置分别与图 3-1 中的教育公平感知和教育质量感知相对应。

校长和园长问卷没有采用李克特量表方式设计，不调查其本人的工作满意度，而是调查校长和园长对热点政策落实情况的评价。校长和园长问卷的一级维度有两个：发展与机会、保障与环境。发展与机会包括个体发展、学校发展、区域教育发展三个子维度。保障与环境包括政府保障、管理服务、社会环境三个子维度。基础教育满意度调查内容和对象见表 3-1。

表 3-1　基础教育满意度调查内容和对象

调查类别	调查内容	调查对象
教育服务满意度调查（家长和学生）	总体满意度	幼儿园学生家长 小学生和家长 初中学生 普通高中学生
	教育期望	
	教育公平感知	
	教育质量感知	
教育工作满意度调查（教师）	总体满意度	幼儿园教师 义务教育学校教师 普通高中教师
	教育期望	
	学校管理感知	
	政府保障感知	
教育工作满意度调查（校长）	个体发展	幼儿园园长 义务教育学校校长 普通高中校长
	学校发展	
	区域教育发展	
	政府保障	
	管理服务	
	社会环境	

考虑到不同学段学生年龄和教育教学的差异，四个学段的问卷部分题目有所差异。例如，幼儿园阶段的问卷会涉及教师对幼儿的生活照料是否细心，对于普通高中学生则关注学校升学指导效果等方面的问题。教师问卷分为幼儿园教师和中小学教师两类，在相同测量结构下部分题目有所不同。问题采用七点计分，单题最低分为 1 分，最高分为 7 分。以维度为基础，分别计算每个维度下对应题目的临界比率值（CR）和题总相关，判断每个题目的区分度情况。通过对临界比率值和题总相关的计算和分析可以看出，问卷的各维度均具有较好的区分度。就幼儿园学生家长、小学生及家长、初中生和普通高中学生对教育服务的满意度调查而言，问卷各

题的临界比率值为 57.726—153.310，题总相关系数为 0.496—0.924，幼儿园学生家长问卷个别题的题总相关系数低于 0.4。幼儿园、义务教育学校和普通高中教师对教育工作的满意度问卷中，问卷各题的临界比率值为 31.164—94.737，题总相关系数为 0.184—0.904，具有较好的区分度。就幼儿园园长、义务教育学校和普通高中校长对教育工作的满意度调查而言，问卷各题的临界比率值为 7.250—54.269，题总相关系数为 0.287—0.809。

　　用克隆巴赫一致性系数和分半信度来估计问卷各维度的内部一致性信度，结果表明，各类问卷总体内部一致性信度和分半信度均在 0.9 以上；各维度的克隆巴赫一致性信度为 0.639—0.960，各维度的分半信度为 0.629—0.938，说明问卷各维度具有较好的信度，具体分析结果见表 3-2。

表3-2 基础教育满意度调查问卷的区分度和信度

分析项目		幼儿园学生家长	小学生和家长	初中生	普通高中学生	幼儿园教师	义务教育学校教师	普通高中教师	幼儿园园长	义务教育学校校长	普通高中校长
区分度	题总相关	0.669—0.714	0.641—0.897	0.642—0.917	0.496—0.924	0.503—0.792	0.184—0.904	0.506—0.829	0.508—0.800	0.458—0.809	0.287—0.768
	临界比率值	87.041—96.804	69.990—153.310	60.166—144.074	57.726—131.251	31.1640—63.814	36.080—94.737	31.980—70.370	16.354—36.593	23.631—54.269	7.250—32.960
信度	一致性信度（总）	0.959	0.967	0.973	0.972	0.952	0.963	0.960	0.963	0.957	0.912
	一致性信度（各维度）	0.777—0.959	0.837—0.863	0.868—0.960	0.857—0.955	0.703—0.899	0.737—0.937	0.747—0.925	0.803—0.866	0.900—0.939	0.639—0.869
	分半信度（总）	0.912	0.942	0.960	0.945	0.909	0.937	0.909	0.939	0.925	—
	分半信度（各维度）	0.629—0.931	0.729—0.912	0.762—0.919	0.852—0.938	0.743—0.898	0.749—0.917	0.749—0.905	0.755—0.856	0.846—0.885	—

为判断哪些群体需要我们给予特别关注，问卷设计了背景变量。人口学特征主要考虑性别。由于分学段做了分析模型，就不再考虑年龄变量。家庭社会经济地位主要考虑三个指标，母亲或者其他监护人学历、户籍情况、家庭经济条件。答题人自述家庭条件在当地属于较好还是较差水平，采用这个方式较好地解决了地区收入水平差距的影响问题。学校属性主要考虑学校的城乡位置、幼儿园的公办/民办属性，以及学生是否住宿。每个问卷还围绕本学段的热点现象，设计了若干选择题和开放题，这些题目不参与满意度的计算，主要用于解释满意度。

（二）抽样设计与样本分布

2017年度的调查覆盖全国31个省份、307个县（市、区）、4894所幼儿园和中小学校的学生（家长）、教师和校长，最终获得有效的学生（家长）问卷47562份、教师问卷16043份、校长（园长）问卷4641份。

1. 抽样设计

本次满意度调查采用多阶段抽样的方法。在确定全国基础教育满意度调查样本过程中，努力做到全面覆盖与合理抽样相结合，使测评结果达到预期的精确度，同时也最大限度地控制成本。根据以下两个原则确定各省份样本县（市、区）（以下简称县）数量：一是各省份人口占全国人口的比重；二是各省份的县的数量占全国的比重。根据测算，最少的省份有4个样本县，最多的省份有20个样本县。

为保证所抽取的样本县能较好地代表所在省份的实际情况，根据县经济发展水平分层，以人均GDP指标对某一省份内所有的县进行排序，分为经济发达、中等发达、欠发达三个层级，采用按规模大小成比例的概率抽样（PPS）方法抽取各样本县。按各省份人口规模进行分层，将31个省份分为规模大、规模中等、规模小三个层级。为保证各省份教育满意度计算结果的可靠性、准确性，同时兼顾测评工作的经济性，规模小的省份学生（家长）测评样本数定为1200人，每提升一个层级，样本数增加300人。小、中、大规模的省份学生（家长）测评样本数分别为1200人、1500人、1800人。

在教师样本数方面，规模小的省份教师样本数定为300人，每提升一个层级，样本数增加200人，小、中、大规模的省份教师样本数分别为300人、500人、700人。为防止部分样本由于问卷填写质量问题而被剔除，导致样本数量不足，在各省样本数基数上多选取一定样本量作为备份。

2. 样本分布

幼儿园毕业班家长问卷调查共有 31 个省份 305 个县的 11950 名监护人参与，其中城区、镇区、乡村幼儿园的家长分别占 62.40%、26.30% 和 11.30%，公办幼儿园、民办幼儿园和其他类型幼儿园的家长分别占 76.70%、22.20% 和 1.10%。

小学生及家长问卷调查共有 31 个省份 306 个县的 1336 所小学参与，其中城区、镇区、乡村学校的小学生（家长）分别占 54.96%、28.09%、16.95%。共有 12249 名学生参与调查，其中女生 6513 人，占 53.17%。

初中生问卷调查共有 31 个省份 307 个县的 1301 所学校参与，其中城区、镇区、乡村学校的学生分别占 48.83%、32.39% 和 18.78%。共有 11602 名学生参与调查，其中女生占 51.37%。

普通高中学生问卷调查共有 31 个省份 300 个县的 1014 所学校参与，其中城区、镇区、乡村学校的学生分别占 67.12%、27.06%、5.82%。共有 11761 名学生参与调查，其中女生 5838 人，占 49.64%（见表 3-3）。

表 3-3 基础教育满意度调查服务对象样本分布情况

单位：%

变量	类别	幼儿园	小学	初中	普通高中
性别	男	49.62	46.83	48.63	50.36
	女	50.38	53.17	51.37	49.64
户籍所在地	城区	61.45	52.35	82.57	81.23
	镇区	22.19	21.14	12.08	15.10
	乡村	16.36	26.51	5.34	3.66
学校所在地	城区	62.40	54.96	48.83	67.12
	镇区	26.30	28.09	32.39	27.06
	乡村	11.30	16.95	18.78	5.82

注：部分变量由于四舍五入造成比例之和超过 100% 或者低于 100%，后文不再说明。

幼儿园教师问卷调查共有 31 个省份 306 个县的 3999 名幼儿园教师参与，其中公办园、民办园和其他类型幼儿园的教师分别占 76.50%、22.10% 和 1.30%。

义务教育学校教师问卷调查共有 31 个省份 306 个县的 2605 所学校的 8150 名教师参与，其中城区、镇区、乡村学校教师分别占 50.28%、31.23% 和 18.49%；男教师和女教师分别占 37.29% 和 62.70%；小学段教师占 49.94%。

普通高中教师问卷调查共有 31 个省份 175 个县的 3894 名教师参与，其中城区学校、镇区学校、乡村学校教师分别占 69.26%、24.70%、6.03%，公办学校、民办学校和其他学校教师分别占 93.01%、6.75%、0.23%。

基础教育满意度调查教师样本分布的其他情况见表 3-4。

表 3-4 基础教育满意度调查教师样本分布情况

单位：%

变量	类别	幼儿园	义务教育学校	普通高中
性别	男	2.90	37.29	51.44
	女	97.10	62.70	48.56
学历	初中	0.45	—	—
	高中	9.53	0.70	1.64
	专科	40.29	15.23	1.72
	本科	48.99	81.02	85.18
	研究生	0.75	3.06	11.45
年龄	25 岁及以下	26.63	6.22	6.06
	26—30 岁	29.88	15.19	16.18
	31—35 岁	19.13	19.93	21.14
	36—40 岁	11.70	22.53	22.86
	41—45 岁	6.75	19.60	16.15
	46—50 岁	4.58	11.69	11.58
	50 岁以上	1.33	4.84	6.03

变量	类别	幼儿园	义务教育学校	普通高中
职称	未评职称	44.99	8.97	8.24
	三级教师	7.03	2.93	0.80
	二级教师	25.61	31.69	26.14
	一级教师	20.71	44.91	39.03
	高级教师	1.68	11.34	24.83
	正高级教师	—	0.16	0.95
月收入	2000 元及以下	19.43	2.00	1.46
	2001—3000 元	37.08	19.17	15.23
	3001—4000 元	22.96	34.90	34.75
	4001—5000 元	11.80	25.03	26.43
	5001 元及以上	8.68	18.91	22.14

注：幼儿园教师月收入变量因存在少量缺失值合计为 99.95%。

本次调查还有 31 个省份 298 个县的 1243 名园长参与，公办幼儿园、民办幼儿园和其他类型幼儿园的园长分别占 72.30%、26.00% 和 1.60%。义务教育学校校长问卷调查共有 31 个省份 300 个县的 2428 名校长参与，公办学校、民办学校和其他类型学校校长分别占 96.46%、3.42%、0.12%；小学、初中、一贯制学校和完全中学校长分别占 47.78%、39.91%、9.10% 和 3.21%。普通高中校长问卷调查共有 31 个省份 292 个县的 970 所学校参与，回收校长问卷 970 份。其中，城区、镇区、乡村学校校长分别占 66.39%、29.07%、4.54%，公办学校、民办学校校长分别占 90.60%、9.30%，独立设置高中、完全中学、十二年一贯制学校、其他类型学校校长分别占 39.38%、52.16%、4.12%、4.33%。校长（园长）学历和性别情况见表 3-5。

表 3-5 基础教育满意度调查校长（园长）样本分布情况

单位：%

变量	类别	幼儿园	义务教育学校	普通高中
性别	男	7.48	75.49	88.25
	女	92.44	24.51	11.75
学历	初中及以下	0.08	0.25	0.31
	高中	2.49	0.45	0.31
	专科	27.09	11.82	1.24
	本科	66.48	81.51	80.21
	研究生	3.86	5.97	17.94

注：因存在个别数据缺失情况，幼儿园园长性别合计不等于100%。

（三）数据分析方法与步骤

满意度模型是一个组合方程的因果关系系统，包括显示潜变量之间关系的结构方程和分析潜变量与测量变量之间关系的测量方程（金勇进，梁燕，张宗芳，2007）[3]。对结构方程模型进行参数估计主要有线性结构关系（LISREL）和偏最小二乘法（PLS）两种方法。《顾客满意测评模型和方法指南》（中华人民共和国国家质量监督检验检疫总局，中国国家标准化管理委员会，2009）也提出模型估计可以考虑假设条件和样本量等因素采用 PLS 或者 LISREL 等估计方法。PLS 与 LISREL 各有优缺点。PLS 计算速度快，适合复杂模型、小样本，并且不需要严格的前提假设，但是在满意度研究中，PLS 也有低估潜变量路径系数（Dijkstra，1983）和高估显变量因子载荷的风险（Widaman，1993），通过 PLS 获得的分数能否在样本之间进行比较还需研究，而 LISREL 提供了卡方检验从而使其分析结果可以进行不同样本之间的比较。LISREL 采用最大似然法（ML）估计时，即使分布假设不成立也非常稳健，也可以使用非参数重复抽样，如自助法（Bootstrap）进行统计推断（金勇进，梁燕，张宗芳，2007）[194]。本研究的样本量足够大也能够满足 LISREL 的稳健性需求。综合考虑研究目标和需求，本研究采用基于线性结构关系的 AMOS17.0 软件来验证满意度模型。各问卷最终模型的整体拟合指标显示，近似误差均方根（RMSEA）拟合水平总体都达到了较高的水平，多数规范拟合指数（NFI）、比较拟合指数（CFI）、调整拟合优度指数（AGFI）和拟合优度指数（GFI）等指标在 0.90 左右（见表 3-6）。样本大且变量多的模型各指标拟合值易于偏低（Kenny，2015），用赤池信息量准则（AIC）比较初始模型和修正模型差异均获得显著结果。模型验证结果说明基础教育满意度结构方程模型在各个学段上的理论假设均成立。得到权重后加权计算基础教育满意度指数（刘静，2011），每个群体的教育满意度指数满分为 100 分。

表 3-6　基础教育满意度指数模型拟合优度检验

类别	卡方（χ^2）	自由度（df）	卡方自由度比（χ^2/df）	近似误差均方根（RMSEA）	规范拟合指数（NFI）	比较拟合指数（CFI）	拟合优度指数（GFI）	调整拟合优度指数（AGFI）	赤池信息量准则（AIC）
幼儿家长	15595.224	392	39.784	0.057	0.940	0.941	0.903	0.885	15741.224
小学生及家长	22338.284	428	33.544	0.065	0.916	0.853	0.917	0.873	22474.284
初中生	26630.609	489	54.459	0.068	0.912	0.914	0.854	0.833	26840.609
普通高中学生	14919.476	366	40.764	0.058	0.948	0.893	0.949	0.910	15057.476
幼儿园教师	4711.803	256	18.405	0.066	0.923	0.927	0.901	0.874	4849.803
义务教育学校教师	19367.979	344	56.302	0.082	0.883	0.885	0.817	0.783	19491.979
普通高中教师	5914.834	308	19.204	0.068	0.924	0.928	0.888	0.862	6054.834

三、中等职业教育满意度研究设计

（一）调查对象与工具设计

中国教育科学研究院于 2016 年在全国开展了中等职业教育满意度调查。本次调查涵盖普通中专（含高职中专部）、职业高中（含职教中心）、成人中专和技工学校四个类别，国家级示范中职学校、省级示范中职学校、国家级重点中职学校、省级重点中职学校和普通中职学校等五个不同办学水平，以及公办（政府拨款）、民办（不含行业、企业办学），行业、企业办学和其他办学四个不同办学主体。为保证获取数据的可信性，考虑到一年级学生对学校各方面情况熟悉度不如二年级学生，三年级学生要进行校外实习，本次调研选取二年级在校生进行调查。

本次调查借鉴了顾客满意度测量理论和模型，研究设计了中等职业教育满意度测评模型。调查对象共三类：一是中等职业学校的学生，调查内容包括总体满意度、教育质量感知、教育公平感知和教育期望四个维度；二是中等职业学校的教师，调查内容包括总体满意度、学校管理感知、政府保障感知和教育期望四个维度；三是雇主，调查内容包括总体满意度、雇主忠诚、质量感知和雇主期望四个维度。调查问卷的信度检验结果见表 3–7。

表 3–7　中职教育满意度调查问卷信度检验

问卷维度	学生	问卷维度	教师	问卷维度	雇主
教育期望	0.851	教育期望	0.762	雇主期望	0.897
教育质量感知	0.976	学校管理感知	0.949	质量感知	0.939
教育公平感知	0.913	政府保障感知	0.922	总体满意度	0.827
总体满意度	0.909	总体满意度	0.916	雇主忠诚	0.832
问卷总体	0.983	问卷总体	0.970	问卷总体	0.956

由测量变量和潜变量交叉负荷系数计算出的结果也表明，各项测量变量与其对应的潜变量间的因子负荷系数最高，高于该测量变量与其他潜变量间的因子负荷系

数，说明模型测量变量的区别效度也符合要求。通过标准化系数可以比较不同测量变量间的效度。在99%的信度下所有非标准化系数具有统计显著性，这说明模型的整体结构效度较好。

（二）抽样设计与样本分布

本次调查覆盖全国31个省份、300多个地级行政区的576所中职学校的学生和教师及19大行业的用人单位。调查回收学生问卷63605份，有效问卷61812份；教师问卷9726份，有效问卷9570份；雇主问卷1130份，有效问卷1047份。

课题组根据以下原则选取样本：区域上覆盖省会城市（中心城区）、地市和县镇的学校；学校性质上覆盖公办学校和民办学校；学校类型上覆盖示范学校和一般学校；专业上兼顾各类别。依据全国地级区划的人口分布情况，依据人口多少，确定各地级区划的抽样学校数，每个地级市1—3个学校。样本分布情况见表3-8、表3-9。

表3-8 中职满意度学校调查样本分布情况

变量	类别	学生数（人）	百分比（%）
学校专业	农林牧渔类	1840	2.98
	资源环境类	484	0.78
	能源与新能源类	498	0.81
	土木水利类	1048	1.70
	加工制造类	4613	7.46
	石油化工类	391	0.63
	轻纺食品类	480	0.78
	交通运输类	3221	5.21
	信息技术类	12423	20.10
	医药卫生类	3908	6.32
	休闲保健类	139	0.22
	财经商贸类	6179	10.00

续表

变量	类别	学生数（人）	百分比（%）
学校专业	旅游服务类	3240	5.24
	文化艺术类	3018	4.88
	体育与健身类	280	0.45
	教育类	6836	11.06
	司法服务类	128	0.21
	公共管理与服务类	758	1.23
	其他	12328	19.94
学校所在地	城区	35783	57.89
	县镇	26029	42.11
学校类别	普通中专（含高职中专部）	33115	44.45
	职业高中（含职教中心）	30976	41.58
	成人中专	2144	2.88
	技工学校	8263	11.09
办学水平	国家级示范中职学校	24434	25.73
	省级示范中职学校	14738	15.52
	国家级重点中职学校	23226	24.45
	省级重点中职学校	15628	16.45
	普通中职学校	16955	17.85
学校性质	公办（政府拨款）	55832	90.33
	民办（不含行业、企业办学）	3630	5.87
	行业、企业办学	1255	2.03
	其他	1095	1.77

注：学校类别和办学水平为多选题。

表 3-9　中职满意度学生调查样本情况

变量	类别	学生数（人）	百分比（%）
民族	汉族	54157	87.62
	少数民族	7655	12.38
性别	男	30664	49.61
	女	31148	50.39
户籍所在地	本区县	41402	66.98
	本省外区县	14908	24.12
	外省	5502	8.90
家庭居住地	城区①	21698	26.77
	县城	16628	15.00
	乡镇	14189	23.06
	村	9297	35.17
家庭经济状况	非常差	4554	7.37
	比较差	9505	15.38
	一般	38043	61.55
	比较好	7764	12.56
	非常好	1946	3.15
毕业去向	找工作就业	23542	38.09
	继续读书深造	20828	33.70
	待定	11023	17.83
	准备自己创业	6419	10.38

本次全国中等职业教育雇主满意度调查所涉及的雇主公司或单位所在地的类型有直辖市、沿海开放城市、内地省会城市、其他中小城市、县城和乡镇农村，涵盖

---

① 地区分类包括"城区"和"县城"时，"城区"指设区市的市区所在地，"县城"指县级行政机关政府所在地。后同。

政府机关、事业单位、国有企业、民营企业、合资企业和外资企业六个类别，涉及19个行业和全国主要经济圈，规模覆盖小型、中型和大型三种类型。31个省份雇主公司（单位）登录中国教育科学研究院网站在线填答问卷。

从有效样本所在地市类型来看，内地省会城市和直辖市样本量相对较多，分别达到271份和261份，占比分别为25.9%和24.9%；其次为其他中小城市和沿海开放城市，占比分别为22.4%和19.6%；县城和乡镇农村占比较小，分别为5.7%和1.4%。从样本公司或单位所属性质来看，民营企业占比最高，达到43.4%；其次是国有企业和事业单位，占比分别为24.5%和15.3%；合资企业、外资企业和政府机关占比较低，分别为8.5%、4.5%和3.8%。从样本公司或单位所属行业来看，制造业占比最高，达到23.1%；其次是信息传输、计算机服务和软件业，批发和零售业，文化体育和娱乐业，占比分别为10.4%、8.1%和7.0%；占比较小的行业为水利环境和公共设施管理业、农林牧渔业和国际组织，占比仅为1.5%、1.2%和0.7%。总的来说，从样本所在的地区、公司（单位）性质、所属行业、公司（单位）规模等分布来看，和相应雇主公司（单位）数所占比例较为符合，样本的全国代表性较好。

（三）数据分析方法与步骤

中等职业教育的学生满意度建模采用偏最小二乘法结构方程模型软件SmartPLS3.2.5中的Bootstrap方法检验测量变量能否反映所属潜变量。利用Bootstrap方法进行检验，首先是根据该方法计算每个参数的标准误，并利用该标准误计算T值，依据T值的大小判断系数是否显著不为0。

不同类别的模型拟合指数可以从模型的复杂性、样本大小、相对性与绝对性等方面进行度量。利用SmartPLS3.2.5软件中的PLS程序运行中职学生满意度指数模型，在内部加权方案中选择路径加权方案，测量模型为反映型。模型拟合相关质量指标见表3–10。中职学生满意度模型的平均抽取变异量（AVE）除了教育质量感知得分略低于0.7，其他都在0.7以上，表示模型效度较好。总体满意度测定系数为0.747，表示总体满意度的总变异中由教育期望、教育公平感知和教育质量感知解释的比例达到了74.7%；同样，教育质量感知测定系数R^2为0.636，表示质量感知由教育期望解释的比例达到 63.6%，说明模型拟合较好。

表 3-10　中职学生教育满意度指数模型拟合评价

维度	平均抽取变异量（AVE）	组合信度（CR）	测定系数（R^2）
教育期望	0.773	0.911	—
教育公平感知	0.744	0.935	0.539
教育质量感知	0.628	0.978	0.636
总体满意度	0.850	0.945	0.747

中职教师教育满意度指数模型平均抽取变异量（AVE）除了总体满意度得分高于 0.7 外，其他都在 0.7 以下，表示模型效度一般。模型拟合评价指标标准化残差均方和平方根（SRMR）在 0.05 以下，规范拟合指数（NFI）接近 0.9，说明模型总体拟合符合标准。总体满意度测定系数（R^2）为 0.833，表示总体满意度的总变异中由教育期望、学校管理感知和政府保障感知解释的比例达到了 83.3%；同样，学校管理感知测定系数为 0.526，表示学校管理感知由教育期望解释的比例达到 52.6%，说明模型拟合较好。为了进一步验证模型拟合，利用 SmartPLS3.2.5 中的再抽样程序 Blindfolding 分组交叉验证模型拟合情况，生成的交叉验证预测相关系数（Q^2）除了教育期望外，其他均大于 0.5，说明模型拟合情况也符合要求（见表 3-11）。

表 3-11　中职教师教育满意度指数模型拟合评价

维度	平均抽取变异量（AVE）	组合信度（CR）	测定系数（R^2）	交叉验证预测相关系数 $Q^2=1-SSE/SSO$
学校管理感知	0.576	0.950	0.526	0.520
总体满意度	0.733	0.917	0.833	0.612
政府保障感知	0.599	0.922	0.454	0.529
教育期望	0.520	0.764	—	0.357

雇主满意度指数模型平均抽取变异量（AVE）除了质量感知低于 0.7 以外，其他均高于 0.7，这个指标表示模型效度较好。模型拟合评价指标标准化残差均方和平方根（SRMR）高于 0.05，规范拟合指数（NFI）略低于 0.9，都说明模型总体拟合一般。总体满意度测定系数（R^2）总体不高，说明模型拟合一般，但符合标准。为了进一步验证模型拟合情况，利用 SmartPLS3.2.5 中的再抽样程序 Blindfolding 分组交叉验证模型拟合情况，生成的交叉验证预测相关系数（Q^2）在 0.5 左右，说明模型拟合情况符合要求（见表 3–12）。

表 3–12　中职雇主满意度指数模型拟合评价

维度	平均抽取变异量（AVE）	组合信度（CR）	测定系数（R^2）	交叉验证预测相关系数（$Q^2=1-SSE/SSO$）
质量感知	0.558	0.949	0.479	0.470
雇主忠诚	0.749	0.899	0.357	0.467
雇主期望	0.829	0.936	—	0.579
总体满意度	0.740	0.895	0.622	0.442
较好的评价标准（越大越好，最大值为 1）	> 0.7	> 0.7	> 0.35	> 0

采用聚类算法对开放题进行分析，具体步骤如下：

一是筛选数据。将无意义的数据（未作答、0、不良言论）删除，然后将没有明确建议和意见的填答进行分类汇总，对剩余的意见记录进行分析。

二是利用中文分词工具 jieba（"结巴"）进行分词。jieba 适用于对一段中文进行分词，有精确模式、全模式、搜索引擎模式三种不同的分词模式，其中精确模式适用于将句子精确分开，适合文本分析。本研究采用精确模式进行分析。

三是计算相似度。本研究采用基于语义和词序的句子相似度计算方法计算两个句子之间的相似度。计算任意两个句子的相似度，将相似度值保存到文件中。

四是聚类处理。先进行预聚类处理。采用 K 中心算法的思想对数据进行处理。由于样本量非常大，开放题中需要分析的句子数量非常多，这里采用预聚类处理，以减少类的数量。在需要分析的句子中找到几个中心点，用一个中心点代表一类数据，再将预聚类中得到的中心点利用 K 中心算法进行聚类，用句子间的相似度代表 K 中心算法中的距离的概念。在预聚类中按照顺序遍历数据集：第一步，先将第一条没有被分类的数据作为预聚类中心；第二步，从当前预聚类中心开始向下遍历数据集，如果和预聚类中心的相似度大于一个阈值就将该条数据归为当前预聚类中心的类中；第三步，如果数据集中所有数据都属于某个类，停止，否则跳转到第一步。最后，实施聚类。将数据分成六类，然后进行运算得出结果。

五是后期优化。采用深度学习（deep learning）的方法对结果进行改进。具体思路为：采用词向量相关模型分析软件（word2vec）将句子表示为分布式表述（distributed representation）的方式，从而将句子映射到向量空间中，句子向量之间的距离代表句子之间的相似度。

四、高等教育满意度研究设计

（一）调查对象与工具设计

高等教育满意度是指不同利益群体对高等教育的满意状况。课题组基于已有研究成果和相关理论，比如顾客满意度指数模型、大学生学习与发展理论，构建了我国高等教育满意度理论模型。它包括总体满意度、教育质量感知、教育公平感知、教育环境感知和教育期望五个维度。

教育期望：反映大学生依据个体已有信息或经验对高等教育质量、高等学校质量和专业适合性所做的判断和预期。

教育质量感知：反映大学生对就读高校提供的人才培养内容、课程组织形态以及教师教学方式等质量状况的感受及评判。

教育公平感知：反映大学生对自身在就读高校院校管理中的权利、公平和规则等公平状况的感受及评判。

教育环境感知：反映大学生对就读高校的校园文化及办学条件的感受及评判。

总体满意度：反映大学生对就读高校整体办学状况及所接受的高等教育的综合

感受及评判。

高等教育满意度五个维度的理论关系假设为：教育质量感知、教育公平感知、教育环境感知分别对总体满意度有直接正向影响，教育期望除直接对总体满意度有正向影响外，还通过教育质量感知、教育公平感知、教育环境感知三个变量对总体满意度有正向影响。理论假设模型见图3-2。

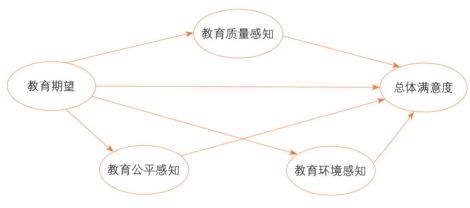

图3-2 高等教育满意度指数模型

调查对象主要是在校大学生，包括两个群体，分别为本科大四在校生和高职大三在校生。学生调查问卷分为两个部分：第一部分为高等教育满意度调查，共包含54道客观选择题和1道开放问题，题目内容覆盖高等教育满意度调查的五个维度，题目设计采用李克特七点量表；第二部分为学生背景信息调查，包括学生个体特征、家庭背景等，共14道客观选择题。此外，课题组还对雇主进行了调查，雇主对大学毕业生的满意度调查问卷由12道客观选择题组成。

（二）抽样设计与样本分布

为保证覆盖全国各地区、各类型高校，同时兼顾样本选择的科学性和可行性，调查抽样采用分阶段随机抽样方法。第一阶段，在省域层面抽取样本学校。按照12%的比例随机抽取高校，如果省域内本科院校数量比较少，则每类抽样学校最少为4所（如果少于4所，则全部入样）。第二阶段，在学校层面抽取样本学生。采用等距抽样的方法，在抽样学校抽取学生140人。对于有些抽样学校少于4所的省份，则在每所高校抽取学生 180 人。

本次调查共有 350 所高校的 4.89 万学生参加，包括普通本科院校 182 所、学生 2.54 万人，高职院校 168 所、学生 2.35 万人。同时，共有 2266 名全国各地区各行业的大中小企业雇主参与调查。学生问卷有效样本量 44164 份，其中本科为 22319 份，高职为 21845 份，有效率为 90.42%。从样本的性别和民族分布来看，女生占 50.79%，汉族学生占 88.52%。从样本的家庭户籍所在地来看，在本省份就读的大学生占 71.11%，在外省份就读的大学生占 28.89%。从样本家庭居住地来看，来自城区、县城、乡镇和村的学生比例分别为 28.96%、20.97%、16.4% 和 33.66%。从学校举办者类型看，本科学生在教育部门举办的学校就读的比例为 81.86%，在民办学校就读的比例为 13.07%，在其他部门举办的学校就读的比例为 5.08%；高职学生在教育部门举办的学校就读的比例为 48.41%，在民办学校就读的比例为 10.38%，在其他部门举办的学校就读的比例为 39.56%，还有少量学生在地方企业举办的学校就读（1.65%）。样本就读学校的性质、所学专业及学科门类分布情况见表 3–13、表 3–14。

表 3–13　调查样本就读学校的性质分布

学校性质类别	本科		高职	
	人数（人）	百分比（%）	人数（人）	百分比（%）
财经院校	2297	10.29	2225	10.19
理工院校	6267	28.08	9982	45.69
林业院校	269	1.21	263	1.20
民族院校	378	1.69	—	—
农业院校	967	4.33	1194	5.47
师范院校	4156	18.62	598	2.74
体育院校	202	0.91	147	0.67
医药院校	820	3.67	1386	6.34
艺术院校	111	0.5	258	1.18

续表

学校性质类别	本科		高职	
	人数（人）	百分比（%）	人数（人）	百分比（%）
语文院校	373	1.67	136	0.62
政法院校	90	0.40	439	2.01
综合大学	6389	28.63	5217	23.88

表 3-14 调查样本所学专业和学科门类分布

变量	类别	本科		高职	
		人数（人）	百分比（%）	人数（人）	百分比（%）
学科门类	哲学	144	0.65	—	—
	经济学	2077	9.31	—	—
	法学	783	3.51	—	—
	教育学	1226	5.49	—	—
	文学	2012	9.01	—	—
	历史学	187	0.84	—	—
	理学	2347	10.52	—	—
	工学	6612	29.62	—	—
	农学	530	2.37	—	—
	医学	1083	4.85	—	—
	军事学	17	0.08	—	—
	管理学	3092	13.85	—	—
	艺术学	1602	7.18	—	—
	其他	607	2.72	—	—

变量	类别	本科		高职	
		人数（人）	百分比（%）	人数（人）	百分比（%）
所学专业	农林牧渔类	—	—	820	3.75
	资源环境类	—	—	462	2.11
	能源与新能源类	—	—	528	2.42
	土木水利类	—	—	2498	11.44
	加工制造类	—	—	2432	11.13
	石油化工类	—	—	310	1.42
	轻纺食品类	—	—	315	1.44
	交通运输类	—	—	1420	6.50
	信息技术类	—	—	2445	11.19
	医药卫生类	—	—	2393	10.95
	休闲保健类	—	—	53	0.24
	财经商贸类	—	—	3159	14.46
	旅游服务类	—	—	816	3.74
	文化艺术类	—	—	1378	6.31
	体育与健身类	—	—	169	0.77
	教育类	—	—	901	4.12
	司法服务类	—	—	283	1.30
	公共管理与服务类	—	—	1394	6.38
	其他	—	—	69	0.33

雇主问卷有效样本量为 1663 份，其中本科学生雇主问卷为 787 份，高职学生雇主问卷为 876 份。

（三）数据分析方法与步骤

运用 SmartPLS2.0 软件进行模型检验，结果显示：教育期望、教育质量感知、教育公平感知、教育环境感知和总体满意度的内部一致性系数都大于 0.7，组合信度都大于 0.8，平均抽取变异量基本大于 0.6，公因子方差基本大于 0.6；教育质量感知、教育环境感知和教育公平感知的测定系数（R^2）接近或大于 0.4（见表 3-15），各指标基本符合模型质量检验的要求。

表 3-15 高等教育满意度指数模型质量检验

维度	平均抽取变异量（AVE）	组合信度（Composite Reliability）	测定系数（R^2）	内部一致性系数（α）	公因子方差（Communality）
教育期望	0.638	0.840	0.000	0.714	0.638
教育质量感知	0.544	0.958	0.397	0.953	0.544
教育公平感知	0.627	0.948	0.341	0.940	0.627
教育环境感知	0.618	0.967	0.453	0.963	0.618
总体满意度	0.833	0.938	0.687	0.900	0.833

五、社会公众满意度研究设计

（一）样本分布

社会公众教育满意度调查以全国网民为抽样总体。参考中国互联网络信息中心（CNNIC）2017 年发布的《第 40 次中国互联网络发展状况统计报告》中的全国网民特征数据，根据性别、城乡、年龄、学历等指标按比例抽取样本，调查对象来自全国 30 个省份（无西藏）。社会公众教育满意度调查与基础教育满意度调查同期进行。实际收回有效问卷 5150 份。社会公众调查样本的基本情况见表 3-16。

表 3-16 社会公众调查样本基本情况

变量	类别	人数（人）	百分比（%）
性别	男	2675	51.9
	女	2475	48.1

续表

变量	类别	人数（人）	百分比（%）
地区	东部	3349	65.0
	中部	1166	22.6
	西部	617	12.0
	不详	18	0.3
家庭所在地	城区	2290	44.5
	镇区	1481	28.8
	乡村	1379	26.8
户籍所在地	本县（市、区）	3521	68.4
	本省外县（市、区）	1212	23.5
	外省	417	8.1
年龄	20 岁及以下	1153	22.4
	21—30 岁	1537	29.8
	31—40 岁	1810	35.1
	41—50 岁	464	9.0
	51—60 岁	148	2.9
	60 岁以上	38	0.7
学历	小学	821	15.9
	初中	1904	37.0
	高中	1308	25.4
	专科	477	9.3
	本科	536	10.4
	研究生及以上	104	2.0

续表

变量	类别	人数（人）	百分比（%）
职业	工人	591	11.5
	农民	732	14.2
	私营或个体经营者	909	17.7
	商业服务业人员	646	12.5
	公务员	260	5.0
	军人	49	1.0
	教育、医务和科研等专业技术人员	372	7.2
	企事业管理人员	476	9.2
	进城务工人员	250	4.9
	其他	226	4.4
	学生	584	11.3
	待业	55	1.1
家庭经济状况	非常差	366	7.1
	比较差	714	13.9
	一般	2321	45.1
	比较好	1249	24.3
	非常好	500	9.7
子女就读状况	无子女	1006	19.5
	有子女未上学	759	14.7
	就读小学	1762	34.2
	就读初中	856	16.6
	就读普通高中	471	9.1
	就读中职	142	2.8
	就读大学及以上	154	3.0

（二）工具设计

问卷整体分为两个部分，第一部分是对全国教育发展的满意度感受，包括四个维度，共24道题目；第二部分是对地方基础教育发展的满意度感受，包括四个维度，共17道题目（见表3-17）。题目选项也是采用李克特七点计分，但是数据分析不采用结构方程模型，而采用SPSS17.0软件。

表3-17　社会公众调查问卷结构

一级维度	二级维度
全国教育发展满意度	全国教育总体满意度
	教育机会满意度
	教育公平与保障满意度
	教育质量满意度
地方基础教育发展满意度	地方教育总体满意度
	教育期望满意度
	教育规划与保障满意度
	教育管理与服务满意度

通过计算临界比率值和题总相关可知，问卷各维度的各个题项均具有较好的区分度。全国教育发展满意度部分：在教育机会满意度维度，各题的临界比率值为68.438—82.834，题总相关系数为0.749—0.830，各题的区分度较好。在教育公平与保障满意度维度，各题的临界比率值为73.143—83.018，题总相关系数为0.770—0.844，各题的区分度较好。在教育质量满意度维度，各题的临界比率值为73.169—82.702，题总相关系数为0.755—0.834，各题的区分度较好。在全国教育总体满意度维度，两题的临界比率值分别为58.518、82.478，题总相关系数均在0.8以上，区分度较好。

地方基础教育发展满意度部分：在教育期望满意度维度，各题的临界比率值为66.454—85.517，题总相关系数为0.747—0.784，各题的区分度较好。在教育

规划与保障满意度维度，各题的临界比率值为 64.263—82.492，题总相关系数为
0.759—0.811，各题的区分度较好。在教育管理与服务满意度维度，各题的临界比
率值为 62.725—79.898，题总相关系数为 0.752—0.826，各题的区分度较好。在地
方教育总体满意度维度，各题的临界比率值为 77.258—87.363，题总相关系数为
0.772—0.831，各题的区分度较好。

采用克隆巴赫内部一致性信度和分半信度来估计问卷各维度的信度，结果表
明，问卷总体的内部一致性信度和分半信度均在 0.93 以上；两个部分各维度的内
部一致性信度为 0.784—0.980，分半信度为 0.793—0.956。问卷各维度的内部一致
性信度和分半信度均为 0.784—0.980，说明问卷各维度具有较好的信度。具体分析
结果见表 3-18。

表 3-18　社会公众教育满意度问卷信度

一级维度	二级维度	内部一致性信度（α）	分半信度
全国教育发展满意度	本维度总体	0.980	0.945
	全国教育总体满意度	0.784	0.793
	教育机会满意度	0.958	0.925
	教育公平与保障满意度	0.941	0.935
	教育质量满意度	0.942	0.936
地方基础教育发展满意度	本维度总体	0.970	0.956
	地方教育总体满意度	0.888	0.894
	教育期望满意度	0.863	0.868
	教育规划与保障满意度	0.904	0.921
	教育管理与服务满意度	0.920	0.910
问卷总体		0.986	0.938

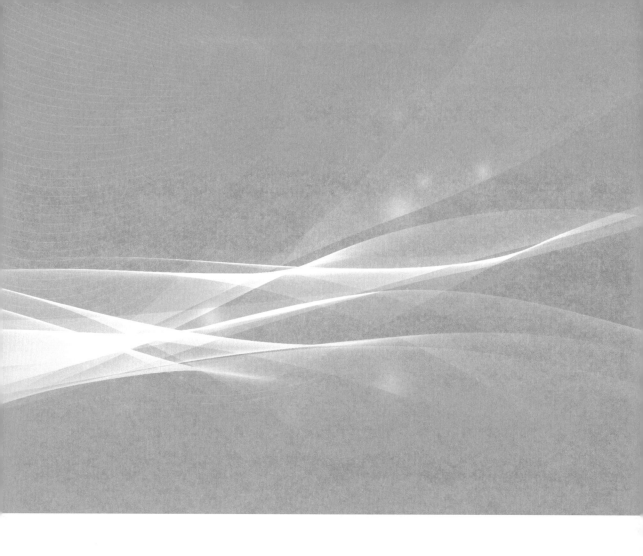

第四章

学前教育满意度 调查结果

一、幼儿园家长满意度

（一）总体满意度

1. 幼儿园家长总体满意度稳中有升

幼儿园家长总体满意度分值为 85.52，比 2015 年的 83.90 增加了 1.62。

2. 东中西部地区总体满意度分值差异显著

整体来看，东中西部幼儿园家长总体满意度分值存在显著差异（$F=95.41$，$p<0.001$）。具体来说，东部幼儿园家长总体满意度分值最高（87.54），中部家长分值次之（85.56），而西部家长分值最低（83.50）（见图 4-1）。

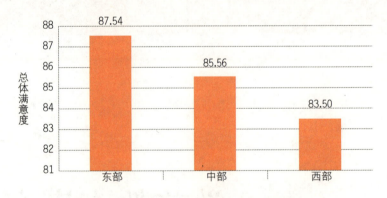

图 4-1　东中西部幼儿园家长总体满意度分值

3. 城区幼儿园家长的满意度最高，乡村最低

在总体满意度方面，城区幼儿园家长分值最高（87.04），乡村幼儿园家长分值最低（82.20）（见图 4-2），且在整体上存在显著差异（$F=122.73$，$p<0.001$）。

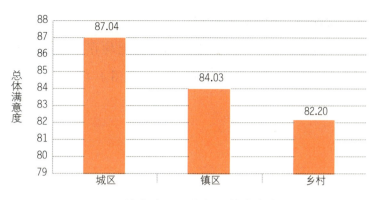

图 4-2　城乡幼儿园家长总体满意度分值

4. 公办幼儿园家长的总体满意度相对较高

不同类型幼儿园家长总体满意度分值存在显著差异（$F=97.88$，$p<0.001$）。公办幼儿园家长总体满意度分值（86.50）显著高于民办幼儿园家长总体满意度分值（82.35）。

5. 母亲和父亲的总体满意度最高

不同照料者总体满意度分值存在显著差异（$F=9.88$，$p<0.001$）。父亲、母亲的总体满意度较高（见图 4-3）。

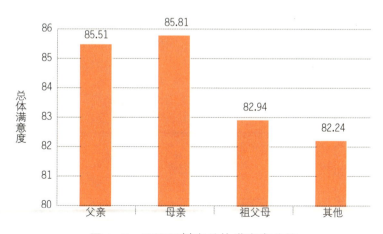

图 4-3　不同照料者总体满意度分值

6. 家长的学历越高，总体满意度越高

整体来看，不同学历的家长在总体满意度上均存在显著差异（$F=93.70$，$p<0.001$），即家长的学历越高，总体满意度越高（见图4-4）。

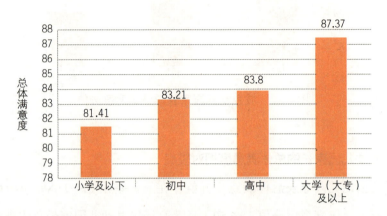

图4-4 不同学历幼儿园家长总体满意度分值

7. 家庭经济状况越好，家长总体满意度越高

不同家庭经济状况的家长总体满意度分值存在显著差异（$F=75.10$，$p<0.001$）。家庭经济状况越好，家长总体满意度越高（见图4-5）。

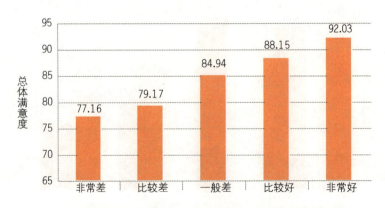

图4-5 不同家庭经济状况幼儿园家长总体满意度分值

8. 家庭人均年收入越高，家长总体满意度越高

整体来看，不同家庭人均年收入的幼儿园家长总体满意度分值存在显著差异（$F=25.75$，$p<0.001$）。家庭人均年收入越高的幼儿园家长，总体满意度分值越高（见图 4-6）。

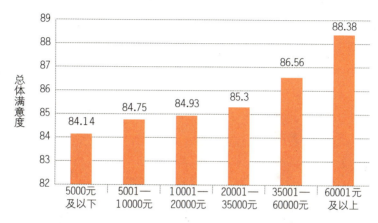

图 4-6　不同家庭人均年收入幼儿园家长总体满意度分值

（二）维度分析

1. 教育期望分值情况

（1）幼儿园家长教育期望分值总体较高

幼儿园家长教育期望分值为 84.03，比 2015 年的 80.19 提高了 3.84。

（2）幼儿园家长教育期望分值存在区域差异

整体来看，东中西部幼儿园家长在教育期望分值上存在显著差异（$F=92.63$，$p<0.001$）。具体来说，东部地区幼儿园家长教育期望分值最高（86.07），其次是中部地区幼儿园家长（83.75），西部地区幼儿园家长分值相对较低（81.85）。

（3）城区幼儿园家长的教育期望分值最高，乡村最低

在教育期望维度，城区幼儿园家长的分值最高（85.24），其次是镇区家长（82.56），乡村幼儿园家长的分值最低（80.03），且在整体上存在显著差异（$F=95.77$，$p<0.001$）。

（4）公办幼儿园家长的教育期望分值相对较高

总体来看，不同类型幼儿园家长在教育期望分值上存在显著差异（$F=94.78$，$p<0.001$）。公办幼儿园家长教育期望分值（84.90）高于民办幼儿园家长（80.57）。

（5）母亲的教育期望分值最高

不同照料者教育期望分值存在显著差异（$F=8.86$，$p<0.001$），其中母亲的分值最高（见图4-7）。

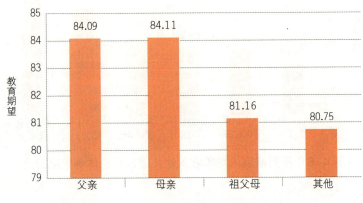

图4-7　不同照料者教育期望分值

（6）居住在城区的幼儿园家长教育期望分值最高，居住在乡村的家长最低

整体来看，不同家庭现居住地的幼儿园家长教育期望分值存在显著差异（$F=99.20$，$p<0.001$）。其中，城区家长分值最高（85.30），其次是镇区家长（82.71），乡村家长最低（80.51）。

（7）家长的学历越高，教育期望水平越高

整体来看，不同学历的家长在教育期望分值上均存在显著差异（$F=60.63$，$p<0.001$），且表现形式完全一致，即家长的学历越高，分值越高（见图4-8）。

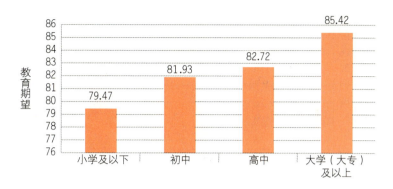

图 4-8　不同学历幼儿园家长教育期望分值

（8）家庭经济状况越好的家长教育期望越高

整体来看，不同家庭经济状况的家长在教育期望分值上存在显著差异（$F=55.78$，$p<0.001$）。具体来说，家庭经济状况越好的家长，其教育期望越高（见图 4-9）。

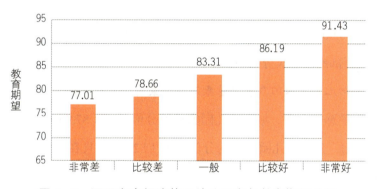

图 4-9　不同家庭经济状况幼儿园家长教育期望分值

（9）家庭人均年收入越高，家长的教育期望也越高

整体来看，不同家庭人均年收入的幼儿园家长教育期望分值存在显著差异（$F=23.91$，$p<0.001$）。家庭人均年收入越高的幼儿园家长，其教育期望越高（见图 4-10）。

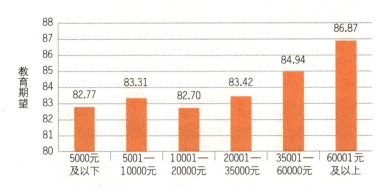

图4-10　不同家庭人均年收入幼儿园家长教育期望分值

2. 教育质量感知分值情况

（1）幼儿园家长教育质量感知分值总体水平有所提高

幼儿园家长教育质量感知分值为85.52，比2015年时的82.83提高了2.69。

（2）幼儿园家长教育质量感知分值存在区域差异

整体来看，东中西部幼儿园家长在教育质量感知分值上存在显著差异（$F=132.60$，$p<0.001$）。其中，东部地区家长分值最高（88.71），其次是中部地区家长（86.43），西部地区家长分值最低（84.52）。

（3）城区幼儿园家长的教育质量感知分值最高，乡村最低

在教育质量感知方面，城区幼儿园家长的分值最高（87.99），其次是镇区幼儿园家长（84.98），乡村幼儿园家长的分值最低（82.78），且在整体上存在显著差异（$F=150.84$，$p<0.001$）。

（4）公办幼儿园家长的教育质量感知分值相对较高

总体来看，不同类型幼儿园的家长在教育质量感知分值上存在显著差异（$F=99.57$，$p<0.001$）。公办幼儿园家长教育质量感知分值（87.42）高于民办幼儿园家长分值（83.73）。

（5）父母亲的教育质量感知分值最高

不同照料者在教育质量感知分值上存在显著差异（$F=17.51$，$p<0.001$）。父亲（86.69）和母亲（86.83）的分值显著高于祖父母的分值（83.34）（见图4-11）。

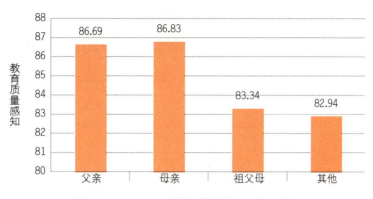

图 4-11　不同照料者教育质量感知分值

（6）居住在城区的幼儿园家长的教育质量感知分值最高，居住在乡村的家长最低

整体来看，不同家庭现居住地的幼儿园家长在质量感知分值上存在显著差异（$F=160.98$，$p<0.001$）。居住在城区的幼儿园家长分值最高（88.07），其次是镇区家长（85.14），居住在乡村的幼儿园家长分值最低（83.12）。

（7）家长的学历越高，教育质量感知分值越高

整体来看，不同学历家长的教育质量感知分值存在显著差异（$F=130.84$，$p<0.001$），家长的学历越高，分值越高（见图 4-12）。

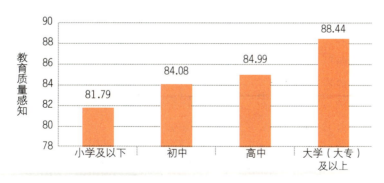

图 4-12　不同学历幼儿园家长教育质量感知分值

（8）家庭经济状况越好家长的教育质量感知分值越高

整体来看，不同家庭经济状况家长的教育质量感知分值存在显著差异（$F=86.40$，$p<0.001$）。具体来说，家庭经济状况越好，家长的教育质量感知分值越高（见图4-13）。

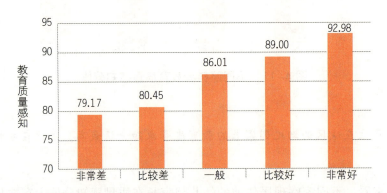

图4-13　不同家庭经济状况幼儿园家长教育质量感知分值

（9）家庭人均年收入越高，家长的教育质量感知分值越高

整体来看，不同家庭人均年收入的幼儿园家长的教育质量感知分值存在显著差异（$F=33.17$，$p<0.001$）。家庭人均年收入越高，教育质量感知的分值越高（见图4-14）。

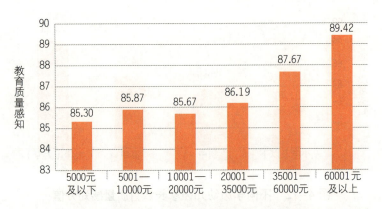

图4-14　不同家庭人均年收入幼儿园家长教育质量感知分值

3. 教育公平感知分值情况

（1）幼儿园家长教育公平感知分值有所提高

幼儿园家长教育公平感知分值为 76.77，比 2015 年时的 73.61 提高了 3.16。

（2）幼儿园家长教育公平感知区域差异显著

整体来看，东中西部幼儿园家长教育公平感知分值存在显著差异（F=18.65，p<0.001）。东部幼儿园家长教育公平感知分值最高（74.08），中部（72.74）和西部（72.35）幼儿园家长分值均相对较低。

（3）城区幼儿园家长的教育公平感知分值低于乡村家长

在教育公平感知分值上，城乡幼儿园家长差异显著（F=5.50，p<0.001），乡村幼儿园家长的分值最高（74.21），其次是镇区幼儿园家长（73.16），城区幼儿园家长的分值最低（72.87）。

（4）公办幼儿园的家长教育公平感知分值相对较高

总体来看，不同类型幼儿园的家长教育公平感知分值存在显著差异（F=153.61，p<0.001）。公办幼儿园家长教育公平感知分值（74.27）高于民办幼儿园家长（69.03）。

（5）父亲的教育公平感知分值最高

不同照料者教育公平感知分值存在显著差异（F=7.39，p<0.001），父亲的教育公平感知分值最高（74.09）（见图 4-15）。

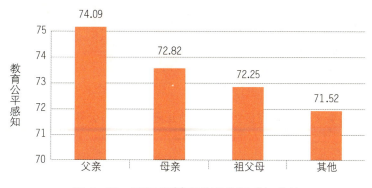

图 4-15 不同照料者教育公平感知分值

（6）不同学历家长的教育公平感知分值存在显著性差异

不同学历家长教育公平感知分值存在显著差异（F=4.36，p=0.004），学历为高中的家长教育公平感知分值最低（72.27）（见图4–16）。

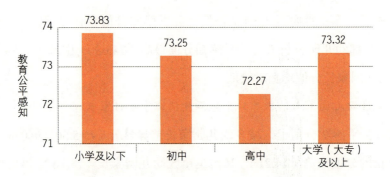

图4–16　不同学历幼儿园家长教育公平感知分值

（7）家庭经济状况越好的家长教育公平感知分值越高

整体来看，不同家庭经济状况家长的教育公平感知分值存在显著差异（F=33.17，p<0.001）。家庭经济状况越好，家长的教育公平感知分值越高（见图4–17）。

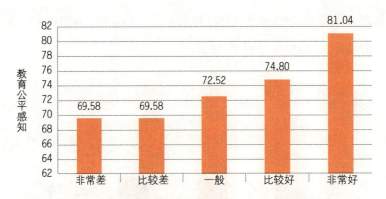

图4–17　不同家庭经济状况幼儿园家长教育公平感知分值

（8）不同家庭人均年收入的家长教育公平感知差异显著

整体来看，不同家庭人均年收入的幼儿园家长的教育公平感知分值存在显著差异，具体结果见图4-18。

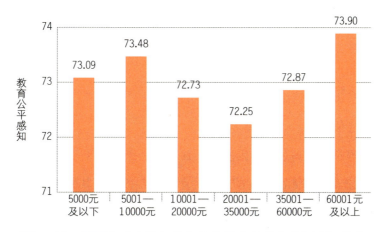

图4-18 不同家庭人均年收入幼儿园家长教育公平感知分值

（三）路径分析

1. 教育满意度受教育期望、教育质量感知和教育公平感知的影响

幼儿园家长的教育期望、教育质量感知、教育公平感知对教育总体满意度的影响均为正向且均在0.001水平上显著（见表4-1）。

表4-1 幼儿园家长教育满意度四个潜变量间的关系

潜变量	影响方向	潜变量	标准化	非标准化	标准误	临界比率	p
教育公平感知	<——	教育期望	0.728	0.389	0.014	28.315	***
教育质量感知	<——	教育期望	0.478	0.367	0.008	47.313	***
教育质量感知	<——	教育公平感知	0.535	0.768	0.028	27.382	***
总体满意度	<——	教育公平感知	0.489	0.784	0.035	22.450	***

续表

潜变量	影响方向	潜变量	标准化	非标准化	标准误	临界比率	p
总体满意度	<——	教育质量感知	0.415	0.463	0.025	18.884	***
总体满意度	<——	教育期望	0.079	0.068	0.012	5.429	***

注：* 表示 $p < 0.05$，** 表示 $p < 0.01$，*** 表示 $p < 0.001$，后同。

幼儿园家长教育满意度指数模型变量的标准化总效应值为标准化直接效应值与标准化间接效应值之和。

以幼儿园家长总体满意度为因变量、其他三个变量为自变量进行路径分析，发现仅教育质量感知对总体满意度的影响为单一直接效应，其值为 0.415；教育期望和教育公平感知对总体满意度的影响除了直接影响外，还以教育质量感知或教育公平感知为中介变量，间接影响总体满意度。

从教育期望对总体满意度的影响来看，除了直接效应（值为 0.079）外，还有三个间接效应：①以教育质量感知为中介变量影响总体满意度，其中教育期望对教育质量感知的路径系数为 0.478，教育质量感知对总体满意度的路径系数为 0.415，此间接效应值为 $0.478 \times 0.415 \approx 0.198$；②以教育公平感知为中介变量影响总体满意度，其中教育期望对教育公平感知的路径系数为 0.728，教育公平感知对总体满意度的路径系数为 0.489，此间接效应值为 $0.728 \times 0.489 \approx 0.356$；③以教育公平感知和教育质量感知为中介变量影响总体满意度，其中教育期望对教育公平感知的路径系数为 0.728，教育公平感知对教育质量感知的路径系数为 0.535，教育质量感知对总体满意度的路径系数为 0.415，此间接效应值为 $0.728 \times 0.535 \times 0.415 \approx 0.162$。三个间接效应值之和为 0.198+0.356+0.162=0.716。

从教育期望对教育质量感知的影响来看，除了直接效应（值为 0.478）外，还有一个间接效应：以教育公平感知为中介变量影响教育质量感知，其中教育期望对教育公平感知的路径系数为 0.728，教育公平感知对教育质量感知的路径系数为 0.535，此间接效应值为 $0.728 \times 0.535 \approx 0.389$。

从教育公平感知对总体满意度的影响来看，除了直接效应（标准化值为 0.489）外，还有一个间接效应：以教育质量感知为中介变量影响总体满意度，其中教育公平感知对教育质量感知的路径系数为 0.535，教育质量感知对总体满意度的路径系数为 0.415，此间接效应值为 $0.535 \times 0.415 \approx 0.222$（见表 4-2、表 4-3、表 4-4）。

表 4-2　幼儿园家长教育满意度指数模型变量间的标准化直接效应

维度	教育期望	教育公平感知	教育质量感知	总体满意度
教育公平感知	0.728	—		
教育质量感知	0.478	0.535		
总体满意度	0.079	0.489	0.415	—

表 4-3　幼儿园家长教育满意度指数模型变量间的标准化间接效应

维度	教育期望	教育公平感知	教育质量感知	总体满意度
教育公平感知	—			
教育质量感知	0.389	—	—	—
总体满意度	0.716	0.222	—	—

表 4-4　幼儿园家长教育满意度指数模型变量间的标准化总效应

维度	教育期望	教育公平感知	教育质量感知	总体满意度
教育公平感知	0.728	—	—	—
教育质量感知	0.867	0.535	—	—
总体满意度	0.795	0.711	0.415	—

2. 家长最满意的是幼儿园园风、老师认真负责和孩子进步大，最不满意的是幼儿园差距大、收费高和入园难

幼儿园家长满意度分值最高的五个问题分别为：您觉得幼儿园的园风好吗？老师认真负责吗？孩子生活习惯比入园前进步大吗？幼儿园的晨检、消毒等卫生保健工作做得好吗？孩子喜欢上幼儿园吗？分值最低的五个问题分别为：您觉得本地幼儿园之间的差距大吗？总体看这所幼儿园收费高吗？孩子进这所幼儿园难吗？孩子上幼儿园远吗？孩子入园前您觉得本地幼儿园教育总体情况怎么样？可见，家长最满意的是幼儿园园风、老师认真负责和孩子进步大，最不满意的是幼儿园差距大、收费高和入园难。

二、幼儿园教师满意度

（一）总体满意度

1. 幼儿园教师对教育工作总体比较满意

幼儿园教师的教育总体满意度分值为 68.99，表明对教育工作"比较满意"。

2. 中部地区幼儿园教师的总体满意度最高

东中西部幼儿园教师在教育总体满意度上分值存在非常显著的差异（$F=11.646$，$p<0.01$）。具体来说，中部地区幼儿园教师教育总体满意度分值最高，为 62.27；东部地区幼儿园教师分值次之，为 61.05；西部地区幼儿园教师分值最低，为 57.47（见图 4–19）。

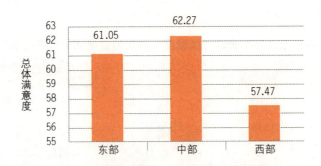

图 4–19　东中西部幼儿园教师总体满意度分值

3. 民办幼儿园教师总体满意度相对较高

不同性质幼儿园的教师总体满意度分值存在显著差异（$F=3.863$，$p<0.05$），民办幼儿园教师总体满意度分值为 70.41，高于公办幼儿园教师（68.26）和其他性质

幼儿园教师（69.83）。

4. 学历越高，幼儿园教师的总体满意度越低

在总体满意度分值上，不同学历的幼儿园教师存在非常显著的差异，且幼儿园教师的学历越高，其对教育的总体满意度越低。初中学历的幼儿园教师总体满意度分值高于其他学历的教师，分值为74.38；其次是高中学历的幼儿园教师，分值为72.44；总体满意度分值最低的是研究生学历的幼儿园教师，仅为65.93（见表4–5）。

表 4–5　幼儿园教师总体满意度的学历差异

学历	人数	均值	标准差	F	p
初中	18	74.38	17.16		
高中	381	72.44	18.48		
专科	1611	69.87	19.80	7.842	0.000
本科	1959	67.13	21.41		
研究生	30	65.93	21.87		

5. 学前教育专业背景的幼儿园教师总体满意度较高

不同专业背景的幼儿园教师教育总体满意度分值存在非常显著的差异（$F=4.309$，$p<0.01$）。学前教育专业的幼儿园教师总体满意度分值（69.08）高于非学前教育专业的幼儿园教师（67.32）。

6. 高级职称幼儿园教师的总体满意度最高

不同职称的幼儿园教师的总体满意度分值存在非常显著的差异，高级职称教师的满意度相对最高（70.90），其次为三级职称的幼儿园教师（70.15），二级职称的幼儿园教师满意度最低（66.36）。可以看出，职称位于高低两端的幼儿园教师相对其他职称和未评职称的幼儿园教师来说，总体满意度较高（见表4–6）。

表4-6 幼儿园教师总体满意度的职称差异

职称	人数	均值	标准差	F	p
未评职称	1799	69.99	19.57		
三级	281	70.15	20.79		
二级	1024	66.36	21.60	5.67	0.000
一级	828	68.42	21.16		
高级	67	70.90	18.75		

7. 年龄大的幼儿园教师的总体满意度相对较高

不同年龄的幼儿园教师的总体满意度分值具有非常显著的差异，51—55岁幼儿园教师的分值（73.38）显著高于其他年龄段的教师，其次是31—35岁的幼儿园教师，其满意度分值为70.02（见表4-7）。

表4-7 幼儿园教师总体满意度的年龄差异

年龄	人数	均值	标准差	F	p
25岁及以下	1065	69.87	20.00		
26—30岁	1195	67.76	21.20		
31—35岁	765	70.02	20.22		
36—40岁	468	67.49	20.68	2.888	0.008
41—45岁	270	66.28	20.92		
46—50岁	183	69.19	19.80		
51—55岁	53	73.38	19.19		

8. 合同聘任的幼儿园教师的总体满意度相对较高

不同聘任形式的幼儿园教师总体满意度分值存在非常显著的差异（$F=6.808$，$p<0.01$）。合同聘任的幼儿园教师的总体满意度分值（70.10）高于正式在编（67.64）和临时代课的幼儿园教师（68.57）（见图4-20），值得注意的是，正式在编

的幼儿园教师对教育的总体满意度最低。

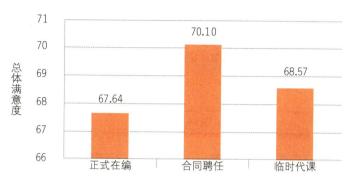

图 4-20 不同聘任形式幼儿园教师总体满意度分值

9. 没有教师资格证的幼儿园教师总体满意度相对较高

教师资格证的持有情况非常显著地影响了幼儿园教师的总体满意度（$F=18.984$，$p<0.01$），没有教师资格证的教师分值（73.44）高于持有教师资格证的教师（68.33）。

（二）维度分析

1. 教育期望分值情况

（1）幼儿园教师的教育期望属于"比较满意"的范畴

幼儿园教师的教育期望分值为 69.90，属于"比较满意"的范畴。

（2）中部地区幼儿园教师的教育期望分值最高，西部地区最低

东中西部幼儿园教师在教育期望分值上存在着非常显著的差异（$F=24.499$，$p<0.01$）。具体来说，中部地区幼儿园教师教育期望分值最高，为 69.56；西部地区分值最低，为 65.42（见图 4-21）。

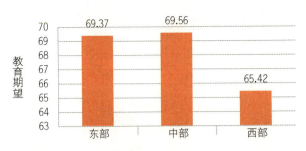

图 4-21　东中西部幼儿园教师教育期望分值

（3）高中及以下学历幼儿园教师的教育期望分值相对较高

在教育期望方面，不同学历的幼儿园教师存在显著差异。初中学历的幼儿园教师分值最高，为 69.75；其次是高中学历的幼儿园教师，分值为 69.97，高于专科及以上学历的教师（见表 4-8）。总的来说，教师的学历越高，其教育期望分值越低。

表 4-8　幼儿园教师教育期望的学历差异

学历	人数	均值	标准差	F	p
初中	18	69.75	13.37		
高中	381	69.67	16.11		
专科	1611	68.91	16.56	4.306	0.002
本科	1959	67.33	17.79		
研究生	30	60.19	19.63		

（4）学前教育专业背景的幼儿园教师教育期望分值较高

总体来看，不同专业背景的幼儿园教师教育期望分值存在显著差异（$F=42.99$，$p<0.01$）。学前教育专业的幼儿园教师的教育期望分值（68.97）高于非学前教育专业的幼儿园教师（64.35）。

（5）职称位于高低两端的幼儿园教师的教育期望分值相对较高

在教育期望分值上，不同职称的幼儿园教师存在显著差异。三级职称的教师的教育期望分值最高，为70.03；其次是高级职称的幼儿园教师，分值为69.90。可以看出，职称位于高低两端的幼儿园教师的教育期望分值相对高于其他职称的教师（见表4-9），未评职称的幼儿园教师的教育期望分值并不是最低的。

表4-9　幼儿园教师教育期望的职称差异

职称	人数	均值	标准差	F	p
未评职称	1799	68.81	16.57		
三级	281	70.03	16.79		
二级	1024	66.84	17.95	3.419	0.008
一级	828	67.55	17.52		
高级	67	69.90	17.14		

（6）合同聘任幼儿园教师的教育期望分值相对较高

不同编制情况的幼儿园教师教育期望分值存在显著差异（$F=8.821$，$p<0.01$）。合同聘任的幼儿园教师的分值（69.35）高于正式在编教师（67.04）和临时代课的幼儿园教师（68.98）。可以看出，正式在编教师的教育期望最低。

2. 园所管理感知分值情况

（1）幼儿园教师对园所管理"比较满意"

幼儿园教师的园所管理感知分值为77.78，属于"比较满意"范畴。

（2）东部地区幼儿园教师的园所管理感知分值最高

东中西部幼儿园教师的园所管理感知分值存在显著差异（$F=23.727$，$p<0.01$）。具体来说，东部地区幼儿园教师的园所管理感知分值最高（79.19），西部地区分值最低（75.83），中部地区教师分值居中（79.12）（见图4-22）。

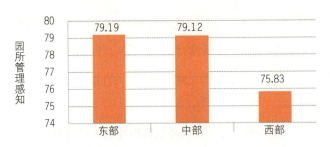

图 4-22　东中西部幼儿园教师园所管理感知分值

（3）学前教育专业背景的幼儿园教师的园所管理感知分值较高

总体来看，不同专业背景的幼儿园教师园所管理感知分值存在显著差异（F=12.558，p<0.01）。学前教育专业的幼儿园教师的园所管理感知分值（78.45）高于非学前教育专业的幼儿园教师（76.36）。

（4）11—15 年教龄的幼儿园教师的园所管理感知分值最高

在园所管理感知分值上，不同教龄幼儿园教师之间存在差异，11—15 年教龄的教师分值（79.26）高于其他教龄段教师，3 年以下教龄的新教师的园所管理感知分值最低，仅为 77.18（见表 4-10）。

表 4-10　幼儿园教师园所管理感知的教龄差异

教龄	人数	均值	标准差	F	p
3 年以下	836	77.18	13.84		
3—5 年	1044	77.69	14.58		
6—10 年	836	79.19	13.58	2.543	0.026
11—15 年	442	79.26	14.56		
16—20 年	407	77.55	14.88		
20 年以上	434	77.89	15.41		

（5）合同聘任幼儿园教师的园所管理感知分值最高

不同聘任形式的幼儿园教师园所管理感知分值存在显著差异（$F=8.196$，$p<0.01$）。合同聘任的幼儿园教师的分值（78.93）高于正式在编（77.62）和临时代课的幼儿园教师（75.10）。

（6）月收入4000元以上的幼儿园教师的园所管理感知分值较高

不同月收入水平的幼儿园教师园所管理感知分值存在显著差异，月收入为4001—5000元的教师园所管理感知分值较高（80.00），其次是月收入在5001元及以上的幼儿园教师（79.67），月收入在2000元及以下的教师的园所管理感知分值最低（75.94）（见表4-11）。

表4-11　幼儿园教师园所管理感知的收入情况差异

月收入	人数	均值	标准差	F	p
2000元及以下	777	75.94	14.27		
2001—3000元	1483	77.91	14.06		
3001—4000元	918	78.54	14.47	7.840	0.000
4001—5000元	472	80.00	13.91		
5001元及以上	347	79.67	15.51		

注：2人未作答。

3. 政府保障感知分值情况

（1）幼儿园教师政府保障感知分值水平一般

幼儿园教师的政府保障感知分值为60.27，属于满意度"一般"的范畴。

（2）西部地区幼儿园教师政府保障感知分值最低

东中西部幼儿园教师政府保障感知分值存在显著差异（$F=27.461$，$p<0.01$）。具体来说，中部地区幼儿园教师的政府保障感知分值最高，为62.27；东部地区次之，为61.05；西部地区最低，仅为57.47（见图4-23）。

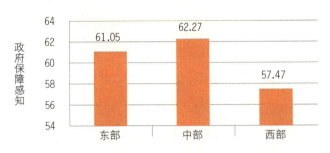

图 4-23　东中西部幼儿园教师政府保障感知分值

（3）学前教育专业背景的幼儿园教师政府保障感知分值较高

总体来看，不同专业背景的幼儿园教师政府保障感知分值存在显著差异（$F=5.208$，$p<0.05$）。学前教育专业的幼儿园教师政府保障感知分值（60.56）高于非学前教育专业的幼儿园教师（58.94）。

（4）高级职称的幼儿园教师政府保障感知分值较高

在政府保障感知分值上，不同职称的幼儿园教师之间存在显著差异，高级职称的幼儿园教师政府保障感知分值（61.74）高于其他职称的教师，二级职称的幼儿园教师政府保障感知分值最低（58.78）（见表4-12）。

表 4-12　幼儿园教师政府保障感知的职称差异

职称	人数	均值	标准差	F	p
未评职称	1799	60.80	16.62		
三级	281	61.20	17.21		
二级	1024	58.78	17.55	2.731	0.028
一级	828	60.50	17.63		
高级	67	61.74	17.12		

（5）51—55岁的幼儿园教师的政府保障感知分值最高

不同年龄的幼儿园教师的政府保障感知分值具有显著差异，51—55岁的幼儿园教师分值（63.84）高于其他年龄段的教师，41—45岁的教师政府保障感知分值最低，仅为 56.78（见表 4–13）。

表 4–13　幼儿园教师政府保障感知的年龄差异

年龄	人数	均值	标准差	F	p
25 岁及以下	1065	62.15	16.51		
26—30 岁	1195	59.40	17.66		
31—35 岁	765	60.70	16.82		
36—40 岁	468	59.11	17.34	5.390	0.000
41—45 岁	270	56.78	17.57		
46—50 岁	183	60.21	16.33		
51—55 岁	53	63.84	16.32		

（6）教龄越长的幼儿园教师政府保障感知分值越低

在政府保障感知分值上，不同教龄幼儿园教师之间存在显著差异，并呈现出教龄越长分值越低的趋势。其中，3 年以下教龄的幼儿园教师分值高于其他年龄段教师，20 年以上教龄的幼儿园教师分值最低（见表 4–14）。

表 4–14　幼儿园教师政府保障感知的教龄差异

教龄	人数	均值	标准差	F	p
3 年以下	836	61.60	16.03		
3—5 年	1044	60.46	17.60		
6—10 年	836	60.43	17.13	3.017	0.010
11—15 年	442	60.42	17.07		
16—20 年	407	58.90	17.91		
20 年以上	434	58.06	17.18		

（7）合同聘任的幼儿园教师的政府保障感知分值相对较高

不同编制情况的幼儿园教师政府保障感知分值存在显著差异（$F=4.068$，$p<0.05$），合同聘任的幼儿园教师的分值（60.82）高于正式在编（60.07）和临时代课的幼儿园教师（57.19）。

（8）月收入在 5001 元及以上的幼儿园教师的政府保障感知分值最高

不同月收入水平的幼儿园教师政府保障感知分值有显著差异，月收入 5001 元及以上的幼儿园教师政府保障感知分值最高，月收入 2000 元及以下的幼儿园教师政府保障感知分值最低（见表 4-15）。

表 4-15　幼儿园教师政府保障感知的收入差异

月收入	人数	均值	标准差	F	p
2000 元及以下	777	56.78	17.58		
2001—3000 元	1483	60.16	16.68		
3001—4000 元	918	61.25	17.31	12.950	0.000
4001—5000 元	472	62.21	17.12		
5001 元及以上	347	63.15	16.35		

注：2 人未作答。

（三）路径分析

1. 教师的总体满意度受教育期望、园所管理感知和政府保障感知的影响

教育期望、园所管理感知、政府保障感知对幼儿园教师教育总体满意度的影响均为正向且均在 0.001 水平上显著（见表 4-16）。

表 4-16　幼儿园教师满意度四个潜变量间的关系

潜变量	影响方向	潜变量	标准化	非标准化	标准误	临界比率	p
政府保障感知	←——	教育期望	0.671	0.73	0.029	24.840	***
园所管理感知	←——	教育期望	0.306	0.26	0.016	16.005	***

续表

潜变量	影响方向	潜变量	标准化	非标准化	标准误	临界比率	p
园所管理感知	<——	政府保障感知	0.684	0.534	0.018	29.791	***
总体满意度	<——	政府保障感知	0.661	1.075	0.053	20.327	***
总体满意度	<——	园所管理感知	0.132	0.274	0.075	3.661	***
总体满意度	<——	教育期望	0.169	0.298	0.037	8.116	***

幼儿园教师教育满意度指数模型变量的标准化总效应值为标准化直接效应值与标准化间接效应值之和。

以幼儿园教师总体满意度为因变量，其他三个变量为自变量进行路径分析，发现仅园所管理感知对总体满意度的影响为单一直接效应，其值为 0.132；教育期望和政府保障感知除对总体满意度产生直接影响外，还通过其他中介变量间接影响总体满意度。

从教育期望对总体满意度的影响来看，除了直接效应（值为 0.169）外，还有三个间接效应：①以园所管理感知为中介变量影响总体满意度，其中教育期望对园所管理感知的路径系数为 0.306，园所管理对总体满意度的路径系数为 0.132，此间接效应值为 $0.306 \times 0.132 \approx 0.040$；②以政府保障感知为中介变量影响总体满意度，其中教育期望对政府保障感知的路径系数为 0.671，政府保障感知对总体满意度的路径系数为 0.661，此间接效应值为 $0.671 \times 0.661 \approx 0.444$；③以政府保障感知和园所管理感知为中介变量影响总体满意度，其中教育期望对政府保障感知的路径系数为 0.671，政府保障感知对园所管理感知的路径系数为 0.684，园所管理感知对总体满意度的路径系数为 0.132，此间接效应值为 $0.671 \times 0.684 \times 0.132 \approx 0.061$。三个间接效应值之和为 0.040+0.444+0.061=0.545。

从教育期望对园所管理感知的影响来看，除了直接效应（值为 0.306）外，还有一个间接效应：以政府保障感知为中介变量影响园所管理感知，其中教育期望对政府保障感知的路径系数为 0.671，政府保障感知对园所管理感知的路径系数为 0.684，此间接效应值为 $0.671 \times 0.684 \approx 0.459$。

从政府保障感知对总体满意度的影响来看，除了直接效应（标准化值为 0.661）外，还有一个间接效应：以园所管理感知为中介变量影响总体满意度，其中政府保障感知对园所管理感知的路径系数为 0.684，园所管理感知对总体满意度的路径系数为 0.132，此间接效应值为 0.684×0.132≈0.090（见表 4–17、表 4–18、表 4–19）。

表 4–17　幼儿园教师满意度指数模型变量间的标准化直接效应

维度	教育期望	园所管理感知	政府保障感知	总体满意度
园所管理感知	0.306	—	0.684	—
政府保障感知	0.671	—	—	—
总体满意度	0.169	0.132	0.661	—

表 4–18　幼儿园教师满意度指数模型变量间的标准化间接效应

维度	教育期望	园所管理感知	政府保障感知	总体满意度
园所管理感知	0.459	—	—	—
政府保障感知	—	—	—	—
总体满意度	0.545	—	0.090	—

表 4–19　幼儿园教师满意度指数模型变量间的标准化总效应

维度	教育期望	园所管理感知	政府保障感知	总体满意度
园所管理感知	0.765	—	0.684	—
政府保障感知	0.671	—	—	—
总体满意度	0.714	0.132	0.751	—

2. 幼儿园教师最满意的是和幼儿以及同事之间的关系，最不满意的是工作压力和地位待遇

幼儿园教师对于人际关系方面的满意度最高，教师认为自己与幼儿的相处亲近、与同事的关系融洽、与家长的沟通顺畅。同时，幼儿园教师对于政府保障方面的满意度最低，其中工作压力大、社会地位低、工资待遇低、向上级反映建议和意见的渠道不畅通是教师集中反映的问题（见表4-20）。近50%被调查的幼儿园教师反映自己的"工作压力大"，特别是幼儿园的班级规模过大导致教师难以照顾到班里所有幼儿，承担了"过重的安全责任"。

表4-20 幼儿园教师满意度分值最高和最低情况

排序	分值最高	分值最低
1	你和孩子相处亲近吗？	你觉得工作压力大吗？
2	幼儿园同事之间关系融洽吗？	你觉得幼儿园教师受尊重吗？
3	你和家长沟通感觉顺畅吗？	你觉得幼儿园教师社会地位如何？

（四）热点问题

对于教师专业学习以及对国家教育政策的理解等问题，绝大部分幼儿园教师基本在"一般""比较了解""了解"三个等级之间。相比较而言，幼儿园教师在《幼儿园工作规程》《幼儿园教师专业标准（试行）》的了解和学习题目上分值最高，幼儿园教师在"学前教育三年行动计划"推动了当地学前教育事业发展这一题上的分值也较高；但幼儿园教师在当地政府对学前教育投入一题上分值最低，在当地幼儿入园难问题解决情况题目上的分值也较低。

三、幼儿园园长满意度

（一）总体满意度

1. 幼儿园园长对区域教育发展的满意度最高，对个体发展的满意度最低

幼儿园园长教育总体满意度分值为69.95，在本地区幼教发展、园所发展、个体发展、政府保障、管理服务、社会环境六个维度上的满意度分值为66.41—72.95，园长对本地区幼教发展的满意度最高，对个体发展的满意度最低（见表4-21）。

表 4-21　幼儿园园长总体满意度及各项分值

维度	分值
本地区幼教发展	72.95
园所发展	69.12
个体发展	66.41
政府保障	66.43
管理服务	71.55
社会环境	71.70
总体满意度	69.95

2. 幼儿园园长总体满意度分值东高西低

东中西部幼儿园园长在六个维度的分值和总体满意度分值均存在显著差异。总体来说，东部地区园长总体满意度分值最高，中西部地区园长总体满意度分值相对较低（见图 4-24）。

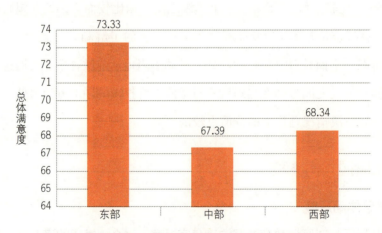

图 4-24　东中西部幼儿园园长总体满意度分值

3. 城区幼儿园园长的总体满意度最高，村幼儿园园长总体满意度最低

总体来看，不同地区幼儿园园长在总体满意度分值及六个分维度上的分值均存在显著差异。总体满意度分值从城区到村依次降低，其中城区分值为 72.52，县城为 68.15，乡镇为 67.22，村为 65.25（见图 4-25）。从六个维度来看，除社会环境维度的分值乡镇略低于村外，其他各项均呈现出相同的趋势，即城区最高，村最低。

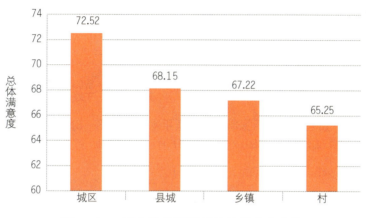

图 4-25　城乡幼儿园园长总体满意度分值

4. 不同地区的城乡差异各不相同，东部地区差异最小，西部地区差异最大

分地区分城乡多层次分析结果显示，整体来看，东部地区的城区、县城、乡镇、村幼儿园园长在总体满意度分值上没有显著差异；中部地区差异不明显，相对而言，城区园长的总体满意度最高，乡镇园长的总体满意度最低；西部地区的城区、县城、乡镇、村幼儿园园长总体满意度差异显著，城区分值最高，为 72.38，而村分值最低，只有 54.44（见表 4-22）。总之，东部地区园长的总体满意度没有显著差异，中部有一定差异，西部差异最大。

表 4-22　分地区城乡园长总体满意度差异分析

地区	幼儿园所在地	人数	均值	标准差	F	p
东部	城区	273	74.02	14.60	1.958	0.119
	县城	97	71.19	15.75		
	乡镇	81	74.81	13.40		
	村	20	68.28	14.80		
中部	城区	134	69.65	15.16	2.348	0.072
	县城	126	67.42	15.01		
	乡镇	78	63.86	16.68		
	村	22	65.93	16.64		
西部	城区	187	72.38	13.72	12.628	0.000
	县城	150	66.81	14.17		
	乡镇	69	62.11	14.21		
	村	7	54.44	16.23		

5. 不同性质幼儿园的园长总体满意度差异分析

不同性质幼儿园的园长总体满意度差异显著（$F=5.14$，$p<0.01$）。公办幼儿园园长的总体满意度分值最高，为 70.80；民办幼儿园园长的总体满意度分值最低，为 67.67。

6. 不同性别园长的总体满意度差异显著

不同性别园长总体满意度差异显著（$F=12.16$，$p<0.001$）。女性园长（70.39）的总体满意度高于男性园长（64.72）。

7. 不同学历园长的总体满意度有显著差异

不同学历园长总体满意度差异显著（$F=13.86$，$p<0.01$），园长的学历越高，分值越高。研究生学历的园长分值最高，为 72.80；高中及以下学历的园长分值最低，仅为 61.94（见图 4-26）。

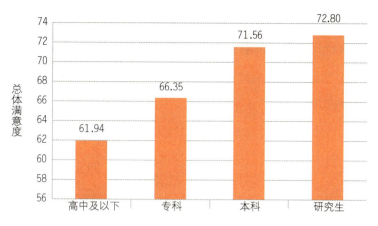

图 4-26 不同学历幼儿园园长总体满意度分值

8. 职称位于高低两端的园长总体满意度相对较高

不同职称的园长对幼儿教育的总体满意度存在显著差异（$F=7.35$，$p<0.01$）。有职称的园长总体满意度高于未评职称的园长，按总体满意度分值从高到低排列依次为：三级职称、高级职称、正高级职称、二级职称、一级职称、未评职称的园长（见图 4-27）。

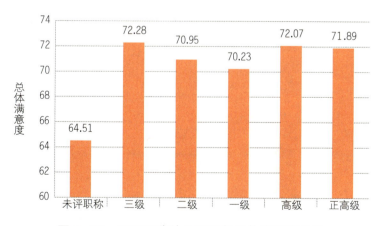

图 4-27 不同职称幼儿园园长总体满意度分值

9. 教龄较长和较短的园长总体满意度相对较高

不同教龄的幼儿园园长的总体满意度存在显著差异（$F=3.39$，$p<0.01$），3年以下和20年以上教龄的园长总体满意度高，中间教龄的园长总体满意度相对低些（见图4-28）。

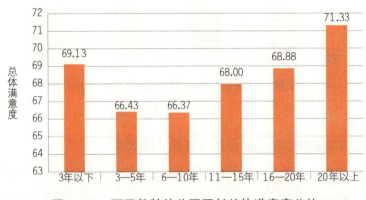

图4-28　不同教龄幼儿园园长总体满意度分值

10. 正式在编的园长总体满意度最高

不同聘任形式的园长对教育的总体满意度存在显著差异（$F=6.05$，$p<0.01$）。总体而言，正式在编的园长总体满意度（70.70）高于合同聘任的园长（68.08），合同聘任的园长总体满意度又高于临时代课的园长（62.14）（见图4-29）。

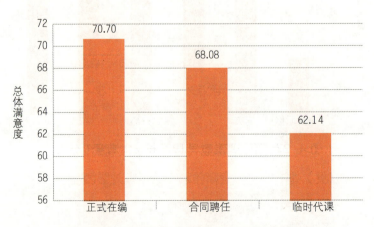

图4-29　不同聘任形式园长总体满意度分值

11. 收入越高，园长的总体满意度越高

整体来看，不同收入水平的园长的总体满意度有显著差异（$F=17.87$，$p<0.01$）。园长月收入越高，其总体满意度分值越高；收入越低，总体满意度分值越低；月收入为2000元及以下的园长总体满意度分值最低（见图4-30）。

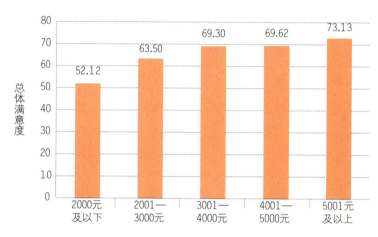

图4-30　不同收入水平园长总体满意度分值

（二）维度分析

1. 园长对本地区幼教发展的满意度

（1）园长对本地区幼教发展的满意度较高

园长的本地区幼教发展满意度分值为72.95。在本地区幼教发展、园所发展、个体发展、政府保障、管理服务、社会环境六个维度中，园长对本地区幼教发展的满意度最高，表明园长充分肯定了其所在地区一期和二期"学前教育三年行动计划"的成效。在学前三年入园率迅速提高、本地学前教育的普惠性程度、幼儿园的合理规划布局、缩小园与园之间的差距等各个方面，园长们都比较满意，分值都为5.40—5.92。相对而言，本地的学前教育质量、本地政府在引导幼儿园办学方面的支持力度两个项目分值较低，分别为4.98和4.11，说明园长们期望政府进一步加强对幼儿园办学和质量提高的指导力度。

（2）园长对本地区幼教发展的满意度地区差异大

从东中西部不同地区来看，园长对本地区幼教发展的满意度存在显著差异（F=15.98，$p<0.01$）。东部地区园长的满意度最高，分值为75.84；西部地区次之，分值为71.90分；中部地区最低，分值为70.36。

城乡园长对本地区幼教发展的满意度差异较大（F=5.25，$p<0.01$）。城区园长满意度分值相对较高，为74.58；村园长满意度分值相对较低，为69.78。

从分地区分城乡的多层次综合分析来看，东部地区园长不仅对本地区幼教发展满意度高，而且城区、县城、乡镇及村之间没有显著差异；中部地区城乡之间也没有显著差异；西部地区的城乡之间差异显著，城区的满意度分值为74.10，而村只有59.52（见表4-23）。

表4-23　分地区城乡园长的本地区幼教发展满意度差异分析

地区	幼儿园所在地	人数	均值	标准差	F	p
东部	城区	273	76.16	14.38	0.776	0.508
	县城	97	74.77	15.05		
	乡镇	81	76.93	14.09		
	村	20	72.26	15.89		
中部	城区	134	72.01	14.89	1.35	0.258
	县城	126	70.26	15.10		
	乡镇	78	67.55	17.18		
	村	22	70.78	16.93		
西部	城区	187	74.10	13.76	6.296	0.000
	县城	150	71.84	13.53		
	乡镇	69	67.32	12.16		
	村	7	59.52	16.50		

（3）不同性质幼儿园的园长对本地区幼教发展的满意度存在差异

不同性质幼儿园的园长对本地区幼教发展的满意度差异显著（$F=7.73$，$p<0.01$）。公办幼儿园园长的满意度分值最高，为 73.96；民办幼儿园和其他类型幼儿园园长的满意度分值相对低些，分别为 70.26 和 70.95。

（4）园长对本地区幼教发展的满意度也存在群体差异

不同年龄的园长对本地区幼教发展的满意度没有显著差异，而在不同性别、学历、职称、教龄、编制状况、收入的园长群体之间该满意度分值却存在着显著差异。

不同性别的园长对本地区幼教发展的满意度差异显著（$F=14.30$，$p<0.01$），女性园长的满意度分值明显高于男性园长，女性园长的满意度分值为 73.42，而男性园长的满意度分值仅为 67.43，两者相差近 6 分。

不同学历的园长对本地区幼教发展的满意度也差异显著（$F=9.90$，$p<0.01$）。园长的学历越高，满意度分值越高，研究生学历的园长满意度分值达到 75.05，而高中及以下学历的园长满意度分值仅为 65.40，两者相差近 10 分（见图 4-31）。

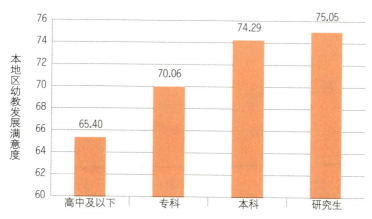

图 4-31 不同学历园长本地区幼教发展满意度分值

不同职称的园长对本地区幼教发展的满意度也存在显著差异（$F=7.15$，$p<0.01$），尽管没有规律性变化，但可以看出，三级职称、高级职称和正高级职称的园长满意

度分值相对较高，分别达到 74.72、74.83 和 74.76（见图 4-32）。

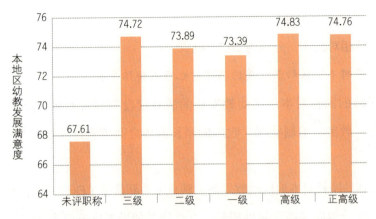

图 4-32　不同职称园长本地区幼教发展满意度分值

不同教龄的园长对本地区幼教发展的满意度也存在显著差异（F=4.92，p<0.01）。相对而言，3 年以下教龄的新任园长和 20 年以上教龄的资深园长对本地区幼教发展的满意度分值更高，分别达到 72.45 和 74.47（见图 4-33）。

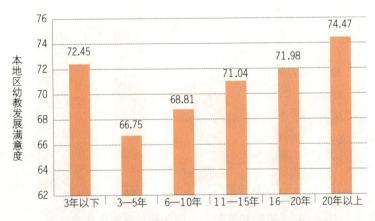

图 4-33　不同教龄园长本地区幼教发展满意度分值

不同聘任形式的园长对本地区幼教发展的满意度也存在显著差异（*F*=6.92，*p*<0.01）。正式在编的园长满意度分值最高，达到 73.83；合同聘任的园长次之，分值为 70.36；临时代课的园长满意度分值最低，为 68.93。

不同收入水平的园长对本地区幼教发展的满意度差异显著（*F*=10.91，*p*<0.01）。明显地，园长的收入与满意度高低呈正相关：月收入越高满意度分值越高，月收入越低满意度分值越低。月收入在 2000 元及以下的园长满意度分值仅为 61.31，月收入在 5001 元及以上的园长满意度分值为 75.51，两个群体的满意度分值相差 14 分以上（见图 4-34）。

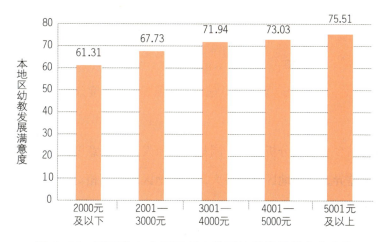

图 4-34　不同收入水平园长本地区幼教发展满意度分值

2. 园长对园所发展的满意度

（1）园长对园所发展的满意度居中

在本地区幼教发展、园所发展、个体发展、政府保障、管理服务和社会环境六个维度中，园长对园所发展的满意度分值（69.12）排在第四位。

（2）园长对园所发展的满意度存在明显的地区差异

从不同地区来看，园长对园所发展的满意度分值差异显著（*F*=25.00，*p*<0.01）。东部地区园长对本地区幼儿园特别是本园发展状况的满意度最高，分值为 73.96；中、西部地区分值较低，分别为 66.02 和 66.30，中部和西部地区满意度差别不大。

城乡幼儿园园长对园所发展的满意度也存在显著差异（$F=20.37$，$p<0.01$）。城区、县城、乡镇、村园长满意度分值依次降低：城区最高，为73.39；村最低，为62.31（见图4-35）。

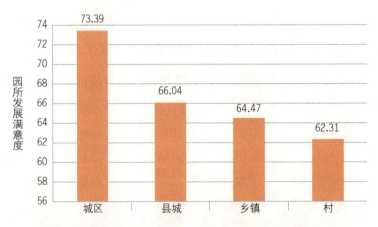

图 4-35　城乡幼儿园园长园所发展满意度分值

分地区分城乡多层次分析显示，园长对园所发展的满意度，东中西部的城乡之间都存在显著差异，西部地区差异最大，中部地区次之，相对而言东部地区差异小一些。进一步分析显示，东部地区城区和乡镇的园长对园所发展的满意度分值高于县城，村最低；中部地区城区和县城分值较高，乡镇最低；西部则地区呈现出城区、县城、乡镇、村依次递减的趋势（见表4-24）。

表 4-24　分地区城乡园长的园所发展满意度差异分析

地区	幼儿园所在地	人数	均值	标准差	F	p
东部	城区	273	75.51	17.84	3.474	0.016
	县城	97	70.10	19.68		
	乡镇	81	75.31	18.00		
	村	20	66.00	19.99		

续表

地区	幼儿园所在地	人数	均值	标准差	F	p
中部	城区	134	68.78	18.22	3.933	0.009
	县城	126	67.43	18.37		
	乡镇	78	60.13	21.72		
	村	22	61.97	19.96		
西部	城区	187	73.60	15.95	21.949	0.000
	县城	150	62.24	18.00		
	乡镇	69	56.67	20.20		
	村	7	52.86	16.04		

（3）不同性质幼儿园的园长对园所发展的满意度差异不明显

不同性质幼儿园的园长对本地区幼儿园特别是本园发展的满意度不存在显著差异（$F=1.76$，$p=0.17$）。相比较而言，民办幼儿园园长的满意度分值（70.83）略高于公办幼儿园（68.50）和其他类型幼儿园园长（69.17），表明民办幼儿园园长对近年来政府扶持民办幼儿园发展的政策措施、力度和效果比较满意。

（4）园长对园所发展的满意度存在一定的群体差异

不同职称、不同年龄和教龄、不同聘任形式的园长对园所发展的满意度没有显著差异，而不同性别、不同学历、不同收入的园长对园所发展的满意度却存在显著差异。

不同性别园长对园所发展的满意度的差异显著（$F=11.93$，$p<0.01$），女性园长对园所发展的满意度分值为69.67，显著高于男性园长（62.54）。

不同学历园长对园所发展的满意度也存在显著差异（$F=10.01$，$p<0.01$），园长学历越高，满意度分值越高。高中及以下学历的园长满意度分值仅为61.56，研究生学历的园长满意度分值达到74.65，两者相差约13分（见图4-36）。

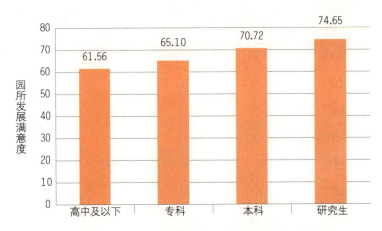

图 4-36　不同学历园长园所发展满意度分值

不同收入水平的园长园所发展满意度差异显著（$F=14.90$，$p<0.01$）。满意度的高低和收入成正比：月收入越高，满意度越高；月收入越低，满意度越低（见图4-37）。

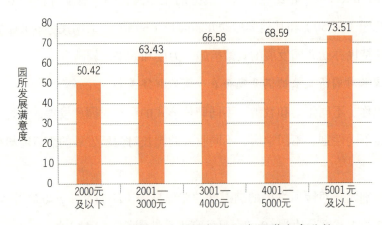

图 4-37　不同收入水平园长园所发展满意度分值

3. 园长对个体发展的满意度分析

（1）园长对个体发展的满意度低

园长对个体发展的满意度分值为 66.41，在本地区幼教发展、园所发展、个体发展、政府保障、管理服务、社会环境六个维度中，园长对个体发展的满意度分值最低。

（2）园长对个体发展的满意度存在显著的地区差异

东中西部地区园长对个体发展的满意度差异显著（*F*=13.93，*p*<0.01）。东部地区园长对个体发展的满意度最高（69.49），中部地区次之（64.80），西部地区最低（64.31）。

城乡园长对个体发展的满意度也存在显著差异（*F*=7.19，*p*<0.01）。其中，城区园长对个体发展的满意度最高，分值为 68.47；其次是县城和乡镇；村幼儿园园长对个体发展的满意度最低，分值为 60.63（见图 4–38）。

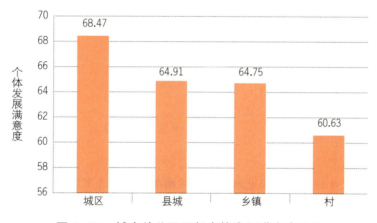

图 4–38 城乡幼儿园园长个体发展满意度分值

分地区分城乡多层次综合分析显示，东部和中部地区的园长对个体发展的满意度没有明显的城乡差异，而西部地区的园长对个体发展的满意度存在明显的城乡差异。相对而言，东中西部村幼儿园园长的满意度分值最低；东部地区的城区和乡镇幼儿园园长满意度分值高于县城和村幼儿园园长；中西部地区园长的满意度均表现出从城区到村依次降低的趋势（见表 4–25）。

表4-25 分地区城乡园长的个体发展满意度差异分析

地区	幼儿园所在地	人数	均值	标准差	F	p
东部	城区	273	69.89	15.28	1.924	0.125
	县城	97	68.21	14.91		
	乡镇	81	71.30	15.07		
	村	20	62.92	15.53		
中部	城区	134	66.85	16.91	1.26	0.288
	县城	126	64.35	16.56		
	乡镇	78	62.93	17.70		
	村	22	61.55	17.91		
西部	城区	187	67.56	15.77	6.864	0.000
	县城	150	63.25	16.05		
	乡镇	69	59.12	15.58		
	村	7	51.19	19.50		

（3）不同性质幼儿园的园长对个体发展的满意度差异显著

公办幼儿园园长对个体发展的满意度与民办幼儿园园长存在显著差异（$F=11.91$，$p<0.01$）。公办幼儿园园长对个体发展的满意度分值较高，为67.79；民办幼儿园的园长分值较低，为62.78。

（4）园长对个体发展的满意度在不同群体间存在差异

不同性别、不同学历、不同职称、不同年龄、不同教龄、不同聘任形式、不同收入水平的园长的个体发展满意度存在显著差异。

不同性别的园长对个体发展的满意度存在显著差异（$F=6.84$，$p<0.01$），女性园长（66.76）的满意度分值显著高于男性园长（62.19）。

不同学历的园长对个体发展的满意度存在显著差异（$F=8.77$，$p<0.01$）。学历越高，园长对个体发展的满意度分值越高。高中及以下学历的园长分值最低，仅为58.46；研究生学历的园长分值最高，为69.27（见图4-39）。

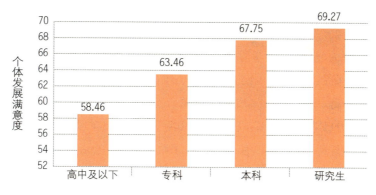

图 4-39　不同学历园长个体发展满意度分值

不同职称的园长对个体发展的满意度存在显著差异（F=10.39，$p<0.01$）。其中，三级职称园长对个体发展的满意度分值最高，达到 69.84；未评职称的园长对个体发展的满意度分值最低，只有 59.63（见图 4-40）。

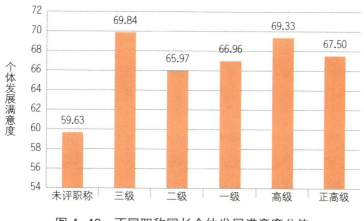

图 4-40　不同职称园长个体发展满意度分值

不同年龄的园长对个体发展的满意度差异显著（F=2.90，$p<0.01$）。其中，25 岁及以下的年轻园长对个体发展的满意度分值最高，为 73.33；51—60 岁的年长园长对个体发展的满意度分值也比较高，为 69.27—69.46（见图 4-41）。

图 4-41 不同年龄园长个体发展满意度分值

不同教龄园长对个体发展的满意度差异显著（$F=5.07$，$p<0.01$）。其中，3 年以下教龄的园长和 20 年以上教龄的园长对个体发展的满意度分值相对较高，6—10年教龄的园长满意度分值最低（见图 4-42）。

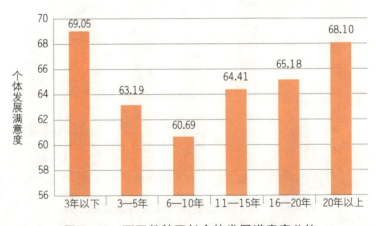

图 4-42 不同教龄园长个体发展满意度分值

不同聘任形式的园长对个体发展的满意度也存在显著差异（$F=11.50$，$p<0.01$）。其中，正式在编的园长对个体发展的满意度分值最高（67.65），其次是合同聘任园长（62.87），对个体发展的满意度分值最低的是临时代课园长（59.58）。

不同收入水平的园长对个体发展的满意度存在显著差异（$F=18.00$，$p<0.01$）。月

收入越高，园长对个体发展的满意度越高；反之，月收入越低，园长对个体发展的满意度越低（见图4–43）。

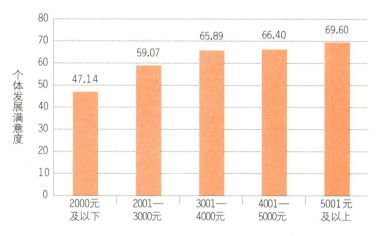

图 4–43　不同收入水平园长的个体发展满意度分值

4.园长对政府保障的满意度分析

（1）园长对政府保障的满意度分值较低

在本地区幼教发展、园所发展、个体发展、政府保障、管理服务和社会环境六个维度中，园长对政府保障的满意度分值较低，为66.43，排在第五位。

（2）园长对政府保障的满意度存在显著的地区差异

东中西部地区园长对政府保障的满意度存在显著差异（$F=16.68$，$p<0.01$）。东部地区园长的满意度分值最高（70.03），西部地区次之（65.59），中部地区园长的满意度分值最低（62.69）。

城乡幼儿园园长对政府保障的满意度存在显著差异（$F=15.57$，$p<0.01$）。城区幼儿园园长对政府保障的满意度分值最高，其次是县城、乡镇，村幼儿园园长对政府保障的满意度分值最低（见图4–44）。

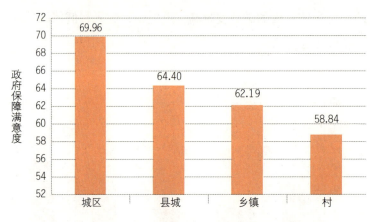

图 4-44 城乡幼儿园园长政府保障满意度分值

分地区分城乡多层次综合分析显示，东中西部不同地区的城乡园长对政府保障的满意度差异情况不同。其中，东部地区城乡之间的差异不显著，相对而言，城区和乡镇幼儿园的园长对政府保障的满意度分值高些，县城和村幼儿园园长的满意度分值低些；中部地区城乡之间的差异也不显著，相对而言，城区幼儿园园长对政府保障的满意度分值最高，乡镇幼儿园园长的满意度分值最低；西部地区园长对政府保障的满意度存在显著的城乡差异，从城区到县城，再到乡镇和村，园长的满意度分值依次降低（见表 4-26）。

表 4-26 分地区城乡园长的政府保障满意度差异分析

地区	幼儿园所在地	人数	均值	标准差	F	p
东部	城区	273	71.34	18.36	2.14	0.094
	县城	97	68.08	19.91		
	乡镇	81	70.00	17.94		
	村	20	61.67	19.81		

续表

地区	幼儿园所在地	人数	均值	标准差	*F*	*p*
中部	城区	134	66.47	18.20	4.168	0.006
	县城	126	62.57	18.79		
	乡镇	78	57.69	19.09		
	村	22	58.03	18.68		
西部	城区	187	70.45	16.34	11.063	0.000
	县城	150	63.56	17.99		
	乡镇	69	58.12	18.47		
	村	7	53.33	15.15		

（3）不同性质幼儿园的园长对政府保障的满意度差异显著

公办幼儿园与民办幼儿园园长对政府保障的满意度差异显著（$F=19.50$，$p<0.01$）。公办幼儿园园长对政府保障的满意度分值较高，为 68.41；民办幼儿园园长对政府保障的满意度分值较低，为 60.94。

（4）不同群体园长对政府保障的满意度差异显著

不同性别、不同学历、不同职称、不同教龄、不同聘任形式、不同收入的园长对政府保障的满意度存在显著差异。

不同性别园长对政府保障的满意度差异显著（$F=9.17$，$p<0.01$），女性园长（66.89）的满意度分值明显高于男性园长（60.79）。

不同学历的园长对政府保障的满意度也存在显著差异（$F=16.48$，$p<0.01$），园长学历的高低与其对政府保障的满意度成正比。园长学历越高，其满意度分值也越高；园长学历越低，其满意度分值也越低（见图4-45）。

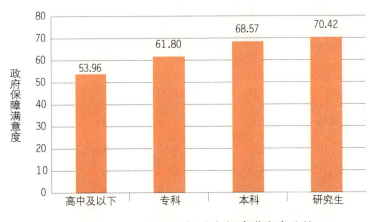

图 4-45　不同学历园长政府保障满意度分值

不同职称园长对政府保障的满意度差异显著（F=12.16，p<0.01）。相比较而言，未评职称的园长对政府保障的满意度分值最低，三级职称及高级职称的园长满意度分值高些（见图 4-46）。

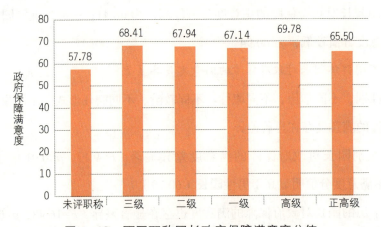

图 4-46　不同职称园长政府保障满意度分值

不同教龄园长对政府保障的满意度差异显著（F=4.80，p<0.01）。3 年以下教龄的园长和 20 年以上教龄的园长对政府保障的满意度相对高些（见图 4-47）。

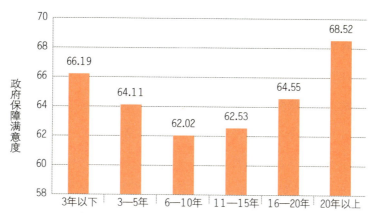

图 4-47　不同教龄园长政府保障满意度分值

不同聘任形式的园长对政府保障的满意度差异显著（$F=20.20$，$p<0.01$），正式在编的园长对政府保障的满意度最高（68.24），其次是合同聘任的园长（61.53），对政府保障的满意度最低的是临时代课的园长（52.67）。

不同收入水平的园长对政府保障的满意度差异显著（$F=22.86$，$p<0.01$）。园长收入的高低与满意度的高低成正比。园长的收入越高，其满意度分值也越高；反之，园长的收入越低，其满意度分值也越低（见图 4-48）。

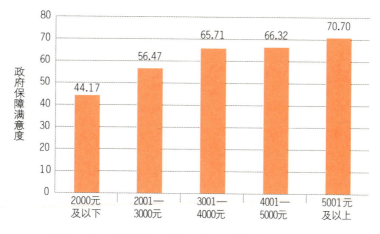

图 4-48　不同收入水平园长政府保障满意度分值

5. 园长对管理服务的满意度分析

（1）园长对管理服务的满意度分值居中

园长对管理服务的满意度分值为 71.55。在本地区幼教发展、园所发展、个体发展、政府保障、管理服务、社会环境六个维度中排第三位。

（2）园长对管理服务的满意度存在显著的地区差异

从东中西部不同地区园长对管理服务的满意度来看，存在显著差异（F=13.16，p<0.01）。东部地区园长对管理服务的满意度分值最高（74.59），其次是西部地区（70.06），中部地区最低（69.29）。

园长对管理服务的满意度也存在显著的城乡差异（F=4.46，p<0.01）。城区园长对管理服务的满意度分值最高，其次是乡镇园长，再次是县城园长，对管理服务的满意度分值最低的是村园长（见图 4-49）。

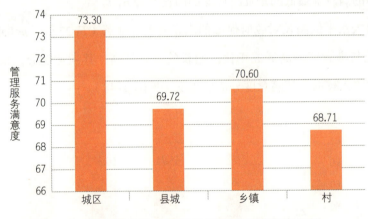

图 4-49　城乡幼儿园园长管理服务满意度分值

分地区分城乡多层次综合分析显示，东部和中部地区园长对管理服务的满意度没有显著的城乡差异，而西部地区的城乡差异显著。相比较而言，东部地区的城区和乡镇园长满意度分值高于县城和村园长；中部地区的城区和村园长满意度分值相对较高；西部地区园长满意度分值按城区、县城、乡镇、村的次序依次递减，村园长对管理服务的满意度分值仅有 52.86（见表 4-27）。

表4-27 分地区城乡园长的管理服务满意度差异分析

地区	幼儿园所在地	人数	均值	标准差	F	p
东部	城区	273	74.84	15.88	2.471	0.061
	县城	97	71.72	16.85		
	乡镇	81	77.90	14.37		
	村	20	71.83	15.43		
中部	城区	134	70.42	17.28	0.497	0.685
	县城	126	68.65	16.02		
	乡镇	78	67.91	17.61		
	村	22	70.91	18.49		
西部	城区	187	73.12	16.35	7.074	0.000
	县城	150	69.33	15.91		
	乡镇	69	65.07	16.73		
	村	7	52.86	17.15		

（3）不同性质幼儿园的园长对管理服务的满意度无显著差异

尽管不同性质幼儿园的园长对管理服务的满意度没有显著差异（$F=1.55$，$p=0.21$），但相比较而言，公办幼儿园园长对管理服务的满意度分值高些（72.06），民办幼儿园园长的满意度分值低些（70.16）。

（4）不同群体园长对管理服务的满意度存在一定差异

不同年龄和教龄的园长对管理服务的满意度没有显著差异，而不同性别、不同学历、不同职称、不同聘任形式、不同收入的园长对管理服务的满意度存在显著差异。

不同性别的园长对管理服务的满意度差异显著（$F=4.97$，$p=0.03$），女性园长（71.87）的满意度分值明显高于男性园长（67.89）。

不同学历的园长对管理服务的满意度差异显著（$F=6.95$，$p<0.01$）。园长学历越高，满意度分值越高；学历越低，满意度分值越低（见图4-50）。

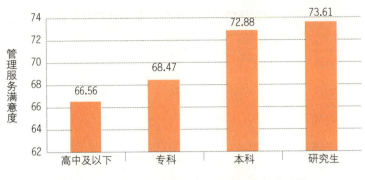

图 4-50　不同学历园长管理服务满意度分值

不同职称的园长对管理服务的满意度也有显著差异（$F=3.71$，$p<0.01$），相对而言，未评职称的园长对管理服务的满意度最低，三级职称的园长对管理服务的满意度相对高些（见图 4-51）。

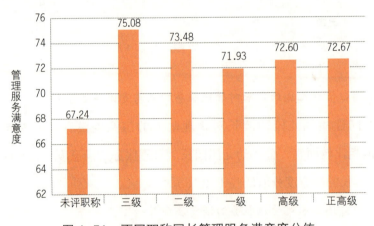

图 4-51　不同职称园长管理服务满意度分值

不同聘任形式的园长对管理服务的满意度差异显著（$F=3.33$，$p<0.01$），正式在编的园长满意度最高（71.90），合同聘任的园长满意度次之（71.04），临时代课园长的满意度最低（62.50）。

不同收入水平的园长对管理服务的满意度存在显著差异（$F=11.72$，$p<0.01$）。相对而言，月收入最低的 2000 元及以下的园长满意度分值也最低，只有 53.54；收

入最高的每月 5001 元及以上的园长满意度分值最高，为 73.89（见图 4–52）。

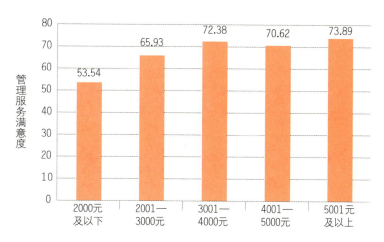

图 4–52　不同收入水平园长的管理服务满意度分值

6.园长对社会环境的满意度

（1）园长对社会环境的满意度较高

从数据分析可见，园长对本地区幼教发展、园所发展、个体发展、政府保障、管理服务、社会环境六个维度的满意度分值中，对社会环境的满意度分值（71.70）排第二位，相对较高。

（2）园长对社会环境的满意度地区差异显著

东中西部园长对社会环境的满意度存在显著差异（F=10.95，p<0.01），东部（74.53）明显高于中部（69.98）和西部（69.97）。

城乡幼儿园园长对社会环境的满意度也存在显著差异（F=7.89，p<0.01）。城区园长对社会环境的满意度最高，分值为 74.07，乡镇园长的满意度分值最低（见图 4–53）。

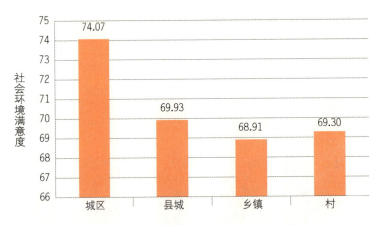

图 4-53　城乡幼儿园园长社会环境满意度分值

　　分地区分城乡多层次综合分析显示，东部地区园长对社会环境的满意度没有明显的城乡差异，中部地区城乡差异显著，西部地区城乡差异特别显著。东部地区乡镇园长的满意度最高，县城园长的满意度最低；中部地区城区园长的满意度最高，乡镇园长的满意度最低；西部地区城区园长最高，村园长的满意度最低（见表4-28）。

表 4-28　分地区城乡园长的社会环境满意度差异分析

地区	幼儿园所在地	人数	均值	标准差	F	p
东部	城区	273	74.85	16.07	0.843	0.471
	县城	97	72.51	18.93		
	乡镇	81	76.18	13.99		
	村	20	73.33	14.89		
中部	城区	134	72.39	16.17	2.643	0.049
	县城	126	70.01	16.70		
	乡镇	78	65.65	17.90		
	村	22	70.45	17.49		

续表

地区	幼儿园所在地	人数	均值	标准差	F	p
西部	城区	187	74.15	15.41	9.896	0.000
	县城	150	68.19	17.04		
	乡镇	69	64.07	16.78		
	村	7	54.17	19.25		

（3）不同性质幼儿园的园长对社会环境的满意度差异显著

不同性质幼儿园的园长对社会环境的满意度差异显著（F=4.27，p<0.01）。公办幼儿园园长的社会环境满意度分值较高（72.55），民办幼儿园园长的社会环境满意度分值较低（69.39）。

（4）不同群体园长对社会环境的满意度存在差异

不同性别的园长对社会环境的满意度差异显著（F=11.03，p<0.01），女性园长（72.16）的社会环境满意度分值明显高于男性园长（66.17）。

不同学历的园长对社会环境的满意度差异显著（F=14.28，p<0.01），本科学历的园长满意度最高，高中及以下学历的园长满意度最低（见图4-54）。

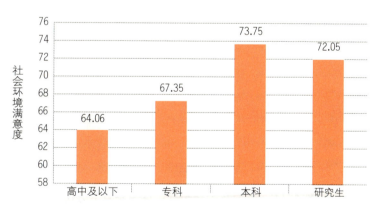

图4-54 不同学历园长社会环境满意度分值

不同职称的园长对社会环境的满意度也存在显著差异（$F=5.24$，$p<0.01$）。未评职称的园长对社会环境的满意度最低，三级职称和正高级职称的园长对社会环境的满意度较高（见图4-55）。

图 4-55　不同职称园长社会环境满意度分值

不同教龄的园长对社会环境的满意度有显著差异（$F=2.63$，$p=0.02$）。相对而言，20年以上教龄的园长对社会环境的满意度最高（见图4-56）。

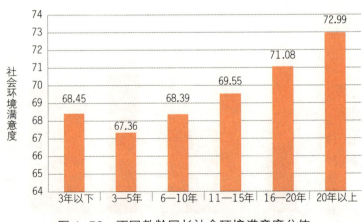

图 4-56　不同教龄园长社会环境满意度分值

不同聘任形式的园长对社会环境的满意度存在显著差异（$F=4.14$，$p<0.01$）。正式在编园长满意度分值最高（72.33），合同聘任园长次之（70.23），临时代课园

长最低（63.54）。

不同收入水平的园长对社会环境的满意度有显著差异（F=12.27，p<0.01），相对而言，收入越高，满意度越高。月收入在 2000 元及以下的园长对社会环境的满意度最低，分值只有 51.30；月收入在 5001 元及以上的园长满意度最高，满意度分值为 74.11（见图 4–57）。

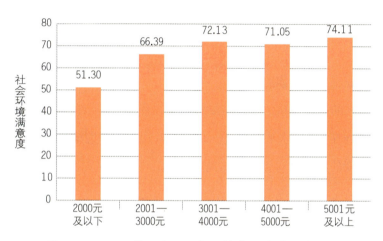

图 4–57　不同收入水平园长的社会环境满意度分值

（三）热点问题

本次满意度调查还关注了幼儿园的普惠性发展这个重点问题，教师合理配置与学前教育宣传月两个热点问题，以及入园难、教师待遇和对口帮扶三个难点问题。

1. 园长对政府解决重点、难点和热点问题的满意度居于中等偏上水平

园长对上述各重点、难点和热点问题的满意度分值为 4.29—5.50，基本在"一般""比较好""好"三个等级之间，表明园长对政府解决学前教育发展的重点、热点和难点问题的成效基本持肯定态度，满意度居于中等偏上水平。

2. 园长对全国学前教育宣传月比较认可

在政府解决的几个重点、热点和难点问题中，园长对 2017 年全国学前教育宣传月"游戏——点亮幼儿幸福童年"的认可程度最高，分值为 5.50，介于"比较好"和"好"两个等级之间。园长认为，为配合全国学前教育宣传月，当地组织了

丰富的宣传活动。

3. 园长对本地区幼儿园教师的工资待遇情况满意度不高

相比较而言，园长对本地区幼儿园教师的工资待遇情况的满意度分值最低，仅为 4.29。工资待遇低也是长期制约幼儿园教师队伍建设的关键问题，幼儿教师职业缺乏吸引力，教师素质普遍偏低，流动性也比较大。

四、小结

（一）结论

1. 满意度受多方面因素的影响

幼儿园家长的教育期望、教育质量感知、教育公平感知对教育总体满意度的影响均为正向且均在 0.001 水平上显著。幼儿园教师在教育期望、园所管理感知、政府保障感知维度的满意度对教育总体满意度的影响均为正向且均在 0.001 水平上显著。幼儿园园长教育满意度六个维度之间总体相关较高，管理服务满意度与总体满意度之间的相关系数最高（0.912），政府保障满意度与本地区幼教发展满意度之间的相关系数最低（0.705）。

2. 幼儿园满意度存在区域差异

东中西部幼儿园家长、教师和园长在教育满意度分值上均存在显著差异。具体来说，东部地区幼儿园家长满意度分值最高，中西部较低；中部地区幼儿园教师总体满意度分值最高，西部地区最低；东部地区幼儿园园长满意度分值最高，中西部较低。

3. 对不同性质园所的满意度存在较大差异

公办和民办幼儿园的家长、教师和园长教育满意度均存在显著差异。具体来说，公办幼儿园的家长满意度相对较高；民办幼儿园教师的总体满意度相对较高；公办幼儿园园长满意度相对较高。

（二）问题

1. 入园难、入园贵问题仍然存在

幼儿园家长满意度调查结果显示，在幼儿园收费和孩子上幼儿园这两个问题

上，家长的满意度分值分别只有 65.33 和 70.83，是分值最低的两个题目，可见入园难、入园贵仍然是目前家长反映的最大问题。幼儿园教师和园长对当地幼儿入园难问题解决情况的满意度分值也较低。因此，入园难、入园贵问题仍然较为突出。

2. 学前教育保障力度较低

幼儿园教师问卷中，"与中小学教师相比你们的待遇怎么样？""入职前你认为幼儿园教师的地位怎么样？""你觉得当地的幼儿园教师实现了同工同酬吗？""你感到幼儿园教师受社会尊重吗？"等题项分值较低。在幼儿园园长问卷中，园里的经费和教师配置能否满足幼儿园发展的需要等题项的分值较低。

3. 学前教育发展不均衡的矛盾突出

幼儿园教师对教育的总体满意度的省际差异和地区差异明显。从省际比较来看，31 个省份幼儿园教师的总体满意度最高为山西（80.53），其次是新疆和上海；最低为四川（61.95），排在最后三位的分别为四川、甘肃、福建。从东中西部来看，东中西部幼儿园教师的总体满意度存在显著差异，中部地区幼儿园教师总体满意度最高，东部地区次之，西部地区最低。这实际上反映了学前教育发展不均衡的问题，这种不均衡反映在园所之间、城乡之间以及地区之间等各个层面。同时，家长教育公平感知的满意度分值仅为 76.77，远远低于教育质量感知的 86.66 和教育期望的 84.03，总体说明家长对学前教育公平的认可度相对较低。

4. 幼儿教师队伍建设亟待加强

从影响幼儿园教师满意度的相关因素的分析结果来看，学历、专业背景、职称状况、年龄、编制状况、所在园所性质以及教师资格证的持有情况等因素均会影响幼儿园教师的总体满意度，并进而通过影响幼儿园教师队伍建设，最终影响学前教育质量。园长们认为当前最大的问题之一是幼儿园教师的工资待遇问题（满意度分值平均为 4.29），因此，必须普遍提高幼儿教师的地位和待遇。对幼儿家长的调查发现，"老师有体罚孩子的情况吗？""老师与家长经常交流孩子的情况吗？"等题项的分值也均较低，说明幼儿教师专业能力仍有待提升。

（三）建议

1. 强化政府责任，提高学前教育公益普惠程度

一要进一步增加公办幼儿园的数量和比例。区县教育行政部门要充分预测区域人口出生和流动的变化趋势，通过多种措施持续增加公办学前教育资源，不断增加公办幼儿园的数量和比例。

二要积极扶持普惠性民办幼儿园。各地应根据实际情况有步骤、有计划、分批次地认定普惠性民办幼儿园。通过保证合理用地、减免或返还收费、以奖代补、政府购买服务、派驻公办教师、培训教师等方式积极引导和支持面向大众、收费合理、办学规范的普惠性幼儿园的发展。

三要健全学前教育成本分担机制。推动制定公办幼儿园生均公用经费标准或者生均财政拨款标准，普惠性民办幼儿园参照公办幼儿园标准享受生均财政拨款。按规定程序调整保教费收费标准，将家庭负担控制在合理范围。逐步建立起以公共财政投入为主的学前教育成本分担机制，切实保障公办幼儿园、公办性质的幼儿园与普惠性幼儿园正常运转和教师工资正常发放。

2. 加大政府对学前教育的保障力度，支持教师专业发展

一是各级政府需要加强对幼儿园教师工作条件的保障。近50%被调查的幼儿园教师反映自己的工作压力大，工作时间非常紧张，幼儿园的硬件还需要不断完善，特别是幼儿园的班级规模过大导致教师难以照顾到班里所有幼儿，普遍感觉在工作中承担了"过重的安全责任"。根据国家的教职工配备标准配齐幼儿园教职工是减轻幼儿园教师在工作时间和幼儿人数方面压力的基础，根据相关玩教具配备标准配足基本的玩教具是保障教师正常开展科学保教工作的前提。

二是提高幼儿园教师和园长的待遇保障水平。调查发现，幼儿园教师对工资待遇、社会地位、同工同酬情况及是否受到尊重等方面满意度较低，这些感受直接反映了幼儿园教师的社会地位和工资待遇差强人意，也直接影响幼儿园教师的工作成效和工作满意度。各级政府需要切实采取有效举措提高幼儿园教师的工资待遇，逐步实现同工同酬，将幼儿园教师和中小学教师纳入统一的管理体系，保障幼儿园教师的合法权益。

三是各级政府需要为幼儿园教师的专业发展提供有效支持。调查发现，幼儿园教师认为自己参加园外学习和交流的机会并不多，所在区县的教师培训保障状况也不容乐观，教师工作中出现时间紧、任务重、压力大但专业发展机会不足的情况，这不但影响了教师的工作满意度，也影响了教师的工作成效。

3. 缩小学前教育发展的地区差异，促进学前教育公平

一是以公办幼儿园为主体扩大农村学前教育资源。以公办幼儿园为主体扩大农村学前教育资源，边远贫困地区实行全公办幼儿园政策。按照"规模适度、安全方便"的原则，根据经济社会发展和人口规模的变化，科学测算学位供求，合理规划、布局和建设农村幼儿园，灵活采取乡镇中心幼儿园、村小附设幼儿园（班）、教学点附设幼儿园（班）、行政村举办集体性质幼儿园（班）等多种形式扩充农村地区学前教育资源，满足适龄儿童入园需求。

二是完善学前教育资助制度。免除家庭经济困难儿童、孤儿和残疾儿童保育教育费。对贫困地区、民族地区、边疆地区、革命老区等地区幼儿提供营养膳食补助，逐步改善家庭经济困难幼儿营养健康状况。

三是推进幼儿园标准化建设。建立灵活多样的幼儿园建设系列标准，含设置标准、设计规范、玩教具配备标准等，全方位指导幼儿园标准化建设。分期、分批对达不到规范化标准的幼儿园进行改造，确保规范化标准化幼儿园比例逐年提高。

4. 注重家庭、幼儿园、社会（社区）协同育人，进一步提高保教质量

一是注重家庭、幼儿园、社会（社区）协同育人。面向家庭和社会（社区）开展公益性科学育儿的指导和宣传，利用家长学校、家长会、家长开放日等形式，帮助家长了解幼儿园保教情况。开展家庭教育指导，注重通过多种途径，转变家长教育观念，提高家长科学育儿能力。加强幼儿园与社会（社区）的联系，利用文化、交通、消防等部门的社会教育资源，丰富幼儿园的教育活动。建立幼儿园对外合作与交流机制，开放办园，形成幼儿园之间及幼儿园与家庭、社会（社区）间的良性互动。

二是加强对幼儿园的指导。调查发现，村幼儿园园长和民办幼儿园园长的教育满意度比较低，其对本地区幼教发展、园所发展、个人发展、政府保障、管理服

务、社会环境等方面的满意度也都低于其他地区和类型的幼儿园园长。因此，应加大对村幼儿园和民办幼儿园的指导与扶持力度。

三是完善问责机制，加强教育督导。各地要建立行之有效的问责机制，将教育督导结果作为考核、问责和实施奖惩的重要依据。要强化限期整改环节，督导活动结束后，要求被督导单位对存在的问题进行限期整改，对整改情况要进行复查，必要时可约谈被督导单位主要负责人，确保每次督导都行之有效。要定期发布督导评估报告，让全社会了解学前教育发展情况、存在的主要问题以及改进措施，并接受社会监督。

总之，应关注并解决满意度调查中所反映出来的学前教育中的突出问题，以提高保教质量为核心，以保障幼儿身心和谐发展为目的，不断达成"办人民满意的学前教育"的理想目标。

第五章

义务教育满意度
调查结果

一、义务教育学校学生满意度 [1]

学生作为教育的消费者，对所消费产品的服务和质量进行评判，提出期望和要求，是有助于教育公平及质量的有效提升的。因此，开展教育评估时不应仅将调查对象局限于教育管理者、实施者等主体，还应重视学生满意度。学生满意度是学生对教育服务期望和教育服务结果进行比较后的一种心理反应（郭芳，2014）。目前对学生满意度的测量常用的方法是多重项目测量，即从多重维度对学生的教育满意度进行衡量，之后对各维度进行复合计算，得出总体满意度。

（一）总体满意度

1. 学生总体满意度稳中有升

义务教育具有公共服务的属性，政府的首要任务是保证为每个群体提供公平的接受教育的机会。党中央和国务院历来重视学生的学习与生活，尤其关注农村地区的教育发展，先后采取了一系列有效措施，不断改善农村义务教育学校学生学习和生活条件。党的十八大报告也明确提出，要"大力促进教育公平，合理配置教育资源"。在各方的共同努力下，学生总体满意度稳中有升。小学生总体满意度分值为87.42，比2015年的84.89增加了2.53；初中生总体满意度分值为80.71，比2015年的76.66增加了4.05。

2. 学生总体满意度呈现区域差异

（1）东部地区学生总体满意度比中西部地区高

小学生总体满意度存在显著的地区差异（$F=87.478$，$p<0.001$），东部地区小学生的总体满意度分值最高，为89.68。初中生总体满意度也存在显著的地区差异（$F=48.222$，$p<0.001$），东部地区初中生的总体满意度分值最高，为82.92（见表5–1）。

---

[1] 其中，小学生满意度数据即为小学生及家长的满意度数据。

表5-1 东中西部地区义务教育学校学生总体满意度分值情况

地区	小学生总体满意度分值	初中生总体满意度分值
东部	89.68	82.92
中部	86.31	79.72
西部	86.02	79.35

（2）城区学生的总体满意度比镇区和乡村高

义务教育学校学生的总体满意度存在显著的城乡差异（小学阶段 $F=163.055$，$p<0.001$；初中阶段 $F=134.878$，$p<0.001$）。城区义务教育学校学生的总体满意度分值最高，小学生为89.50，初中生为83.48；乡村义务教育学校学生的总体满意度分值最低，小学生为84.49，初中生为77.55（见图5-1）。

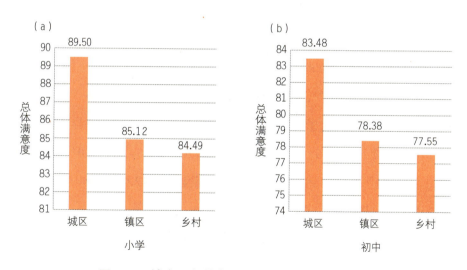

图5-1 城乡义务教育学校学生总体满意度分值

3. 学生总体满意度呈现个体差异

（1）外省户籍小学生的总体满意度比本省户籍小学生高，户籍所在地对初中生的总体满意度影响不显著

伴随着现代化、城镇化及工业化进程的不断推进，外来人口子女教育问题一度成为政府面临的巨大压力。为了统筹解决这一问题，党和国家实施了"两为主"、

"两纳入"、异地考试等政策，保障外来流动人口子女共享同城待遇。本次调查结果显示，自国家颁布义务教育学校学生接受教育不受户籍限制的政策以来，各方面工作均取得了显著成效。

不同户籍所在地的小学生总体满意度存在显著差异（$F=20.992$，$p<0.001$）。外省户籍的小学生总体满意度分值最高，为 91.32；本省外县户籍的小学生总体满意度分值最低，为 86.54。

不同户籍所在地的初中生的总体满意度之间不存在显著差异（$F=2.127$，$p=0.119$）。外省户籍的初中生总体满意度分值最高，为 81.98；本省外县户籍的初中生总体满意度分值最低，为 80.19。

（2）家庭现居住地为城区的学生总体满意度比镇区和乡村学生高

不同家庭现居住地的义务教育学校学生总体满意度存在显著差异（小学阶段 $F=160.044$，$p<0.001$；初中阶段 $F=133.084$，$p<0.001$）。现居住地为城区的学生总体满意度分值最高，小学生为 89.58，初中生为 83.75；现居住地为乡村的学生总体满意度分值最低，小学生为 84.64，初中生为 77.81。

（3）父母亲学历是大学（大专）及以上的学生总体满意度最高

父母亲学历不同的义务教育学校学生的总体满意度存在显著差异（对于父亲学历来说，小学阶段 $F=96.359$，$p<0.001$；初中阶段 $F=87.494$，$p<0.001$。对于母亲学历来说，小学阶段 $F=111.159$，$p<0.001$；初中阶段 $F=112.875$，$p<0.001$），父母亲学历越高，学生的总体满意度越高。

父母亲学历为大学（大专）及以上的学生总体满意度分值最高，父亲学历为大学（大专）及以上的小学生总体满意度分值为 90.27，母亲学历为大学（大专）及以上的小学生总体满意度分值为 90.59。父亲学历为大学（大专）及以上的初中生总体满意度分值为 85.39，母亲学历为大学（大专）及以上的初中生总体满意度分值为 86.41。

父母亲学历为小学及以下的学生总体满意度分值最低，父亲学历为小学及以下的小学生总体满意度分值为 83.16，母亲学历为小学及以下的小学生总体满意度分值为 83.95。父亲学历为小学及以下的初中生总体满意度分值为 76.63，母亲学历为小学及以下的初中生总体满意度分值为 76.84。

（4）家庭经济状况越好，学生的总体满意度越高

不同家庭经济状况的学生的总体满意度存在显著差异（小学阶段 $F=234.462$，$p<0.001$；初中阶段 $F=189.822$，$p<0.001$）。家庭经济状况为非常好的学生的总体满意度分值最高，小学生为 94.40，初中生为 89.08；家庭经济状况为非常差的学生的总体满意度分值最低，小学生为 75.71，初中生为 64.04（见图 5-2）。

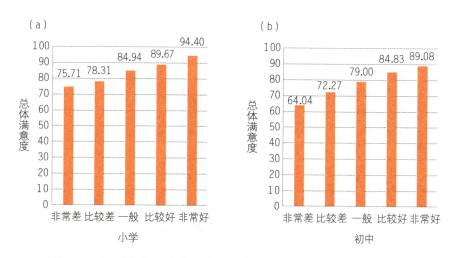

图 5-2 不同家庭经济状况的义务教育学校学生总体满意度分值

（二）维度分析

1. 学生教育公平感知分值逐步提高

小学生教育公平感知分值为 84.05，比 2015 年的 80.67 增加了 3.38；初中生教育公平感知分值为 79.20，比 2015 年的 74.24 增加了 4.96。

（1）东部地区学生教育公平感知分值高于中西部地区学生

义务教育学校学生的教育公平感知存在显著的地区差异（小学阶段 $F=103.691$，$p<0.001$；初中阶段 $F=62.341$，$p<0.001$），东部地区学生的教育公平感知分值最高，小学为 86.44，初中为 81.28；西部地区学生的教育公平感知分值最低，小学为 82.17，初中为 77.20。

（2）城区学生教育公平感知分值高于镇区和乡村学生

义务教育学校学生的教育公平感知存在显著的城乡差异（小学阶段 $F=164.733$，$p<0.001$；初中阶段 $F=115.102$，$p<0.001$）。城区学生教育公平感知分值最高，乡村学生教育公平感知分值最低。不论东部、中部还是西部，其城区、镇区、乡村初中生的教育公平感知均存在显著差异。东部城区学生教育公平感知分值最高，西部乡村学生教育公平感知分值最低。图 5-3 列出了不同地区城乡初中生教育公平感知分值情况。

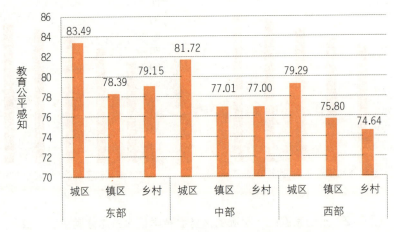

图 5-3　不同地区城乡初中生教育公平感知分值

（3）公办学校学生教育公平感知分值最高

不同性质学校的学生教育公平感知存在显著差异（小学阶段 $F=23.175$，$p<0.001$；初中阶段 $F=27.198$，$p<0.001$）。公办学校学生教育公平感知分值最高，民办学校次之，学校性质为其他的学生教育公平感知分值最低（见表 5-2）。

表 5-2　不同性质学校义务教育学校学生教育公平感知分值

学校性质	小学生教育公平感知分值	初中生教育公平感知分值
公办	84.33	79.51

学校性质	小学生教育公平感知分值	初中生教育公平感知分值
民办	80.60	76.55
其他	77.29	71.38

（4）外省户籍的小学生教育公平感知分值最高，不同户籍所在地初中生的教育公平感知分值不存在显著差异

不同户籍所在地的小学生的教育公平感知存在显著差异（$F=24.398$，$p<0.001$）。外省户籍的小学生的教育公平感知分值最高，为 88.16；本省外县户籍的小学生教育公平感知分值最低，为 82.59。不同户籍所在地的初中生的教育公平感知不存在显著差异（$F=1.235$，$p=0.291$）。外省户籍的初中生教育公平感知分值最高，为 79.86；本省外县户籍的初中生教育公平感知分值最低，为 78.66。

（5）家庭现居住地为城区的学生教育公平感知分值比镇区和乡村学生高

不同家庭现居住地的学生义务教育教育公平感知存在显著差异（小学阶段 $F=177.454$，$p<0.001$；初中阶段 $F=156.026$，$p<0.001$）。现居住地为城区的学生教育公平感知分值最高，小学生为 86.29，初中生为 82.21；现居住地为乡村的学生教育公平感知分值最低，小学生为 80.89，初中生为 76.21。

（6）父母亲学历是大学（大专）及以上的学生的教育公平感知分值最高

父母亲学历不同的义务教育学校学生的教育公平感知存在显著差异（对于父亲学历来说，小学阶段 $F=138.431$，$p<0.001$；初中阶段 $F=111.202$，$p<0.001$。对于母亲学历来说，小学阶段 $F=163.695$，$p<0.001$；初中阶段 $F=136.836$，$p<0.001$）。父母亲学历越高，学生的教育公平感知分值越高。

父母亲学历为大学（大专）及以上的学生教育公平感知分值最高。父亲学历为大学（大专）及以上的小学生教育公平感知分值为 87.28，母亲学历为大学（大专）及以上的小学生教育公平感知分值为 87.58。父亲学历为大学（大专）及以上的初中生教育公平感知分值为 83.72，母亲学历为大学（大专）及以上的初中生教育公平感知分值为 84.65。

父母亲学历为小学及以下的学生教育公平感知分值最低。父亲学历为小学及以下的小学生教育公平感知分值为 78.73，母亲学历为小学及以下的小学生教育公平感知分值为 79.06。父亲学历为小学及以下的初中生教育公平感知分值为 74.39，母亲学历为小学及以下的初中生教育公平感知分值为 74.79。

（7）家庭经济状况越好的学生教育公平感知分值越高

不同家庭经济状况的学生教育公平感知存在显著差异（小学阶段 $F=206.497$，$p<0.001$；初中阶段 $F=188.246$，$p<0.001$）。家庭经济状况为非常好的学生教育公平感知分值最高，小学生为 90.66，初中生为 86.75；家庭经济状况为非常差的学生教育公平感知分值最低，小学生为 73.40，初中生为 64.39。

2. 教育质量感知分值快速提升

小学生教育质量感知分值为 85.17，比 2015 年的 80.09 增长了 5.08；初中生教育质量感知分值为 79.87，比 2015 年的 71.57 增长了 8.30。

从地区特征、城乡特征、学校类型特征等方面对教育质量感知分值进行详细分析，得出的结论与总体满意度分值、教育公平感知分值分析结论相一致。学生个体特征方面的相关结论与总体满意度分值、教育公平感知分值分析结论相一致。

3. 学生教育期望健康发展

小学生教育期望分值为 85.82，比 2015 年的 81.61 增加了 4.21；初中生教育期望分值为 80.54，比 2015 年的 74.57 增加了 5.97。

从地区特征、城乡特征、学校类型特征等方面对教育期望分值进行详细分析，得出的结论与总体满意度分值、教育公平感知分值、教育质量感知分值分析结论相一致。学生个体特征方面的各项结论与总体满意度分值、教育公平感知分值、教育质量感知分值分析结论相一致。

（三）路径分析

1. 教育期望、教育公平感知、教育质量感知均对义务教育学校学生的总体满意度有显著影响，且三个影响因素之间也互相关联

使用结构方程模型分析教育期望、教育公平感知、教育质量感知三个因素对义务教育学校学生总体满意度的影响，分析结果见表 5-3、表 5-4 和图 5-4、图 5-5。

三个影响因素对总体满意度的作用包含直接效应和间接效应，这两类效应也揭示了三个因素对总体满意度的影响以及三个因素之间的相互关系。

这里以小学生教育满意度指数模型变量间的标准化总效应为例进行说明。从三个因素对总体满意度的影响来看，其均存在非常显著的积极作用。其中，教育期望对总体满意度的影响包含一个直接效应和三个间接效应；一个直接效应即教育期望对总体满意度有直接影响，中间没有通过其他变量作为中介而产生的影响，标准化效应值为0.18，表示教育期望每提高1个标准差单位，总体满意度会提高0.18个标准差单位。三个间接效应包括教育期望通过对教育质量感知的影响进而影响总体满意度、教育期望通过对教育公平感知的影响进而影响总体满意度、教育期望通过对教育公平感知的影响以及教育公平感知对教育质量感知的影响进而影响总体满意度。在这里教育质量感知和教育公平感知作为教育期望影响总体满意度的中介变量存在。其他两个因素对总体满意度的影响与教育期望类似。同时，教育质量感知和教育公平感知也作为自变量对总体满意度分别存在直接影响。值得注意的是，教育质量感知是教育公平感知影响总体满意度的中介变量，即学生期待的教育质量是有公平的质量。

此外，从三个影响因素之间关系的角度来看，教育期望分别对教育质量感知和教育公平感知有显著影响，同时，教育公平感知是教育期望影响教育质量感知的中介变量。

表5-3 小学生教育满意度指数模型变量间的标准化总效应

（直接效应 + 间接效应）

维度	教育期望	教育公平感知	教育质量感知	总体满意度
教育公平感知	0.78（0.78+0）	—	—	—
教育质量感知	0.87（0.36+0.51）	0.66（0.66+0）	—	—
总体满意度	0.80（0.18+0.52+0.06+0.04）	0.74（0.67+0.07）	0.11（0.11+0）	—

注：表中所有的效应值均在0.001水平上显著。

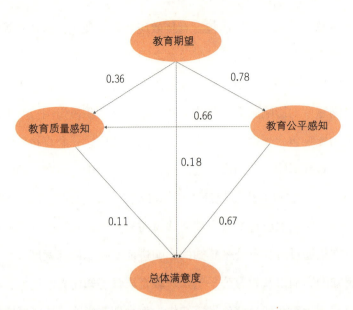

图5-4 小学生教育总体满意度及其三个相关因素的路径关系

表5-4 初中生教育满意度模型指数变量间的标准化总效应

（直接效应 + 间接效应）

维度	教育期望	教育公平感知	教育质量感知	总体满意度
教育公平感知	0.80（0.80+0）	—	—	—
教育质量感知	0.87（0.33+0.54）	0.68（0.68+0）	—	—
总体满意度	0.80（0.13+0.04+0.56+0.07）	0.79（0.70+0.09）	0.13（0.13+0）	—

注：表中所有的效应值均在0.001水平上显著。

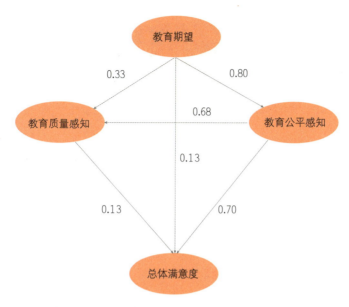

图 5-5　初中生教育总体满意度及其三个相关因素的路径关系

2. 经济发展水平较高省份的学生，其教育满意度最高

参照世界银行分类标准及国际经验，将全国 31 个省份 2015 年的人均 GDP 水平划分为高、中、低三档。表 5-5 及表 5-6 的分析结果显示，不同人均 GDP 水平的省份的义务教育学校学生在四个维度上均存在显著差异。具体来说，人均 GDP 水平高的省份的学生在总体满意度及其三个相关因素上的分值均最高；人均 GDP 水平低的省份的学生在四个维度上的分值均最低。

以小学生的分析结果为例，图 5-6 形象地展示了不同人均 GDP 水平省份的小学生教育满意度状况。初中生的分析结果与小学生的分析结果一致。

表 5-5　不同人均 GDP 水平的省份的小学生教育满意度差异分析

维度	人均 GDP 水平	人数	均值	标准差	F	p
	高	3953	89.96	13.07		
总体满意度	中	4703	86.48	15.13	95.45	0.000
	低	3593	85.86	14.10		

维度	人均GDP水平	人数	均值	标准差	F	p
教育公平感知	高	3953	87.08	13.31	133.59	0.000
	中	4703	82.78	15.16		
	低	3593	82.38	13.82		
教育质量感知	高	3953	88.57	11.84	197.32	0.000
	中	4703	83.92	14.40		
	低	3593	83.05	13.13		
教育期望	高	3953	89.33	13.30	169.35	0.000
	中	4703	84.67	15.55		
	低	3593	83.55	15.13		

表 5-6　不同人均 GDP 水平的省份的初中生教育满意度差异分析

维度	人均GDP水平	人数	均值	标准差	F	p
总体满意度	高	3697	84.00	17.07	111.881	0.000
	中	4459	80.30	18.06		
	低	3446	77.73	18.40		
教育公平感知	高	3697	82.62	15.84	143.047	0.000
	中	4459	78.79	16.60		
	低	3446	76.06	17.08		
教育质量感知	高	3697	83.60	14.86	177.689	0.000
	中	4459	79.25	16.10		
	低	3446	76.67	16.28		
教育期望	高	3697	84.34	16.31	168.663	0.000
	中	4459	80.02	16.72		
	低	3446	77.13	17.22		

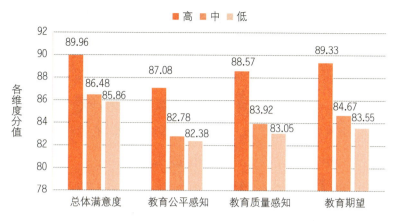

图 5-6　不同人均 GDP 水平省份的小学生教育满意度状况

（四）热点问题分析

1. 关注学生心理健康

教育部颁发的《中小学心理健康教育指导纲要（2012 年修订）》对于各地中小学开展心理健康教育起到了指导和推动作用。在本次调查中，问题"你觉得生活有意思吗？"从生活态度方面对学生的心理健康现状进行了调查；问题"学校开设心理健康教育课的情况如何？"从课程开设频率方面对初中学校的心理健康教育课开设现状进行了调查。结果如下。

（1）全国超过八成的学生觉得生活有意思，近七成的学校目前开设心理健康教育课，小学阶段课程开设情况优于初中

全国 93.38% 的小学生觉得生活有意思，其中 9.94% 的小学生认为比较有意思，29.88% 的小学生认为有意思，53.56% 的小学生认为非常有意思。而另一方面，仍有 6.62% 的小学生生活态度不乐观，具体来看，有 4.71% 的小学生认为生活一般，0.77% 的小学生认为比较没意思，0.60% 的小学生认为没意思，0.54% 的小学生认为非常没意思。

全国 84.80% 的初中生觉得生活有意思，其中 16.02% 的初中生认为比较有意思，30.99% 的初中生认为有意思，37.79% 的初中生认为非常有意思。而另一方面，仍有 15.20% 的初中生生活态度不乐观，具体来看，有 10.02% 的初中生认为生活一

般，2.36% 的初中生认为生活比较没意思，1.45% 的初中生认为没意思，1.37% 的初中生认为生活非常没意思。

小学阶段，全国 74.90% 的学校目前开设了心理健康教育课。其中，41.80% 的学校一周开设一次，13.10% 的学校两周开设一次，12.50% 的学校一个月开设一次，7.50% 的学校两个月开设一次。15.60% 的学校曾经开设过心理健康教育课，但是现在没有继续开设；9.40% 的学校没有开设过相关课程。

初中阶段，全国 67.69% 的学校目前开设了心理健康教育课。其中，35.13% 的学校一周开设一次，10.64% 的学校两周开设一次，12.58% 的学校一个月开设一次，9.34% 的学校两个月开设一次。20.58% 的学校曾经开设过心理健康课，但是现在没有继续开设；11.72% 的学校没有开设过相关课程。

（2）东部地区认为生活有意思的学生所占比例最高，西部地区目前开设心理健康教育课的学校比例最高

东部地区 89.20% 的小学生认为生活有意思，其中 58.50% 的小学生认为非常有意思；中部地区 92.90% 的小学生认为生活有意思，其中 50.60% 的小学生认为非常有意思；西部地区 92.40% 的小学生认为生活有意思，其中 51.00% 的小学生认为非常有意思。

东部地区 85.75% 的初中生认为生活有意思，其中 42.79% 的初中生认为非常有意思；中部地区 83.74% 的初中生认为生活有意思，其中 34.65% 的初中生认为非常有意思；西部地区 84.72% 的初中生认为生活有意思，其中 35.39% 的初中生认为非常有意思。

小学阶段，东部地区 73.40% 的学校目前开设了心理健康教育课，其中 40.10% 的学校一周开设一次；中部地区 76.40% 的学校目前开设了心理健康教育课，其中 45.60% 的学校一周开设一次；西部地区 75.50% 的学校目前开设了心理健康教育课，其中 40.60% 的学校一周开设一次。

初中阶段，东部地区 65.10% 的学校目前开设了心理健康教育课，其中 31.55% 的学校一周开设一次；中部地区 67.70% 的学校目前开设了心理健康教育课，其中 38.76% 的学校一周开设一次；西部地区 70.23% 的学校目前开设了心理健康教育课，其中 35.75% 的学校一周开设一次。

（3）城区认为生活有意思的学生所占比例最高，乡村目前开设心理健康课的学校比例最高

城区 94.60% 的小学生认为生活有意思，其中 60.20% 的小学生认为非常有意思；镇区 92.30% 的小学生认为生活有意思，其中 46.10% 的小学生认为非常有意思；乡村 91.60% 的小学生认为生活有意思，其中 44.60% 的小学生认为非常有意思。

城区 86.97% 的初中生认为生活有意思，其中 43.12% 的初中生认为非常有意思；镇区 82.86% 的初中生认为生活有意思，其中 33.42% 的初中生认为非常有意思；乡村 82.51% 的初中生认为生活有意思，其中 31.44% 的初中生认为非常有意思。

小学阶段，城区 74.60% 的学校目前开设了心理健康教育课，其中 45.10% 的学校一周开设一次；镇区 75.00% 的学校目前开设了心理健康教育课，其中 38.20% 的学校一周开设一次；乡村 76.30% 的学校目前开设了心理健康教育课，其中 37.30% 的学校一周开设一次。

初中阶段，城区 65.65% 的学校目前开设了心理健康教育课，其中 36.68% 的学校一周开设一次；镇区 69.37% 的学校目前开设了心理健康教育课，其中 33.02% 的学校一周开设一次；乡村 70.12% 的学校目前开设了心理健康教育课，其中 34.74% 的学校一周开设一次。

2. 强化安全意识

2017 年全国学校安全工作电视电话会议在北京召开，会议要求加快健全学校安全体系，确保教育系统安全稳定和谐，要抓安全教育，加强校园安全防范指导监督。强化安全意识对于平安校园的创建意义重大。本次调查中，题目"学校组织防震防火等安全演练吗?"从安全演练的开展情况方面对小学生和初中生安全教育状况进行了调查。结果如下。

（1）全国超过九五成的学校组织安全演练，四成左右的学校一个月开展一次安全演练

全国97.90%的小学组织了防震防火等安全演练。其中，40.40%的学校一个月组织一次，12.70%的学校两个月组织一次，7.30%的学校三个月组织一次，37.50%的学校一个学期组织一次，但仍有2.10%的学校没有组织过相关安全演练。

全国96.64%的初中组织了防震防火等安全演练。其中，35.02%的学校一个月组织一次，14.49%的学校两个月组织一次，9.33%的学校三个月组织一次，37.80%的学校一个学期组织一次，但仍有3.36%的学校没有组织过相关安全演练。

（2）东中西部地区学校均重视组织安全演练，超九成的学校至少每学期组织一次安全演练

东、中、西部地区有超过97%的小学每学期至少组织一次防震防火等安全演练，比例分别为97.90%、97.10%和98.80%，其中，东部地区36.60%的学校每个月组织一次，中部地区这一比例为42.00%，西部地区为43.00%。

东、中、西部地区有超过96%的初中每学期至少组织一次防震防火等安全演练，比例分别为96.60%、96.33%和96.89%，其中，东部地区33.43%的学校每个月组织一次，中部地区这一比例为36.30%，西部地区为35.56%。

（3）城区、镇区、乡村学校均重视组织安全演练，乡村学校每月组织一次安全演练的学校百分比最高

城区、镇区、乡村均有超过97%的小学每学期至少组织一次防震防火等安全演练，比例分别为98.00%、97.70%和98.00%。乡村学校一个月组织一次安全演练的学校占比最高，为45.00%，城区学校为39.30%，镇区学校为39.70%。

城区、镇区、乡村均有超过96%的初中每学期至少组织一次防震防火等安全演练，比例分别为96.19%、97.29%和96.65%。乡村学校一个月组织一次安全演练的学校占比最高，为39.05%，城区学校为34.72%，镇区学校为33.13%。

3. 防治校园欺凌

2016年教育部等部门印发了《关于防治中小学生欺凌和暴力的指导意见》，指出了我国目前少数地方存在的校园欺凌和暴力问题，并对预防和处置等工作进行了

部署。本次调查中，题目"当出现校园欺凌事件时，老师或学校有无及时处理？"从校方的处理时效角度对防治校园欺凌工作情况进行了调查，结果如下。

（1）存在校园欺凌现象，多数学校会在事件发生后及时处理

全国 48.48% 的小学生表示没有经历过校园欺凌，51.52% 的小学生经历过，其中，47.91% 的小学生表示事件得到了校方的及时处理，3.24% 的小学生表示事件校方有处理但是不及时，仍有 0.37% 的小学生表示事件没有得到校方的处理。

全国 36.47% 的初中生表示没有经历过校园欺凌，63.53% 的初中生经历过，其中，57.04% 的初中生表示事件得到了校方的及时处理，5.81% 的初中生表示事件校方有处理但是不及时，仍有 0.68% 的初中生表示事件没有得到校方的处理。

（2）东部地区没有经历过校园欺凌的学生比例最高，城区学生没有经历过校园欺凌的比例最高

东部地区 57.45% 的小学生表示没有经历过校园欺凌，而中部、西部地区这一比例分别为 46.95% 和 40.61%；西部地区 55.01% 的小学生表示事件在发生后得到了校方的及时处理，比例高于东部、中部地区。

东部地区 43.45% 的初中生表示没有经历过校园欺凌，而中部、西部地区这一比例分别为 39.78% 和 27.00%；西部地区 65.76% 的初中生表示事件在发生后得到了校方的及时处理，高于东部、中部地区 10 个百分点。

城区有 55.63% 的小学生表示没有经历过校园欺凌；镇区次之，为 40.63%；乡村最低，为 38.29%。在校方是否及时处理方面，57.03% 的乡村小学生表示得到了校方的及时处理，比例最高；而另一方面，乡村仍有 0.39% 的小学生表示欺凌事件没有得到校方处理。

城区有 45.74% 的初中生表示没有经历过校园欺凌；乡村次之，为 28.91%；镇区最低，为 26.88%。在校方是否及时处理方面，65.54% 的镇区初中生表示得到了校方的及时处理，比例最高。

4. 减轻课业负担

《中共中央国务院关于深化教育改革全面推进素质教育的决定》明确指出："减轻中小学生课业负担已成为推进素质教育中刻不容缓的问题，要切实认真加以解决。"通过课程改革，减轻中小学生课业负担，是全面实施素质教育的本质要求，更是培养高素质、高层次创新型人才的迫切需要。本次调查中，题目"在学校多久能参加各类兴趣小组活动（含校本课程、社团活动等）？"从课程多样化角度对课程改革、减轻课业负担的情况进行了调查，结果如下。

（1）全国约八成的学生至少每周参加一次兴趣小组活动

全国 12.93% 的小学生表示每天都有兴趣小组、校本课程、社团活动等多种形式的素质教育课程，26.20% 的小学生每周参加两到三次类似的活动，52.83% 的小学生每周参加一次相关课程，仍有 8.03% 的小学生没有参加过相关课程。

全国 10.49% 的初中生表示每天都有兴趣小组、校本课程、社团活动等多种形式的素质教育课程，21.30% 的初中生每周参加两到三次类似的活动，50.97% 的初中生每周参加一次相关课程，仍有 17.25% 的初中生没有参加过相关课程。

（2）中部地区没有参加过兴趣小组活动的学生比例最高

东部地区有 6.18% 的小学生表示没有参加过校本课程、社团活动等各类兴趣小组活动；西部地区这一比例为 8.11%；中部地区这一比例最高，为 10.24%。东中西部地区均有 10% 左右的小学生每天都能参加相关活动。

东部地区有 16.25% 的初中生表示没有参加过校本课程、社团活动等各类兴趣小组活动；西部地区这一比例为 16.50%；中部地区这一比例最高，为 19.41%。东中西部地区均有 10% 左右的初中生每天都能参加相关活动。

二、义务教育学校教师满意度

教师工作满意度是教师的一种主观价值判断，取决于教师在工作中的实际所得（如工作条件、福利待遇、职业发展机会等）与他们的期望所得之间的差距。教师工作满意度不仅受到学校管理及支持条件的影响，还与政府保障程度密切相关。研究教师工作满意度，一方面可以为提高学校管理水平提供依据，另一方面还可为提高政府保障水平提供建议。

总体而言，义务教育学校教师对目前的工作状态并不完全满意，满意度分值仅为 67.26，政府保障感知分值最低，仅为 57.24。工作压力大、待遇较低、民主参与不充分、社会地位较低及相关政策落实不充分等是教师比较不满意的方面。从区域看，东部地区教师、城区教师、收入较高地区教师满意度较高。女性教师、小学教师工作满意度较高。教师学历、职称、收入越高，工作满意度也越高；教师年龄越大、教龄越长，工作满意度越低。政府保障、专业发展和教育期望均显著直接和间接影响教师工作满意度。

针对以上问题，亟须进一步加大中西部教师支持力度，改善发展环境和教师地位待遇。进一步加大对乡村教师的支持力度，提升补偿标准，增加培训机会，关注不同学段教师的现实需求，提升教师队伍整体素质和工作满意度；完善教师发展制度和环境，持续激励教师的工作热情和激情。改善教师民生状况，是提高教师工作满意度之本。

（一）总体满意度

1. 义务教育学校教师总体满意度不高

义务教育学校教师总体满意度分值为 67.26（见表 5-7），刚刚过了及格线，仅 66.48% 的教师对工作感到比较满意或满意。

表 5-7 义务教育学校教师总体满意度

维度	人数	最小值	最大值	均值	标准差
总体满意度	8150	0	100	67.26	20.560

2. 教师总体满意度的地区特征

（1）东部地区教师总体满意度最高

义务教育学校教师总体满意度存在显著的地区差异，东部地区教师满意度最高，中部地区次之，西部地区最低（$F=38.574$，$p < 0.001$）（见图 5-7）。有的研究通过大样本调查也得到结论：中部地区与东部地区义务教育学校教师工作满意度不存在明显差异，而西部地区义务教育学校教师工作满意度显著低于东部地区（李维，许佳宾，丁学森，2017）。

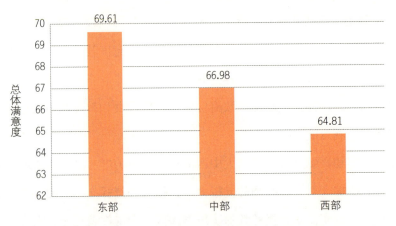

图 5-7　东中西部地区教师总体满意度分值

（2）城区教师总体满意度最高，其次是镇区教师，乡村教师总体满意度最低

　　义务教育学校教师总体满意度存在显著的城乡差异，乡村教师的总体满意度最低（$F=3.205$，$p < 0.001$）（见图 5-8）。大部分已有研究也表明，城市教师的工作满意度显著高于农村教师（李维，许佳宾，丁学森，2017）。穆洪华、胡咏梅、刘红云等（2016）的研究表明，农村中学教师的工作满意度最低，乡镇中学教师次之，城市中学教师相对最高。这可能是因为城市教师发展机会、工作环境及收入待遇都好于农村教师。

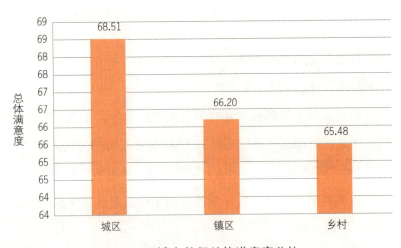

图 5-8　城乡教师总体满意度分值

（3）东中西三个地区城区教师总体满意度显著高于镇区教师，镇区教师高于乡村教师

东中西三个地区义务教育学校教师总体满意度存在显著的城乡差异，城区高于镇区，镇区高于乡村（中部地区乡村略高于镇区；见图 5-9）。东部地区的方差分析结果为 F=3.205，$p < 0.05$；中部地区的方差分析结果为 F=5.571，$p < 0.05$；西部地区的方差分析结果为 F=6.802，$p < 0.05$。

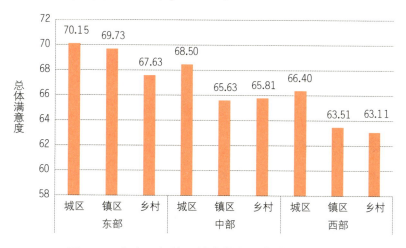

图 5-9 东中西部地区城乡教师总体满意度分值

（4）高收入地区教师总体满意度显著高于中低收入地区

目前按照地区经济收入水平分析教师满意度的研究不多。本次研究参照世界银行分类标准及国际经验，将全国 31 个省份 2015 年的人均 GDP 水平划分为高、中、低三档，分析不同档收入地区教师总体满意度。结果表明，高收入地区义务教育学校教师总体满意度显著高于中等收入和低收入地区教师（ F=30.118，$p < 0.001$ ）（见图 5-10），表明教师总体满意度受地区经济发展水平的影响。

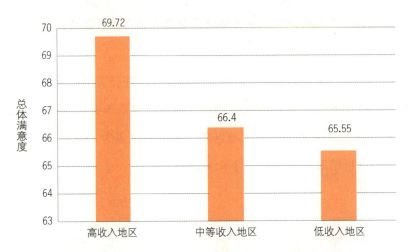

图 5-10 不同收入水平地区教师总体满意度分值

3. 教师总体满意度的个体特征

（1）女教师总体满意度显著高于男教师

男教师总体满意度分值为 64.85，显著低于女教师的 68.64（$F=65.584$，$p < 0.001$）。有关不同性别教师满意度的研究较多，但结论不一致。陈云英等（1994）的研究认为教师满意度存在着性别差异，女教师满意度高于男教师，而有研究发现男教师工作满意度高于女教师（冯伯麟，1996）。徐志勇等（2012）的研究对象为小学教师，认为女性小学教师一方面要为工作而忙碌，同时还要花更大的精力负责家务和照顾子女，因此普遍比男性小学教师的满意度要低。胡咏梅（2007）的研究则发现，性别因素对教师工作满意度不存在显著影响。本次调查发现，男性的职业期望普遍高于女性，因此，男性从事教师行业，更可能比女性教师满意度低。

（2）小学教师总体满意度高于初中教师

小学教师与初中教师的总体满意度存在显著差异（$F=128.129$，$p < 0.001$）。小学教师总体满意度分值为 69.78，高于初中教师（64.67）。这可能是由于初中教师面临中考，工作压力相对较大。

（3）教师总体满意度随着学历升高而升高

不同学历的教师总体满意度存在显著差异（$F=4.003$，$p < 0.05$）。学历越高，教师总体满意度也越高，其中，研究生学历的教师总体满意度分值最高，高中学历的教师总体满意度分值最低（见图5–11）。2007年，有的学者通过对北京市七个区的调查研究得出相反结论，认为学历越高的教师，越有自我实现满意度低的倾向（胡咏梅，2007）。与十多年前相比，越来越多高学历毕业生进入教育行业从教。此次调查显示，该类群体总体满意度较高，这将会鼓励更多高学历者进入教师行业。

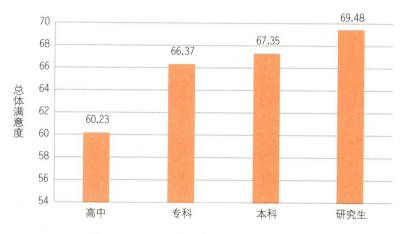

图 5–11　不同学历教师总体满意度分值

（4）教师总体满意度随着职称升高而提高

不同职称教师总体满意度存在显著差异（$F=4.947$，$p < 0.001$）。正高级教师总体满意度分值最高，其次为未评职称教师，三级职称教师最低（见图5–12）。教师的职称越高、总体满意度越高的原因可能是，随着业务水平提高，教师对于工作更加熟练，并且职称越高，收入也越高。

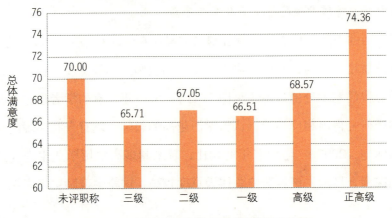

图 5-12　不同职称教师总体满意度分值

（5）教师总体满意度随着年龄增长而下降

随着年龄增长，教师总体满意度降低。不同年龄教师总体满意度有显著差异（$F=4.711$，$p<0.001$）。即将退休的教师，即55—60岁的教师总体满意度最低；相反，25岁及以下的年轻教师总体满意度最高（见图5-13）。该结论在多项已有研究中得到印证，这种现象可能跟教师职业倦怠有关，也可能受职称评定的影响，中高级职称名额有限，即便许多教师达到入职年限也难以晋升，因此教师的工作满意度会随年龄的增长而降低。

图 5-13　不同年龄教师总体满意度分值

（6）教师总体满意度随着教龄增长而下降

不同教龄教师总体满意度差异显著（$F=6.326$，$p<0.001$）。教师总体满意度随着教龄的增长而下降，工作20年以上的教师总体满意度最低。相反，工作3年以下的年轻教师正在完成教师角色转换，工作热情处于最高峰，总体满意度分值也最高（见图5-14）。有的研究则认为教师教龄与自我实现满意度呈正相关，且教龄在15年以上的教师对自我实现的满意度远远高于教龄低于15年的教师，而且教龄在21年以上的老教师自我实现满意度最高（胡咏梅，2007）。从访谈中得知，教龄长的老教师容易产生倦怠心理，尤其是教育发展速度快、家长期望高、学生见多识广、教学信息化要求高，让老教师教学力不从心，工作满意度总体不高。

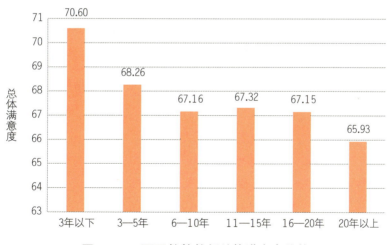

图5-14 不同教龄教师总体满意度分值

（7）教师总体满意度随着收入增加而提高

不同收入水平教师总体满意度差异显著（$F=11.494$，$p<0.001$）。除了收入2000元及以下的教师，其他收入水平教师的总体满意度呈现出收入越高总体满意度越高的趋势（见图5-15）。此外，教师收入越高，教育期望越高，对学校管理和政府保障满意度程度也越高，表明教师总体满意度与收入有很大关系。有的研究也

表明，教师的年工资收入可以正向显著预测教师的工作满意度，增加教师的年工资收入对提高教师工作满意度有积极作用（李维，许佳宾，丁学森，2017）。

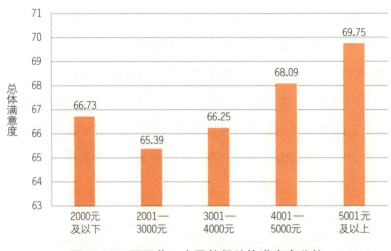

图 5-15　不同收入水平教师总体满意度分值

（8）班主任与其他教师的总体满意度差异不显著

班主任和非班主任教师总体满意度差异不显著（$F=0.129$，$p > 0.05$）。目前有关班主任工作满意度的调查研究不多。本研究预设班主任工作量大、负担重，工作满意度较低，但是，研究结果与预设不符，这可能是因为，班主任虽然工作负担重，但仍可从自身工作中获取较高的精神价值，同时也比其他教师得到较多物质补偿，如班主任津贴等。

（9）民办学校教师总体满意度显著高于公办学校教师

民办学校教师总体满意度显著高于公办学校教师（$F=7.863$，$p < 0.001$）。其中，民办学校教师总体满意度分值为 71.92，公办学校教师为 67.05。

（二）维度分析

从政府的教育发展战略角度和教师的需求层次角度来讲，教育期望、政府保障感知和学校管理感知是影响教师满意度的主要因素。总体而言，义务教育学校教师学校管理感知分值最高，教育期望、政府保障感知分值较低。三个影响因素的地区特征、个人特征与教师总体满意度特征大部分一致。以下分析结果呈现教师在学校管理感知、政府保障感知、教育期望三个维度上的满意度水平及特征。

1. 教师的学校管理感知分值较高

（1）教师的学校管理感知分值为 71.21

义务教育学校教师的学校管理感知分值为 71.21（见表 5-8），是影响总体满意度的三个维度中分值最高的一项。学校管理感知维度由发展机会、工作环境氛围、学校管理水平三项指标构成，调查结果也表明教师对这几项满意度较高。

表 5-8　义务教育学校教师学校管理感知分值

维度	人数	最小值	最大值	均值	标准差
学校管理感知	8150	0	100	71.21	16.677

（2）研究生学历教师的学校管理感知分值最高

不同学历教师的学校管理感知分值差异显著，但是都在 60 分以上（$F=5.145$，$p < 0.001$）。学历越高，教师的学校管理感知分值越高，研究生学历教师分值最高（见图 5-16）。

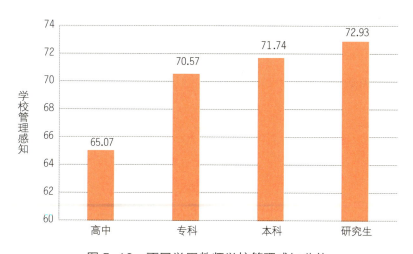

图 5-16　不同学历教师学校管理感知分值

（3）未评职称教师和正高级职称教师的学校管理感知分值较高

不同职称教师的学校管理感知分值差异显著（$F=4.480$，$p < 0.001$）。学校管理感知分值随着职称的升高先降低后升高，未评职称的教师分值最高，所有职称的教师分值均在 70 以上（见图 5–17）。

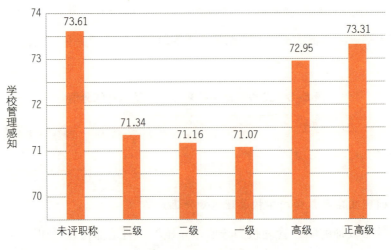

图 5–17 不同职称教师学校管理感知分值

（4）教师的学校管理感知分值随着年龄增长而下降

不同年龄教师的学校管理感知分值差异显著（$F=5.238$，$p < 0.001$）。教师的学校管理感知分值随着年龄增长而下降，即将退休的教师，即 55—60 岁的教师的学校管理感知分值最低。相反，25 岁及以下年轻教师的学校管理感知分值最高（见图 5–18）。

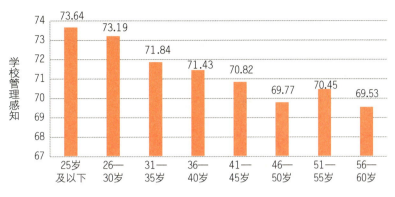

图 5-18 不同年龄教师学校管理感知分值

（5）教师的学校管理感知分值随教龄增长而下降

不同教龄教师的学校管理感知分值差异显著（$F=5.581$，$p < 0.001$）。随着教龄的增加，教师的学校管理感知分值总体呈降低趋势。具有 20 年以上教龄的教师学校管理感知分值最低（见图 5-19）。

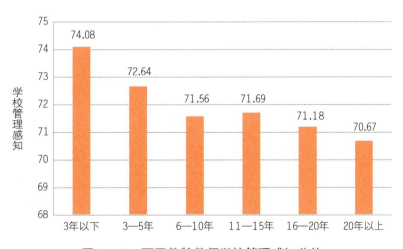

图 5-19 不同教龄教师学校管理感知分值

（6）教师学校管理感知分值随着收入增加而提高

不同收入水平教师的学校管理感知分值差异显著（F=10.503，$p < 0.001$）。随着收入的增加，教师的学校管理感知分值逐步增加。月收入为 2000 元及以下的教师的学校管理感知分值最低（见图 5-20）。

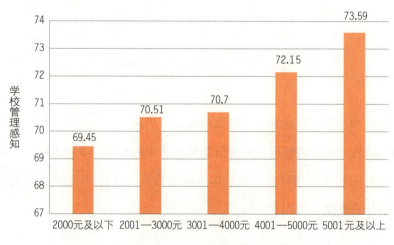

图 5-20　不同收入水平教师学校管理感知分值

2. 教师的政府保障感知分值较低

（1）教师的政府保障感知分值仅为 57.24

总体而言，义务教育学校教师的政府保障感知分值最低（见表 5-9）。政府保障感知维度由社会地位、权益保障和政府发展支撑三项指标构成，这也表明义务教育学校教师对这些方面不够满意。

表 5-9　义务教育学校教师政府保障感知分值

维度	人数	最小值	最大值	均值	标准差
政府保障感知	8150	0	100	57.24	17.189

（2）西部地区教师政府保障感知分值存在显著城乡差异

东中西部三个地区当中，仅西部地区义务教育学校教师的政府保障感知分值存在城乡差异（$F=6.195$，$p < 0.01$），西部地区城区和镇区教师的政府保障感知分值显著高于乡村教师（见图 5-21）。

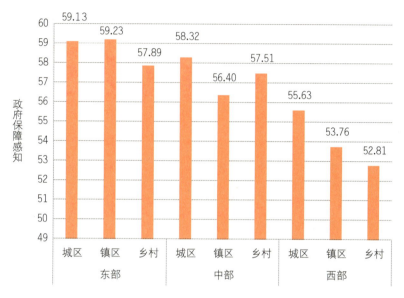

图 5-21 东中西部城乡教师政府保障感知分值

（3）研究生学历教师的政府保障感知分值最高

不同学历教师的政府保障感知分值差异显著（$F=7.960$，$p < 0.001$）。研究生学历教师分值最高，为 60.82。与其他学历的教师比较，高中学历的教师的政府保障感知分值较低，专科学历的教师分值最低（见图 5-22）。

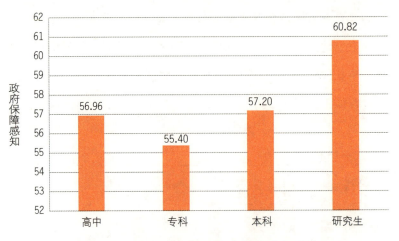

图 5-22　不同学历教师政府保障感知分值

（4）职称高的教师政府保障感知分值较高

不同职称教师政府保障感知分值差异显著（$F=17.437$，$p < 0.001$）。数据分析表明，正高级职称教师政府保障感知分值最高，为 64.62；其次为未评职称的教师，分值为 62.27；其他职称的教师分值均较低，为 55.99—58.57（见图 5-23）。

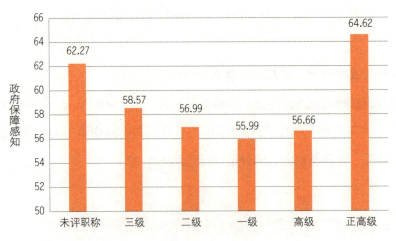

图 5-23　不同职称教师政府保障感知分值

（5）年龄越大的教师政府保障感知分值越低

不同年龄教师政府保障感知分值差异显著（$F=21.294$，$p < 0.001$）。教师的政府保障感知分值随着年龄的增长呈 U 形变化。46—50 岁的教师的政府保障感知分值最低，25 岁及以下的教师政府保障感知分值最高（见图 5-24）。

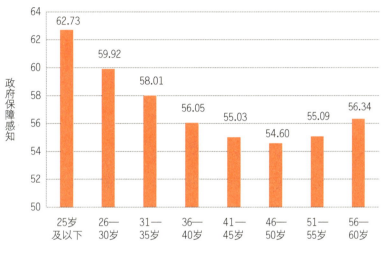

图 5-24　不同年龄教师政府保障感知分值

（6）教龄越长，教师的政府保障感知分值越低

不同教龄教师的政府保障感知分值差异显著（$F=30.780$，$p < 0.001$）。教师的政府保障感知分值随着教龄的增长而降低，即教师教龄越长，政府保障感知分值越低（见图 5-25）。

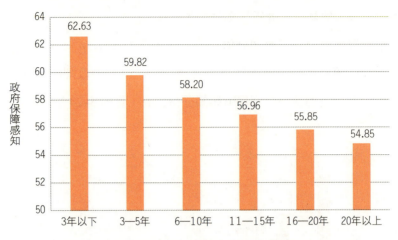

图 5-25　不同教龄教师政府保障感知分值

（7）收入较高的教师政府保障感知分值较高

不同收入水平教师的政府保障感知分值差异显著（$F=9.937$，$p < 0.001$）。除了月收入为 2000 元及以下的教师的政府保障感知分值较高外，其他收入水平的教师都表现出收入水平越高政府保障感知分值越高的趋势。有趣的是，月收入在 2000 元及以下的教师的政府保障感知分值几乎与月收入在 5001 元及以上的教师一样高（见图 5-26）。而在总体满意度、学校管理感知等维度里，月收入为 2000 元及以下的教师分值较低。

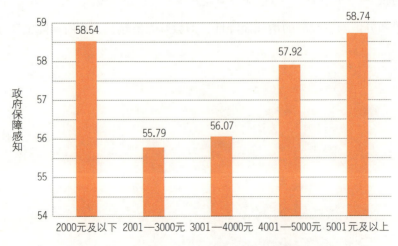

图 5-26　不同收入水平教师政府保障感知分值

3.教师教育期望分值较低

（1）义务教育学校教师的教育期望分值为 67.94

义务教育学校教师的教育期望分值均值为 67.94（见表 5-10）。

表 5-10 义务教育学校教师教育期望分值

维度	人数	最小值	最大值	均值	标准差
教育期望	8150	0	100	67.94	17.189

（2）东西部城区义务教育学校教师的教育期望分值高于镇区和乡村教师

东部和西部地区义务教育学校教师的教育期望存在显著的城乡差异。其中，城区义务教育学校教师的教育期望分值最高，其次是镇区，乡村最低；而中部地区不存在显著的城乡差异（见图 5-27）。东部地区的方差分析结果为 $F=15.496$，$p < 0.001$；西部地区的方差分析结果为 $F=14.070$，$p < 0.001$。

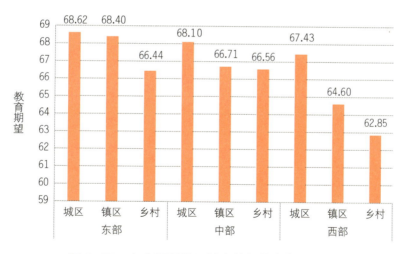

图 5-27 东中西部地区城乡教师教育期望分值

（3）教师学历越高，教育期望分值越高

不同学历教师的教育期望分值差异显著（$F=5.085$，$p < 0.01$）。学历越高，教

育期望分值也越高。其中，研究生学历的教师分值最高，高中学历的教师教育期望分值最低（见图5-28）。

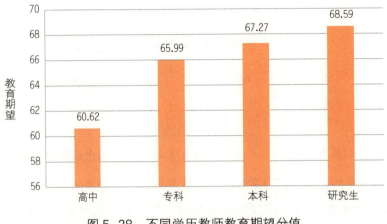

图 5-28 不同学历教师教育期望分值

（4）未评职称的教师教育期望分值较高

不同职称的义务教育学校教师教育期望分值差异显著（$F=7.324$，$p < 0.001$）。未评职称的教师教育期望分值最高，其次为二级职称教师，一级职称的教师教育期望分值最低（见图5-29）。

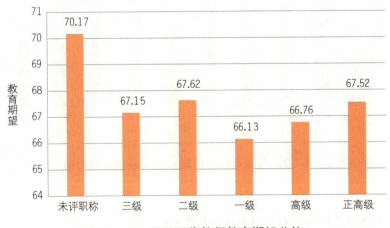

图 5-29 不同职称教师教育期望分值

（5）56—60岁的教师教育期望分值较低

不同年龄的义务教育学校教师的教育期望分值差异显著（$F=7.937$，$p < 0.001$）。其中，26—30岁的义务教育学校教师教育期望分值最高，其次是25岁及以下的教师，56—60岁的教师分值最低。有趣的是，在其他维度，如总体满意度方面，51—55岁教师分值低于41—50岁的教师，但在教育期望维度，51—55岁教师的分值高于41—50岁教师（见图5-30），该结论亟待进一步研究。

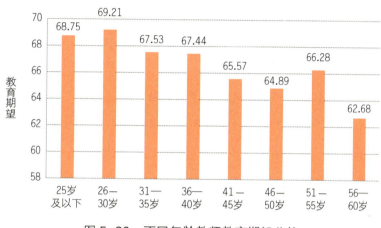

图 5-30　不同年龄教师教育期望分值

（6）教龄在20年以上的教师教育期望分值较低

不同教龄的义务教育学校教师的教育期望分值差异显著（$F=9.830$，$p < 0.001$）。新入职教师的教育期望分值最高，20年以上教龄教师的教育期望分值最低（见图5-31）。

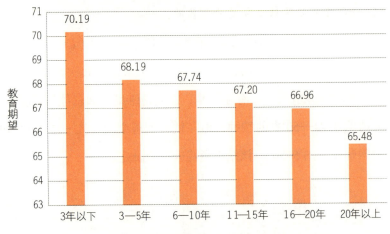

图 5-31　不同教龄教师教育期望分值

（7）月收入为 4001—5000 元的教师教育期望分值较高

不同收入的教师教育期望分值也呈现出显著差异（$F=2.834$，$p < 0.05$）。月收入为 4001—5000 元的义务教育学校教师的教育期望分值最高，月收入为 2000 元及以下的义务教育学校教师的教育期望分值最低（见图 5-32）。在总体满意度、学校管理感知、政府保障感知维度，都表现出教师收入越高分值越高的趋势，在教育期望维度没有呈现出这种趋势，表明教师收入不是影响教育期望的最重要因素。

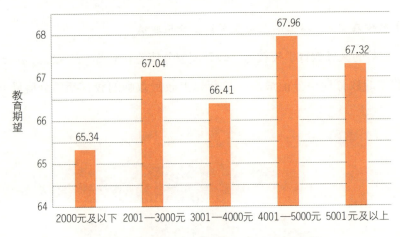

图 5-32　不同收入水平教师教育期望分值

（三）路径分析

政府保障感知、学校管理感知和教育期望能够显著正向预测教师总体满意度。政府保障感知能够显著正向预测学校管理感知，并且以学校管理感知为中介影响总体满意度，即教师对政府保障越认可，其学校管理感知分值也越高，进而有较高的总体满意度。教育期望以政府保障感知和学校管理感知为中介影响总体满意度，即教育期望较高的教师，政府保障感知分值和学校管理感知分值也较高，总体满意度也较高。

义务教育学校教师教育期望、政府保障感知和学校管理感知对教师总体满意度的影响均为正向且均在 0.01 水平上显著。以政府保障感知对总体满意度的影响为例，义务教育学校教师的政府保障感知每提高 1 个单位，其总体满意度将提高 0.505 个单位，其他五对变量间的关系解释与此相同，见表 5-11。

义务教育学校教师满意度模型变量间的标准化总效应值为标准化直接效应值与标准化间接效应值之和。以义务教育学校教师总体满意度为因变量，其他三个变量为自变量的路径分析中，仅学校管理感知变量对总体满意度的影响为单一直接效应，其标准化值为 0.373；教育期望和政府保障感知对总体满意度的影响除了直接影响外，还以政府保障感知和学校管理感知为中介变量，间接影响总体满意度。以教育期望对总体满意度的影响为例，除了直接效应（值为 0.058）外，还有三个间接效应：（1）以政府保障感知为中介变量影响总体满意度，其中教育期望对政府保障感知的路径系数为 0.758，政府保障感知对总体满意度的路径系数为 0.505，此间接效应值为 $0.758 \times 0.505 \approx 0.383$；（2）以学校管理感知为中介变量影响总体满意度，其中教育期望对学校管理感知的路径系数为 0.152，学校管理感知对总体满意度的路径系数为 0.373，此间接效应值为 $0.152 \times 0.373 \approx 0.057$；（3）以政府保障感知和学校管理感知为中介变量影响总体满意度，其中教育期望对政府保障感知的路径系数为 0.758，政府保障感知对学校管理感知的路径系数为 0.815，学校管理感知对总体满意度的路径系数 0.373，此间接效应值为 $0.758 \times 0.815 \times 0.373 \approx 0.230$。三个间接效应之和为 0.670，见表 5-11、表 5-12、表 5-13 和表 5-14。

表5-11　义务教育学校教师满意度四个潜变量间的关系

潜变量	影响方向	潜变量	标准化值	非标准化值	标准误	临界比率	p
政府保障感知	<——	教育期望	0.758	0.723	0.017	42.347	**
学校管理感知	<——	教育期望	0.152	0.186	0.015	12.357	**
学校管理感知	<——	政府保障感知	0.815	1.045	0.021	50.975	**
总体满意度	<——	学校管理感知	0.373	0.444	0.033	13.606	**
总体满意度	<——	政府保障感知	0.505	0.772	0.043	18.042	**
总体满意度	<——	教育期望	0.058	0.084	0.020	4.119	**

表5-12　义务教育学校教师满意度指数模型变量间的标准化直接效应

维度	教育期望	政府保障感知	学校管理感知	总体满意度
政府保障感知	0.758	—	—	—
学校管理感知	0.152	0.815	—	—
总体满意度	0.058	0.505	0.373	—

表5-13　义务教育学校教师满意度指数模型变量间的标准化间接效应

维度	教育期望	政府保障感知	学校管理感知	总体满意度
政府保障感知	—	—	—	—
学校管理感知	0.618	—	—	—
总体满意度	0.670	0.304	—	—

表5-14　义务教育学校教师满意度指数模型变量间的标准化总效应

维度	教育期望	政府保障感知	学校管理感知	总体满意度
政府保障感知	0.758	—	—	—
学校管理感知	0.770	0.815	—	—
总体满意度	0.728	0.809	0.373	—

教师满意度分值排在前五项的分别为师生关系、同事关系、学校适合、学校条件、家长沟通。分值排在后五项的为工作压力、收入待遇、政策参与、社会尊重、教师地位，说明这几项是教师不满意的主要方面（见图5-33）。

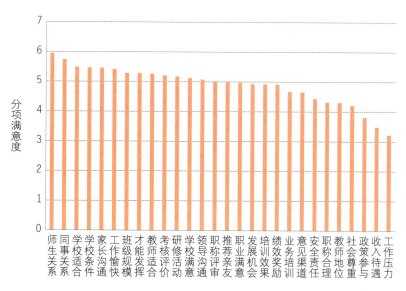

图5-33　教师总体满意度分值分项排序

（四）热点分析

1. 不到一半的教师认为乡村教师生活补助落实得好

2015年，国务院办公厅印发《乡村教师支持计划（2015—2020年）》，提出全面落实集中连片特困地区乡村教师生活补助政策，依据学校艰苦边远程度实行差别化的补助标准，提高乡村教师生活待遇。课题组调查研究了该项政策的实际落实情况，结果显示，47.04%的教师认为乡村教师生活补助落实得较好，11.03%的教师认为落实得较差，17.17%的教师表示落实得一般，另外还有24.76%的教师表示不清楚该项政策的落实情况（见图5-34）。

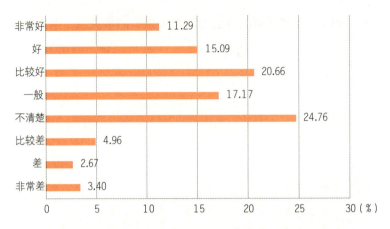

图 5-34 教师对本地乡村教师生活补助落实情况的看法

2. 仅约四成教师认为教师流动对缩小校际差距有效

教师流动是缩小学校之间差距、推进教育公平的举措。国家政策要求区县内每年交流轮岗教师的比例不低于符合交流条件的教师总数的 10%。教师流动政策对缩小校际差距的实际效果怎么样呢？调查结果显示，38.94% 的教师认为教师流动对缩小校际差距有较好的作用，13.68% 的教师认为作用不大，29.56% 的教师表示作用一般，另外还有 17.82% 的教师表示不清楚该项政策的作用（见图 5-35）。

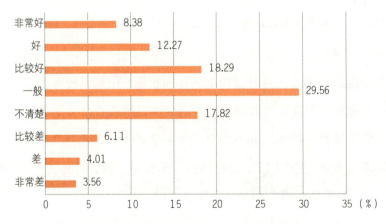

图 5-35 教师对教师流动缩小校际差距作用的看法

3. 约五成教师认为职称制度对调动工作积极性的作用比较大

教育改革的难点之一为教师职称制度改革。为了调动教师工作积极性，我国近几年对教师职称制度进行了改革，2015 年，人力资源和社会保障部与教育部印发《关于深化中小学教师职称制度改革的指导意见》，提出改革中学和小学教师相互独立的职称（职务）制度体系。职称改革是否有效调动了教师的工作积极性？调查发现，51.18% 的教师认为职称制度改革对调动工作积极性的作用较大，14.75% 的教师认为作用较小，34.07% 的教师表示作用一般（见图 5-36）。

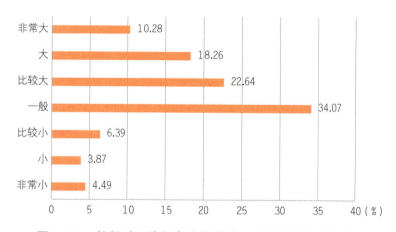

图 5-36 教师对职称制度改革调动工作积极性作用的看法

4. 不到五成的教师认为本地职称评审公正

不到五成的教师认为本地职称评审公正，其中，初中教师比例显著低于小学教师，西部地区教师比例显著低于东部地区教师。调查数据显示，仅 48.44% 的教师认为本地职称评审公正。分学段看，初中教师认为本地职称评审公正的比例（43.07%）显著低于小学教师（53.83%）。分地区看，东中西部地区该项结果差异显著，西部地区教师认为本地职称评审公正的比例尤其低。此外，城乡差异不显著。

5.约六成教师认为来自学生安全方面的压力对正常教学的影响大

学生安全方面的压力对教师正常教学影响较大。调查显示，62.01%的教师认为来自学生安全方面的压力对正常教学的影响较大，9.57%的教师认为影响较小，24.56%的教师表示一般，另外还有3.87%的教师表示不清楚这方面的情况。此外，该项城乡差异不显著，东中西部地区差异显著，西部地区教师感到来自学生安全方面的压力大的比例更大（见图5-37）。

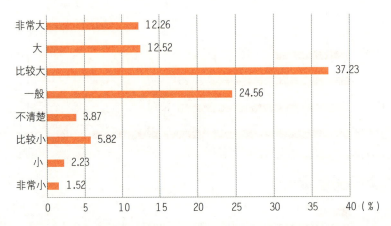

图 5-37　教师对学生安全方面的压力对正常教学影响的看法

6.约四成教师认为在政府制定相关教育政策法规时发表意见的机会少

教师参与民主决策的渠道不畅通。调查结果显示，仅31.29%的教师认为在政府制定相关教育政策法规时发表意见的机会较多，39.67%的教师认为机会较少，29.04%的教师表示一般（见图5-38）。

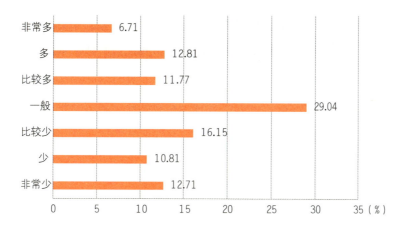

图 5-38　教师对在政府制定相关教育政策法规时发表意见机会的看法

7. 约六成教师认为工作压力大

六成教师认为工作压力大，西部地区教师认为压力大的比例高于东部和中部地区的教师。62.07% 的教师认为工作压力较大，13.88% 的教师认为工作压力较小，24.05% 的教师表示一般（见图 5-39）。东中西部地区差距明显，其中，西部地区教师认为工作压力较大的比例最高（66.18%），其次为东部地区（63.10%），中部地区比例最低（56.6%）。

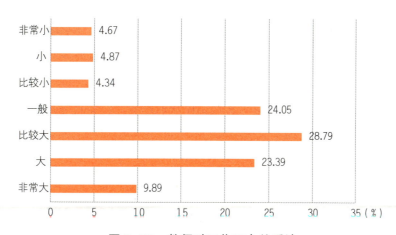

图 5-39　教师对工作压力的看法

8. 约四成教师表示义务教育学校教师受社会尊重

教师认为教师职业被社会尊重的程度较低，中西部地区持这种观点的教师比例尤其大。仅 39.69% 的教师感到义务教育学校教师受社会尊重（见图 5–40）。进一步的数据分析表明，东中西部地区义务教育学校教师在"教师受社会尊重"方面的态度存在显著差异，中西部地区教师感到受社会尊重的比例更高。

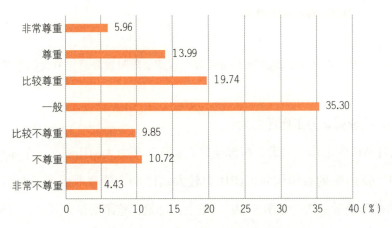

图 5–40　教师对受社会尊重的看法

9. 约五成教师认为与本地公务员相比其待遇较低

2012 年，教育部、国家发展改革委、财政部印发《关于深化教师教育改革的意见》，提出确保中小学教师平均工资收入不低于或高于当地公务员平均工资水平。目前，该项政策落实尚不到位。调查数据显示，56.06% 的教师月收入在 4000 元及以下。51.23% 的教师认为与本地公务员相比待遇较低，11.69% 的教师认为待遇较高，24.33% 的教师表示差别不大（见图 5–41）。

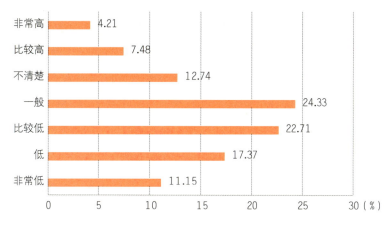

图 5-41 教师对自身待遇与公务员比较的看法

三、义务教育学校校长满意度

（一）总体满意度

1. 义务教育学校校长总体满意度分析

义务教育学校校长的总体满意度分值为 68.69，个体发展、学校发展、区域教育发展、政府保障、管理服务、社会环境六个分维度的满意度分值为 53.74—76.61，义务教育学校校长对个体发展的满意度最高，对管理服务的满意度最低（见表 5-15）。

表 5-15 义务教育学校校长教育满意度各项分值和总分

维度	满意度分值
个体发展	76.61
学校发展	73.98
区域教育发展	69.56
政府保障	66.74
管理服务	53.74
社会环境	64.14
总体满意度	68.69

2. 义务教育学校校长总体满意度的区域差异分析

（1）总体满意度东高中低

整体来看，东中西部义务教育学校校长总体满意度存在显著差异。东部地区义务教育学校校长总体满意度分值最高，中西部地区义务教育学校校长分值相对较低（见表5-16）。

表5-16　东中西部义务教育学校校长总体满意度差异分析

维度	地区	人数	均值	标准差	F	p
总体满意度	东部	883	70.90	13.57	16.099	0.000
	中部	738	67.10	15.54		
	西部	807	67.72	15.06		

（2）城区义务教育学校校长总体满意度最高，乡村最低

在总体满意度上，不同地区义务教育学校校长存在显著差异，城区义务教育学校的校长满意度最高，乡村义务教育学校的校长满意度最低（见表5-17）。

表5-17　城乡义务教育学校校长总体满意度差异分析

维度	学校所在地	人数	均值	标准差	F	p
总体满意度	城区	1566	70.00	14.45	18.296	0.000
	镇区	593	66.73	14.91		
	乡村	269	65.40	15.45		

（3）不同地区义务教育学校校长总体满意度城乡差异显著，东部城区最高，西部乡村最低

整体来看，东中西部地区城区、镇区、乡村义务教育学校校长总体满意度差异显著，东部城区义务教育学校校长的总体满意度最高，西部乡村义务教育学校校长的总体满意度最低（见表5-18）。

表 5-18　分地区城乡义务教育学校校长总体满意度差异分析

维度	地区	学校所在地	人数	均值	标准差	F	P
总体满意度	东部	城区	615	71.86	13.21	7.126	0.001
		镇区	192	69.77	14.04		
		乡村	76	66.06	14.12		
	中部	城区	429	68.39	15.55	4.576	0.011
		镇区	200	64.38	15.26		
		乡村	109	67.02	15.53		
	西部	城区	522	69.14	14.69	8.188	0.000
		镇区	201	66.15	14.94		
		乡村	84	62.72	16.30		

3. 公办义务教育学校校长总体满意度略高

不同性质的义务教育学校校长的总体满意度差异不显著。公办义务教育学校校长的总体满意度分值略高，为 68.76；民办义务教育学校校长的总体满意度分值略低，为 66.76（见表 5-19）。

表 5-19　不同性质义务教育学校校长总体满意度差异分析

维度	学校性质	人数	均值	标准差	F	p
总体满意度	公办	2342	68.76	14.78	0.769	0.464
	民办	83	66.76	14.80		
	其他	3	66.48	4.72		

4. 义务教育学校校长总体满意度的群体差异分析

（1）女性义务教育学校校长的满意度高于男性校长

不同性别的义务教育学校校长的总体满意度存在显著差异。女性义务教育学校校长的满意度高于男性校长（见表5-20）。

表5-20　不同性别义务教育学校校长总体满意度差异分析

维度	性别	人数	均值	标准差	F	p
总体满意度	男	1833	67.82	14.68	26.439	0.000
	女	595	71.38	14.76		

（2）不同学历的义务教育学校校长总体满意度有显著差异

不同学历的义务教育学校校长的总体满意度存在显著差异，学历越高，满意度越高。研究生学历的义务教育学校校长分值最高，为73.02；高中学历的校长分值最低，仅为52.02（见表5-21）。

表5-21　不同学历义务教育学校校长教育满意度差异分析

维度	学历	人数	均值	标准差	F	p
总体满意度	初中及以下	6	69.63	13.14	10.725	0.000
	高中	11	52.02	18.51		
	专科	287	65.30	14.31		
	本科	1979	68.96	14.74		
	研究生	145	73.02	13.93		

5. 小学校长总体满意度最高，完全中学校长总体满意度最低

不同类型学校的校长总体满意度存在显著差异。小学校长总体满意度分值最高，为69.55；完全中学校长总体满意度分值最低，为66.69（见表5-22）。

表 5-22　不同类型义务教育学校校长总体满意度差异分析

维度	学校类型	人数	均值	标准差	F	p
总体满意度	小学	1160	69.55	14.71	2.676	0.046
	初中	969	68.01	14.71		
	一贯制学校	221	67.89	15.11		
	完全中学	78	66.69	13.94		

（二）维度分析

1. 义务教育学校校长对个体发展的满意度

（1）义务教育学校校长对个体发展的满意度最高

义务教育学校校长的个体发展满意度分值是 76.61，在个体发展、学校发展、区域教育发展、政府保障、管理服务和社会环境六个维度中分值最高。

（2）义务教育学校校长个体发展满意度的地区差异分析

①东部地区义务教育学校校长个体发展满意度最高，中部最低

不同地区义务教育学校校长对个体发展的满意度存在显著差异，东部地区义务教育学校校长对个体发展满意度最高，西部地区次之，中部地区最低（见表 5-23）。

表 5-23　东中西部义务教育学校校长个体发展满意度差异分析

维度	地区	人数	均值	标准差	F	p
个体发展	东部	883	78.25	14.56	8.817	0.000
	中部	738	75.07	16.29		
	西部	807	76.22	15.86		

②城区义务教育学校校长个体发展满意度最高，乡村最低

城乡义务教育学校校长个体发展满意度存在显著差异，城区义务教育学校校长个体发展满意度最高，镇区次之，乡村最低（见表 5-24）。

表5-24　城乡义务教育学校校长个体发展满意度差异分析

维度	学校所在地	人数	均值	标准差	F	p
个体发展	城区	1566	77.76	15.20	13.769	0.000
	镇区	593	75.13	16.13		
	乡村	269	73.14	15.82		

③东部和西部城乡义务教育学校校长个体发展满意度差异显著

东部和西部义务教育学校校长个体发展满意度均存在显著的城乡差异。东部城区义务教育学校校长个体发展满意度最高，西部乡村义务教育学校校长个体发展满意度最低（见表5-25）。

表5-25　分地区城乡义务教育学校校长个体发展满意度差异分析

维度	地区	学校所在地	人数	均值	标准差	F	P
个体发展	东部	城区	615	79.15	14.14	6.036	0.002
		镇区	192	77.32	15.31		
		乡村	76	73.30	14.94		
	中部	城区	429	75.85	16.47	1.493	0.225
		镇区	200	73.44	16.45		
		乡村	109	75.00	15.14		
	西部	城区	522	77.71	15.17	8.643	0.000
		镇区	201	74.73	16.40		
		乡村	84	70.59	17.24		

（3）公办义务教育学校校长个体发展满意度最高

不同性质义务教育学校校长的个体发展满意度差异显著。公办义务教育学校校长个体发展满意度分值最高，为76.76；民办学校最低，为72.34（见表5-26）。

表5-26 不同性质义务教育学校校长个体发展满意度差异分析

维度	学校性质	人数	均值	标准差	F	p
个体发展	公办	2342	76.76	15.54	3.252	0.039
	民办	83	72.34	16.47		
	其他	3	75.00	14.43		

（4）女性义务教育学校校长个体发展满意度高于男性

不同性别的义务教育学校校长的个体发展满意度存在显著差异，女性义务教育学校校长个体发展满意度分值为78.95，高于男性（见表5-27）。

表5-27 不同性别义务教育学校校长个体发展满意度差异分析

维度	性别	人数	均值	标准差	F	p
个体发展	男	1833	75.85	15.60	17.896	0.000
	女	595	78.95	15.30		

（5）研究生学历的义务教育学校校长的个体发展满意度最高

不同学历的义务教育学校校长的个体发展满意度存在显著差异。其中，研究生学历的义务教育学校校长对个体发展的满意度最高，分值为80.78；高中学历的义务教育学校校长对个体发展的满意度最低，分值为57.20（见表5-28）。

表5-28 不同学历义务教育学校校长个体发展满意度差异分析

维度	学历	人数	均值	标准差	F	p
个体发展	初中及以下	6	79.17	15.81	9.618	0.000
	高中	11	57.20	22.06		
	专科	287	73.71	15.71		
	本科	1979	76.83	15.48		
	研究生	145	80.78	14.28		

2. 义务教育学校校长对学校发展的满意度分析

（1）义务教育学校校长对学校发展的满意度较高

义务教育学校校长的学校发展满意度分值是 73.98，在个体发展、学校发展、区域教育发展、政府保障、管理服务和社会环境六个维度中，仅次于个体发展维度。

（2）义务教育学校校长对学校发展满意度的地区分析

①东部义务教育学校校长的学校发展满意度最高，中部最低

不同地区义务教育学校校长的学校发展满意度存在显著差异。东部地区义务教育学校校长对学校发展的满意度最高，西部次之，中部最低（见表5-29）。

表5-29　东中西部义务教育学校校长的学校发展满意度差异分析

维度	地区	人数	均值	标准差	F	p
学校发展	东部	883	74.64	14.50	3.996	0.019
	中部	738	72.66	16.19		
	西部	807	74.45	15.00		

②城区义务教育学校校长的学校发展满意度最高，乡村最低

城乡义务教育学校校长对学校发展的满意度存在显著差异，城区义务教育学校校长对学校发展的满意度最高，镇区次之，乡村最低（见表5-30）。

表5-30　城乡义务教育学校校长的学校发展满意度差异分析

维度	学校所在地	人数	均值	标准差	F	p
学校发展	城区	1566	75.19	14.96	14.941	0.000
	镇区	593	72.22	15.42		
	乡村	269	70.81	15.43		

③东中西部城乡义务教育学校校长对学校发展的满意度差异显著

不同地区城乡义务教育学校校长对学校发展的满意度均存在显著差异，其中，西部城区义务教育学校校长对学校发展的满意度最高，西部乡村义务教育学校校长对学校发展的满意度最低（见表5-31）。

表5-31 分地区城乡义务教育学校校长的学校发展满意度差异分析

维度	地区	学校所在地	人数	均值	标准差	F	P
学校发展	东部	城区	615	75.54	14.23	5.284	0.005
		镇区	192	73.51	14.90		
		乡村	76	70.26	14.76		
	中部	城区	429	73.97	16.24	3.974	0.019
		镇区	200	70.10	16.22		
		乡村	109	72.23	15.48		
	西部	城区	522	75.78	14.67	7.666	0.001
		镇区	201	73.10	14.94		
		乡村	84	69.44	15.96		

（3）公办义务教育学校校长对学校发展的满意度最高

不同性质义务教育学校校长对学校发展的满意度差异不大。其中，公办义务教育学校校长对学校发展的满意度分值最高，为74.01，略高于其他性质的学校（见表5-32）。

表 5-32　不同性质义务教育学校校长的学校发展满意度差异分析

维度	学校性质	人数	均值	标准差	F	p
学校发展	公办	2342	74.01	15.26	0.129	0.879
	民办	83	73.21	14.25		
	其他	3	72.22	3.85		

（4）女性义务教育学校校长对学校发展的满意度高于男性

不同性别的义务教育学校校长对学校发展的满意度存在显著差异，女性义务教育学校校长的满意度分值为 75.19，高于男性（见表 5-33）。

表 5-33　不同性别义务教育学校校长的学校发展满意度差异分析

维度	性别	人数	均值	标准差	F	p
学校发展	男	1833	73.58	15.03	5.033	0.025
	女	595	75.19	15.73		

（5）研究生学历的义务教育学校校长的学校发展满意度最高

不同学历的义务教育学校校长对学校发展的满意度存在显著差异。其中，研究生学历的义务教育学校校长对学校发展的满意度最高，分值为 78.28；高中学历的义务教育学校校长对学校发展的满意度最低，分值为 57.58（见表 5-34）。

表 5-34　不同学历义务教育学校校长的学校发展满意度差异分析

维度	学历	人数	均值	标准差	F	p
学校发展	初中及以下	6	75.00	16.96	7.634	0.000
	高中	11	57.58	15.28		
	专科	287	71.82	14.33		
	本科	1979	74.06	15.33		
	研究生	145	78.28	13.73		

（6）小学校长对学校发展的满意度最高

不同类型义务教育学校校长对学校发展的满意度差异显著。其中，小学校长对学校发展的满意度最高，分值为 75.15；完全中学校长对学校发展的满意度最低，分值为 70.51（见表 5-35）。

表 5-35　不同类型义务教育学校校长的学校发展满意度差异分析

维度	学校类型	人数	均值	标准差	F	p
学校发展	小学	1160	75.15	14.98	5.262	0.001
	初中	969	73.20	15.44		
	一贯制学校	221	72.46	15.33		
	完全中学	78	70.51	14.21		

3. 义务教育学校校长对区域教育发展的满意度

（1）义务教育学校校长对区域教育发展的满意度处于中等水平

义务教育学校校长的区域教育发展满意度分值是 69.56，在个体发展、学校发展、区域教育发展、政府保障、管理服务和社会环境六个维度中，处于中等水平。

（2）义务教育学校校长对区域教育发展满意度的地区分析

①东部地区义务教育学校校长对区域教育发展的满意度最高，西部地区最低

不同地区义务教育学校校长对区域教育发展的满意度存在显著差异。东部地区义务教育学校校长对区域教育发展的满意度最高，中部地区次之，西部地区最低（见表 5-36）。

表 5-36　东中西部义务教育学校校长的区域教育发展满意度差异分析

维度	地区	人数	均值	标准差	F	p
区域教育发展	东部	883	72.28	16.55	16.257	0.000
	中部	738	68.34	19.28		
	西部	807	67.70	18.00		

②城区义务教育学校校长对区域教育发展满意度最高，镇区最低

城乡义务教育学校校长对区域教育发展的满意度存在显著差异。城区义务教育学校校长对区域教育发展的满意度最高，乡村次之，镇区最低（见表 5-37）。

表 5-37　城乡义务教育学校校长的区域教育发展满意度差异分析

维度	学校所在地	人数	均值	标准差	F	p
区域教育发展	城区	1566	70.21	17.81	3.296	0.037
	镇区	593	67.99	18.61		
	乡村	269	69.27	17.68		

③中部城乡义务教育学校校长对区域教育发展的满意度差异显著

东部和西部城乡义务教育学校校长对区域教育发展的满意度不存在显著差异，中部义务教育学校校长对区域教育发展的满意度差异显著。其中，东部城区义务教育学校校长对区域教育发展的满意度最高，中部镇区最低（见表 5-38）。

表 5-38　分地区城乡义务教育学校校长区域教育发展满意度差异分析

维度	地区	学校所在地	人数	均值	标准差	F	P
区域教育发展	东部	城区	615	72.65	16.08	1.683	0.186
		镇区	192	72.42	17.73		
		乡村	76	68.97	17.06		
	中部	城区	429	69.21	19.20	4.570	0.011
		镇区	200	65.00	20.09		
		乡村	109	71.06	17.35		
	西部	城区	522	68.15	18.24	0.474	0.622
		镇区	201	66.75	17.14		
		乡村	84	67.21	18.60		

（3）公办义务教育学校校长对区域教育发展满意度最高

不同性质义务教育学校的校长对区域教育发展的满意度差异显著。其中，公办义务教育学校校长对区域教育发展的满意度最高，分值为 69.83，显著高于其他性质的学校（见表 5-39）。

表 5-39　不同性质义务教育学校校长的区域教育发展满意度差异分析

维度	学校性质	人数	均值	标准差	F	p
区域教育发展	公办	2342	69.83	17.97	7.214	0.001
	民办	83	62.45	17.87		
	其他	3	59.72	4.81		

（4）女性义务教育学校校长对区域教育发展的满意度高于男性

不同性别的义务教育学校校长对区域教育发展的满意度存在显著差异，女性义务教育学校校长满意度分值为 71.96，高于男性（见表 5-40）。

表 5-40　不同性别义务教育学校校长的区域教育发展满意度差异分析

维度	性别	人数	均值	标准差	F	p
区域教育发展	男	1833	68.79	18.23	14.043	0.000
	女	595	71.96	17.11		

（5）初中及以下学历义务教育学校校长对区域教育发展的满意度最高

不同学历的义务教育学校校长对区域教育发展的满意度存在显著差异。其中，初中及以下学历的义务教育学校校长对区域教育发展的满意度最高，分值为77.78；高中学历的义务教育学校校长对区域教育发展的满意度最低，分值为54.55（见表5-41）。

表 5-41　不同学历义务教育学校校长的区域教育发展满意度差异分析

维度	学历	人数	均值	标准差	F	p
区域教育发展	初中及以下	6	77.78	16.39	6.741	0.000
	高中	11	54.55	21.45		
	专科	287	66.70	18.55		
	本科	1979	69.68	17.99		
	研究生	145	74.40	15.40		

（6）小学校长对区域教育发展的满意度最高

不同类型义务教育学校校长对区域教育发展的满意度差异不大。其中，小学校长对区域教育发展的满意度最高，分值为77.69；一贯制学校校长对区域教育发展的满意度略低，分值为75.45（见表5-42）。

表 5-42　不同类型义务教育学校校长的区域教育发展满意度差异分析

维度	学校类型	人数	均值	标准差	F	p
区域教育发展	小学	1160	77.69	15.24	0.906	0.437
	初中	969	75.63	15.80		
	一贯制学校	221	75.45	16.27		
	完全中学	78	76.01	15.15		

4. 义务教育学校校长对政府保障的满意度

（1）义务教育学校校长对政府保障的满意度处于中等偏下水平

义务教育学校校长的政府保障满意度分值是66.74，在个体发展、学校发展、区域教育发展、政府保障、管理服务和社会环境六个维度中处于中等偏下水平。

（2）义务教育学校校长对政府保障满意度的地区分析

①东部地区义务教育学校校长对政府保障的满意度最高，中部最低

不同地区义务教育学校校长对政府保障的满意度存在显著差异。东部地区义务教育学校校长对政府保障的满意度最高，西部地区次之，中部地区最低（见表5-43）。

表 5-43　东中西部义务教育学校校长的政府保障满意度差异分析

维度	地区	人数	均值	标准差	F	p
政府保障	东部	883	69.90	15.93	22.537	0.000
	中部	738	64.75	18.47		
	西部	807	65.09	18.45		

②城区义务教育学校校长的政府保障满意度最高，乡村最低

城乡义务教育学校校长的政府保障满意度存在显著差异。其中，城区义务教育学校校长对政府保障的满意度最高，镇区次之，乡村最低（见表5-44）。

表5-44　城乡义务教育学校校长对政府保障满意度差异分析

维度	学校所在地	人数	均值	标准差	F	p
政府保障	城区	1566	68.50	17.21	23.581	0.000
	镇区	593	64.21	17.94		
	乡村	269	62.06	18.81		

③不同地区城乡义务教育学校校长的政府保障满意度差异显著

不同地区城乡义务教育学校校长对政府保障的满意度均存在显著差异。东部城区义务教育学校校长对政府保障的满意度最高，西部乡村最低（见表5-45）。

表5-45　分地区城乡义务教育学校校长政府保障满意度差异分析

维度	地区	学校所在地	人数	均值	标准差	F	P
政府保障	东部	城区	615	71.28	15.23	9.083	0.000
		镇区	192	67.73	16.70		
		乡村	76	64.22	17.68		
	中部	城区	429	66.22	18.41	3.475	0.031
		镇区	200	62.19	18.36		
		乡村	109	63.70	18.49		
	西部	城区	522	67.10	17.96	11.127	0.000
		镇区	201	62.85	18.24		
		乡村	84	57.96	19.76		

（3）民办义务教育学校校长的政府保障满意度最高

不同性质义务教育学校校长的政府保障满意度差异不显著，其中，民办义务教育学校校长的政府保障满意度分值略高，为68.22（见表5-46）。

表 5-46 不同性质义务教育学校校长的政府保障满意度差异分析

维度	学校性质	人数	均值	标准差	F	p
政府保障	公办	2342	66.69	17.81	0.301	0.740
	民办	83	68.22	15.76		
	其他	3	65.87	3.64		

（4）女性义务教育学校校长的政府保障满意度高于男性

不同性别义务教育学校校长的政府保障满意度存在显著差异，女性义务教育学校校长的满意度分值为 69.79，高于男性（见表 5-47）。

表 5-47 不同性别义务教育学校校长的政府保障满意度差异分析

维度	性别	人数	均值	标准差	F	p
政府保障	男	1833	65.75	17.73	23.569	0.000
	女	595	69.79	17.43		

（5）研究生学历的义务教育学校校长的政府保障满意度最高

不同学历的义务教育学校校长的政府保障满意度存在显著差异。其中，研究生学历的义务教育学校校长的政府保障满意度分值最高，为 70.10；高中学历的义务教育学校校长的政府保障满意度分值最低，为 50.00（见表 5-48）。

表 5-48 不同学历义务教育学校校长的政府保障满意度差异分析

维度	学历	人数	均值	标准差	F	p
政府保障	初中及以下	6	61.90	14.21	9.604	0.000
	高中	11	50.00	23.50		
	专科	287	62.00	17.73		
	本科	1979	67.29	17.55		
	研究生	145	70.10	17.88		

（6）小学校长的政府保障满意度最高

不同类型学校校长对政府保障的满意度差异不大。其中，小学校长的政府保障满意度分值最高，为75.15；完全中学校长的政府保障满意度分值略低，为70.51（见表5-49）。

表5-49　不同类型义务教育学校校长的政府保障满意度差异分析

维度	学校类型	人数	均值	标准差	F	p
政府保障	小学	1160	75.15	14.98	0.111	0.954
	初中	969	73.20	15.44		
	一贯制学校	221	72.46	15.33		
	完全中学	78	70.51	14.21		

5. 义务教育学校校长对管理服务的满意度

（1）义务教育学校校长对管理服务的满意度最低

义务教育学校校长的管理服务满意度分值是53.74，在个体发展、学校发展、区域教育发展、政府保障、管理服务和社会环境六个维度中分值最低。

（2）义务教育学校校长对管理服务满意度的地区分析

①东部地区义务教育学校校长的管理服务满意度最高，中部最低

不同地区义务教育学校校长对管理服务的满意度存在显著差异。东部地区义务教育学校校长对管理服务的满意度最高，西部次之，中部最低（见表5-50）。

表5-50　东中西部义务教育学校校长的管理服务满意度差异分析

维度	地区	人数	均值	标准差	F	p
管理服务	东部	883	55.50	14.09	10.114	0.000
	中部	738	52.53	14.94		
	西部	807	52.91	15.09		

②城区义务教育学校校长的管理服务满意度最高，乡村最低

城乡义务教育学校校长对管理服务的满意度存在显著差异，其中，城区义务教育学校校长对管理服务的满意度最高，镇区次之，乡村最低（见表5-51）。

表5-51　城乡义务教育学校校长的管理服务满意度差异分析

维度	学校所在地	人数	均值	标准差	F	p
管理服务	城区	1566	54.80	14.50	12.578	0.000
	镇区	593	52.30	14.84		
	乡村	269	50.74	15.29		

③不同地区城乡义务教育学校校长对管理服务的满意度差异显著

不同地区城乡义务教育学校校长对管理服务的满意度均存在显著差异。东部城区义务教育学校校长对管理服务的满意度最高，西部乡村最低（见表5-52）。

表5-52　分地区城乡义务教育学校校长管理服务满意度差异分析

维度	地区	学校所在地	人数	均值	标准差	F	P
管理服务	东部	城区	615	56.18	13.74	4.671	0.010
		镇区	192	55.11	14.70		
		乡村	76	51.01	14.64		
	中部	城区	429	53.87	15.02	4.459	0.012
		镇区	200	50.17	14.23		
		乡村	109	51.62	15.40		
	西部	城区	522	53.94	14.83	4.232	0.015
		镇区	201	51.73	15.22		
		乡村	84	49.33	15.79		

（3）公办义务教育学校校长管理服务满意度最高

不同性质义务教育学校校长对管理服务的满意度差异不显著，其中，公办义务教育学校校长对管理服务的满意度略高，分值为 53.80（见表 5–53）。

表 5–53　不同性质义务教育学校校长的管理服务满意度差异分析

维度	学校性质	人数	均值	标准差	F	p
管理服务	公办	2342	53.80	14.72	0.629	0.533
	民办	83	51.98	15.52		
	其他	3	52.08	13.66		

（4）女性义务教育学校校长对管理服务的满意度高于男性

不同性别义务教育学校校长对管理服务的满意度存在显著差异，女性义务教育学校校长满意度分值为 56.44，高于男性（见表 5–54）。

表 5–54　不同性别义务教育学校校长的管理服务满意度差异分析

维度	性别	人数	均值	标准差	F	p
管理服务	男	1833	52.86	14.65	26.672	0.000
	女	595	56.44	14.70		

（5）研究生学历的义务教育学校校长对管理服务的满意度最高

不同学历的义务教育学校校长对管理服务的满意度存在显著差异。其中，研究生学历的义务教育学校校长对管理服务的满意度最高，分值为 57.61；高中学历的义务教育学校校长对管理服务的满意度最低，分值为 38.83（见表 5–55）。

表5-55 不同学历义务教育学校校长的管理服务满意度差异分析

维度	学历	人数	均值	标准差	F	p
管理服务	初中及以下	6	52.43	12.18	8.161	0.000
	高中	11	38.83	20.03		
	专科	287	50.91	14.19		
	本科	1979	53.95	14.71		
	研究生	145	57.61	14.42		

（6）小学校长对管理服务的满意度最高

不同类型学校校长对管理服务的满意度差异显著。其中，小学校长对管理服务的满意度最高，分值为69.84；完全中学校长对管理服务的满意度最低，分值为66.45（见表5-56）。

表5-56 不同类型义务教育学校校长的管理服务满意度差异分析

维度	学校类型	人数	均值	标准差	F	p
管理服务	小学	1160	69.84	17.64	3.271	0.020
	初中	969	69.57	18.53		
	一贯制学校	221	69.16	18.35		
	完全中学	78	66.45	15.80		

6. 义务教育学校校长对社会环境的满意度

（1）义务教育学校校长对社会环境的满意度较低

义务教育学校校长的社会环境满意度分值是64.14，在个体发展、学校发展、区域教育发展、政府保障、管理服务和社会环境六个维度中分值较低。

（2）义务教育学校校长对社会环境满意度的地区分析

①东部地区义务教育学校校长的社会环境满意度最高，中部最低

不同地区义务教育学校校长对社会环境的满意度存在显著差异。东部地区义务教育学校校长的社会环境满意度最高，西部次之，中部最低（见表5-57）。

表5-57　东中西部义务教育学校校长的社会环境满意度差异分析

维度	地区	人数	均值	标准差	F	p
社会环境	东部	883	67.26	18.41	18.072	0.000
	中部	738	61.95	20.11		
	西部	807	62.71	20.20		

②城区义务教育学校校长的社会环境满意度最高，乡村最低

城乡义务教育学校校长对社会环境的满意度存在显著差异。城区义务教育学校校长对社会环境的满意度最高，镇区次之，乡村最低（见表5-58）。

表5-58　城乡义务教育学校校长的社会环境满意度差异分析

维度	学校所在地	人数	均值	标准差	F	p
社会环境	城区	1566	65.86	19.32	17.377	0.000
	镇区	593	61.21	19.41		
	乡村	269	60.51	21.07		

③东中西部城乡义务教育学校校长对社会环境的满意度均存在较大差异

东中西部义务教育学校校长对社会环境的满意度均存在显著的城乡差异。东部城区义务教育学校校长的社会环境满意度最高，乡村最低；中部城区最高，镇区最低；西部城区最高，乡村最低（见表5-59）。

表 5-59　分地区城乡义务教育学校校长社会环境满意度差异分析

维度	地区	学校所在地	人数	均值	标准差	F	p
社会环境	东部	城区	615	68.58	18.08	5.808	0.003
		镇区	192	64.99	17.74		
		乡村	76	62.35	21.36		
	中部	城区	429	63.49	19.94	5.454	0.004
		镇区	200	57.97	19.92		
		乡村	109	63.20	20.30		
	西部	城区	522	64.61	19.87	8.917	0.000
		镇区	201	60.83	19.89		
		乡村	84	55.36	21.10		

（3）民办义务教育学校校长的社会环境满意度最低

不同性质义务教育学校校长对社会环境的满意度差异不显著，其中，民办义务教育学校校长对社会环境的满意度最低，分值为 62.52（见表 5-60）。

表 5-60　不同性质义务教育学校校长的社会环境满意度差异分析

维度	学校性质	人数	均值	标准差	F	p
社会环境	公办	2342	64.19	19.64	0.315	0.730
	民办	83	62.52	20.82		
	其他	3	66.67	16.67		

（4）女性义务教育学校校长的社会环境满意度高于男性

不同性别的义务教育学校校长对社会环境的满意度存在显著差异，女性义务教育学校校长的分值为68.40，高于男性（见表5-61）。

表5-61　不同性别义务教育学校校长的社会环境满意度差异分析

维度	性别	人数	均值	标准差	F	p
社会环境	男	1833	62.75	19.46	37.630	0.000
	女	595	68.40	19.73		

（5）初中及以下学历义务教育学校校长对社会环境的满意度最高

不同学历的义务教育学校校长对社会环境的满意度存在显著差异。其中，初中及以下学历的义务教育学校校长对社会环境的满意度最高，分值为72.22；高中学历的义务教育学校校长对社会环境的满意度最低，分值为49.49（见表5-62）。

表5-62　不同学历义务教育学校校长的社会环境满意度差异分析

维度	学历	人数	均值	标准差	F	p
社会环境	初中及以下	6	72.22	15.32	8.265	0.000
	高中	11	49.49	25.51		
	专科	287	60.07	18.46		
	本科	1979	64.35	19.74		
	研究生	145	70.04	18.83		

（6）小学校长的社会环境满意度最高

不同类型学校校长对社会环境的满意度差异显著。其中，小学校长对社会环境的满意度最高，分值为66.95；完全中学校长对社会环境的满意度最低，分值为66.33（见表5-63）。

表5-63 不同类型义务教育学校校长的社会环境满意度差异分析

维度	学校类型	人数	均值	标准差	F	p
社会环境	小学	1160	66.95	17.87	6.050	0.000
	初中	969	66.57	17.61		
	一贯制学校	221	66.51	18.07		
	完全中学	78	66.33	16.58		

（三）热点问题

本次满意度调查还聚焦了教师激励机制和校园安全两个热点难点问题，具体题目见表5-64。

表5-64 义务教育学校校长调查涉及的热点难点问题

问题	题目
教师激励机制	你认为影响教师工作积极性的主要因素有哪些？
	你认为学校应采取什么方式激励教师？
校园安全	你感觉校园安全方面较大的压力来源是什么？
	如果要提高学校安全水平，你认为应该从哪些方面着手？
	你认为解决学生校园安全事件的有效方式是什么？

1. 工作收入是影响教师工作积极性的主要因素

校长认为排在前三位的影响教师工作积极性的因素是工作收入、晋升空间、工作压力，其中，83.40%的义务教育学校校长认为工作收入是影响教师工作积极性的主要因素。

2. 绩效工资是激励教师的有效方式

校长认为排在前三位的激励教师最有效的方式是绩效工资、晋升空间、评优评先，其中，81.80%的义务教育学校校长认为应采取绩效工资的方式激励教师。

3.交通安全是校园安全较大的压力来源

校长认为排在前三位的校园安全压力来源是交通安全、学生心理问题、学校空间拥挤，其中，64.46%的义务教育学校校长认为交通安全是校园安全较大的压力来源。

4.提高学校安全水平，应着重加强精细的安全管理

校长认为排在前三位的提高学校安全水平的举措是加强精细的安全管理、加强师生安全教育、排查学校安全隐患，其中，69.23%的义务教育学校校长认为精细的安全管理是提高学校安全水平的有力举措。

5.寻求法律援助是解决校园安全事件的有效方式

校长认为排在前三位的解决校园安全问题的有效方式是寻求法律援助、与家长协商解决、及时上报主管部门，其中，69.03%的义务教育学校校长认为寻求法律援助是解决校园安全问题的有效方式。

四、小结

（一）结论

1.义务教育满意度受多方面因素的影响

教育期望、教育公平感知、教育质量感知三个因素均对义务教育学校学生的总体满意度有显著影响，且三个影响因素之间也互相关联。其中，教育期望与教育质量感知之间的相关最高，教育质量感知与总体满意度的相关最低。针对教师的调查结果显示，义务教育学校教师的教育期望、政府保障感知和学校管理感知对教师总体满意度的影响均为正向且均在0.001水平上显著。教师对以下五方面较为满意：与学生相处融洽、同事关系和谐、认为学校适合自己、学校条件能够满足工作需要、与家长沟通顺畅；同时，教师也认为工作压力大、收入待遇较低、政策参与不足、社会尊重不够、教师地位较低。针对校长的调查也验证了上述结论。

2.义务教育满意度稳中有升，但仍存在区域差异

各群体的义务教育满意度较2015年均有所提高，但是仍存在显著的区域差异。具体表现为两个方面。一是东部地区各群体的满意度高于中西部地区，东部

地区小学生和初中生的总体满意度分值在三个地区中均最高；教师总体满意度东部地区最高，中部地区次之，西部地区最低；校长总体满意度东部最高，中西部相对较低。二是城区各群体的满意度高于镇区和乡村，城区学生的总体满意度最高，乡村学生的总体满意度最低；城区教师的总体满意度最高，镇区次之，乡村地区教师的总体满意度最低；城区校长的总体满意度最高，乡村最低。

3. 各群体学历背景对其满意度有较大影响

父母亲学历不同的义务教育学生的总体满意度存在显著差异，父母亲学历为大学（大专）及以上的学生总体满意度最高，父母亲学历为小学及以下的学生总体满意度最低。不同学历的教师的总体满意度也存在显著差异，学历越高，教师总体满意度也越高。其中，研究生学历的教师总体满意度最高，高中学历的教师总体满意度最低。不同学历的义务教育学校校长的总体满意度也存在显著差异，校长学历越高，满意度越高。其中，研究生学历的义务教育学校校长满意度最高，高中学历的校长满意度最低。

（二）问题

1. 校园安全问题仍然存在

义务教育学校学生满意度调查结果显示，学生的安全意识有所提高，学校的安全教育开展情况有所改善。但是在西部地区和乡村地区，仍有不少学生表示受到过校园欺凌却没有得到校方的及时处理。学生安全方面的压力对教师正常教学也造成较大影响，62.01% 的教师认为来自学生安全方面的压力对正常教学的影响比较大；在这一问题上，城乡差异不显著，但东中西部地区差异显著，西部地区教师感到来自学生安全方面的压力大的比例更大。校长认为排在前三位的校园安全压力来源是交通安全、学生心理问题、学校空间拥挤，其中 64.46% 的义务教育学校校长认为交通安全是校园安全较大的压力来源。

2. 教师激励机制尚不完善

校长认为排在前三位的影响教师工作积极性的因素是工作收入、晋升空间、工作压力，其中 83.40% 的义务教育学校校长认为工作收入是影响教师工作积极性的主要因素。对于教师满意度的调查结果也显示出相似问题。在工作收入方面，仅

47.04% 的教师认为乡村教师生活补助落实得较好，11.03% 的教师认为落实得较差，17.17% 的教师表示落实得一般，另外还有 24.76% 的教师表示不清楚相关补助政策的落实情况。此外，56.06% 的教师月收入在 4000 元及以下，51.23% 的教师认为与本地公务员相比其待遇较低，11.69% 的教师认为与本地公务员相比其待遇较高，24.33% 的教师表示差别不大。在晋升空间方面，仅 48.44% 的教师认为本地职称评审公正，初中教师认为本地职称评审公正的比例明显低于小学（初中教师该项比例为 43.07%，小学为 53.83%）。对于工作压力的调查结果显示，62.07% 的教师认为工作压力较大。东中西部地区差距明显，西部地区教师认为工作压力大的比例最高，其次为东部地区，中部地区比例最低。

3. 义务教育的区域性差异较为突出

对于义务教育满意度的调查结果显示，义务教育阶段的学生、教师及校长在教育满意度指数上均存在显著的区域差异。总体来说，东部地区及城区学校的各群体教育满意度较高，西部地区及乡村学校的各群体教育满意度较低。

（三）建议

1. 加大投入，创设良好学习条件，重视校园安全环境建设

各级政府应继续加大财政投入力度，着重建设农村中小学校，改善办学条件，优化学校环境，为学生在学校快乐学习、生活、成长创设良好环境。调查发现，有约 22.13% 的学生认为学校"教室里的班班通设备太旧，经常不能用""微机室里的电脑太少""实验器材不全"，希望"改善学校硬件设施""购置体育活动器材""改建图书馆，增加图书种类"。因此，要继续加强学校硬件设施建设，购买和更新计算机等教学设备及实验器材，更新学校图书，减少阅读限制，为学生课外阅读提供便利。

此外，调查还发现有超过 17% 的学生对校园管理、校园安全、后勤保障、饮食卫生条件表示不满意，期待学校在这些方面加强管理，为学生健康、安全构筑坚实的"防火墙"。提高校园安全管理水平，一要完善并严格执行门卫、值班、巡逻、消防、食品卫生等方面的安全管理制度；二要强调校长是校园安全的第一责任人，有条件的地方要建立专职或兼职校园安全保卫队伍，落实相应的安全防范措施；三

要加强学风建设，全体师生员工应共同努力，学校管理人员要深刻认识学校学风建设对校园安全的重要性，把工作做到实处；四要增强后勤工作人员的服务意识，提高服务质量，确保学生饮食卫生安全，真正做到"服务育人"，完善和规范校园食堂管理制度，实施食品卫生量化分级管理，不断提高餐饮管理水平；五要加强校园周边环境的整治，建立校园周边其他不安全因素有效管控机制，重点整治校园周边各类违法犯罪行为。政府、学校和社区应加强交流和沟通，更加注重社区教育因素，共同营造让家长放心的教育环境。

2.努力减轻学生课业负担，实施多元评价促进学生发展

中小学生课业负担过重成为教育中的突出问题，严重影响素质教育的全面实施。调查显示，约 17.96% 的学生认为课业负担较重、课外活动少等因素影响其对学校教育满意度的评价。学生负担过重已经不仅仅是学校教育本身的问题，更成为政府、学校、家庭和社会的共同责任。政府要把减负作为教育工作的重中之重，采取更加有力的减负措施，统筹规划、整体推进。学校要把提高课堂教学效率和教学质量作为重要的工作，减少作业量，给学生留下自我发展的时间。家庭要培养学生的良好习惯，和学校积极配合，共同减轻学生负担。社会的公共场所和校外活动场所要向学生开放，丰富学生的课外生活。

《基础教育课程改革纲要（试行）》指出："倡导学生主动参与、乐于探究、勤于动手，培养学生搜集和处理信息的能力、获取新知识的能力、分析和解决问题的能力以及交流合作的能力。"新课程改革强调建立促进学生多元发展、教师不断提高和课程不断发展的评价体系，在综合评价的基础上，更关注个体的进步和多方面的潜能发展，强调建立多元主体共同参与的评价制度，重视评价的激励和改进功能。学校可根据自身实际情况，建立多元评价体系，对学生进行发展性评价，注重对学生学习能力、态度、情感、表现和实践能力以及学习方法的综合评价，通过多元评价激发学生的积极性，提高学生的自信心，促进学生全面发展。

3.进一步完善教师激励方面的各项制度

义务教育满意度调查结果显示，教师激励方面的各项制度亟待完善。首先，要稳步提高教师社会地位，增强教师社会荣誉感。调查显示，约四成教师感到中小学

教师比较或很受社会尊重，约六成教师对教师社会地位和受尊重程度不满意。要通过多种措施，让更多教师在职业上有幸福感、在岗位上有成就感、在社会上有荣誉感。其次，要减轻教师工作压力，关注西部地区教师工作压力。研究发现，工作压力大是中小学教师最不满意的方面，西部地区教师尤其如此。教师工作任务繁重，面临的公众压力较多，学校对教师也有诸多考核指标（包括升学）和教学要求。应适当减轻教师面临的考试压力、竞争压力，进一步关心教师工作状况，完善教育治理体系，减少各种事务性检查、评比等，减轻教师非教学工作压力。再次，要实现教师收入待遇稳步增长，落实好乡村教师补助政策。研究发现，过半教师的实际月工资收入在 4000 元以下，过半教师认为与本地公务员相比其待遇比较低或非常低，不到一半教师认为乡村教师生活补助落实得好。要进一步落实中小学教师工资待遇不低于当地公务员的政策，落实好乡村教师补助政策，健全教师工资保障长效机制，确保教师工资实现稳步增长。最后，要进一步完善职称制度改革，调动教师工作积极性。研究表明，教师职称越高，满意度越高。不到一半教师认为职称评审合理，西部地区教师、初中教师认为职称评审合理的比例尤其低。职称制度改革后，约五成教师认为职称制度对调动工作积极性的作用较大。教师职称晋升机会少，容易产生职业倦怠等消极心理，从而严重影响工作积极性。因此，应建立并逐渐完善富有弹性的教师职称制度，在常规晋升的基础上增加弹性晋升。

4.加强政策执行力度

党和国家历来尊师重教，对于提升教师及学生的教育、学习和生活水平制定了一系列政策，投入了大量资金，但受制于资源有限及执行不力等因素，各群体的教育期望与实际感受之间存在较大的落差。好的政策要想有好的效果，必须基于强有力的政策执行，要强调各部门的有序协作，提高资金的使用效率。具体执行中，每个环节都应制定实施标准，要有明确的责任人并明确赏罚标准，且标准要有可操作性和统筹性。应强化政策执行各环节人员的重视程度，不断提升其观念及业务技能。此外，进一步推进教育管办评分离改革，重视政策执行的监测和评估，要建立跟踪、总结、修改和完善制度。此外，还应关注不同群体教师的需求，激发他们的职业热情。需对学校教师的个性特点进行分析，关注教师的心理压力，从而在工作上、生活上进行必要的引导，科学地开展学校管理，使教师发挥个体积极性，激发他们的职业热情。

5. 转变政府职能，提高义务教育学校治理水平

从调查结果看，义务教育学校校长的教育总体满意度分值是68.69，通过对教育满意度的各维度的分析可见，校长对管理服务和政府保障的满意度偏低，分值分别为53.74和66.74，远低于校长对个体发展（76.61）和学校发展（73.98）的满意度分值。因此，进一步转变政府职能，深入推进管办评分离改革，明确"政府管"和"学校办"的职责和边界，是提高教育治理水平的关键。

从管理服务维度各题项的分值看，满意度较低的方面集中在向本地政府反映意见建议的渠道不畅通、政府对学校周边环境的治理不到位、政府落实办学自主权不到位上。从政府保障维度各题项分值看，满意度较低的方面集中在提供给学校的财政教育经费不够用、学校教师数量不够用、教师学科结构不合理上。可见，政府职能转变能面临着较大的挑战，一要明确政府财政投入职责，确保教师够用好用，满足学校教育教学需求；二要协调相关部门，加强对学校周边环境的治理力度，给学生创造一个安全舒适的外部教育环境；三要以推进管办评分离为契机，切实落实学校办学自主权，增强学校办学活力。

教师方面，应鼓励他们参与民主决策。OECD测试表明，教师参与学校决策能提升工作满意度，并且使教师感到更受社会尊重。此次研究发现，一半以上教师认为政府制定相关教育政策法规时发表意见的机会较少，或向上级反映意见和建议的渠道不畅通。需积极建设现代学校制度，完善内部治理机构，健全议事规则和决策程序，突出教师主体地位，切实落实教师在办学模式、育人方式、资源配置、人事管理等方面的知情权、参与权、表达权和监督权。

第六章

普通高中教育满意度
调查结果

一、普通高中学生满意度

调查结果显示，普通高中学生教育总体满意度分值为71.97，其他维度均为72—76。东部普通高中学生满意度分值最高，而西部最低；全国31个省份中，吉林普通高中学生满意度分值最高，而广西最低；从城乡比较情况看，城区普通高中学生满意度分值明显高于镇区和乡村普通高中学生。另外，不同人群特征也使得满意度分值情况有所不同，总的来看，家庭收入高、父母学历高、家在本地的普通高中学生满意度分值相对较高。

（一）总体满意度

1. 普通高中学生总体满意度介于比较满意和满意之间

在教育满意度的四个维度中，普通高中学生总体满意度分值最高，为71.97，介于比较满意和满意之间。

从表6-1可以看到，最受普通高中学生认可的五项集中在办学环境与条件、教育公平等方面，说明当前普通高中在这些方面能够满足学生的需要。而最不受认可的五个方面集中在课程，尤其是旨在促进学生多样化发展的课程方面，说明这些方面存在一定的问题，课程的选择性有待提升。此外，普通高中的地区差距问题也比较突出，这与"县一中"现象形成呼应。

表6-1　普通高中学生最认可和最不认可的五项

最认可的五项	最不认可的五项
8. 校内的安全保护措施到位吗？	21. 你的学业负担重吗？
26. 老师鼓励学生发表不同意见吗？	14. 学校组织的社会实践活动多吗？
25. 学校对学生的评奖评优能做到公平公开吗？	24. 本地高中教育质量与邻近县（市、区）的差距大吗？
17. 学习遇到困难时能及时得到老师的指导帮助吗？	9. 学校图书馆（室）能够满足你的阅读需要吗？
20. 你跟同学相处得好吗？	15. 学校能每天安排1小时的体育锻炼吗？

2. 普通高中学生总体满意度的地区、城乡差异明显

（1）东部普通高中学生总体满意度最高

从东中西部普通高中学生总体满意度分值情况看，东部普通高中学生总体满意度最高，中部次之，西部最低。东部为 74.26，中部为 71.93，西部为 69.53，东部和西部之间相差 4.73。

（2）城区普通高中学生总体满意度较高

从城乡普通高中学生的总体满意度分值情况看，城区普通高中（73.53）明显高于镇区（68.92）和乡村（67.79）普通高中。

（3）东部城区普通高中学生总体满意度最高

从东中西部城乡普通高中学生的总体满意度分值情况看，东部城区普通高中最高（75.42），西部乡村普通高中最低（65.18）。无论是在东部、中部还是西部，城区普通高中都明显高于镇区和乡村普通高中（见图 6-1）。

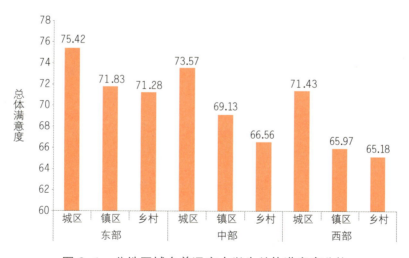

图 6-1　分地区城乡普通高中学生总体满意度分值

3. 不同背景的普通高中学生总体满意度差异明显

普通高中学生背景特征主要包括性别、户籍所在地、居住地、家长学历与家庭经济状况等。从总体满意度分值情况来看，户籍所在地对于普通高中学生总体满意

度分值的影响相对较小,而家长学历与家庭经济状况的影响相对较大。

(1)普通高中女生总体满意度相对较高

性别、是否寄宿、居住地等对总体满意度分值具有显著性影响。普通高中女生总体满意度较高(72.37),寄宿学生总体满意度(70.46)明显低于非寄宿学生(73.64),居住在乡村的学生总体满意度(69.10)明显低于居住在城区的学生(74.09)(见图6-2)。

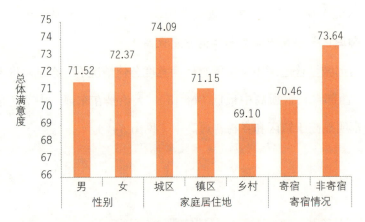

图6-2　不同背景普通高中学生总体满意度分值

(2)城区普通高中和公办普通高中学生总体满意度分值相对较高

不同类型普通高中的学生总体满意度分值也存在明显差异,城区普通高中和公办普通高中相对较高。城区普通高中(73.53)明显高于镇区(68.92)和乡村(67.79)普通高中;公办普通高中(72.23)明显高于民办普通高中(69.34)和其他类型普通高中(63.73)(见图6-3)。

图 6-3 不同类型普通高中的学生总体满意度分值

（3）家庭环境优渥的普通高中学生总体满意度相对较高

家庭环境主要以父母学历水平、父母职业类别和家庭经济状况来界定。从数据分析结果来看，父亲和母亲学历水平越高的普通高中学生对其所接受的高中教育满意度越高，父亲和母亲学历在大学（大专）及以上的普通高中学生总体满意度最高，分别达到 76.31 和 77.24。父母职业为企事业单位管理人员，教育、医务和科研等专业技术人员的普通高中学生总体满意度相对较高（均在 75 以上），明显高于父母为进城务工人员、农民、私营或个体经营者的普通高中学生的总体满意度（见图 6-4）。

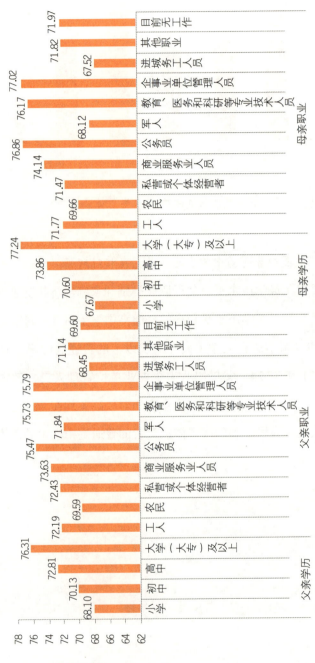

图6-4 不同家长特征普通高中学生总体满意度分值

家庭经济状况较好的普通高中学生总体满意度也相对较高。从数据分析结果来看，家庭经济水平为比较好和非常好的普通高中学生总体满意度较高，分别达到77.14和82.80。从家庭人均年收入情况看，家庭人均年收入为35001—60000元的普通高中学生总体满意度分值最高（74.86），家庭人均年收入在5000元及以下的普通高中学生总体满意度分值最低（69.59）（见图6-5）。

图 6-5　不同家庭经济状况普通高中学生总体满意度分值

（二）维度分析

1. 教育公平感知维度分值情况

普通高中学生教育公平感知分值为75.93，介于比较满意和满意之间。

（1）东部城区普通高中学生教育公平感知分值最高

从东中西部普通高中学生教育公平感知分值情况看，东部最高，中部次之，西部最低。东部为78.47，中部为75.79，西部为73.34，东部和西部之间相差5.13。

从城乡普通高中学生教育公平感知分值情况看，城区普通高中（77.18）明显高于镇区（73.52）和乡村（72.41）普通高中。镇区普通高中与乡村普通高中学生教育公平感知分值几乎没有差异。

东部城区普通高中学生教育公平感知分值最高。从东中西部城乡普通高中学生的教育公平感知分值情况看，东部城区普通高中最高（79.36），西部乡村普通高中最低（68.83）。无论是在东部、中部还是西部，城区普通高中都明显高于镇区和乡村普通高中（见图6-6）。

图6-6　分地区城乡普通高中学生教育公平感知分值

（2）不同特征普通高中学生教育公平感知分值情况

在教育公平感知维度，不同性别普通高中学生没有显著差异。相比之下，户籍所在地、居住情况显著影响普通高中学生教育公平感知，外省户籍普通高中学生（76.20）、居住在城区的普通高中学生（78.14）以及非寄宿普通高中学生（77.69）教育公平感知分值相对较高（见图6-7）。这一结果实际上反映了优质普通高中向城区集中的影响。

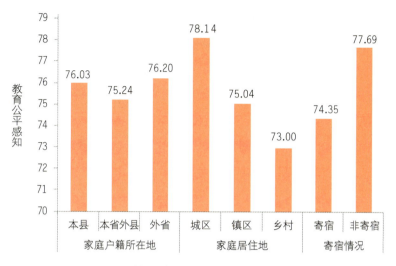

图 6-7　不同特征普通高中学生教育公平感知分值

不同类型普通高中的学生教育公平感知分值也存在明显差异。从城乡普通高中学生教育公平感知分值看，城区普通高中最高，达到 77.18，而镇区普通高中和乡村普通高中差异很小。从就读于不同性质的普通高中的学生的教育公平感知分值看，公办普通高中和民办普通高中差异不大，公办普通高中略高（76.09）（见图6-8）。

图 6-8　不同类型普通高中的学生教育公平感知分值

父母学历和职业不同的普通高中学生教育公平感知分值存在明显差异。父母学历为大学（大专）及以上的普通高中学生教育公平感知分值（79.67、80.30）明显高于父母学历水平相对较低的学生。父母职业为企事业单位管理人员（79.71、80.56）、专业技术人员（79.07、79.33）、公务员（78.26、78.44）的普通高中学生教育公平感知分值相对较高（见图6-9）。

家庭经济状况比较好的普通高中学生教育公平感知分值相对较高。从家庭经济状况在居住地的水平看，家庭经济水平为比较好和非常好的普通高中学生教育公平感知分值较高，分别达到80.40和83.89，与家庭经济水平为非常差的普通高中学生相差较大。从家庭人均年收入情况看，家庭人均年收入在60001元及以上的普通高中学生教育公平感知分值最高（78.55），人均年收入在5000元及以下的普通高中学生教育公平感知得分最低（73.20），两者相差5.35（见图6-10）。

图 6-9 不同家长特征普通高中学生教育公平感知分值

图 6-10　不同家庭经济状况普通高中学生教育公平感知分值

2. 教育质量感知维度分值情况

普通高中学生教育质量感知分值为 72.10，介于比较满意和满意之间。

（1）西部乡村普通高中学生教育质量感知分值最低

从东中西部普通高中学生教育质量感知分值情况看，东部最高，中部次之，西部最低。东部为 75.55，中部为 71.22，西部为 69.22，东部和西部之间相差 6.33。

从城乡普通高中学生教育质量感知分值情况看，城区普通高中（73.67）明显高于镇区（68.92）和乡村（68.78）普通高中。镇区普通高中与乡村普通高中差异较小。

从东中西部城乡普通高中学生的教育质量感知分值情况看，东部城区普通高中最高（76.69），西部镇区普通高中最低（65.44）。无论是在东部、中部还是西部，城区普通高中都明显高于镇区和乡村普通高中。此外，值得注意的是，西部镇区普通高中略低于西部乡村普通高中，也明显低于东部镇区和中部镇区普通高中（见图 6-11）。

图 6-11 分地区城乡普通高中学生教育质量感知分值

（2）不同特征普通高中学生教育质量感知分值存在明显差异

不同性别、不同居住状况的普通高中学生教育质量感知分值存在明显差异。从统计结果来看，普通高中女生教育质量感知分值（72.65）比男生高（71.56）；居住在城区的普通高中学生（74.82）明显高于居住在镇区和乡村的普通高中学生；非寄宿普通高中学生（73.93）明显高于寄宿生（70.50）（见图 6-12）。此外，镇区和乡村普通高中学生教育质量感知分值十分接近，反映了优质普通高中向城区集中的影响。

图 6-12 不同特征普通高中学生教育质量感知分值

从城乡普通高中学生教育质量感知分值看，城区普通高中学生（73.67）明显高于镇区和乡村普通高中学生。这可能是由于城区普通高中在办学条件、师资队伍、教育理念等方面更有优势。从不同性质普通高中学生的教育质量感知分值看，公办普通高中（72.32）明显高于民办普通高中（70.05）（见图 6-13）。

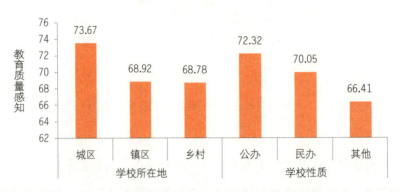

图 6-13　不同类型普通高中学生教育质量感知分值

父母学历和职业不同的普通高中学生教育质量感知分值存在明显差异。父母学历为大学（大专）及以上的普通高中学生教育质量感知分值相对较高（77.04、77.89）。父母为企事业单位管理人员、专业技术人员和公务员的普通高中学生教育质量感知分值也相对较高（见图 6-14）。

不同家庭经济状况的普通高中学生教育质量感知分值也存在明显差异。从家庭经济状况在居住地的水平来看，家庭经济水平为比较好和非常好的普通高中学生教育质量感知分值较高，分别达到 77.62 和 82.85，与家庭经济水平为非常差的普通高中学生相差较大。从家庭人均年收入情况看，人均年收入在 60001 元及以上的普通高中学生最高（75.28），人均年收入在 5000 元及以下的普通高中学生最低（69.29）（见图 6-15）。

图 6-14 不同家长特征普通高中学生教育质量感知分值

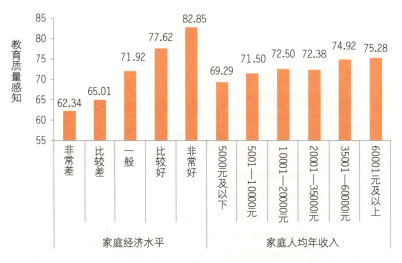

图 6-15　不同家庭经济状况普通高中学生教育质量感知分值

3. 教育期望维度分值情况

普通高中学生教育期望分值为 73.69，介于比较满意和满意之间。

（1）西部乡村普通高中学生教育期望明显偏低

从东中西部普通高中学生教育期望分值情况看，东部最高，中部次之，西部最低。东部为 76.06，中部为 73.80，西部为 71.08，东部和西部之间的差距接近 5。

乡村普通高中学生教育期望明显偏低。从城乡普通高中学生教育期望分值情况看，城区普通高中（75.25）明显高于镇区（70.82）和乡村（68.80）普通高中。

从东中西部城乡学校普通高中学生的教育期望分值情况看，东部城区普通高中最高（77.53），西部乡村普通高中最低（67.16）（见图 6-16）。无论是在东部、中部还是西部，城区普通高中都明显高于镇区和乡村普通高中。

图 6-16　分地区城乡普通高中学生教育期望分值

（2）不同特征普通高中学生教育期望分值存在明显差异

不同性别普通高中学生教育期望分值没有显著差异，相比之下，户籍所在地、居住状况等对普通高中学生教育期望的影响更大一些。本县户籍普通高中学生教育期望（73.80）高于外省户籍普通高中学生（72.93）和本省外县户籍普通高中学生（73.20）；居住在城区的普通高中学生（75.76）明显高于居住在镇区（73.17）和乡村（70.75）的普通高中学生；非寄宿的普通高中学生（75.39）明显高于寄宿生（72.17）（见图 6-17）。

图 6-17　不同特征普通高中学生教育期望分值

从城乡普通高中学生教育期望分值看，城区普通高中的学生（75.25）明显高于镇区和乡村普通高中学生。公办普通高中的学生（73.97）明显高于民办普通高中学生（70.81）（见图6-18）。这可能是由于城区普通高中和公办普通高中在办学条件、师资队伍、教育理念等方面更有优势。

图 6-18　不同类型普通高中学生教育期望分值

父母学历水平和职业不同的普通高中学生的教育期望分值明显不同。父母学历为大学（大专）及以上的普通高中学生教育期望分值相对较高（77.90、78.88）；父母职业为企事业单位管理人员、公务员和专业技术人员的普通高中学生教育期望分值也相对较高（见图6-19）。

家庭经济状况对于普通高中学生的教育期望也存在较大影响。从家庭经济状况在居住地的水平来看，家庭经济水平为比较好和非常好的普通高中学生教育期望分值较高，分别达到78.77和83.17，与家庭经济水平为非常差的普通高中生相差较大。从家庭人均年收入情况看，家庭人均年收入为35001—60000元的普通高中学生教育期望分值最高（76.58），家庭人均年收入在5000元及以下的普通高中学生最低（71.16），两者相差5.42。此外，可以明显看到，人均年收入在60001元及以上的普通高中学生教育期望分值并不是最高（见图6-20）。

图6-19 不同家长特征普通高中学生教育期望分值

图 6-20　不同家庭经济状况普通高中学生教育期望分值

（三）路径分析

1. 模型各维度之间的影响关系

模型中各潜变量对总体满意度的总贡献、直接和间接贡献从表 6-2、表 6-3、表 6-4 可以看到，教育期望是对总体满意度具有最大贡献的变量，贡献最小的是教育质量感知。教育期望和教育公平感知对教育质量感知具有较大影响。教育期望对教育质量感知和总体满意度的直接影响力相对较弱，说明教育期望通过其他变量发挥影响。

表 6-2　普通高中学生教育满意度指数模型变量间的标准化总效应

维度	教育期望	教育公平感知	教育质量感知	总体满意度
教育公平感知	0.772	—	—	—
教育质量感知	0.871	0.603	—	—
总体满意度	0.847	0.649	0.207	—

注：表中所有的效应值均在 0.001 水平上显著。

表 6-3 普通高中学生教育满意度指数模型变量间的标准化直接效应

维度	教育期望	教育公平感知	教育质量感知	总体满意度
教育公平感知	0.772	—	—	—
教育质量感知	0.405	0.603	—	—
总体满意度	0.262	0.524	0.207	—

注：表中所有的效应值均在 0.001 水平上显著。

表 6-4 普通高中学生教育满意度指数模型变量间的标准化间接效应

维度	教育期望	教育公平感知	教育质量感知	总体满意度
教育公平感知	—	—	—	—
教育质量感知	0.466	—	—	—
总体满意度	0.585	0.125	—	—

注：表中所有的效应值均在 0.001 水平上显著。

从图 6-21 可以看到，普通高中学生对普通高中教育的期望显著影响了其教育质量感知、教育公平感知和总体满意度的分值，同时，教育公平感知是教育期望对教育质量感知影响的中介变量，也就是说普通高中学生对于教育的期望中内含公平的因素，即期望得到公平而有质量的教育。

图 6-21 普通高中学生教育满意度及其相关影响路径

2.经济发展水平对满意度的影响

利用 SPSS 软件分析 2017 年各省份人均 GDP 与教育满意度各维度之间的相关性，结果发现，各维度与人均 GDP 之间的相关系数绝对值均大于 0.2，说明经济发展水平与教育满意度各维度之间存在正相关，相关系数为 0.357—0.509，其中教育质量感知与人均 GDP 的相关系数最高，达到 0.509，说明二者之间相关程度较高。但是，分析中发现总体满意度与经济发展水平之间不具有显著相关（见表 6-5）。

表 6-5　人均 GDP 与教育满意度各维度的相关系数

	总体满意度	教育期望	教育质量感知	教育公平感知
人均 GDP	0.339	0.357*	0.509**	0.498**

将 31 个省份的人均 GDP 按照由高到低的顺序划分为高、中、低三组，最高为天津（107960 元），最低为甘肃（26165 元）。高收入组人均 GDP 为 10000 美元以上；中等收入组人均 GDP 为 6000—10000 美元；低收入组人均 GDP 为 6000 美元以下。三组各维度分值情况见图 6-22。对三组教育满意度分值进行差异性检验，结果发现，人均 GDP 高的省份教育满意度最高，其次是中等收入省份、低收入省份，高低两组总体满意度分值相差 4.89。在教育质量感知、教育公平感知和教育期望三个维度，高收入省份的分值同样也是最高的。

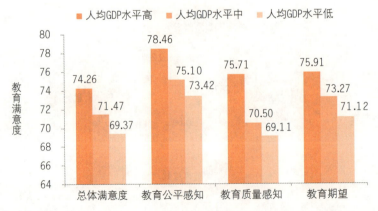

图 6-22　不同人均 GDP 水平省份普通高中学生教育满意度分值

（四）热点问题

1. 普通高中做了多方努力应对新高考

2014 年国务院印发《关于深化考试招生制度改革的实施意见》，掀起新一轮考试招生制度改革的大幕。《关于深化考试招生制度改革的实施意见》提出改革总体目标，即 2014 年启动考试招生制度改革试点，2017 年全面推进，到 2020 年基本建立中国特色现代教育考试招生制度，形成分类考试、综合评价、多元录取的考试招生模式，健全促进公平、科学选才、监督有力的体制机制，构建衔接沟通各级各类教育、认可多种学习成果的终身学习"立交桥"。在这一改革政策的推动下，各省份先后出台本省的考试招生制度改革实施方案，逐步落实考试招生制度改革。这一改革在某种意义上倒逼普通高中不断审视已有的育人方式、管理方式等，为普通高中发展提出了新挑战和新任务。那么，普通高中在实际办学过程中做了哪些调整和努力呢？对此，普通高中学生教育满意度调查问卷增加了关于新高考的问题，试图从学生切身感受的角度考察学校在面对新高考时所做出的努力。

调查中发现，大部分普通高中为应对新高考做了多方面的努力，主要包括改善教育环境、面向学生开展选考指导、开展教师培训等几个方面（见图 6-23）。其中，开展教师培训的学校相对较多，说明普通高中教师对于应对新高考的重要性及学校对教师的重视。

图 6-23 普通高中应对新高考的情况

2.高中选课走班覆盖面较广

"选课走班"对于我国普通高中来说是一种相对较新的教学组织形式,对于原有以"行政班"为主要组织形式的教育教学形态来说,是一种全方位的挑战。尤其是在2014年考试招生制度改革启动以来,"选课走班"的教学组织形式在全国范围内快速铺开,涌现出多种形式,如按照选课走班的实施范围划分为大走班、中走班、小走班。不同形式的选课走班实际上反映了各个普通高中在面对高考改革时的综合能力。

选课走班的教学组织形式在普通高中较为广泛,覆盖70%左右的受访学生。选课走班实施形态较为多样,有的学校较为大胆,打破行政班的模式,完全按照学生需求和兴趣组织教学(见图6-24)。此外,一些普通高中在实行选课走班过程中采取折中的做法,如根据学生选课情况设置行政班等。

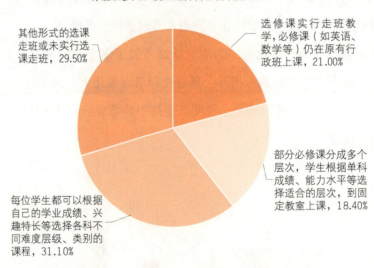

图 6-24　普通高中实施选课走班的情况

3.高中阶段教育普及仍需打好攻坚战

2017年教育部等四部门联合印发《高中阶段教育普及攻坚计划(2017—2020年)》,提出高中阶段教育普及攻坚的主要目标是"到2020年,全国普及高中阶段教育,适应初中毕业生接受良好高中阶段教育的需求。全国、各省(区、市)毛入学率均达到 90% 以上，中西部贫困地区毛入学率显著提升；普通高中与中等职业教育结构更加合理，招生规模大体相当；学校办学条件明显改善，满足教育教学基本需要；经费投入机制更加健全，生均拨款制度全面建立；教育质量明显提升，办学特色更加鲜明，吸引力进一步增强"。在这一政策驱动下，普及高中阶段教育是未来一段时间高中阶段教育发展的重要主题之一。

初中毕业生升入高中继续学习的比例比较大，受访学生中表示初中同学中 90% 以上的人继续读书的占 41.90%（见图 6-25），这也间接反映了大部分初中毕业生会选择继续读书。但同时，仍存在学生初中毕业后直接流向社会的情况，这部分学生构成了未来高中教育普及攻坚的重点对象。

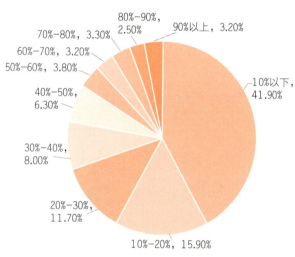

你的初中同学中没有继续上普高或中职的人占多大比例？

图 6-25 初中毕业生升学情况

4. 普通高中学生社团和兴趣小组活动参与度有待提升

普通高中多样化发展通过办学体制、育人模式、课程设置等多种方式和途径得以实现。普通高中多样化发展表现为学校的特色化发展，而社团和兴趣小组可以说是折射高中特色化发展的一个"三棱镜"。调查发现，大部分普通高中能够开设学生社团和兴趣小组，但仍有近 30% 的受访学生出于各种原因没有参加社团或者兴趣小组，主要原因包括学校没有开设社团和兴趣小组、学校开设的社团和兴趣小组太少而满足不了学生需求、学校开设的社团和兴趣小组与学生兴趣错位、迫于学业压力无法参加社团或为安心学习不参加社团等。

从学生参加的社团情况看，种类比较多样，主要包括艺术、体育、社会活动、学科拓展、心理科技、语言文化等多种类型，其中学科拓展类的社团和兴趣小组往往与物理、英语、生物等高考科目联系紧密，反映出比较强的考试准备取向（见表6-6）。

表6-6　普通高中学生社团和兴趣小组活动参与情况

你参加了学校哪些社团和兴趣小组？	
艺术类	戏剧社、非洲鼓、版画、动漫、摄影、书画、舞蹈等
体育类	足球、瑜伽、排球、健身、羽毛球等
社会活动类	志愿者、环境保护协会、模拟联合国、学生会、商社等
学科拓展类	历史、文学、国际政治、阅读、物理、数独、数学、英语、生物、学科竞赛等
心理科技类	心理、电路、机器人、天文、3D打印、创客、无线电、航模等
语言文化类	日语、韩语、法语、西班牙语、阿拉伯语、二次元等

5. 普通高中心理健康教育有待进一步改进

心理健康教育是普通高中教育的重要组成部分，对于保障校园安全和防范校园欺凌具有一定的积极意义。然而在普通高中教育实际实施过程中，心理健康教育的状况并不十分理想。调查显示，相关题项平均原始分值为4.95，指数分值为65.83，介于一般与比较充分之间。与普通高中学生教育总体满意度情况（71.97）相比存在明显差距。在调查中，表示学校提供的心理健康教育非常不充分、不充分、比较不充分、一般的学生共占35.60%（见图6-26）。受访学生认为心理健康教育不充分的主要原因来自多个方面，主要包括心理教师缺乏、高考挤压（学校不重视、课时遭压缩）、具体施教方式问题（集体辅导多而个体辅导少）、覆盖范围小等。学生认为心理健康教育较为充分的主要理由在于有专门的心理教师、定期开设心理课程、关注学生动向并给予及时辅导等。

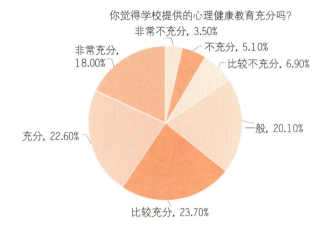

你觉得学校提供的心理健康教育充分吗？

图 6-26　普通高中心理健康教育实施情况

二、普通高中教师满意度

（一）总体满意度

普通高中教师总体满意度分值为 60.42。

1. 普通高中教师总体满意度的区域差异分析

（1）东部地区普通高中教师总体满意度较高

整体来看，东中西部普通高中教师在总体满意度、教育期望、政府保障感知和学校管理感知四个维度上均存在显著差异。具体来说，东部地区在四个维度上的分值均最高，中西部地区均相对较低。其中，东部地区普通高中教师总体满意度为 62.77，西部地区普通高中教师总体满意度为 58.05（见表 6-7）。

表 6-7　东中西部普通高中教师教育满意度差异分析

维度	地区	人数	均值	标准差	F	p
教育期望	东部	1414	67.94	17.41	5.548	0.004
	中部	1214	65.81	18.56		
	西部	1266	66.05	18.69		

维度	地区	人数	均值	标准差	F	p
政府保障感知	东部	1414	57.16	18.54	29.833	< 0.001
	中部	1214	54.00	19.33		
	西部	1266	51.53	19.00		
学校管理感知	东部	1414	68.18	17.42	29.912	< 0.001
	中部	1214	65.73	17.77		
	西部	1266	62.84	18.36		
总体满意度	东部	1414	62.77	21.63	15.949	< 0.001
	中部	1214	60.14	21.41		
	西部	1266	58.05	21.98		

（2）中部地区普通高中教师总体满意度城乡差异不显著

东部地区、西部地区的普通高中教师的总体满意度存在显著的城乡差异。东部城区普通高中教师总体满意度最高，为63.62，远高于东部乡村普通高中教师。西部镇区普通高中教师总体满意度要高于城区和乡村普通高中教师的总体满意度。而中部地区的城区、镇区和乡村普通高中教师在总体满意度上没有显著差异（见表6-8）。

表6-8 东中西部城乡普通高中教师总体满意度差异分析

地区	学校所在地	人数	均值	标准差	F	p
东部	城区	955	63.62	21.50	3.744	0.024
	镇区	363	61.88	21.68		
	乡村	96	57.65	22.19		
中部	城区	831	60.76	21.81	1.260	0.284
	镇区	316	58.51	20.44		
	乡村	67	60.12	20.78		

地区	学校所在地	人数	均值	标准差	F	p
西部	城区	911	58.14	21.62	3.670	0.026
	镇区	283	59.43	22.52		
	乡村	72	51.61	23.52		

2. 民办普通高中教师总体满意度最高

不同性质普通高中教师在总体满意度上存在显著差异，民办普通高中教师的总体满意度最高，为68.69，远高于公办普通高中教师，而其他性质普通高中教师满意度最低（见表6-9）。

表6-9 不同性质普通高中教师总体满意度差异分析

维度	学校性质	人数	均值	标准差	F	p
总体满意度	公办	3622	59.82	21.69	20.6	< 0.001
	民办	263	68.69	21.27		
	其他	9	58.18	16.05		

3. 普通高中教师总体满意度的群体差异分析

（1）女性普通高中教师总体满意度高于男性

不同性别的普通高中教师在总体满意度上存在显著差异，女性教师的总体满意度显著高于男性（见表6-10）。

表6-10 不同性别普通高中教师总体满意度差异分析

维度	性别	人数	均值	标准差	F	p
总体满意度	男	2003	59.09	22.14	15.385	< 0.001
	女	1891	61.82	21.27		

（2）专科学历普通高中教师总体满意度最高

不同学历的教师在总体满意度上存在显著差异，专科学历的教师满意度最高，研究生学历的教师次之，本科学历的教师满意度最低（见表6-11）。

表6-11　不同学历普通高中教师总体满意度差异分析

维度	学历	人数	均值	标准差	F	p
总体满意度	高中	64	60.94	20.87	7.5	< 0.001
	专科	67	66.86	20.40		
	本科	3317	59.77	21.70		
	研究生	446	64.20	22.08		

（3）正高级职称普通高中教师总体满意度最高

不同职称的普通高中教师在总体满意度上存在显著差异，正高级职称的教师总体满意度最高，为80.08，远远高于其他职称的教师。一级教师的总体满意度最低（见表6-12）。

表6-12　不同职称普通高中教师总体满意度差异分析

维度	职称	人数	均值	标准差	F	p
总体满意度	未评职称	321	64.26	21.05	9.053	< 0.001
	三级教师	31	60.57	23.18		
	二级教师	1018	59.94	22.89		
	一级教师	1520	59.30	21.62		
	高级教师	967	60.63	20.61		
	正高级教师	37	80.08	17.08		

（4）不同年龄段的教师在满意度上存在"两端高中间低"现象

不同年龄段的教师在总体满意度上存在显著差异，25岁及以下的教师总体满意度最高，56—60岁的教师总体满意度紧随其后。36—40岁、41—45岁教师总体满意度较低（见表6-13）。

表6-13 不同年龄段普通高中教师总体满意度差异分析

维度	年龄	人数	均值	标准差	F	p
总体满意度	25岁及以下	236	64.93	22.04	4.412	< 0.001
	26—30岁	630	62.59	21.41		
	31—35岁	823	60.75	22.28		
	36—40岁	890	59.04	21.71		
	41—45岁	629	57.76	22.17		
	46—50岁	451	60.96	20.75		
	51—55岁	216	59.77	20.40		
	56—60岁	19	64.66	20.42		

（5）新入职普通高中教师总体满意度较高

不同教龄的普通高中教师在总体满意度上有显著差异，教龄为3年以下的教师总体满意度最高，教龄为16—20年的教师总体满意度最低（见表6-14）。

表6-14 不同教龄高中教师总体满意度差异分析

维度	教龄	人数	均值	标准差	F	p
总体满意度	3年以下	383	65.13	20.73	5.412	< 0.001
	3—5年	375	61.34	22.69		
	6—10年	649	61.22	21.78		
	11—15年	862	59.25	22.38		
	16—20年	703	58.68	21.77		
	20年以上	922	59.92	20.91		

（6）临时代课普通高中教师总体满意度最高

不同聘任形式的普通高中教师在总体满意度上存在显著差异，临时代课教师总体满意度最高，正式在编的教师总体满意度最低（见表6-15）。

表6-15　不同聘任形式的普通高中教师总体满意度差异分析

维度	聘任形式	人数	均值	标准差	F	p
总体满意度	正式在编	3474	59.59	21.68	23.495	< 0.001
	合同聘任	391	67.13	21.32		
	临时代课	29	68.77	20.27		

（7）月收入在5001元及以上的普通高中教师总体满意度较高

不同月收入的教师总体满意度存在显著差异，月收入在5001元及以上的教师总体满意度最高，月收入在2000元及以下的教师总体满意度最低（见表6-16）。

表6-16　不同月收入普通高中教师总体满意度差异分析

维度	月收入	人数	均值	标准差	F	p
总体满意度	2000元及以下	57	52.42	27.18	12.409	< 0.001
	2001—3000元	593	56.95	21.28		
	3001—4000元	1353	60.14	21.90		
	4001—5000元	1029	60.06	21.60		
	5001元及以上	862	64.18	21.08		

（8）城区普通高中教师总体满意度最高

城乡普通高中教师在总体满意度上存在显著差异，城区教师的总体满意度最高，乡村教师的总体满意度最低（见表6-17）。

表 6-17　城乡普通高中教师总体满意度差异分析

维度	学校所在地	人数	均值	标准差	F	p
总体满意度	城区	2697	60.89	21.75	4.565	0.01
	镇区	962	60.05	21.56		
	乡村	235	56.51	22.39		

（二）维度分析

1. 普通高中教师教育期望分析

普通高中教师教育期望总分值为 66.67，相比 2015 年的 64.26 有明显提升。

（1）普通高中教师教育期望分值的区域差异明显

东中西部普通高中教师教育期望分值存在显著差异，东部地区最高，西部地区次之，中部地区最低（见表 6-18）。

表 6-18　东中西部普通高中教师教育期望分值差异分析

维度	地区	人数	均值	标准差	F	p
教育期望	东部	1414	67.94	17.41	5.548	0.004
	中部	1214	65.81	18.56		
	西部	1266	66.05	18.69		

东部、中部城乡普通高中教师教育期望分值差异并不显著，只有西部地区的城乡普通高中教师教育期望分值存在显著差异（见表 6-19）。

表 6-19　城乡普通高中教师教育期望分值差异分析

地区	学校所在地	人数	均值	标准差	F	p
东部	城区	955	68.60	17.46	2.201	0.111
	镇区	363	66.70	17.66		
	乡村	96	66.02	15.60		

地区	学校所在地	人数	均值	标准差	F	p
中部	城区	831	66.68	18.57	2.933	0.054
	镇区	316	63.96	18.49		
	乡村	67	63.69	18.29		
西部	城区	911	66.24	18.19	4.790	0.008
	镇区	283	67.06	18.78		
	乡村	72	59.59	23.13		

（2）民办普通高中教师教育期望分值高于公办学校和其他学校教师

不同性质的普通高中教师教育期望存在显著差异，其中教育期望分值最高的是民办学校的教师，最低的是其他办学类型学校的教师（见表6-20）。

表 6-20　不同性质普通高中教师教育期望分值差异分析

维度	学校性质	人数	均值	标准差	F	p
教育期望	公办	3622	66.38	18.24	8.646	< 0.001
	民办	263	70.83	17.31		
	其他	9	56.87	19.55		

（3）不同特征普通高中教师教育期望分值差异明显

不同性别的普通高中教师在教育期望维度存在显著差异，女性教师教育期望分值显著高于男性（见表6-21）。

表 6-21　不同性别的普通高中教师教育期望分值差异分析

维度	性别	人数	均值	标准差	F	p
教育期望	男	2003	65.29	18.96	23.33	< 0.001
	女	1891	68.10	17.27		

不同学历普通高中教师教育期望存在显著差异，其中教育期望分值最高的是专科学历的教师，最低的是高中学历的教师（见表6-22）。

表 6-22 不同学历的普通高中教师教育期望分值差异分析

维度	学历	人数	均值	标准差	F	p
教育期望	高中	64	63.17	21.03	3.572	0.013
	专科	67	70.41	17.67		
	本科	3317	66.40	18.19		
	研究生	446	68.55	17.90		

不同职称的普通高中教师教育期望存在显著差异，其中教育期望分值最高的是正高级教师，最低的是高级教师，且二者差异极大（见表6-23）。

表 6-23 不同职称的普通高中教师教育期望分值差异分析

维度	职称	人数	均值	标准差	F	p
教育期望	未评职称	321	66.74	18.38	8.033	< 0.001
	三级教师	31	67.97	21.51		
	二级教师	1018	68.91	17.95		
	一级教师	1520	66.17	18.01		
	高级教师	967	64.61	18.21		
	正高级教师	37	76.49	20.63		

不同年龄段的普通高中教师教育期望存在显著差异，其中教育期望分值最高的是26—30岁的教师，最低的是56—60岁的教师（见表6-24）。

表 6-24　不同年龄段的普通高中教师教育期望分值差异分析

	年龄	人数	均值	标准差	F	p
教育期望	25 岁及以下	236	67.94	18.20	6.207	< 0.001
	26—30 岁	630	69.01	17.77		
	31—35 岁	823	68.00	17.57		
	36—40 岁	890	67.02	17.95		
	41—45 岁	629	64.92	18.31		
	46—50 岁	451	63.21	18.62		
	51—55 岁	216	64.62	19.66		
	56—60 岁	19	60.83	24.44		

不同教龄的普通高中教师教育期望存在显著差异，其中教育期望分值最高的是教龄为 3—5 年的教师，最低的是教龄为 20 年以上的教师（见表 6-25）。

表 6-25　不同教龄的普通高中教师教育期望分值差异分析

	教龄	人数	均值	标准差	F	p
教育期望	3 年以下	383	67.55	17.83	7.287	< 0.001
	3—5 年	375	69.59	17.72		
	6—10 年	649	67.85	17.92		
	11—15 年	862	67.51	18.30		
	16—20 年	703	65.98	17.46		
	20 年以上	922	63.98	18.93		

不同聘任形式的普通高中教师教育期望存在显著差异，其中教育期望分值最高的是合同聘任的教师，最低的是正式在编的教师（见表 6-26）。

表 6-26 不同聘任形式的普通高中教师教育期望分值差异分析

维度	聘任形式	人数	均值	标准差	F	p
教育期望	正式在编	3474	66.25	18.24	8.166	< 0.001
	合同聘任	391	70.15	17.30		
	临时代课	29	68.11	22.02		

不同月收入的普通高中教师教育期望存在显著差异，其中教育期望分值最高的是月收入在 5001 元及以上的教师，最低的是月收入在 2000 元及以下的教师（见表 6-27）。

表 6-27 不同月收入的普通高中教师教育期望分值差异分析

维度	月收入	人数	均值	标准差	F	p
教育期望	2000 元及以下	57	57.89	23.08	5.492	< 0.001
	2001—3000 元	593	65.15	18.15		
	3001—4000 元	1353	67.35	18.09		
	4001—5000 元	1029	66.32	18.14		
	5001 元及以上	862	67.60	17.98		

城乡普通高中教师教育期望存在显著差异，其中教育期望分值最高的是城区学校的教师，最低的是乡村学校的教师（见表 6-28）。

表 6-28 城乡普通高中教师教育期望分值差异分析

维度	学校所在地	人数	均值	标准差	F	p
教育期望	城区	2697	67.21	18.08	5.886	0.003
	镇区	962	65.90	18.30		
	乡村	235	63.39	19.04		

2. 普通高中教师政府保障感知分析

普通高中教师政府保障感知分值为 54.37，比 2015 年的 48.38 有较大提升。

（1）普通高中教师政府保障感知分值区域差异分析

东中西部地区普通高中教师的政府保障感知存在显著差异，东部地区最高，为 57.16，远高于西部地区的 51.53（见表 6-29）。

表 6-29　东中西部普通高中教师政府保障感知分值差异分析

维度	地区	人数	均值	标准差	F	p
政府保障感知	东部	1414	57.16	18.54	29.833	< 0.001
	中部	1214	54.00	19.33		
	西部	1266	51.53	19.00		

西部地区普通高中教师的政府保障感知分值存在显著的城乡差异，城区、镇区教师远高于乡村教师（见表 6-30）。

表 6-30　西部城乡普通高中教师政府保障感知分值差异分析

地区	学校所在地	人数	均值	标准差	F	p
西部	城区	911	51.95	18.98	4.893	0.008
	镇区	283	51.91	18.56		
	乡村	72	44.75	19.90		

（2）民办普通高中教师政府保障感知分值最高

不同性质普通高中教师在政府保障感知分值上存在显著差异，其中民办学校的教师政府保障感知分值最高，公办学校的教师分值最低（见表 6-31）。

表 6-31　不同性质普通高中教师政府保障感知分值差异分析

维度	学校性质	人数	均值	标准差	F	p
政府保障感知	公办	3622	53.74	19.03	27.302	< 0.001
	民办	263	62.68	17.94		
	其他	9	54.41	10.56		

（3）不同特征普通高中教师政府保障感知分值差异明显

不同性别的普通高中教师在政府保障感知维度上存在显著差异，女性教师显著高于男性教师（见表 6-32）。

表 6-32　不同性别的普通高中教师政府保障感知分值差异分析

维度	性别	人数	均值	标准差	F	p
政府保障感知	男	2003	52.76	19.52	28.658	< 0.001
	女	1891	56.02	18.45		

不同学历的普通高中教师在政府保障感知方面存在显著差异，研究生学历的教师最高，本科学历的教师最低（见表 6-33）。

表 6-33　不同学历的普通高中教师政府保障感知分值差异分析

维度	学历	人数	均值	标准差	F	p
政府保障感知	高中	64	56.42	21.21	14.235	< 0.001
	专科	67	58.59	18.05		
	本科	3317	53.53	18.86		
	研究生	446	59.47	19.67		

不同职称的普通高中教师在政府保障感知维度上存在显著差异，其中正高级职称的教师最高，一级教师最低（见表 6-34）。

表6-34 不同职称的普通高中教师政府保障感知分值差异分析

维度	职称	人数	均值	标准差	F	p
政府保障感知	未评职称	321	59.77	17.19	18.64	< 0.001
	三级教师	31	59.06	20.94		
	二级教师	1018	54.41	19.84		
	一级教师	1520	52.63	19.07		
	高级教师	967	54.16	17.99		
	正高级教师	37	76.72	16.79		

不同年龄的普通高中教师在政府保障感知维度上存在显著差异，25岁及以下的教师最高，41—45岁的教师最低（见表6-35）。

表6-35 不同年龄的普通高中教师政府保障感知分值差异分析

维度	年龄	人数	均值	标准差	F	p
政府保障感知	25岁及以下	236	61.61	18.88	11.782	< 0.001
	26—30岁	630	57.52	18.64		
	31—35岁	823	55.07	19.45		
	36—40岁	890	53.12	19.01		
	41—45岁	629	50.99	19.14		
	46—50岁	451	52.75	18.31		
	51—55岁	216	52.67	17.41		
	56—60岁	19	52.61	19.15		

不同教龄的普通高中教师在政府保障感知维度上存在显著差异，其中教龄在3年以下的教师最高，教龄为16—20年的教师最低（见表6-36）。

表 6-36　不同教龄的普通高中教师政府保障感知分值差异分析

维度	教龄	人数	均值	标准差	F	p
政府保障感知	3 年以下	383	60.89	17.21	16.331	< 0.001
	3—5 年	375	57.15	20.03		
	6—10 年	649	55.52	19.33		
	11—15 年	862	53.64	19.26		
	16—20 年	703	51.93	18.88		
	20 年以上	922	52.17	18.43		

不同聘任形式的普通高中教师在政府保障感知维度上存在显著差异，其中临时代课教师最高，正式在编教师最低（见表 6-37）。

表 6-37　不同聘任形式的普通高中教师政府保障感知分值差异分析

维度	聘任形式	人数	均值	标准差	F	p
政府保障感知	正式在编	3474	53.34	18.94	45.889	< 0.001
	合同聘任	391	62.53	18.24		
	临时代课	29	64.42	17.66		

不同月收入的普通高中教师在政府保障感知维度上存在显著差异，其中，月收入在 5001 元及以上的教师最高，月收入在 2000 元及以下的教师最低（见表 6-38）。

表 6-38　不同月收入的普通高中教师政府保障感知分值差异分析

维度	月收入	人数	均值	标准差	F	p
政府保障感知	2000 元及以下	57	51.83	22.30	8.039	< 0.001
	2001—3000 元	593	51.95	18.80		
	3001—4000 元	1353	53.96	18.94		
	4001—5000 元	1029	53.90	18.77		
	5001 元及以上	862	57.29	19.29		

城乡普通高中教师在政府保障感知维度上存在显著差异，其中城区学校的教师最高，乡村学校的教师最低（见表6-39）。

表6-39　城乡普通高中教师政府保障感知分值差异分析

维度	学校所在地	人数	均值	标准差	F	p
政府保障感知	城区	2697	54.91	19.33	6.324	0.002
	镇区	962	53.66	18.42		
	乡村	235	50.61	18.37		

3. 普通高中教师学校管理感知分析

普通高中教师的学校管理感知分值为65.68，比2015年的61.17有所提升。

（1）普通高中教师学校管理感知分值的区域差异分析

分析结果显示，东中西部地区普通高中教师学校管理感知分值差异显著，东部地区为68.18，远高于西部的62.84（见表6-40）。

表6-40　东中西部普通高中教师学校管理感知分值差异分析

维度	地区	人数	均值	标准差	F	p
学校管理感知	东部	1414	68.18	17.42	29.912	< 0.001
	中部	1214	65.73	17.77		
	西部	1266	62.84	18.36		

东部、中部、西部普通高中教师学校管理感知分值均存在显著的城乡差异，其中，西部地区的城乡差异最显著（见表6-41）。

表6-41 城乡普通高中教师学校管理感知分值差异分析

地区	学校所在地	人数	均值	标准差	F	p
东部	城区	955	68.88	17.52	3.009	0.050
	镇区	363	67.21	17.62		
	乡村	96	64.92	15.08		
中部	城区	831	66.66	18.06	3.922	0.020
	镇区	316	63.39	16.99		
	乡村	67	65.25	16.85		
西部	城区	911	63.36	18.30	4.484	0.011
	镇区	283	62.72	17.68		
	乡村	72	56.66	20.83		

（2）民办学校普通高中教师学校管理感知分值最高

不同性质普通高中教师在学校管理感知维度上存在显著差异，其中，民办学校教师最高，其他性质学校的教师最低（见表6-42）。

表6-42 不同性质普通高中教师学校管理感知分值差异分析

维度	学校性质	人数	均值	标准差	F	p
学校管理感知	公办	3622	65.20	17.94	20.144	< 0.001
	民办	263	72.39	17.15		
	其他	9	60.67	12.94		

（3）不同特征普通高中教师学校管理感知分值差异明显

不同性别的普通高中教师在学校管理感知维度上存在显著差异，女性教师高于男性教师（见表6-43）。

表 6-43　不同性别的普通高中教师学校管理感知分值差异分析

维度	性别	人数	均值	标准差	F	p
学校管理感知	男	2003	64.99	18.41	6.01	0.014
	女	1891	66.40	17.47		

不同学历的普通高中教师在学校管理感知维度上存在显著差异，其中最高的是研究生学历的教师，最低的是本科学历的教师（见表 6-44）。

表 6-44　不同学历的普通高中教师学校管理感知分值差异分析

维度	学历	人数	均值	标准差	F	p
学校管理感知	高中	64	66.12	18.43	5.99	< 0.001
	专科	67	68.01	18.28		
	本科	3317	65.19	17.893		
	研究生	446	68.89	18.18		

不同职称的普通高中教师在学校管理感知维度上存在显著差异，其中正高级职称的教师最高，一级教师最低（见表 6-45）。

表 6-45　不同职称的普通高中教师学校管理感知分值差异分析

维度	职称	人数	均值	标准差	F	p
学校管理感知	未评职称	321	67.98	16.68	6.388	< 0.001
	三级教师	31	67.67	18.33		
	二级教师	1018	65.34	18.61		
	一级教师	1520	64.72	18.41		
	高级教师	967	66.21	16.78		
	正高级教师	37	79.06	15.60		

不同年龄的普通高中教师在学校管理感知维度上存在显著差异，25 岁及以下的教师最高，56—60 岁教师最低（见表 6-46）。

表 6-46　不同年龄的普通高中教师学校管理感知分值差异分析

维度	年龄	人数	均值	标准差	F	p
学校管理感知	25 岁及以下	236	68.93	17.20	3.724	0.001
	26—30 岁	630	67.20	17.29		
	31—35 岁	823	66.67	18.15		
	36—40 岁	890	65.04	18.19		
	41—45 岁	629	63.71	18.83		
	46—50 岁	451	64.62	17.21		
	51—55 岁	216	64.64	17.53		
	56—60 岁	19	63.56	16.28		

不同教龄的普通高中教师在学校管理感知维度上存在显著差异，其中，教龄在 3 年以下的教师最高，教龄在 20 年以上的教师最低（见表 6-47）。

表 6-47　不同教龄的普通高中教师学校管理感知分值差异分析

维度	教龄	人数	均值	标准差	F	p
学校管理感知	3 年以下	383	69.22	15.91	4.868	< 0.001
	3—5 年	375	65.88	18.48		
	6—10 年	649	66.46	18.35		
	11—15 年	862	65.73	18.15		
	16—20 年	703	64.82	18.16		
	20 年以上	922	64.17	17.80		

不同聘任形式的普通高中教师在学校管理感知维度上存在显著差异，其中临时代课教师最高，正式在编教师最低（见表6-48）。

表6-48　不同聘任形式的普通高中教师学校管理感知分值差异分析

维度	聘任形式	人数	均值	标准差	F	p
学校管理感知	正式在编	3474	65.04	17.96	20.176	< 0.001
	合同聘任	391	70.90	17.47		
	临时代课	29	71.09	13.70		

不同月收入的普通高中教师在学校管理感知维度上存在显著差异，其中月收入在5001元及以上的教师最高，月收入在2000元及以下的教师最低（见表6-49）。

表6-49　不同月收入的普通高中教师学校管理感知分值差异分析

维度	月收入	人数	均值	标准差	F	p
学校管理感知	2000元及以下	57	60.73	21.49	6.727	< 0.001
	2001—3000元	593	63.55	17.09		
	3001—4000元	1353	65.94	17.92		
	4001—5000元	1029	65.02	17.96		
	5001元及以上	862	67.84	18.17		

城乡普通高中教师在学校管理感知维度上存在显著差异，其中，城区学校的教师最高，乡村学校的教师最低（见表6-50）。

表6-50　城乡普通高中教师学校管理感知分值差异分析

维度	学校所在地	人数	均值	标准差	F	p
学校管理感知	城区	2697	66.33	18.09	7.137	0.001
	镇区	962	64.63	17.53		
	乡村	235	62.48	17.87		

（三）路径分析

1. 教育满意度受教育期望、政府保障感知和学校管理感知的影响

分析结果显示，普通高中教师的教育期望、政府保障感知和学校管理感知对其教育总体满意度的影响均为正向影响且均在 0.001 水平上显著（见表 6-51）。

表 6-51　普通高中教师满意度四个潜变量间的关系

潜变量	影响方向	潜变量	非标准化值	标准化值	标准误	临界比率	p
政府保障感知	<——	教育期望	0.643	0.692	0.022	28.746	***
学校管理感知	<——	教育期望	0.118	0.091	0.020	6.042	***
学校管理感知	<——	政府保障感知	1.22	0.867	0.031	39.952	***
总体满意度	<——	教育期望	0.118	0.083	0.024	4.986	***
总体满意度	<——	学校管理感知	0.168	0.154	0.039	4.278	***
总体满意度	<——	政府保障感知	1.125	0.734	0.061	18.495	***

普通高中教师教育满意度指数模型变量的标准化总效应（见表 6-52）为标准化直接效应（见表 6-53）与标准化间接效应（见表 6-54）之和。

由四个维度之间的路径系数判断，教育期望、学校管理感知、政府保障感知三个维度对总体满意度均有显著的影响。政府保障感知对总体满意度的影响最大，路径系数为 0.734，教育期望对总体满意度的影响最小，路径系数为 0.083。学校管理感知对总体满意度的影响为单一直接效应，路径系数为 0.154。而教育期望和政府保障感知除了对总体满意度有直接效应外，还分别通过政府保障感知和学校管理感知对总体满意度产生间接影响。

以教育期望对总体满意度的影响为例，除了直接效应（值为 0.083）外，还有三个间接效应：①以政府保障感知为中介变量影响总体满意度，其中教育期望对政府保障感知的路径系数为 0.692，政府保障感知对总体满意度的路径系数为 0.734，此间接效应值为 $0.692 \times 0.734 \approx 0.508$；②以学校管理感知为中介变量影响总体满意度，其中教育期望对学校管理感知的路径系数为 0.091，学校管理感知对总体满意

度的路径系数为 0.154，此间接效应值为 $0.091 \times 0.154 \approx 0.014$；③以政府保障感知和学校管理感知为中介变量影响总体满意度，其中教育期望对政府保障感知的路径系数为 0.692，政府保障感知对学校管理感知的路径系数为 0.867，学校管理感知对总体满意度的路径系数为 0.154，此间接效应值为 $0.692 \times 0.867 \times 0.154 \approx 0.092$。三个间接效应之和为 0.508+0.014+0.092=0.614。

以教育期望对学校管理感知的影响来看，除了直接效应（值为 0.091）外，还有一个间接效应：以政府保障感知为中介变量影响学校管理感知，其中教育期望对政府保障感知的路径系数为 0.692，政府保障感知对学校管理感知的路径系数为 0.867，此间接效应值为 $0.692 \times 0.867 \approx 0.600$。

以政府保障感知对总体满意度的影响来看，除了直接效应（值为 0.734）外，还有一个间接效应：以学校管理感知为中介变量影响总体满意度，其中政府保障感知对学校管理感知的路径系数为 0.867，学校管理感知对总体满意度的路径系数为 0.154，此间接效应值为 $0.867 \times 0.154 \approx 0.134$。

表 6-52　普通高中教师教育满意度指数模型变量间的标准化总效应

维度	教育期望	政府保障感知	学校管理感知	总体满意度
政府保障感知	0.692	—	—	—
学校管理感知	0.691	0.867	—	—
总体满意度	0.697	0.868	0.154	—

表 6-53　普通高中教师教育满意度指数模型变量间的标准化直接效应

维度	教育期望	政府保障感知	学校管理感知	总体满意度
政府保障感知	0.692	—	—	—
学校管理感知	0.091	0.867	—	—
总体满意度	0.083	0.734	0.154	—

表 6-54 普通高中教师教育满意度指数模型变量间的标准化间接效应

维度	教育期望	政府保障感知	学校管理感知	总体满意度
政府保障感知	——	——	——	——
学校管理感知	0.600	——	——	——
总体满意度	0.614	0.134	——	——

2. 经济发展水平与教育满意度的相关不显著

从各省份普通高中教师教育满意度与经济发展水平的关系来看，经济发展水平较高的省份，其总体满意度水平也较高；经济发展水平较低的省份，其总体满意度水平较低。但进一步的回归分析发现，经济发展水平对总体满意度的回归系数为 0.204（$t=1.125$，$p=0.270$），即经济发展水平对总体满意度没有显著影响。同时经济发展水平对学校管理感知、政府保障感知和教育期望的回归系数分别为 0.344（$t=1.974$，$p=0.058$）、0.317（$t=1.802$，$p=0.082$）、0.138（$t=0.749$，$p=0.460$），可见经济发展水平在显著水平为 0.05 的情况下对学校管理感知、政府保障感知和教育期望均没有显著影响。

将各省份经济发展水平按照人均 GDP 分为高中低三组，各组教育满意度情况见图 6-27。方差分析结果发现，不同经济发展水平下学校管理感知、政府保障感知、总体满意度、教育期望的差异均不显著，总体来看，经济发展水平对教育满意度不存在显著影响。

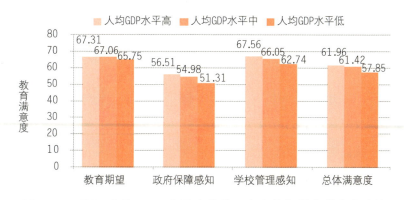

图 6-27 不同人均 GDP 水平省份普通高中教师教育满意度分值

（四）热点问题

本次满意度调查还关注到当前普通高中教育中的选课走班、高中教育普及和特色发展等热点和难点问题。

1. 选课走班形势下学校的资源匹配度

高考综合改革以多样性选考倒逼学校开设多层次与多类型的课程，这就对学校教师、教学场地、专业教室等提出了新的挑战。传统考试方式下的学校资源总量和结构是否能够满足新高考的需求，是当前高中教育面临的紧迫问题，也会影响到高中教师的满意度。调查结果显示学校资源水平总体上能够满足新高考的需要，54.4% 的高中教师认为学校的资源能够适应高考综合改革对选课走班的要求。但27.2% 的高中教师认为学校资源不能适应选课走班的要求，还有 18.4% 的教师的回答是一般（见表 6-55）。究竟是教师、教室、课程、资金中的哪个要素不能够满足选课走班的要求，还需要进一步的调查研究，以便精准施策。

表 6-55　选课走班形势下学校的资源匹配情况

单位：%

题项 5：你认为学校的资源能适应高考综合改革对选课走班的要求吗？	比例
完全不能	4.3
不能	11.0
基本不能	11.9
一般	18.4
基本能	21.6
能	23.2
完全能	9.6

2. 高中普及化背景下的班级规模问题

2016 年全国高中毛入学率为 87.5%，高中教育已经进入普及化阶段。但高中教育普及化过程中也存在大班额问题。在本次调查中，教师的回答比较乐观，68.8% 的教师回答是基本能关注到班里的所有学生，15.7% 的教师回答是否定的，即不能够关注到所有学生，15.5% 的教师的回答是一般（见表 6-56）。

表 6-56 高中普及化背景下的班级规模情况

单位：%

题项 6：从班级规模看，你能关注到班里的所有学生吗？	比例
完全不能	1.0
不能	7.4
基本不能	7.3
一般	15.5
基本能	30.5
能	26.5
完全能	11.8

3. 普通高中特色化发展的程度

《教育规划纲要》提出普通高中要实现特色化多样化发展，《高中阶段教育普及攻坚计划（2017—2020 年）》延续普通高中特色化发展的定位，所以从 2010 年起，普通高中多样化发展已经在通过政策宣传和指导影响着学校的发展方向与定位。本次调查发现，68.7% 的教师认为自己所在的学校具有比较鲜明的特色，认为学校没有特色或特色不鲜明的教师占 9.5%，还有 21.8% 的教师的回答是一般（见表 6-57）。这说明，普通高中特色化发展已经实实在在影响着学校定位，进入学校发展规划，进入教师的意识中去了。

表 6-57 普通高中特色化发展情况

单位：%

题项 13：你所在的学校特色鲜明吗？	比例
非常不鲜明	1.0
不鲜明	5.1

续表

题项 13：你所在的学校特色鲜明吗？	比例
比较不鲜明	3.4
一般	21.8
比较鲜明	23.2
鲜明	26.8
非常鲜明	18.7

三、普通高中校长满意度

（一）总体满意度

1.普通高中校长总体满意度低于义务教育学校校长和幼儿园园长

普通高中校长总体满意度为 59.92，幼儿园园长总体满意度为 69.95，义务教育学校校长总体满意度为 68.69。普通高中校长总体满意度比幼儿园园长和义务教育学校校长低 10 分左右。普通高中校长总体满意度与幼儿园园长、义务教育学校校长相比较低的原因是复杂的。一般而言，上述问题的出现与普通高中教育的总体发展水平关系密切。具体而言，一是普通高中教育发展历史遗留问题多。如，中西部贫困地区教育资源短缺，高中教育普及程度低，学校办学条件差、债务负担重。二是普通高中教育发展面临许多新形势、新问题。例如，推动普通高中多样化发展是普通高中教育发展的新方向，但多样化发展受到考试招生制度改革、普通高中课程改革以及相关的体制机制改革不同程度的制约，普通高中多样化发展面临诸多困难。三是普通高中教育的政策支持少，受关注度较低。长期以来，我国各级政府对义务教育持续高度关注，义务教育均衡优质发展取得了巨大成就。相比较而言，专门针对普通高中教育的政策较少，关于普通高中的投入、管理、经费等体制机制问题还需要进一步理顺。相对学前教育而言，随着三期学前教育三年行动计划的实施，学前教育发展迅速、社会关注度高，而普通高中阶段教育的普及攻坚还存在诸多难题，规模和质量都面对较大压力，问题较为突出，满意度较低。

2. 东部地区普通高中校长的总体满意度比中西部高

东中西部普通高中校长的总体满意度分别为 62.95、58.48 和 57.22，东部地区普通高中校长的总体满意度比中西部高。以地区为自变量、普通高中校长总体满意度为因变量进行单因素方差分析，结果发现不同地区校长在总体满意度上存在显著差异，事后检验表明，东部地区普通高中校长总体满意度显著高于中西部地区普通高中校长（见表 6-58）。这表明，影响普通高中校长总体满意度水平的因素是多样的，其中所处地区是一个重要因素。由于我国幅员辽阔，东中西部经济社会发展水平差距很大。一般而言，经济社会发展水平高的东部对普通高中教育的投入、重视程度要高于中部和西部地区，普通高中校长的获得感更强，满意度更高。

表 6-58　东中西部普通高中校长总体满意度差异分析

维度	地区	人数	均值	标准差	F	p
总体满意度	东部	393	62.95	12.40	17.863	0.000
	中部	295	58.48	14.45		
	西部	282	57.22	13.16		

3. 城区普通高中校长总体满意度比镇区普通高中校长高

城区、镇区和乡村的普通高中校长总体满意度分别为 60.35、59.11 和 58.94，城区普通高中校长的总体满意度比镇区、乡村普通高中校长高。单因素方差分析结果表明，城乡普通高中校长总体满意度不存在显著差异（见表 6-59）。

表 6-59　城乡普通高中校长总体满意度差异分析

维度	学校所在地	人数	均值	标准差	F	p
总体满意度	城区	644	60.35	13.41	0.952	0.386
	镇区	282	59.11	13.43		
	乡村	44	58.94	15.18		

4.民办普通高中校长总体满意度比公办普通高中校长高

公办、民办普通高中校长总体满意度分别为 59.49 和 64.34，公办普通高中校长总体满意度比民办普通高中校长低 4.85。以办学性质为自变量，普通高中校长总体满意度为因变量进行独立样本 t 检验，结果发现公办普通高中校长总体满意度显著低于民办普通高中校长（见表 6-60）。数据分析表明，学校办学性质是影响普通高中校长总体满意度的重要因素。一般而言，政府对公办学校管理较为严苛，公办普通高中责任大、任务重、检查多，公办普通高中校长要频繁应对各种活动、会议、检查，很多地方政府会将高考成绩与校长、教师、学校考核紧密挂钩，这些会造成公办普通高中校长总体满意度低于民办普通高中校长的情况。

表 6-60　不同性质普通高中校长总体满意度差异分析

维度	学校性质	人数	均值	标准差	t	p
总体满意度	公办	879	59.49	13.18	3.264	0.001
	民办	90	64.34	15.68		

注：样本中有 1 人属于公办、民办之外的"其他"类型学校校长，样本数量过少，计算中忽略不计，表 6-66 同。

5.女性普通高中校长总体满意度比男性普通高中校长高

男女普通高中校长总体满意度分别为 59.55 和 62.74，男性校长满意度分值比女性校长低 3.19。以性别为自变量、普通高中校长总体满意度为因变量进行独立样本 t 检验，结果发现，男性校长总体满意度显著低于女性校长（见表 6-61）。

表 6-61　不同性别普通高中校长总体满意度的差异分析

维度	性别	人数	均值	标准差	t	p
总体满意度	男	856	59.55	13.57	2.373	0.018
	女	114	62.74	12.64		

6.研究生学历的普通高中校长总体满意度比本科学历的校长高

学历为研究生、本科和专科及以下的普通高中校长的总体满意度分别为63.00、59.23和60.01，研究生学历的普通高中校长总体满意度比本科、专科及以下学历的校长高。以学历为自变量、普通高中校长总体满意度为因变量进行单因素方差分析，结果发现不同学历校长的总体满意度存在显著差异；事后检验显示，学历为研究生的校长总体满意度显著高于学历为本科的校长（见表6-62）。学历为本科的校长的总体满意度最低，处于较为尴尬的境地。一般而言，学历为专科及以下的校长"资格老"，能力特别突出；而学历为研究生的校长是新锐力量，点子多，思路新；学历为本科的校长则处于中间的尴尬状况，学历以及能力上都处于弱势地位。

表6-62　不同学历普通高中校长总体满意度差异分析

维度	学历	人数	均值	标准差	F	p
总体满意度	专科及以下	18	60.01	22.57	5.58	0.004
	本科	778	59.23	13.31		
	研究生	174	63.00	12.80		

（二）维度分析

1.普通高中校长在满意度各维度上的分值情况

数据分析发现，普通高中校长在满意度各维度上的分值为53.16—65.40。其中，社会环境维度分值最低，管理服务维度分值最高（见表6-63）。

表6-63　普通高中校长在满意度各维度上的分值情况

维度	人数	平均分	标准差
个体发展	970	62.44	16.33
学校发展	970	64.47	17.39
区域教育发展	970	54.34	14.74
政府保障	970	59.99	14.63

续表

维度	人数	平均分	标准差
管理服务	970	65.40	18.40
社会环境	970	53.16	17.91

2. 东部地区普通高中校长在个体发展等五个维度上的分值显著高于中西部地区普通高中校长

以地区为自变量、普通高中校长在满意度各维度上的分值为因变量进行单因素方差分析。结果发现，不同地区普通高中校长在个体发展、学校发展、政府保障、管理服务和社会环境五个维度上存在显著差异。事后检验发现，东部地区校长在这五个维度上的分值显著高于中西部地区校长（见表6-64）。一般而言，经济社会发展水平较高的东部地区，对教育的重视程度较高，财政投入较为充足，其办学、管理理念也较为先进，校长有更多的机会参与学校改革、发展等研讨活动，学术文化氛围较为浓厚，这为校长个体发展以及学校发展创造了得天独厚的机会。经济社会发展以及文化的繁荣促进了管理理念、学校内外部环境以及政府保障水平和能力的提升，也使得东中西部普通高中校长个人对相关因素满意度的判断不同。

表 6-64　不同地区普通高中校长在满意度各维度上的差异分析

维度	地区	人数	均值	标准差	F	p
个体发展	东部	393	63.95	15.89	5.255	0.005
	中部	295	62.87	17.21		
	西部	282	59.89	15.75		
学校发展	东部	393	67.74	16.92	13.073	0.000
	中部	295	63.29	17.71		
	西部	282	61.15	16.98		
政府保障	东部	393	64.59	12.86	35.185	0.000
	中部	295	56.42	15.00		
	西部	282	57.33	14.90		

续表

维度	地区	人数	均值	标准差	F	p
管理服务	东部	393	69.49	17.25	18.257	0.000
	中部	295	63.81	19.19		
	西部	282	61.35	18.02		
社会环境	东部	393	57.15	16.12	16.970	0.000
	中部	295	50.64	19.55		
	西部	282	50.24	17.48		

3. 城区普通高中校长在政府保障满意度上的分值显著高于镇区校长

以学校所在地为自变量、普通高中校长在满意度各维度上的分值为因变量进行单因素方差分析。结果发现，学校所在地不同的普通高中校长在政府保障维度的分值存在显著差异，在个体发展、学校发展、区域教育发展、管理服务和社会环境维度均不存在显著差异。事后检验发现，城区普通高中校长在政府保障维度上的分值显著高于镇区普通高中校长（见表6-65）。一般而言，相对于镇区和乡村，城区学校可以为校长个人以及学校发展创造更多的机会，管理理念、社会环境等因素都要优于镇区。而且，近些年来，随着国家对农村普通高中的重视，农村普通高中办学条件不断改善。而随着城市化进程的加快，镇区和乡村普通高中进一步萎缩，生源进一步向城区扩张，造成镇区和乡村普通高中生源萎缩，办学状况不佳，势必会影响校长个体发展、学校发展等满意度，从而造成了镇区和乡村普通高中校长政府保障维度分值较低。

表 6-65 城乡普通高中校长政府保障分值差异分析

维度	学校所在地	人数	均值	标准差	F	p
政府保障	城区	644	60.91	14.26	3.861	0.021
	镇区	282	58.30	15.05		
	乡村	44	57.42	16.28		

4. 民办普通高中校长在学校发展等三个维度上的分值显著高于公办普通高中校长

以学校性质为自变量、普通高中校长在满意度各维度上的分值为因变量进行独立样本 t 检验。结果发现，民办普通高中校长在满意度各维度上的分值均高于公办普通高中校长，且在学校发展、区域教育发展和社会环境维度上存在显著差异（见表 6-66）。民办普通高中由于自身办学、管理、机制灵活，校长办学自主权更大，而且随着《中华人民共和国民办教育促进法》的修订，民办普通高中校长对学校发展、区域教育发展和社会环境等影响学校发展的重要因素持积极态度，这势必会影响校长个人对学校发展、区域教育发展和社会环境的满意度。

表 6-66 不同性质普通高中校长在满意度各维度上的差异分析

维度	学校性质	人数	均值	标准差	t	p
学校发展	公办	879	63.87	17.14	3.453	0.001
	民办	90	70.48	18.79		
区域教育发展	公办	879	53.60	14.53	4.981	0.000
	民办	90	61.63	14.91		
社会环境	公办	879	52.68	17.61	2.697	0.007
	民办	90	58.01	20.06		

5. 女校长在学校发展等三个维度上的分值显著高于男校长

以性别为自变量、普通高中校长在满意度各维度上的分值为因变量进行独立样本 t 检验。结果发现，女性普通高中校长在满意度各维度上的分值均高于男性普通高中校长，且男女校长在学校发展、区域教育发展和政府保障维度上存在显著差异（见表 6-67）。

表 6-67　不同性别普通高中校长在满意度各维度上的差异分析

维度	性别	人数	均值	标准差	t	p
学校发展	男	856	64.01	17.42	2.225	0.026
	女	114	67.87	16.88		
区域教育发展	男	856	53.87	14.86	2.73	0.006
	女	114	57.87	13.33		
政府保障	男	856	59.56	14.67	2.534	0.011
	女	114	63.25	13.98		

6. 研究生学历的普通高中校长在个体发展等五个维度上的分值显著高于本科学历的普通高中校长

以学历为自变量、普通高中校长在满意度各维度上的分值为因变量进行单因素方差分析。结果发现，不同学历的普通高中校长在个体发展、学校发展、区域教育发展、管理服务和社会环境五个维度上存在显著差异。事后检验表明，研究生学历的普通高中校长在个体发展等五个维度上的分值显著高于本科学历的普通高中校长（见表 6-68）。

表 6-68　不同学历普通高中校长在满意度各维度上的差异分析

维度	学历	人数	均值	标准差	F	p
个体发展	专科及以下	18	59.03	26.05	4.397	0.013
	本科	778	61.80	16.09		
	研究生	174	65.66	15.86		
学校发展	专科及以下	18	60.56	25.06	5.681	0.004
	本科	778	63.68	17.23		
	研究生	174	68.37	16.73		

续表

维度	学历	人数	均值	标准差	F	p
区域教育发展	专科及以下	18	59.26	23.08	5.649	0.004
	本科	778	53.56	14.69		
	研究生	174	57.30	13.47		
管理服务	专科及以下	18	62.50	25.96	4.929	0.007
	本科	778	64.59	18.39		
	研究生	174	69.30	17.09		
社会环境	专科及以下	18	56.25	23.58	3.197	0.041
	本科	778	52.44	17.82		
	研究生	174	56.06	17.42		

（三）路径分析

1. 教育满意度的各维度之间显著相关

数据分析结果表明，普通高中校长满意度各维度之间均存在显著相关（见表6-69）。

表6-69　普通高中校长教育满意度各维度相关系数

维度	总体满意度	个体发展	学校发展	区域教育发展	政府保障	管理服务	社会环境
个体发展	0.779**	1	—	—	—	—	—
学校发展	0.890**	0.670**	1	—	—	—	—
区域教育发展	0.796**	0.547**	0.663**	1	—	—	—
政府保障	0.702**	0.422**	0.512**	0.416**	1	—	—
管理服务	0.874**	0.629**	0.754**	0.615**	0.559**	1	—
社会环境	0.866**	0.595**	0.725**	0.663**	0.543**	0.727**	1

2. 地区经济发展水平对普通高中校长总体满意度、学校发展满意度、政府保障满意度、管理服务满意度影响显著

回归分析发现，经济发展水平对普通高中校长总体满意度的回归系数为 0.421（$t=2.496$，$p=0.018$），经济发展水平对普通高中校长学校发展满意度的回归系数为 0.376（$t=2.184$，$p=0.037$），说明经济发展水平对普通高中校长总体满意度、学校发展满意度在 0.05 水平上影响显著。经济发展水平对普通高中校长政府保障满意度的回归系数为 0.597（$t=4.004$，$p=0.000$），说明经济发展水平对普通高中校长政府保障满意度在 0.01 水平上影响显著。经济发展水平对普通高中校长管理服务满意度的回归系数为 0.552（$t=3.565$，$p=0.001$），说明经济发展水平对普通高中校长管理服务满意度在 0.01 水平上影响显著。

回归分析发现，经济发展水平对普通高中校长个体发展满意度的回归系数为 0.225（$t=1.246$，$p=0.223$），说明经济发展水平对普通高中校长个体发展满意度没有显著影响。经济发展水平对普通高中校长区域教育发展满意度的回归系数为 –0.05（$t=-0.271$，$p=0.788$），说明经济发展水平对普通高中校长区域教育发展满意度没有显著影响。经济发展水平对普通高中校长社会环境满意度的回归系数为 0.315（$t=1.786$，$p=0.085$），说明经济发展水平对普通高中校长社会环境满意度没有显著影响。

（四）热点问题

1. 高中阶段教育普及攻坚最大的难题是职业教育吸引力不足

在问卷调查中，针对"本地高中阶段教育普及面临的最大难题是什么"这一问题，有 33.00% 的校长选择的是职业教育吸引力不足，有 21.20% 的校长选择的是师资紧缺（见图 6-28），可见强化职业教育吸引力、增加教师数量是普及高中教育的重要抓手，须进一步重视和加强。

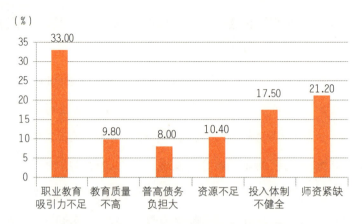

图 6-28　高中阶段教育普及攻坚的难点所在

2. 加大投入是促进高中多样化的最为重要的保障条件

针对"你认为普通高中多样化特色发展最需要什么保障条件"这一问题，有 27.50% 的校长选择加大投入，有 23.20% 的校长选择评价多元化，有 22.50% 的校长选择扩大办学自主权（见图 6-29）。可见，加大对高中教育的投入是促进高中多样化发展的基础性条件，也是最为重要的条件，评价多元化有利于对高中教育的"松绑"，扩大学校办学自主权则有利于学校充分根据教育教学实际办学。这三者构成了普通高中多样化特色发展的重要条件。

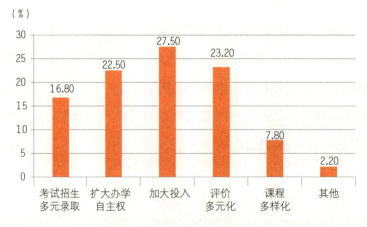

图 6-29　普通高中多样化特色发展需要的保障条件

四、小结

（一）结论

1. 普通高中教育满意度稳中有升

不同的评价主体对于普通高中教育的感受不同，对于普通高中教育的满意情况也存在明显差异。2017 年基础教育满意度调查中，普通高中学生对于普通高中教育的评分最高（71.97），其次是普通高中教师（60.42），最后是普通高中校长（59.92）。与 2015 年基础教育满意度调查结果相比，普通高中学生的教育满意度分值略有提升（2015 年为 70.62），说明普通高中教育基本保持良好发展势头。

2. 普通高中学生更希望接受公平有质量的教育

从普通高中学生教育满意度各个维度的情况来看，2017 年，普通高中学生的教育期望、教育质量感知、教育公平感知分值分别是 73.69、72.10、75.93，比 2015 年均有不同程度的提升（2015 年三个维度的分值分别为 69.78、68.31、68.76）。同时，从教育满意度各个维度之间的关系模型可以看到，教育公平感知是教育期望影响教育质量感知的中介变量。也就是说，高中生在基于自身期望对普通高中教育进行满意度评价时，在某种程度上将教育公平视为教育质量的内在组成部分，在对教育质量做判断时受到教育公平感知的影响。同时，从普通高中学生满意度及其相关影响路径来看，教育期望和教育公平感知对于总体满意度的影响更大，进一步说明在当前阶段，普通高中学生在教育质量达到一定水准的基础上更重视教育公平，希望自己接受公平而有质量的教育。

3. 普通高中教育特色化发展水平有所提升

普通高中特色化、多样化发展是高中教育发展中的一个重要命题。《教育规划纲要》提出普通高中要实现特色化、多样化发展，《高中阶段教育普及攻坚计划（2017—2020 年）》延续普通高中特色化发展的定位。2017 年的普通高中学生教育满意度调查对普通高中学生、教师和校长对普通高中特色化、多样化发展的态度都有所触及。从学生层面来看，社团和兴趣小组可以说是折射高中特色化发展的一个"三棱镜"。调查发现，大部分普通高中能够开设学生社团和兴趣小组，68.7% 的高中教师认为自己所在的学校具有比较鲜明的特色，高中校长认为加大对高中教育的投入是促进高中多样化发展的基础性条件，也是最为重要的条件，评价多元化有利于对高中教育的"松绑"，扩大学校办学自主权则有利于学校充分根据学校教育教学实际办学。可以看出，普通高中多样化发展从不同的侧面已经在通过政策宣传和指导影响着学校的发展方向与定位，也通过学校定位的调整逐步进入学校发展规划和日常教育教学活动之中。

4. 高中阶段教育走向高水平的普及

与 2015 年相比，2017 年普通高中教育满意度调查面临的政策背景有所变化，最突出地表现为普及高中阶段教育政策的明确提出。这一政策一方面是对我国高中阶段教育发展状况的肯定，另一方面也对我国高中阶段教育，尤其是普通高中教育的未来发展提出了更高的要求。在普及高中教育的背景下，学生、教师和校长对普通高中教育满意度评价可能更加侧重高中教育的内涵建设方面。调查发现，初中毕业生升入高中阶段继续学习的比例比较大，被访学生中表示初中同学中 90% 以上继续读书的占 41.90%，这也间接反映了大部分初中毕业生会选择继续读书。高中教育普及化中也面临大班额问题，但大部分普通高中教师基本能够关注到班级里的所有学生。普通高中校长则认为高中阶段教育普及攻坚最大的难题是职业教育吸引力不足的问题，应采取相应措施推进高中阶段教育走向更高水平的普及。

5. 普通高中教育满意度受经济发展水平影响

经济基础是教育发展的重要基石。普通高中教育发展状况也在很大程度上受到地方经济发展水平的影响，地方经济发展水平也影响着普通高中学生、教师和校长对普通高中教育满意度的判断。调查发现，各省份人均 GDP 水平与普通高中学生总体满意度之间相关系数为 0.339，地方经济发展水平与学生总体满意度存在正相关。各省份人均 GDP 与普通高中教师总体满意度回归系数为 0.204，经济发展水平对教师总体满意度没有显著影响。各省份人均 GDP 与普通高中校长总体满意度的回归系数为 0.421，经济发展水平对普通高中校长总体满意度有显著影响。由此可以看到，地方经济发展水平总体上对普通高中教育满意度存在一定影响，但对不同评价主体的影响存在明显差异。这一结果同时也从另一个侧面反映出，普通高中教育满意度更多地受到学校内部管理水平、政府保障水平的影响。换言之，较高经济发展水平所可能带来的办学条件的改善等不是普通高中教育满意度评价的主要内容，在较高的发展水平上，学校管理和文化等内涵性指标更受满意度评价主体的青睐。

（二）问题

1. 普通高中教育满意度持续提升存在悖论

2017 年基础教育满意度调查中，普通高中学生对于普通高中教育的评分最高（71.97），其次是普通高中教师（60.42），最后是普通高中校长（59.92），那么，普通高中教育工作者在对自身工作满意度水平较低的情况下如何持续为普通高中学生提供更为优质、更令人满意的高中教育？也就是说普通高中教育满意度持续提升的基点和依据仍存在诸多不确定性因素。

2. 普通高中教育城乡差异明显

从 2017 年普通高中教育满意度调查结果来看，无论是普通高中学生、教师还是校长，在对普通高中教育进行评价时都呈现出明显的城乡差异。不仅如此，普通高中满意度城乡差异也大于区域差异。以普通高中生满意度情况为例，东部省份普通高中学生总体满意度分值为 74.26，分别比中部和西部高 2.33 和 4.73；城区普通高中学生总体满意度分值为 73.53，分别比镇区和乡村高 4.61 和 5.74；而综合地区和城乡的情况来看，东部城区普通高中学生总体满意度分值最高，西部乡村普通高中学生总体满意度分值最低，相差超过 10。这样的状况明显反映出当前我国普通高中教育在不同地区之间仍存在较大的差异，如果不及时采取有针对性的补救措施，有可能损害普通高中教育公平。

3. 普通高中教育群体感受差异明显

作为评价主体的普通高中学生所处的具体情境不同，其对普通高中教育的感受也有所不同。从 2017 年普通高中教育满意度分值情况看，不同家庭背景的普通高中学生对普通高中教育的满意度存在明显差异，满意度相对较高的是家庭环境优渥的普通高中学生，主要体现在父母学历水平、父母职业类别和家庭经济状况三方面。父母学历水平为大学（大专）及以上，父母职业为企事业单位管理人员及教育、医务和科研等专业技术人员，家庭经济状况较好的普通高中学生满意度也相对较高。这三个方面的背景信息之间可能存在某种关联，但综合来看可以发现不同社会群体对于其所接受普通高中教育的满意度存在明显差异。在教育政策上，针对满意度较低的特定群体采取补救性措施是十分必要的。

4. 普通高中校长外部职业环境堪忧

与幼儿园园长、义务教育学校校长满意度相比，普通高中校长满意度最低。这一方面反映了国家、地方对普通高中教育的重视程度不够，政策不够精准，机制不够健全；另一方面也反映了高中阶段教育面临的考试压力等问题，即多样化发展与体制机制藩篱及社会大众诉求之间的矛盾。普通高中校长所面临的校内外职业环境令人担忧，这一点从普通高中校长满意度各维度情况可窥见一斑。例如，普通高中校长在社会环境这个维度上的分值最低，其次是区域教育发展和政府保障这两个维度。这三个维度实际上构成了普通高中校长职业的外部环境。作为普通高中校长，在行使校长职权、发挥校长领导学校发展的作用的过程中，良好的外部环境无疑有助于更好地发挥职能，但由于社会环境、政府保障等情况与校长主观发展意愿之间存在明显差异，对校长职能发挥的推动作用不大或推动方式不当，甚至难以提供支撑性环境，在这种情况下，普通高中校长恐怕难以充分发挥其创造性，引领普通高中健康发展。

5. 教师职业发展支持和保障存在"断裂"

调查结果显示，青年教师，特别是教龄为 3 年以下和 3—5 年的青年教师在教育期望、政府保障感知、学校管理感知和总体满意度四个维度上分值都比较高，而在这四个维度上分值比较低的是教龄为 16—20 年和 20 年以上的中老年教师群体。以教师年龄段分析，也具有这种特征。为什么青年教师的教育满意度高，而中老年教师的教育满意度低呢？可能的原因是，教师在入职之初由于对教育的热情和信念而对教育充满憧憬，而随着时间的推移，在职业发展中遇到了各种各样的问题，从而逐渐对教育的各个方面感到不太满意。如果放任这种趋势发展，显然不利于稳定普通高中教师群体，特别是优秀教师群体，最终可能制约普通高中教育质量的提高。

（三）建议

1. 以考试招生制度改革为契机深化普通高中多样化改革

2014 年国务院出台《关于深化考试招生制度改革的实施意见》，随后全国 31 个省份先后出台各地实施方案。此次考试招生制度改革突出高考的育人功能，不仅调整了招生计划分配方式和招生录取机制，更重要的是对高考的考试形式和内容进行大刀阔斧的改革，以撬动和引导高中教育乃至整个基础教育转型和变革。以考试招生制度改革为契机，普通高中教育需要更加注重内涵发展，注重对教育本质和学校本位的回归。各地普通高中应不断更新教育教学理念，紧紧抓住"育人"这个命题，将先进理念融入日常教育教学活动之中，真正体现到学生身上。增进普通高中师生互动、生生互动和家校互动，营造融洽的校园氛围，关注每一个学生的身心发展。普通高中要关注学校文化建设，充分发挥教师和学生的主体性、积极性和创造性，提升校园文化的品位，丰富学生的校园生活体验。深化普通高中课程改革，加强选修课程建设，充分利用校外教育资源，拓展校内课程的广度和深度，增强课程的选择性和适宜性。高中阶段是学生初步确立人生发展方向的阶段，蕴含着多种可能，因此需要通过深化高中课程改革强化高中教育作为人才成长"立交桥"的功能。各地应推动普通高中建立具有针对性的学生指导制度，从学业发展、生涯规划、心理服务等多个方面给予学生有效的指导，帮助学生学会选择。

2. 优化普通高中育人过程

优化普通高中育人过程，帮扶各类学困生，不让一个学生掉队。相对于家庭经济困难学生和随迁子女等，学困生群体的隐蔽性更强，其潜在的问题往往容易被忽视。关注学困生不仅需要在顶层制度上有所作为，更需要学校和教师真心真意的付出。造成学困生学业成绩不良的原因可能来自多个方面，但他们又都有一个共同的表现，就是难以适应当前的学生评价体系和评价方式。因此，在制度设计层面上，应当以学生评价改革为抓手，摆正学业成绩在学生评价中的地位和作用，为学生提供多样化的自我展示机会，搭建有助于学生兴趣、特长发展的平台，促进学生优势发展。从育人过程看，教师需要更加关注学困生，发挥学校心理健康教育以及第三方服务的积极作用，对各类学困生进行积极的引导和帮助，促进其获得全面而有个性的发展。

3. 提升普通高中学生帮扶机制的针对性和有效性

公平、优质、多样是我国当前教育发展的三个重要关键词。作为基础教育的重要组成部分，普通高中教育的学生帮扶机制对于促进教育公平具有重要意义。应关注低收入家庭学生，提升帮扶的针对性和有效性。调查结果显示，家庭人均收入在5000元及以下的普通高中学生总体满意度、教育质量感知、教育公平感知和教育期望都比较低，与高收入群体存在明显差距。各地政府和教育行政部门应利用普通高中贫困生资助政策等，加强对低收入家庭高中生的关注，采取更为合理的资助方式，减小低收入家庭子女的就学负担。同时，通过高考招生名额倾斜政策等多种政策措施，增加农村学生等低收入家庭学生的升学机会，提高其升学质量。

采取多种措施改善进城务工人员和农民子女受教育境况。从调查结果可以看到，父母职业为进城务工人员和农民的普通高中学生满意度水平较低。这主要是由于这两类人群子女在享受优质普通高中教育方面处于劣势。改变这一状况的根本途径在于丰富优质普通高中教育资源，增加弱势群体接受优质教育的机会。同时，逐步取消不同户籍学生的就学限制，通过电子学籍、转移支付、国家补助等方式理顺普通高中学生流动的通路和渠道。

4. 提高普通高中教育的政府保障水平

无论是普通高中学生还是教师、校长，对普通高中教育政府保障的满意度，在基础教育的三个学段中都是最低的。调查数据显示，普通高中教师政府保障感知分值为 54.37，在满意度的四个维度中最低；普通高中校长政府保障维度分值为59.99，在满意度的六个维度中较低。针对教师群体的分析发现，年龄为41—45岁、教龄为16—20年的中老年教师，具有正式编制、月收入在2000元及以下的乡村教师的政府保障感知分值最低。中老年教师可能在社会地位方面感知分值较低，而乡村教师主要在资源支持和待遇方面感知分值较低。

提高政府保障教育的能力，一方面需要从城乡一体的机制设计出发，向西部地区、农村地区、贫困地区倾斜，加大对中西部贫困地区的支持力度。要通过新建、改建、扩建一批普通高中，改善办学条件，提高人才培养能力。另一方面，要着力提高教师的社会地位，改善乡村教师的待遇，并对青年教师的专业发展提供有力的支持，同时，适应普及高中教育和高考综合改革的需要，根据城乡统一的编制标准要求核定教职工编制，为学校及时补充配齐教师，特别是短缺学科教师。加强普通高中教师的针对性培训，通过区域共享机制、政府购买服务等方式推动教师接触、学习和运用新理念、新方法和新技术。

5. 对薄弱高中施以针对性帮扶措施

调查发现，西部地区无论是普通高中的学生、教师还是校长，满意度都明显低于东部和中部地区；城区普通高中学生、教师和校长的满意度也明显高于镇区和乡村。应优先关注西部地区普通高中教育发展。应坚持推进教育基础薄弱县普通高中建设项目，支持改建、扩建一批普通高中教学和学生生活类校舍，提高培养能力。继续实施普通高中改造计划，支持中西部省份贫困地区教学生活设施不能满足基本需求、尚未达到国家基本办学条件标准的普通高中改建、扩建校舍，配置图书和教学仪器设备以及开展体育运动场等附属设施建设。同时，推动各地建立省域内和市域内高中学校对口帮扶机制。除去生源的影响，各地镇区和乡村普通高中与城区普通高中的差距主要在于教育理念、课程建设与资源、师资队伍这三个方面，办学条件和硬件设施在当前情况下已经不是造成普通高中教育城乡差距的主要原因。因此，可以由各省、市教育局牵头，建立区域内高中学校帮扶机制，整合现代信息技术，将优质高中的先进办学理念和优质教育资源等辐射到镇区和乡村高中，形成高中教育发展共同体。此外，各省应规范普通高中招生秩序和招生行为，控制跨区招生，维持普通高中教育的良好生态。

第七章

中等职业教育满意度
调查结果

中等职业教育是我国教育体系中的重要组成部分，提高中等职业教育质量，推动中等职业教育内涵式发展，是未来相当长一段时期内我国职业教育发展的重要任务。中职学生、教师、用人机构（以下简称雇主）对职业教育的满意程度是衡量职业院校发展水平的重要标准之一，也是对职业教育质量进行评估的有效手段。中国教育科学研究院于2016年在全国开展了中职学校的学生、教师和雇主三个群体的满意度调查。

一、中职学生满意度

和高等教育发展路径类似，当前我国中等职业教育已由规模快速发展阶段转向内涵建设阶段，提高质量成为促进中等职业教育发展的重点（孙琳，2011）。中职学生对职业教育的满意程度是衡量职业院校发展水平的重要标准，也是对职业教育质量进行评估的有效手段。准确把握当前我国中等职业教育学生满意度状况，深入分析中等职业教育的主要成效和存在的问题，有针对性地提出提升我国中等职业教育质量的政策建议，具有重要的现实意义。

学术界对于教育满意度的研究最早在美国展开，我国对教育满意度的研究开始于20世纪末，相关研究主要集中于高等教育阶段。在中等职业教育学生满意度方面，董仁忠和刘新学（2012）以南京市若干中职学校中职生为样本进行了满意度调查，分析发现中职生整体满意度较低，实训实习、专业课程与考核、学校管理、教师队伍、就业服务等几个维度的满意度最低。更多的中等职业教育学生满意度研究主要是对具体某个学校的调查，如魏慧敏（2013）、王玉欣（2013）、王宁（2016）等人的研究，调查维度有对学校课程的满意度、就业满意度、教学质量满意度等。总的来说，通过文献分析发现，针对中等职业教育学生的满意度研究相对较少，贾璇和徐大真（2016）通过对职业教育满意度研究进行文献计量分析也发现，职业教育满意度研究对象以高职院校为主，而中等职业教育的研究较为缺乏，同时，相关研究主要集中在现状描述上，而对本土化的研究工具开发深入分析不足，且样本代表性相对较差，建议的针对性不够。

（一）总体满意度

1. 中职学生对所受教育基本满意

全国中等职业教育学生总体满意度分值为 66.46，处于基本满意状态。

2. 东中西部中职学生总体满意度依次降低

中等职业教育学生的总体满意度存在显著的地区差异，东中西部学生总体满意度依次降低。东部学生总体满意度最高，分值为 69.14；中部学生分值为 67.75；西部学生总体满意度分值最低，为 65.03（见图 7–1）。学生的总体满意度与我国东中西部的职业教育综合发展水平一致，中等职业教育发展水平越高，学生的总体满意度分值越高。

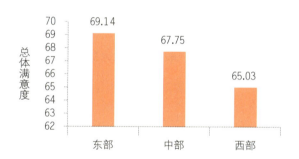

图 7–1　东中西部地区中职学生总体满意度分值

3. 中职学生总体满意度的差异性分析

（1）旅游服务类和加工制造类学生满意度较高

如图 7–2 和图 7–3 所示，就读人数占比最高的三类专业为信息技术类、教育类和财经商贸类。休闲保健类、旅游服务类和加工制造类专业学生总体满意度较高，其中休闲保健类学生人数占比较小，不具有代表性。而学生人数占比最高的两类专业——信息技术类和教育类的学生总体满意度分值居中。

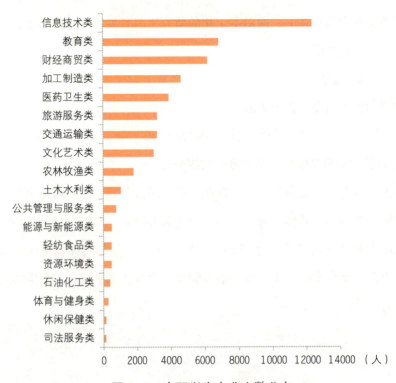

图 7-2　中职学生专业人数分布

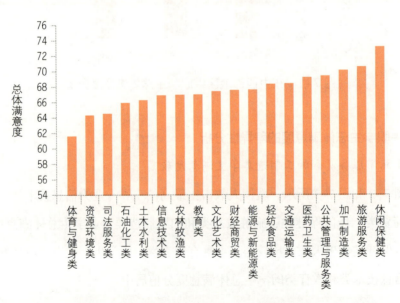

图 7-3　不同专业中职学生总体满意度比较

（2）家庭居住地显著影响学生总体满意度

家庭居住地不同的学生，其总体满意度在 0.05 的水平上具有显著差异。城区学生总体满意度最高，分值为 69.01，显著高于农村学生（66.26）（见表 7-1）。

表 7-1　不同家庭居住地学生总体满意度差异分析

家庭居住地	学生占比（%）	总体满意度	标准差	F	p
城区	26.77	69.01	23.138		
县城	15.00	67.89	22.734	48.328	0.003
乡镇	23.06	67.45	21.66		
村	35.17	66.26	21.696		

（3）父母学历和职业显著影响学生的总体满意度

父母学历高的学生总体满意度显著高于父母学历低的学生。父亲学历为大学（大专）及以上的学生，总体满意度为 68.98，在 0.05 的水平上显著高于父亲学历为小学及以下的学生（65.82）；母亲学历为大学（大专）及以上的学生，总体满意度为 69.87，在 0.05 水平上显著高于母亲学历为小学及以下的学生（65.59）（见图 7-4）。

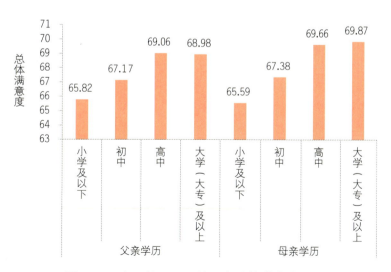

图 7-4　父母学历不同的学生总体满意度分值

从父母职业来看，父母职业为商业服务人员的学生总体满意度最高，分值分别为 70.65 和 69.73，其次是父母为企事业单位管理人员的学生，分值分别为 69.73 和 69.54，父母无工作的学生总体满意度最低，分值分别为 64.74 和 65.60。家庭条件越好的学生，其总体满意度分值越高。

（4）民办中职学校学生的总体满意度最高

从学校背景因素对学生总体满意度的影响来看，学校所在地对学生总体满意度没有显著影响。从学校办学性质来看，民办中职学校学生的总体满意度最高，为 70.51，显著高于其他性质学校的学生。学校性质为"其他"的学生总体满意度最低，为 61.90（见表 7-2）。

表 7-2 不同性质学校学生总体满意度差异分析

学校性质	所占比例（%）	总体满意度	F	p
公办（政府拨款）	90.35	67.44		
民办（不含行业、企业办学）	5.88	70.51	44.462	0.003
行业、企业办学	2.04	66.97		
其他	1.73	61.90		

（二）维度分析

中职学生教育质量感知分值最高，为 68.69；其次是教育期望分值，为 67.13；教育公平感知分值最低，为 64.15。

1. 学生个体特征的差异性分析

家庭居住地、家庭经济状况、家庭人均年收入和就读专业这四个因素对学生的教育期望、教育质量感知和教育公平感知有显著影响。

（1）城区、县城、乡镇和农村学生总体满意度呈阶梯式下降

按受访学生家庭居住地划分，学生人数占比从高到低依次是村（35%）、城区（27%）、乡镇（23%）和县城（15%）。城区学生、县城学生、乡镇学生和农村学生在教育期望、教育质量感知和教育公平感知三个潜变量上分值呈阶梯下降的趋势。

学生家庭居住地为城区的学生教育期望、教育质量感知和教育公平感知分值都最高，分别为 69.19，70.45 和 66.96；家庭居住地为农村的学生在这三个方面分值都是最低的，分别为 66.43，67.79 和 62.63（见图 7-5）。

图 7-5　不同家庭居住地学生教育满意度的比较

（2）家庭经济状况对满意度具有显著影响

家庭经济条件越好，中等职业教育学生总体满意度越高，且不同家庭经济状况的中职学生之间差异显著。家庭经济状况非常好的学生的教育期望、教育质量感知和教育公平感知分值最高，分别为 78.05、77.20 和 75.58，其次是家庭经济状况比较好的。也就是说，在三个潜变量上，满意度高的都是家庭经济条件比较好和非常好的，而满意度低的都是家庭经济条件非常差的学生，且差距较大，见表 7-3。

表 7-3　不同家庭经济状况学生教育满意度各维度差异分析

维度	家庭经济状况	所占比例（%）	满意度	F	p
教育期望	非常差	7.12	63.48	430.633	0.000
	比较差	15.44	64.11		
	一般	61.81	67.49		
	比较好	12.60	73.05		
	非常好	3.04	78.05		
教育质量感知	非常差	7.23	62.25	505.663	0.000
	比较差	15.42	65.37		
	一般	61.68	69.33		
	比较好	12.59	74.62		
	非常好	3.08	77.20		
教育公平感知	非常差	7.12	57.43	546.018	0.000
	比较差	15.43	59.78		
	一般	61.78	64.97		
	比较好	12.60	71.18		
	非常好	3.06	75.58		

注：不同维度对应题项的填答情况不同，不同家庭经济状况学生所占比例有差异。

2. 不同家庭背景学生满意度差异分析

（1）父母亲学历为高中的学生教育质量感知分值最高

父母亲学历为高中的学生群体，在教育质量感知方面的分值均最高；父母学历为小学及以下的学生群体，在教育质量感知和教育公平感知方面的分值是最低的（见表 7-4）。

表 7-4　不同父母学历学生教育满意度各维度分值

父母学历		所占比例（%）	教育公平感知	教育质量感知	教育期望
父亲学历	小学及以下	18.54	62.16	67.48	65.93
	初中	49.72	64.49	68.93	67.35
	高中	24.53	66.71	70.61	69.19
	大学（大专）及以上	7.22	66.36	69.52	69.65
母亲学历	小学及以下	27.10	61.96	67.27	65.79
	初中	46.23	64.75	69.14	67.58
	高中	20.37	67.51	71.13	69.56
	大学（大专）及以上	6.30	67.66	70.39	70.93

（2）父母职业为商业服务业人员的学生满意度最高

对父母职业不同的学生进行比较发现，教育质量感知分值最高的是父亲职业和母亲职业为商业服务业人员的学生，父母亲目前无工作的学生教育质量感知分值最低。在教育公平感知维度，分值最高的是父母亲职业为商业服务业人员的学生群体，最低的是父母亲目前无工作的学生。在教育期望维度，分值最高的是父亲职业为商业服务业人员的学生群体，母亲职业为军人的学生分值也较高，分值最低的是父母亲目前无工作的学生（见图 7-6）。

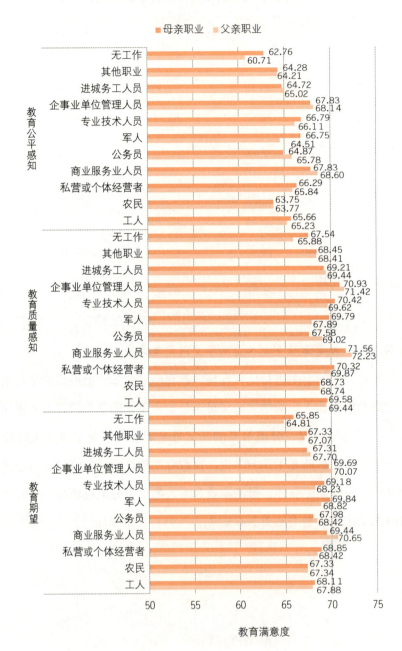

图7-6 父母亲职业不同的学生教育满意度分值

3. 不同类别学校中职生满意度差异分析

（1）城区中职学校学生满意度比县镇高

按不同学校所在地[①]进行比较，城区学校在各维度上均表现更好。样本中城区学校学生占比为57.9%，县镇学校学生占比为42.1%。通过 t 检验分析发现，城区和县镇学校在学生教育期望、教育质量感知和教育公平感知等方面存在显著差异，且在教育期望上 t 值更大，相对来说，差距更为明显（见表7-5）。

表7-5　不同学校所在地学生教育满意度差异分析

维度	学校所在地	满意度	t	p
教育期望	城区	68.40	110.666	0.000
	县镇	66.75		
教育质量感知	城区	69.60	53.958	0.000
	县镇	68.46		
教育公平感知	城区	65.32	59.955	0.000
	县镇	63.94		

（2）民办中职学校学生满意度较高

不同性质学校学生满意度存在显著差异。多重比较发现，公办学校和民办学校（不含行业、企业办学）学生满意度存在显著差异，但公办学校和行业、企业办学学校学生满意度不存在显著差异。教育期望、教育质量感知和教育公平感知三个维度的差异分析结果与学生总体满意度一致（见表7-6）。

---

① 考虑到中职学校在乡村的可能性小，所以中职学校所在地只划分为城区、县镇两个类别。

表 7-6　不同性质学校学生教育满意度差异分析

维度	学校性质	所占比例（%）	满意度	F	p
教育期望	公办（政府拨款）	90.34	67.59	33.447	0.000
	民办（不含行业、企业办学）	5.88	70.34		
	行业、企业办学	2.03	67.83		
	其他	1.76	64.46		
教育质量感知	公办（政府拨款）	90.34	69.07	60.387	0.000
	民办（不含行业、企业办学）	5.87	71.86		
	行业、企业办学	2.03	68.49		
	其他	1.76	63.27		
教育公平感知	公办（政府拨款）	90.35	64.59	132.4	0.000
	民办（不含行业、企业办学）	5.88	68.70		
	行业、企业办学	2.03	64.60		
	其他	1.74	59.03		

注：不同维度题项填答的完整性不同，有效样本所占比例略有差异。

4. 东中西部学生满意度差异比较

中职学生满意度从东部、中部到西部依次下降。东部地区学生在三个潜变量上平均满意度都是最高，西部地区学生的满意度都是最低。从差异来看，教育公平感知差异最大，东部与西部学生满意度差距为 4.9；教育期望差距最小，东西部学生相差 3.3（见表 7-7）。加强中西部教育发展，依然是今后相当长一段时间我国教育发展的主旋律。

表 7-7　东中西部学生教育满意度差异比较

维度	东部均值	中部均值	西部均值
教育期望	69.2	67.9	65.9
教育质量感知	70.8	69.5	67.4
教育公平感知	66.9	65.4	62.0

（三）路径分析

1. 总体满意度受教育期望、教育质量感知和教育公平感知的影响

对中职学生教育满意度指数模型路径系数、指标载荷系数进行检验，路径系数检验结果见表 7-8。模型路径系数的 p 值均小于 0.01，可以认为路径系数在 99% 的置信度下与 0 存在显著差异。模型中各个路径系数通过检验。

表 7-8　中职学生教育满意度指数模型路径系数检验结果

路径	原始样本	样本均值	标准差	t	p
教育公平感知 -> 总体满意度	0.268	0.267	0.007	37.352	0.000
教育期望 -> 教育公平感知	0.734	0.735	0.002	312.181	0.000
教育期望 -> 总体满意度	0.066	0.708	0.002	296.743	0.000
教育期望 -> 教育质量感知	0.797	0.797	0.002	420.219	0.000
教育质量感知 -> 总体满意度	0.559	0.559	0.008	72.322	0.000

从表 7-9 中可以看出，教育公平感知对总体满意度的路径系数是 0.268，教育质量感知对总体满意度的路径系数是 0.559，教育期望对总体满意度的路径系数是 0.066。说明从直接效应上看，教育质量感知对总体满意度的影响最大，即重要性最高。

表 7-9　中职学生教育满意度指数模型变量间的标准化直接效应

维度	教育期望	教育公平感知	教育质量感知	总体满意度
教育公平感知	0.734	—	—	—
教育质量感知	0.797	—	—	—
总体满意度	0.066	0.268	0.559	—

教育期望还通过教育公平感知和教育质量感知间接对总体满意度产生影响，所以从总效应上看（见表7-10），教育期望对总体满意度的总效应值最大（0.708），重要性最高，其次是教育质量感知（0.559），最后是教育公平感知（0.268）。

表7-10　中职学生教育满意度指数模型变量间的标准化总效应

维度	教育期望	教育公平感知	教育质量感知	总体满意度
教育公平感知	0.734	—		
教育质量感知	0.797	—		
总体满意度	0.708	0.268	0.559	—

2. 满意度矩阵分析

中职学生教育满意度矩阵，是以教育期望、教育公平感知和教育质量感知三个因素对总体满意度的重要程度为纵坐标（指标的重要程度为交叉负荷系数），以对这些教育服务因素的满意度评价为横坐标的矩阵图。它将二维平面分成四个象限：亟须改进区，重要性高但评价低；次须改进区，重要性低评价也低；锦上添花区，重要性低但评价高；竞争优势区，重要性高而且评价高。教育满意度矩阵可以说明在资源或是时间有限的情况下，要快速有效地提高学生满意度，应该首先解决哪些方面的问题。

中职学生教育满意度二级指标重要性矩阵的四个象限是以二级指标满意度平均值（67.79）和二级指标重要性平均值（0.697）划分的（见图7-7）。

图 7-7　中职学生教育满意度二级指标重要性矩阵

注：图中的"Q"为题项代码。

（1）亟须改进区

亟须改进的问题包含以下几个方面（见表 7-11）。

一是教育公平感知中的两个二级指标："对毕业后继续学习的渠道的了解""学校能创造条件让学生发挥特长"，说明学校在这两个方面的表现与学生的要求有一定的距离，反映出学生对毕业后继续学习的渠道了解不多，学校在学生个性化教学管理方面还有待提高，学校在管理方面对学生的特点特长缺乏有效分析，致使教师、学校对学生个体服务意识不够、帮助不够。

二是教育质量感知中的三个二级指标："学生向学校提出意见建议的渠道畅通""学校提供的社会实践、实习实训机会多""学校组织的就业推荐对学生就业帮助大"。这三个指标反映出学校和学生沟通渠道不够畅通，在为学生提供的实践、实训机会和就业帮助方面，仍没有满足学生需求，表明学校在这些方面亟须提升，以帮助学生提升工作技能和竞争力。

三是总体满意度的全部三个二级指标："你对学校满意""对自己在学校的成长

进步满意""愿意推荐亲友到你们学校上学"。这三个指标说明在整体上，中职学生对自身所处的学习成长环境不满意，在校期间的个人成长期望总体上没有得到满足。同时，学生在推荐亲友到学校上学方面积极性比较低，说明自身对学校的认可度不高，也反映出中职教育的社会认可度不高。

以上八个二级指标是影响学生整体满意度的重要因素，也是学校提升空间最大的方面，应该是当前管理者应该着重解决的问题。

表7-11　落入亟须改进区的二级指标

一级指标	二级指标
教育公平感知	对毕业后继续学习的渠道的了解
	学校能创造条件让学生发挥特长
教育质量感知	学生向学校提出意见建议的渠道畅通
	学校提供的社会实践、实习实训机会多
	学校组织的就业推荐对学生就业帮助大
总体满意度	你对学校满意
	对自己在学校的成长进步满意
	愿意推荐亲友到你们学校上学

（2）次须改进区

落入次须改进区的指标如下（见表7-12）。

一是教育期望中的全部三个二级指标："上中职前你觉得本地职业教育总体情况如何""上中职前你觉得你上的这所学校总体情况怎么样""上中职前你觉得所选的专业适合自己"。这三个指标落入次需改进区，说明在校生对自己接受的中职教育不是非常满意，有被动选择中职教育的心理，中职教育的社会声誉需要提升。

二是教育质量感知中的七个二级指标：学校管理层面包括"学生的活动场所和设施齐全""学校食堂办得好""学校宿舍条件好""学校教学设施、实训设备出现故障时修理及时"；课程教学层面包括"文化课开设得充足""学校能根据你们专业学习需要聘请来自行业企业的老师";内外环境层面包括"校外见习、实习内容与所学专业一致",反映出学生对精神生活层面需求的提高。学生关注学校食堂和宿舍条件,说明中职学校在学生生活环境上仍然要进行硬件投入。

三是教育公平感知中的两个二级指标:"参加校外各类技能大赛的机会多""毕业后容易找到工作"。

以上落入次须改进区的因素对学生整体满意度的影响低于亟须改进区的因素。因此,管理者在重点关注亟须改进的因素后,可以对次须改进的因素进行改进,使之进入锦上添花区。

表7-12 落入次须改进区的二级指标

一级指标	二级指标
教育质量感知	学校食堂办得好
	学校宿舍条件好
	学生的活动场所和设施齐全
	学校教学设施、实训设备出现故障时修理及时
	文化课开设得充足
	学校能根据你们专业学习需要聘请来自行业企业的老师
	校外见习、实习内容与所学专业一致
教育公平感知	参加校外各类技能大赛的机会多
	毕业后容易找到工作
教育期望	上中职前你觉得本地职业教育总体情况如何
	上中职前你觉得你上的这所学校总体情况怎么样
	上中职前你觉得所选的专业适合自己

（3）锦上添花区

落入锦上添花区的是教育质量感知中的 11 个二级指标（见表 7-13）："学校重视培养学生的良好行为习惯""班级平时迟到、旷课的学生多""班级平时上课纪律情况""学校开展的技能才艺展示活动多""专业课内容实用""能在学校获得与本专业相关的行业信息""老师对学生要求严格""学校专业课老师的教学水平""国家对中职学生实施的资助政策（助学金、免学费、奖学金等）在你们学校落实得好""实习实训收获""学校实习实训设备能满足学习需要"。以上 11 个因素对学生整体满意度影响较小，而且学校在这些方面的表现相对其他方面要好，因此对学生整体满意度有正面影响，不是迫切需要花费精力的方面，维持就好。

表 7-13　落入锦上添花区的二级指标

一级指标	二级指标
教育质量感知	学校重视培养学生的良好行为习惯
	班级平时迟到、旷课的学生多
	班级平时上课纪律情况
	学校开展的技能才艺展示活动多
	专业课内容实用
	能在学校获得与本专业相关的行业信息
	老师对学生要求严格
	学校专业课老师的教学水平
	国家对中职学生实施的资助政策（助学金、免学费、奖学金等）在你们学校落实得好
	实习实训收获
	学校实习实训设备能满足学习需要

（4）竞争优势区

落入竞争优势区的指标包括如下方面（见表 7-14）。

教育质量感知中的六个二级指标："学校的办学理念落实情况""学校重视学生

德智体美全面发展""文化课的教学质量高""学校重视学生心理健康教育""参加校内外实训活动时的安全保障措施到位""学校为学生考取职业技能证书提供的帮助大"。

教育公平感知中的一个二级指标:"老师对学生能一视同仁"。

以上七个因素对学生整体满意度影响较大,而且学校在这些方面的表现相对其他方面要好,因此对学生整体满意度有提升作用,应继续保持优势。

表7-14 落入竞争优势区的二级指标

一级指标	二级指标
教育质量感知	学校的办学理念落实情况
	学校重视学生德智体美全面发展
	文化课的教学质量高
	学校重视学生心理健康教育
	参加校内外实训活动时的安全保障措施到位
	学校为学生考取职业技能证书提供的帮助大
教育公平感知	老师对学生能一视同仁

(四)热点分析

为了对中等职业教育学生满意度进行深入探究,本调查设置了开放题"你对改进学校工作有什么意见和建议",通过对开放题进行聚类分析,得到了六类意见群,可以归纳为:校园建设、学生管理、学生培养、学生生活、硬件设施和制度改革。

1.校园建设

在校园建设部分,学生的意见主要集中于校园卫生(占46.53%)、操场建设(占21.27%)方面(见图7-8)。这反映了当前一些中职院校校园卫生和操场建设相对薄弱,需要改善和进一步提高。

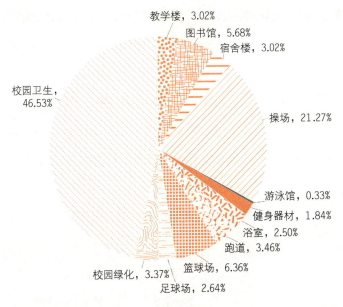

图 7-8　校园建设意见与建议

2.学生管理

在学生管理方面，学生的意见主要集中在学校偶尔发生的教师没收学生个人财产（手机及各类电子产品等，占44.01%）、教师对学生不能一视同仁（占48.29%）、校园暴力事件（占7.71%）等方面（见图7-9）。

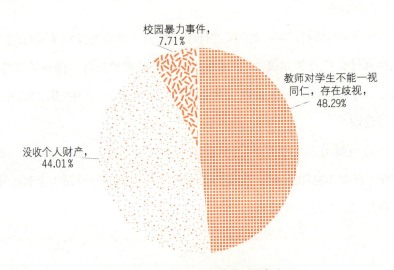

图 7-9　学生管理意见与建议

学生对于教师没收学生个人财产意见较为突出，这说明学校在进行纪律管理时应该做到灵活应对，适当听取学生意见。此外，学校应采取有力措施，避免歧视学生的现象发生，强化个性化教学，因材施教，让每个人都成才。同时，学校要加强校园安全教育，对学生的行为进行正确的教育与引导，当发生矛盾冲突时，让学生学会采用正确的途径解决问题。

3.学生培养

在学生培养方面，学生的意见主要集中于对工作机会的关注（占34.39%）、实习锻炼（占25.97%）和课程调整（占14.40%）等方面（见图7-10）。

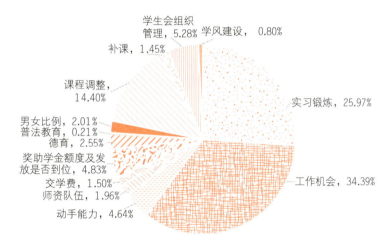

图 7-10 学生培养意见与建议

根据本研究的调查，中职学生毕业后打算就业、继续深造、待定和创业的比例分别为38.1%、33.7%、17.8%和10.4%。可以看出，中职学生在毕业之后选择就业的比例最高，因此学生对工作机会的关注度很高。学校应当积极联系当地与学校专业相关的企业，促进校企合作与交流，增加学生的实习实训机会。课程调整问题也得到众多学生关注。一些学校开设的课程并没有结合当地经济发展所需人才情况，造成学生就业不能"学以致用"。学校应当认真调研，因地制宜，有针对性地开设相应的课程。

4. 学生生活

在学生生活方面，学生的意见主要集中在食堂伙食（占72.24%）、课外活动（占17.29%）等方面，学生对食堂伙食的意见最大（见图7-11）。

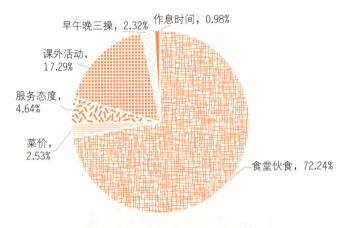

早午晚三操，2.32%　作息时间，0.98%

课外活动，17.29%

服务态度，4.64%

菜价，2.53%

食堂伙食，72.24%

图 7-11　学生生活意见与建议

中职学生还处于身体快速发育的关键时期，且随着社会的进步和家庭生活条件的提高，学生对提高伙食水平的呼声越来越高。学校应当保障食堂的卫生条件，改善学生就餐环境，提高菜品质量，对食堂成本进行最大限度的控制，切实服务好学生的一日三餐。此外，学校应增加一些体育锻炼设施，积极组织学生开展课外活动，丰富学生业余生活。

5. 硬件设施

在硬件设施方面，学生的意见主要集中于空调（占62.79%）、风扇（占19.28%）、电脑硬件（占9.47%）等的需求（见图7-12）。

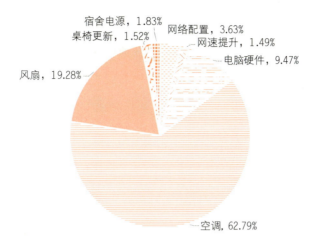

图 7-12   硬件设施意见与建议

对问卷调查中反映的硬件设施问题，课题组经过实际调研，发现部分中等职业学校由于缺乏经费支持，校园建设停滞多年，校舍比较陈旧，一些学校用房都是把多年以前的建筑简单整修翻新再使用，校舍配套的各类硬件设备也亟须更新换代，中职学校硬件设施建设亟须专项资金支持。

6. 制度改革

在制度改革方面，学生的意见主要集中于希望国家加强对中等职业教育的重视程度与资金支持（占 64.71%），同时，学生也急切地希望学校的属性级别能够提高（占 35.29%）（见图 7-13）。

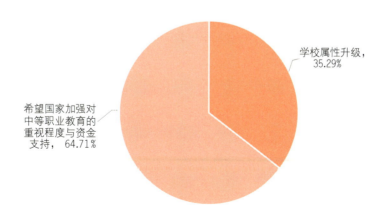

图 7-13   制度改革意见与建议

近些年，虽然我国不断加大对中职教育的投入力度，但是从学生意见来看，中职软硬件投入还存在明显不足，这可能与部分地区和学校对于中等职业教育的认识及重视程度不够有关。学校的属性升级问题虽然属于国家统一宏观调控的范畴，但是学生的意见反映了中职学校整体认可度不高的事实。学校需要与学生、教师一道，重新认识中等职业教育，积极与政府、企业合作交流，提高办学水平，形成良性循环，才能提高中职教育的吸引力和学生对中职教育的认可度。

对于本次调查所得到的学生意见，我们进行了汇总，如图 7-14 所示。该图将所有的学生意见关键词进行汇总，图片中的文字越大，则反映该关键词被提到的次数越多。经过排列组合，这些关键词组成了一位专心学习的学生形象。

图 7-14　学生意见与建议

二、中职教师满意度

教师是教育事业发展的重要资源。大力发展职业教育，全面提高教育质量，关键在于建设一支适应需要的高素质教师队伍。本次调查旨在准确全面把握中职教师的满意度，了解当前中职教师在教育期望、学校管理和政府保障方面的需求，为打造良好的中职教师教学生态环境提出有针对性的措施和意见。

我国学者对中职教师满意度做了一些研究和探讨，郑建君、杨继平、郑华（2006）采用量表法对山西省中等职业学校在岗教师的工作满意度进行了调查。赵玉、刘嘉欣（2007）运用《中职教师工作满意度调查问卷》对广州各类中职学校教师进行调查，提出要想提升教师的工作满意度，需从福利待遇、培训力度、教学设备和工作环境等方面做出改进。兰惠敏（2010）在对国内外教师工作满意度相关文献进行回顾的基础上编制调查问卷，对中等职业学校教师的工作满意度状况进行调查。咸桂彩、王玥和金景鲜（2011）采用《整体工作满意度量表》和《总体幸福感量表》对9省（市）363名中职教师进行了调查。周姗（2017）对中等职业学校的内部服务与员工满意度进行了研究，通过对内部服务质量构成维度的分析，提出提升中职教师满意度的建议。可以看到，当前我国对中等职业教育教师满意度的研究仍然不够充分，研究对象的抽样覆盖面较小，样本量小，研究结果缺乏可推广性。

（一）总体满意度

1. 中职教师对其工作基本满意

全国中等职业教育教师满意度可以概括为"基本满意"，总体满意度为62.43。

2. 中部、东部和西部教师总体满意度依次下降

从东中西不同地区来看，中部地区中职教师总体满意度最高（63.69），其次是东部地区（61.79），西部地区最低（59.76）（见图7-15）。而依据课题组对我国中等职业教育区域发展水平的综合评价，当前我国东中西部三个地区的中职教育综合发展呈现出中部塌陷的态势，东部地区遥遥领先于西部地区，西部地区领先于中部地区。本次调查所得到的中职教师总体满意度与中职教育区域综合发展水平呈负相关。

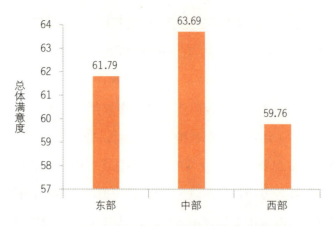

图 7-15　东中西部中职教师总体满意度分值

3. 城市、县镇学校教师总体满意度没有显著差异

从学校所在地来看，城市和县镇学校教师的总体满意度没有显著差异（见表7-15）。

表 7-15　城市、县镇学校教师总体满意度差异分析

学校所在地	总体满意度	t	p
城市	72.09	3.481	0.062
县镇	71.33		

4. 具有不同个体特征的教师的总体满意度差异分析

（1）年轻与年老教师的总体满意度相对较高

本次调查的教师中，年龄在31—35岁的教师占比最高，占24%；其次为26—30岁的教师，占21%；36—40岁和41—45岁的教师分别占17%、16%。由此可知，目前中职学校教师以中青年教师为主体，这对学校发展非常有利。调查发现30岁及以下的年轻教师和56—60岁的年老教师总体满意度高于其他年龄段的教师（见表7-16）。

表 7-16 不同年龄教师总体满意度差异分析

年龄	总体满意度	F	p
25 岁及以下	75.11		
26—30 岁	75.26		
31—35 岁	72.15		
36—40 岁	69.07	16.219	0.000
41—45 岁	69.63		
46—50 岁	70.15		
51—55 岁	69.86		
56—60 岁	76.43		

（2）教龄越长，总体满意度越低

本次调查的教师中，教龄在 20 年及以上和 6—10 年的教师占比较大，比例都为 21%（见图 7-16）。

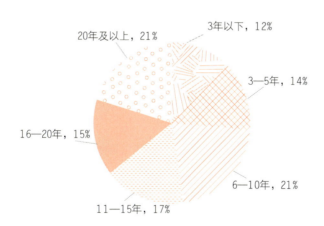

图 7-16 不同教龄教师分布情况

总体来看，不同教龄的教师总体满意度差异显著，明显呈现出随着教龄的增加总体满意度下降的趋势（见表 7-17）。

表 7-17　不同教龄教师总体满意度差异分析

教龄	总体满意度	F	p
3 年以下	76.27		
3—5 年	74.31		
6—10 年	73.05	25.396	0.000
11—15 年	69.69		
16—20 年	69.18		
20 年及以上	69.66		

（3）专科学历的教师总体满意度最高

本次调查的教师中，本科学历的中职教师占全体教师的 84%；其次是研究生学历的教师，占比达到 9%；专科学历的教师占 5%（见图 7-17）。

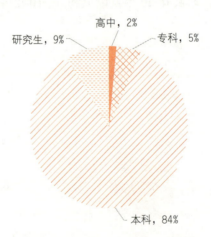

图 7-17　不同学历教师分布情况

本次调研中，中职学校教师学历以本科为主，但本科学历的教师总体满意度最低；高中学历和专科学历的教师总体满意度较高；研究生学历的教师总体满意度比本科学历教师稍高，群体间差异不显著（见表 7-18）。

表7-18 不同学历教师总体满意度差异分析

学历	总体满意度	F	p
高中	74.39		
专科	74.48		
本科	71.54	2.163	0.090
研究生	72.12		

（4）一级教师总体满意度最低

本次调查的教师中，一级教师比例最高，占37%；其次是二级教师，占26%；高级教师占19%；正高级教师人数最少，占2%（见图7-18）。

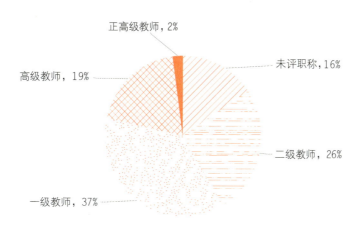

图 7-18　不同职称教师分布情况

正高级教师总体满意度分值最高，为80.76；其次是未评职称教师，为75.46。一级教师占比最大，但是总体满意度分值最低（见表7-19）。

表 7-19　不同职称教师总体满意度差异分析

职称	总体满意度	F	p
未评职称	75.46		
二级教师	72.07		
一级教师	69.94	26.081	0.000
高级教师	70.95		
正高级教师	80.76		

（5）职业资格等级越高，总体满意度越高

本次调查的教师中，具有中级职业资格的教师占比最高（占 27%），其次为具有高级职业资格的教师（占 24%），具有技师和高级技师职业资格的教师分别占 8% 和 4%，没有获得职业资格的教师占 23%，具有初级职业资格的教师占 14%（见图 7-19）。

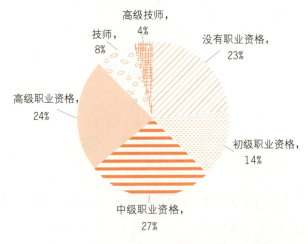

图 7-19　不同职业资格等级教师分布情况

教师职业资格等级越高，总体满意度越高。具有高级技师职业资格的教师总体满意度最高，为 78.65，远高于无职业资格教师的总体满意度（见表 7-20）。

表7-20 不同职业资格等级教师总体满意度差异分析

职业资格	总体满意度	F	p
没有职业资格	69.58		
初级职业资格	71.48		
中级职业资格	70.30	29.699	0.000
高级职业资格	73.21		
技师	75.79		
高级技师	78.65		

（6）实习指导课教师总体满意度最高

本次调查的教师中，专业课教师占比最高，为57%；其次是文化课教师，占34%；实习指导课教师占4%，在所有任课教师中占比最低。但实习指导课教师的总体满意度最高，其次是专业课教师，总体满意度最低的是其他任课教师（见表7-21）。

表7-21 不同科目教师总体满意度差异分析

任教科目	总体满意度	F	p
文化课	70.09		
专业课	72.62		
实习指导课	76.22	19.006	0.000
其他	70.35		

（7）正式在编教师总体满意度最低

正式在编教师占被调查教师总数的84%，在所有聘任形式的教师中占比最高，但正式在编教师总体满意度最低；合同聘任教师总体满意度居中；其他聘任形式的教师总体满意度最高（见表7-22）。

表 7-22 不同聘任形式教师总体满意度差异分析

聘任形式	总体满意度	F	p
正式在编	70.85		
合同聘任	76.53	49.748	0.000
其他	76.90		

（8）收入越高，总体满意度越高

月收入为 3001—4000 元的教师占比最高，月收入为 2000 元及以下的教师占比最低。总体来看，教师月收入越高，总体满意度越高（见表 7-23）。

表 7-23 不同月收入教师总体满意度差异分析

月收入	总体满意度	F	p
2000 元及以下	68.88		
2001—3000 元	70.21		
3001—4000 元	72.15	18.685	0.000
4001—5000 元	72.44		
5001 元及以上	74.35		

（二）维度分析

在教育期望、学校管理感知和政府保障感知三个维度之中，中职教师的学校管理感知分值最高，为 64.32；其次是教育期望分值，为 58.80；政府保障感知分值最低，为 52.31。

1. 学校特征不同的教师的满意度差异分析

（1）城市与县镇学校教师无显著差异

城市和县镇学校教师的教育期望分值分别为 59.52 和 57.79；学校管理感知分值分别为 64.79 和 63.65；政府保障感知分值分别为 53.19 和 51.17。在三个潜变量上，城市学校教师分值均比县镇学校教师高，但总体而言，城市与县镇两地学校教师的差异并不显著。不过可以看出，城市和县镇的中职教师学校管理感知分值都高于另外两个维度的分值，且高于总体满意度分值；但是在政府保障感知维度，城市和县镇学校教师的分值都非常低，与总体满意度差距较大。由此可以看出，中职教师强烈希望在社会上受到尊重，工资待遇得到改善，拥有更多的发展学习机会。

（2）民办学校教师满意度显著高于其他类型院校

不同性质的学校的教师教育期望、学校管理感知和政府保障感知分值存在显著差异。民办学校教师在三个维度上分值都最高，其他三种性质的学校的教师满意度没有太大差距，并且在三个潜变量上的分值各有高低（见表7-24）。

表7-24　不同性质学校教师满意度差异分析

维度	公办	民办	行业、企业办学	其他	F	p
教育期望	73.87	81.50	75.65	75.85	21.966	0.000
学校管理感知	86.69	96.55	87.12	82.75	38.663	0.000
政府保障感知	68.53	78.05	71.15	68.35	30.869	0.000

2. 不同个体特征的教师的满意度差异分析

（1）本科学历的教师满意度较低

本科学历教师在教育期望、政府保障感知两个维度上的分值都是最低的，尤其在政府保障感知维度上，与其他维度差距较大；高中学历及专科学历的教师满意度较高；研究生学历教师的满意度比本科学历教师的满意度稍高（见表7-25）。

表7-25　不同学历教师满意度差异分析

维度	高中	专科	本科	研究生	F	p
教育期望	75.71	79.40	73.89	74.45	11.744	0.000
学校管理感知	86.41	89.58	86.85	88.62	4.326	0.005
政府保障感知	81.10	73.65	68.15	72.26	34.026	0.000

（2）正高级职称教师满意度最高

从学校管理感知、政府保障感知和教育期望维度看，正高级职称的教师分值都是最高的，其次是未评职称的教师，其满意度仅低于正高级职称的教师。占比最大的一级职称教师分值较低（见表7-26）。由此可见，教师职称对教师职业发展具有重要意义，教师职称上升渠道畅通能有效提升教师的工作满意度。

表7-26 不同职称教师满意度差异分析

维度	未评职称	二级教师	一级教师	高级教师	正高级教师	F	p
教育期望	77.32	74.36	72.95	72.79	86.09	32.874	0.000
学校管理感知	89.32	87.32	85.30	87.50	97.58	26.429	0.000
政府保障感知	73.37	70.18	66.12	66.92	91.14	91.433	0.000

（3）具有高级技师职业资格的教师满意度最高

在教育期望、学校管理感知和政府保障感知三个维度上，教师职业资格等级越高，满意度越高。具有高级技师职业资格的教师满意度显著高于具有其他职业资格的教师（见表7-27）。

表7-27 具有不同职业资格等级的教师满意度差异分析

维度	没有职业资格	初级职业资格	中级职业资格	高级职业资格	技师	高级技师	F	p
教育期望	71.97	72.55	73.46	75.37	78.98	82.10	35.491	0.000
学校管理感知	85.24	86.18	85.57	88.50	91.42	95.03	33.221	0.000
政府保障感知	65.67	69.85	67.44	70.32	73.68	77.95	42.654	0.000

（4）实习指导课教师满意度最高

实习指导课教师在学校管理感知、政府保障感知和教育期望三个维度上的分值都是最高的，其次是专业课教师，"其他"类科目任课教师的满意度最低（见表7-28）。

表 7-28　不同科目教师满意度差异分析

维度	文化课	专业课	实习指导课	其他	F	p
教育期望	71.18	75.92	80.27	71.41	61.8990	0.000
学校管理感知	85.80	87.99	91.60	82.93	23.0990	0.000
政府保障感知	66.82	70.16	75.77	65.19	36.6990	0.000

（5）聘任形式为"其他"的教师满意度最高

方差分析显示，不同聘任形式的教师的满意度在各个维度上具有显著差异。聘任形式为"其他"的教师在学校管理感知、政府保障感知和教育期望三个维度分值都是最高的，合同聘任教师的满意度居中，正式在编教师满意度最低（见表7-29）。

表 7-29　不同聘任形式教师满意度差异分析

维度	正式在编	合同聘任	其他	F	p
教育期望	73.36	78.36	81.43	43.478	0.000
学校管理感知	86.31	91.53	91.02	44.675	0.000
政府保障感知	67.52	76.29	78.56	117.221	0.000

（6）月收入在5001元及以上的教师满意度最高

收入水平对教师满意度具有显著影响，在学校管理感知、政府保障感知和教育期望三个维度上，教师满意度和教师月收入都呈正相关关系，即教师收入越高，教师的满意度越高（见表7-30）。

表 7-30 不同月收入教师满意度差异分析

维度	2000 元及以下	2001—3000 元	3001—4000 元	4001—5000 元	5001 元及以上	F	p
教育期望	73.71	73.78	73.70	74.85	75.93	4.921	0.001
学校管理感知	83.37	85.73	87.32	88.23	89.50	19.895	0.000
政府保障感知	67.71	67.33	69.01	69.75	71.90	17.214	0.000

（三）路径分析

1.总体满意度受教育期望、学校管理感知和政府保障感知的影响

对中职教师教育满意度指数模型路径系数、指标载荷系数进行检验，路径系数检验结果见表 7-31。模型路径系数和指标载荷系数的 p 值均小于 0.01，可以认为路径系数和指标载荷系数在 99% 的置信度下与 0 存在显著差异。模型中各个路径系数通过检验。

模型路径系数表示的是潜变量之间的效应值，学校管理感知对总体满意度的路径系数是 0.542，政府保障感知对总体满意度的路径系数是 0.330，教育期望对总体满意度的路径系数是 0.037。说明从直接效应上看，学校管理感知对总体满意度的影响最大，即重要性最高。但教育期望还通过学校管理感知和政府保障感知间接对总体满意度产生影响，所以从总效应上看，教育期望对总体满意度的总效应（0.560）和学校管理感知对总体满意度（0.542）的影响重要性基本相同。

表 7-31 中职教师教育满意度指数模型路径系数检验结果

路径	原始样本	样本均值	标准差	t	p
学校管理感知 → 总体满意度	0.542	0.542	0.013	43.168	0.000
政府保障感知 → 总体满意度	0.330	0.330	0.012	27.690	0.000
教育期望 → 学校管理感知	0.620	0.619	0.008	82.230	0.000

路径	原始样本	样本均值	标准差	t	p
教育期望 → 总体满意度	0.037	0.038	0.008	4.649	0.000
教育期望 → 政府保障感知	0.568	0.567	0.009	66.199	0.000

2. 满意度矩阵分析

中职教师教育满意度矩阵，是以教育期望、学校管理感知和政府保障感知三个因素对教师总体满意度的重要程度为纵坐标（重要程度为交叉负荷系数），以对这些教育服务因素的满意度评价为横坐标的矩阵图。它将二维平面分成四个象限：亟须改进区，重要性高但评价低；次须改进区，重要性低评价也低；锦上添花区，重要性低但评价高；竞争优势区，重要性高且评价高。

中职教师教育满意度二级指标重要性矩阵的四个象限以二级指标满意度平均值（60.27）和二级指标重要性指标平均值（0.66）划分（见图 7-20）。

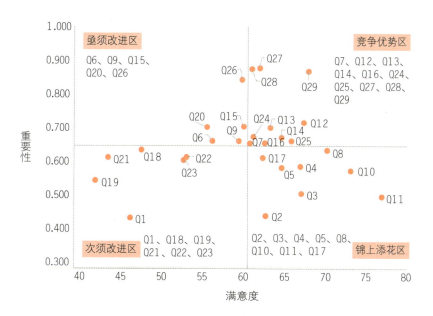

图 7-20 中职教师教育满意度二级指标重要性矩阵

注：图中的"Q"为题项代码。

（1）亟须改进区

亟须改进区的五个二级指标是影响教师整体满意度的重要因素（见表7-32），分值较低但教师关注度很高，是政府和学校应首先解决的重点问题。

一是学校管理感知维度的三个二级指标："学校为教师的发展提供的机会多""学校领导和教师沟通交流多""学校对教师的考核评价合理"。教师在自身发展机会、与领导沟通交流、考核评价三个方面有强烈的诉求，但当前学校无法满足教师需求。

二是政府保障感知维度的二级指标："向上级反映意见和建议的渠道畅通"。教师在政府决策中表达意见和建议的沟通渠道不畅。

三是总体满意度维度的二级指标："对做中职教师满意"。中职教师对自身所处的职业环境不满意。中职教师的职业环境包含多方面因素，比如社会地位、职业发展、福利待遇等，需要中职教育相关管理部门、学校等细致研究。

表7-32　落入亟须改进区的二级指标

一级指标	二级指标
学校管理感知	学校为教师的发展提供的机会多
	学校领导和教师沟通交流多
	学校对教师的考核评价合理
政府保障感知	向上级反映意见和建议的渠道畅通
总体满意度	对做中职教师满意

（2）次须改进区

落入次须改进区的有六个指标（见表7-33），其中有五个指标属于政府保障感知维度，这反映出教师在政府保障感知维度满意度较低，但对政府改进保障力度的愿望的迫切性低于提高学校管理水平的愿望。

落入次须改进区的首先是政府保障感知维度中的五个二级指标："中职教师受社会尊重""与普通高中教师相比待遇情况""制定政策时发表意见情况""工作中承担的

安全责任合适""参加业务培训的机会多"。尽管教师的政府保障感知分值在四个一级指标中最低，仅为52.31，但政府保障维度重要性相对较低，反映出中职教师对中职教育整体期望不高，在争取社会地位、权益保障和政府支持方面均信心不足。

其次是教育期望维度的二级指标："入职前你认为中职教师地位怎么样"。教师对这一问题的回答反映出入职之前，教师对所选择的职业具有清醒认识，也意识到中职教师的社会地位不高。

表 7-33 落入次须改进区的二级指标

一级指标	二级指标
政府保障感知	中职教师受社会尊重
	与普通高中教师相比待遇情况
	制定政策时发表意见情况
	工作中承担的安全责任合适
	参加业务培训的机会多
教育期望	入职前你认为中职教师地位怎么样

（3）锦上添花区

落入锦上添花区的指标有八个（见表 7-34）。

首先是学校管理感知维度的六个二级指标："学校办公条件能够满足教师的工作需要""学校的实习实训条件能满足教师教学需要""学校校风情况""同事之间关系融洽""教师与学生相处融洽""自己的工作量合适"。这说明教师在工作条件、工作环境和学校管理服务上满意度相对较高。

其次是教育期望维度的两个二级指标："入职前你认为当中职教师适合你""来本校工作前你认为这所学校适合你"。这说明教师在个体和学校期望满意度上高于对职业社会地位期望的满意度。

这八个方面对教师总体满意度的影响较小，同时学校表现相对较好。应该说，管理层当前在这八个方面的工作相对完善，下一步应根据不同地区发展水平和学校水平层次等具体情况，区别对待。建议在保持现状的基础上，进一步加强工作力度。

表 7-34 落入锦上添花区的二级指标

一级指标	二级指标
学校管理感知	学校办公条件能够满足教师的工作需要
	学校的实习实训条件能满足教师教学需要
	学校校风情况
	同事之间关系融洽
	教师与学生相处融洽
	自己的工作量合适
教育期望	入职前你认为当中职教师适合你
	来本校工作前你认为这所学校适合你

（4）竞争优势区

落在竞争优势区的有十个指标（见表 7-35）。

一是学校管理感知维度的五个二级指标："学校开展的研修活动对你帮助大""才能在工作中得到充分发挥""在学校工作愉快""学校专业课程设置合理""学校的职称评审公正"。这说明教师对学校开展研修活动的效果、在工作中发挥个人才能的情况及课程设置、学校工作氛围等具有较高满意度。

二是政府保障感知维度的两个二级指标："学校教师培训经费保障情况""学校对教师成为双师型教师的支持力度"。这反映出政府在支持教师发展方面做出了卓有成效的努力。近年来，为提升我国中等职业教育师资力量，政府出台了一系列师资培训计划，划拨专门经费保障培训有效实施，效果显著。同时，政府针对当前我国中等职业教育面临的结构性就业难题，不断强化职业教育内涵建设，大力发展"双师型"教师队伍，师资队伍素质明显提升。本次调研中，88.1% 的教师认为学校支持教师发展成为双师型教师。

三是总体满意度维度的三个二级指标："总的看你对自己所在学校的发展满意""愿意推荐亲友到这所学校做教师""对学校发展有多大信心"。这反映出中等职业教育教师尽管在社会地位、收入等方面不及普通高中教师，但无论是对个人在中职学校的发展前景还是对所在学校的发展前景均充满信心。

以上十个方面对提升教师的总体满意度贡献较大，而且学校和政府的工作成效较好。学校和政府应不断总结经验，力争继续保持发展优势。

表 7-35　落入竞争优势区的二级指标

一级指标	二级指标
学校管理感知	学校开展的研修活动对你帮助大
	才能在工作中得到充分发挥
	在学校工作愉快
	学校专业课程设置合理
	学校的职称评审公正
政府保障感知	学校教师培训经费保障情况
	学校对教师成为双师型教师的支持力度
总体满意度	总的看你对自己所在学校的发展满意
	愿意推荐亲友到这所学校做教师
	对学校发展有多大信心

（四）热点问题

本次调查除了 29 项选择题外，还设置了一道开放题，便于课题组更深入和准确地了解当前我国中等职业学校教师最关注和最迫切希望解决的问题，及教师们关于中职教育发展的建议。在 10000 份教师问卷中，约 93% 的教师填写了开放题，并提出了很多建设性意见。本研究采用聚类算法对开放题进行分析，将意见群概括为工作条件、工作环境、管理服务、社会地位、发展机会、发展支撑六个方面。

1. 工作条件

在工作条件方面，实习实训条件引起 74.71% 的教师关注，远高于对办公条件和硬件的关注程度（见图 7-21）。

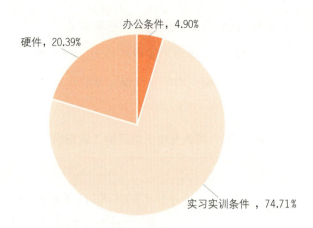

图 7-21　教师对工作条件的关注情况

　　良好的实习实训条件是培养学生扎实的实践操作能力的前提，是保障中职学校成功培养实践型人才的关键。中职教师已经充分认识到实习实训条件对教学的重要性。这一量化调查结果与课题组实地调研的感受相互印证：中职教师对学生成才寄予殷切希望。

　　教师们也非常关注自己的办公条件。当前很多地方对中职教育的重视程度不够，或者是迫于地方经济压力，对中职办学支持力度不够。一些中职院校的校舍和硬件设施落后，教师工作条件亟待提高。良好的办公环境是教师维持正常的教学工作、提升工作效率的基本保障。政府应当加大投入，逐步改善中职学校的办学条件。

2. 工作环境

　　开放题中反映工作环境的关键词主要包括教学、招生、就业、生源、与领导沟通、校风、家长、实践等。教师关注最多的是教学、招生和与领导沟通，占比分别为 34.25%、15.96% 和 10.99%（见图 7-22）。

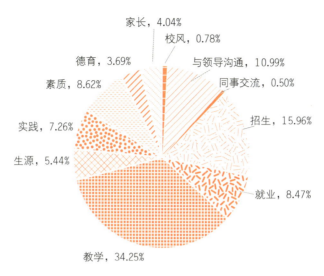

图 7-22　教师对工作环境的关注情况

　　受我国中等职业教育发展的大环境以及发展程度所限,中等职业院校的生源并不是很好,家长和学生对中职教育认同度较低。招生难、生源质量不高成为中等职业教育发展的最大问题。在中等职业教育教学过程中,"德育为首"的教学理念被中职教师认可,中职德育成为中职人才培养的第一步。中职教师需要在向学生传授技术技能的同时,加强对学生素质、道德方面的教育。教师与同事之间、上下级之间的正常、有效、健康交流对于提高教学质量、净化中职办学环境也至关重要。

3. 管理服务

　　在管理服务方面,教师关注最多的是职称评审,占比高达53.13%。具体关注点主要集中在评审过程的公开、公平、公正上。此外,教师对工作量和专业设置等也非常关注(见图7-23)。

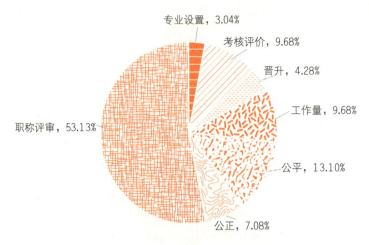

图 7-23　教师对管理服务的关注情况

专业技术职务评审是目前对中职教师的学术水平、工作能力、工作业绩进行综合测试的方式之一，也是对知识和教师的尊重以及对教师复杂劳动的肯定。但由于审核严格、名额少等原因，各级各类学校在落实此政策的过程中出现了很多问题，比如评价不合理、过程不公开、存在不公平的情况等。对于此问题，学校应当尊重和保证每位教师的合法权益，严格规范职称的评定准则和评定流程，过程公开，结果公平，加强监督。只有这样，才能建立长效的评优机制，才可以不断提高教师的积极性，提高教学水平和教学质量。

4. 社会地位

在社会地位方面，教师的关注点主要集中于待遇、社会认可、工资福利等，其中，教师反映最强烈的是待遇问题，47.28% 的教师对此表示不满（见图 7-24）。

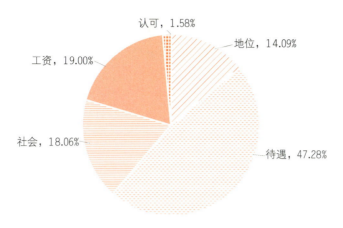

图 7-24　教师对社会地位的关注情况

中职教师的社会地位一方面体现在社会对于中职教师的尊重程度上，另一方面体现在教师工资、福利等收入上。在保证教师得到应有报酬的同时，对工作积极、有杰出贡献的教师，要及时给予精神鼓励与物质奖励，提高教师的积极性。

5. 发展机会

在发展机会方面，个人发展机会是教师最为关注的方面，得到 92.87% 的教师关注，远高于教师对才能发挥和研修活动的关注程度（见图 7-25）。此次调查的中职教师中，青年教师群体占比较大，这也是造成教师对个人发展机会关注度较高的原因之一。关注教师个人发展，给教师提供更多自我提升的机会和上升通道，是中职教师管理的重点。

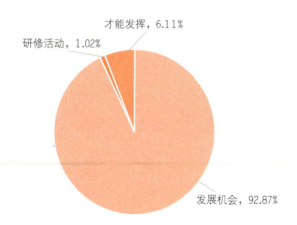

图 7-25　教师对发展机会的关注情况

随着社会的发展和进步，各行各业从业者都需要不断加强自身的再学习，掌握新的理念和技术，提升自身素质，教师队伍更是如此。教师对于自身的发展机会的重视程度比较高，学校、政府和社会则需要为此提供支持，营造良好的氛围。术业有专攻，不同行业的人才都需要在合适的岗位上才可以最大化发挥其才能与力量，整个体系的效率才会达到最高。各级各类领导者需要做好宏观规划和调配，提高人才与岗位的匹配度，并积极组织协调、大力支持教师工作，让专业人才能够在其最为擅长的领域发光发热。

6. 发展支撑

中职教师的发展支撑需求呈现多样化的特点，关注点涵盖政府、政策、规划、落实、宣传、投入、支持等诸多方面（见图7-26）。

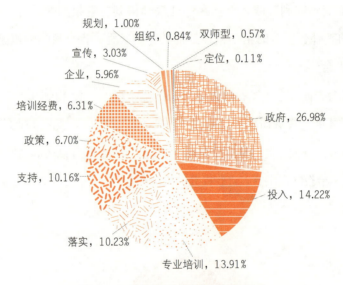

图 7-26　教师对发展支撑的需求

政府作为教育事业的宏观调控者，对于教育的未来发展走向和发展规划制定尤为重要。正视中等职业教育的重要性，制定科学的发展路径，将科学的发展理论切实落实到实际的教育教学工作中，是政府对中职教育的最大支持。

课题组将得到的教师意见关键词进行汇总后，根据词频的高低进行展示，见图

7-27，图片中的文字越大，表示该关键词出现的次数越多。借助此图，可以直观地了解中职教师的工作需求。经过排列组合，这些关键词组成了一位循循善诱的教师形象。

图 7-27　教师意见与建议

三、中职教育雇主满意度

伴随着我国经济的转型升级，社会对技术技能人才的需求日益迫切，职业教育在国家人才培养体系中的位置越来越突出。2014 年，国务院发布《关于加快发展现代职业教育的决定》，提出要以服务发展为宗旨，以促进就业为导向，适应技术进步和生产方式变革以及社会公共服务的需要，培养数以亿计的高素质劳动者和技术技能人才。衡量职业教育人才服务社会的能力，首先要看其人才培养质量。而雇主对毕业生的评价，是对人才培养质量进行检验的最重要途径。本调查通过在全国范围内对中等职业教育雇主进行抽样调查，分析当前我国中等职业教育人才培养现状，为提升中等职业教育办学水平、推进教育教学改革、提高学生综合素质提供政策建议。问卷从雇主期望、质量感知、雇主忠诚和总体满意度四个维度对雇主的人才使用满意度进行调查。

当今国内外研究者主要通过社会机构、毕业生、雇主这三大评价主体对职业教育办学质量展开评价。我国学者针对中等职业教育雇主也进行了满意度调查。王陪航、杜凤伟、闫志利（2016）参照德国职业能力分类方法，将中职毕业生职业能力设定为6项二级指标和24项三级指标，对全国8省（市）的用人单位进行了问卷调查。结果表明，中职毕业生职业能力二级指标均达到重要程度，但毕业生在岗位上的表现不尽如人意，尚有较大提升空间；中职毕业生职业能力部分三级指标远未达到用人单位的期望及要求。魏文婷（2015）基于用人单位的视角，对中职毕业生需求与满意度进行调查。卢靖华和刘恩峰（2015）通过对山西运城市22家企业的调查，从中职毕业生职业道德、知识水平、工作能力、工作业绩、身心素质等方面进行了满意度分析，发现用人单位对学生的满意度不高。厉凌云（2014）对河北省X地区用人单位对中职毕业生的需求与满意度进行了调查。结果表明：第一，用人单位更重视学生的综合素质，尤其重视职业道德，但对学生在此方面的实际表现评价不高；第二，不同行业对毕业生有不同的要求。从已有研究来看，当前用人单位满意度调查研究范围小，多局限于一地一校，同时雇主样本量较小。由此可见，本次全国范围的中等职业教育雇主（用人单位）满意度调查意义重大。

（一）总体满意度

1. 全国雇主总体满意度为53.42，处于不满意状态

当前我国中等职业教育人才培养质量与企业需求尚存在较大差距。调查结果显示，全国雇主对中等职业教育的总体满意度为53.42，分值较低，处于不满意状态。

2. 沿海开放城市的雇主对学生满意度最高

不同区域的中等职业教育质量不同，同时各地对人才的需求水平不同，不同区域的雇主对中职学历员工的满意度水平反映出各区域雇主对当地中职教育的满意程度。调查显示，沿海开放城市（不含直辖市）雇主对中职毕业生的满意度最高，为55.18，直辖市雇主的满意度最低，仅为51.79（见表7-36）。

表7-36 不同区域雇主的总体满意度差异分析

雇主所在区域	总体满意度	F	p
内地省会城市	53.33		
其他中小城市	53.48		
县城	54.79	2.284	0.044
乡镇或农村	52.92		
沿海开放城市	55.18		
直辖市	51.79		

3. 不同特征的雇主总体满意度均无显著差异

从雇主的职位等特征来看，不同职位的雇主、不同公司（单位）规模的雇主、不同单位性质的雇主对中职毕业生总体满意度均无显著差异。

4. 雇主的需求程度决定其满意度水平

中职毕业生占比不同的单位雇主对中职毕业生的总体满意度具有显著差异，雇主对中职学历员工需求越大，其总体满意度越高。中职毕业生占员工总体的比例在71%及以上的雇主总体满意度最高，为70.71；中职毕业生占员工总体的比例在10%及以下的雇主总体满意度最低，为48.89（见表7-37）。

表7-37 中职毕业生占比不同的单位雇主总体满意度差异分析

中职毕业生占比	总体满意度	F	p
10%及以下	48.89		
11%—30%	54.72		
31%—50%	56.22	4.510	0.001
51%—70%	58.70		
71%及以上	70.71		

5. 雇主对入职起薪高的中职毕业生总体满意度最高

雇主对入职起薪水平不同的中职应届毕业生总体满意度具有显著差异，起薪在7001 元及以上的应届毕业生的雇主总体满意度最高，起薪在 1500 元以下的应届毕业生的雇主总体满意度最低（见表 7-38）。

表 7-38　雇主对不同起薪毕业生的总体满意度差异分析

应届毕业生的起薪	总体满意度	F	p
1500 元以下	50.66		
1500—3000 元	52.13		
3001—5000 元	56.84	2.478	0.043
5001—7000 元	55.66		
7001 元及以上	75.00		

（二）维度分析

调查结果显示，雇主期望分值为 52.00，质量感知分值为 52.39，雇主忠诚分值为 50.08。总体来看，雇主对中职教育的满意度分值都在 50 以上，其中雇主忠诚分值最低。

1. 不同背景的雇主满意度差异分析

对被调查的雇主进行背景因素分析，有助于加深对雇主群体的了解，从而在制定政策时做到有的放矢。本研究考虑的背景因素主要分被调查雇主的背景因素和中职毕业生在雇主公司工作的情况两方面，共 10 个题项。被调查雇主的背景因素主要包括被调查雇主的职位、雇主公司或单位所属行业、雇主公司或单位的性质、雇主公司或单位的规模、雇主公司或单位所在地区和雇主公司或单位所处的经济圈。中职毕业生在雇主公司或单位的工作情况包括中职毕业生的岗位、雇主公司或单位近年来中职毕业生离职的原因、雇主公司或单位招聘应届中职毕业生的起薪和雇主公司或单位员工中中职毕业生的占比等。

（1）雇主职位对雇主期望和雇主忠诚有显著影响

本次被调查雇主的职位分四类：一是人力资源部门以外的部门领导，占 24.16%；

二是人力资源部门主管，占25.50%；三是高层管理人员，占12.23%；四是其他人员，占38.01%。高层管理人员在雇主期望、雇主忠诚两个维度上相对其他职位的雇主分值高，分值最低的是其他人员（见表7-39）。另外，各类雇主在雇主忠诚上差距较大，说明雇主在岗位招聘中对中职毕业生的意愿和期望有较大分歧。

表7-39 不同职位雇主的满意度差异分析

维度	雇主职位	满意度	F	p
雇主期望	高层管理人员	54.34	3.060	0.027
	人力资源部门主管	53.55		
	人力资源部门以外的部门领导	52.86		
	其他人员	49.68		
质量感知	高层管理人员	52.87	0.580	0.628
	人力资源部门主管	53.88		
	人力资源部门以外的部门领导	53.30		
	其他人员	50.63		
雇主忠诚	高层管理人员	53.29	3.247	0.021
	人力资源部门主管	52.57		
	人力资源部门以外的部门领导	50.89		
	其他人员	46.86		

（2）雇主公司或单位规模越大，质量感知分值越高

从雇主公司或单位规模来看，规模为101—1000人的公司或单位占45%，规模为100人及以下的占33%，规模为1001—5000人的占16%，规模在5001人及以上的占6%。雇主公司或单位规模越大，质量感知分值越高，雇主忠诚也有近似趋势（见表7-40）。这可能是由于规模越大的企业岗位划分越细，越看重学生的专项技能，因此满意度相对较高。

表 7-40　不同规模公司或单位满意度差异分析

维度	雇主公司或单位规模	满意度	F	p
雇主期望	100 人及以下	50.76	1.101	0.348
	101—1000 人	52.15		
	1001—5000 人	53.57		
	5001 人及以上	53.66		
质量感知	100 人及以下	51.02	1.121	0.340
	101—1000 人	52.80		
	1001—5000 人	52.87		
	5001 人及以上	55.10		
雇主忠诚	100 人及以下	48.08	0.826	0.480
	101—1000 人	51.05		
	1001—5000 人	51.08		
	5001 人及以上	50.06		

2. 雇主对不同背景的中职毕业生的满意度差异分析

课题组从中职毕业生岗位安排、雇主公司或单位近年来中职毕业生离职的原因、雇主公司或单位招聘应届中职毕业生的起薪和雇主公司或单位中职毕业生占比四个方面了解中职毕业生所在雇主公司或单位是否在雇主期望、质量感知和雇主忠诚的分值方面有显著差异。

（1）雇主对销售性工作岗位上的中职毕业生满意度普遍较低

中职毕业生所在的岗位中，操作性工作岗位占比最大，占 52%；其次是生产技术管理岗位，占 20%；销售性工作岗位占 12%；行政管理岗位占 8%；占比最低的是研究设计与开发岗位（4%）和财务工作岗位（4%）。

雇主对销售性工作岗位上的中职毕业生的满意度在三个维度上普遍较低，这与中职教育主要偏重技术性专业技能培养、销售性岗位对学生的能力素质要求高于技能要求有关。雇主对研究设计与开发岗位的中职毕业生的满意度普遍较高（见表7-41），但这部分岗位的中职毕业生占比较低，不具有普遍意义。

表 7-41　雇主对不同岗位的中职毕业生的满意度差异分析

维度	中职毕业生岗位	满意度	F	p
雇主期望	操作性工作岗位	50.45	2.986	0.011
	生产技术管理岗位	53.16		
	销售性工作岗位	42.54		
	行政管理岗位	54.06		
	财务工作岗位	55.33		
	研究设计与开发岗位	58.31		
质量感知	操作性工作岗位	51.23	1.588	0.161
	生产技术管理岗位	52.04		
	销售性工作岗位	44.16		
	行政管理岗位	53.42		
	财务工作岗位	56.39		
	研究设计与开发岗位	58.74		
雇主忠诚	操作性工作岗位	48.53	0.980	0.429
	生产技术管理岗位	52.06		
	销售性工作岗位	49.19		
	行政管理岗位	51.89		
	财务工作岗位	57.85		
	研究设计与开发岗位	56.23		

（2）雇主对学习能力强的中职毕业生评价较高

近年来中职毕业生离职原因最多的是待遇低（占26%），其次是改变职业目标（占24%）、怕吃苦（占17%）、能力上难以胜任工作（占16%）、上学深造（占9%），最少的是家庭原因（8%）。雇主对于因上学深造而离职的中职毕业生的满意度在三个维度上均较高，对因待遇低和能力上难以胜任工作而离职的中职毕业生的满意度普遍较低（见表7-42）。这说明雇主对于自身积极上进、学习能力强的中职毕业生还是普遍认可的，相反，对于难以胜任工作的中职毕业生满意度较低。

表 7-42 雇主对出于不同原因而离职的中职毕业生的满意度差异分析

维度	毕业生离职原因	满意度	F	p
雇主期望	待遇低	48.56	5.014	0.000
	改变职业目标	55.51		
	怕吃苦	55.08		
	能力上难以胜任工作	49.03		
	上学深造	57.01		
	家庭原因	53.86		
质量感知	待遇低	51.86	1.204	0.305
	改变职业目标	50.39		
	怕吃苦	48.95		
	能力上难以胜任工作	47.21		
	上学深造	56.72		
	家庭原因	47.20		
雇主忠诚	待遇低	49.07	0.590	0.708
	改变职业目标	52.72		
	怕吃苦	50.73		
	能力上难以胜任工作	44.57		
	上学深造	57.32		
	家庭原因	50.75		

（3）雇主公司或单位的中职毕业生占比越高，满意度越高

在被调查的雇主中，公司或单位员工中中职毕业生占 11%—30% 的雇主占比最大（39%），其后依次是中职毕业生占员工总数 10% 及以下的雇主（占 34%）、中职毕业生占员工总数 31%—50% 的雇主（占 19%）、中职毕业生占员工总数 51%—70% 的雇主（占 7%），占比最小的是中职毕业生占员工总数 71% 及以上的雇主（占 1%）。总体上看，中职毕业生占比为 31%—70% 的雇主公司或单位在三个维度上的满意度较高，说明中职毕业生为这类雇主公司或单位提供了有力的支撑，同时这类雇主公司或单位对中职毕业生也存在较高程度的依赖。中职毕业生占员工总数 10% 及以下的雇主公司或单位在三个维度上的满意度较低（见表 7-43）。中职毕业生占比在 10% 及以下的雇主公司或单位从公司或单位业务上并不依赖中职毕业生，所以关注度和期望不高。中职毕业生占比在 71% 及以上的雇主公司或单位从公司或单位业务上高度依赖中职毕业生，因此对他们的期望和关注较高，满意度较高。

表 7-43 公司或单位中中职毕业生占员工总数比例不同的雇主满意度差异分析

维度	中职毕业生占员工比例	满意度	F	p
雇主期望	10% 及以下	47.89	10.182	0.000
	11%—30%	53.51		
	31%—50%	54.19		
	51%—70%	56.36		
	71% 及以上	63.58		
质量感知	10% 及以下	48.22	3.812	0.004
	11%—30%	54.21		
	31%—50%	53.87		
	51%—70%	56.23		
	71% 及以上	70.12		
雇主忠诚	10% 及以下	42.70	3.358	0.010
	11%—30%	52.81		
	31%—50%	54.80		
	51%—70%	56.31		
	71% 及以上	63.49		

（三）路径分析

1. 总体满意度与雇主期望、质量感知和雇主忠诚的关系

中职教育雇主满意度指数模型路径系数表示的是一级指标之间的效应值。从总效应上看，总体满意度对雇主忠诚的总效应为 0.598，雇主期望对雇主忠诚的总效应为

0.327、质量感知对雇主忠诚的总效应为 0.472（见表 7-44）。说明雇主期望、质量感知和总体满意度都对雇主忠诚存在一定程度的影响，总体满意度对雇主忠诚的影响最大。

表 7-44　中职教育雇主满意度指数模型路径总效应

维度	质量感知	雇主忠诚	雇主期望	总体满意度
质量感知	—	0.472	—	0.789
雇主忠诚	—	—	—	—
雇主期望	0.693	0.327	—	0.546
总体满意度	—	0.598	—	—

2. 满意度矩阵分析

中职教育雇主满意度二级指标重要性矩阵四个象限的划分是以二级指标满意度平均值（52.14）和二级指标重要性平均值（0.54）为标准的（见图 7-28）。

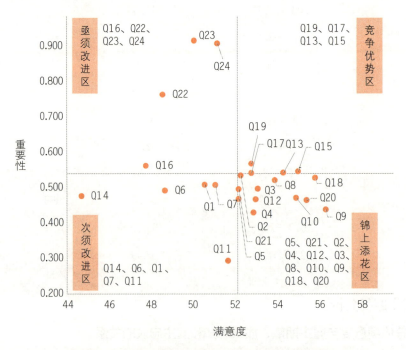

图 7-28　中职毕业生雇主二级指标重要性矩阵

注：图中的"Q"为题项代码。

（1）亟须改进区

落入亟须改进区的有四个二级指标（见表7-45）。

首先是雇主忠诚维度的三个二级指标："通过相关渠道向中职学校提出人才培养方面的意见建议次数""今后继续招聘中职毕业生的意愿""今后与中职学校开展订单培养的意愿"。这表明雇主对中职教育缺乏关注和信心。

其次是质量感知维度的一个二级指标，即"中职毕业生了解国外相关行业发展的意识和能力"。这表明培养具有国际视野的高水平专业人才是中职教育面临的新挑战。

这四个指标是影响雇主整体满意度以及忠诚度的重要因素，但学校和相关政府部门在这些方面的表现还有很大的提升空间，这应该是目前管理者应该着重解决的问题。

表7-45　落入亟须改进区的二级指标

一级指标	二级指标
质量感知	中职毕业生了解国外相关行业发展的意识和能力
雇主忠诚	通过相关渠道向中职学校提出人才培养方面的意见建议次数
	今后继续招聘中职毕业生的意愿
	今后与中职学校开展订单培养的意愿

（2）次须改进区

落入次须改进区的有五个二级指标（见表7-46）。

首先是质量感知维度的四个二级指标："中职毕业生完成岗位工作时所需要的书面表达能力""中职毕业生在工作中的组织协调能力""近年来录用的中职毕业生离职的多""中职毕业生英语水平能满足岗位需要"。中职毕业生的工作能力和整体素质需要提升，当前中职学校的人才培养有偏技能培养、轻素质教育的问题。

其次是雇主期望维度的一个二级指标，即"公司招聘录用的中职毕业生入职前对他们整体素质的期望值"。雇主对中职毕业生整体素质和能力认可度不高。

这五个因素对雇主整体满意度以及忠诚度的影响低于亟须改进区的因素。

表 7-46　落入次须改进区的二级指标

一级指标	二级指标
雇主期望	公司招聘录用的中职毕业生入职前对他们整体素质的期望值
质量感知	中职毕业生完成岗位工作时所需要的书面表达能力
	中职毕业生在工作中的组织协调能力
	近年来录用的中职毕业生离职的多
	中职毕业生英语水平能满足岗位需要

（3）锦上添花区

落入锦上添花区的有 11 个二级指标（见表 7-47）。

首先是质量感知维度的七个二级指标："中职毕业生在工作中的交往和沟通能力""中职毕业生在工作中表现出来的口头表达能力""中职毕业生在工作中的团队合作能力""中职毕业生在认真负责、吃苦耐劳、爱岗敬业方面的表现""中职毕业生入职以后适应企业文化、规章制度等方面的表现""中职毕业生在工作中能注意保护公司或客户的重要信息""中职毕业生的操作技能能满足岗位需要"。雇主对中职毕业生的基本工作技能、知识水平和职业道德持相对认可态度。

其次是雇主期望维度的两个二级指标："公司招聘录用的中职毕业生入职以前您对他们满足企业需求的期望""公司招聘录用的中职毕业生入职以前您对他们满足某一岗位要求的期望"。雇主对中职毕业生的岗位能力和素质评价高于对学生整体素质能力的认可。

最后是总体满意度维度的两个二级指标："所录用的中职毕业生工作表现和您招聘前的期望相比的差距""近年来录用的中职毕业生距离您理想的人才标准的差距"。中职毕业生在工作中的表现还是得到了雇主的相对认可。

这 11 个二级指标对雇主整体满意度和忠诚度影响较小，而且学校在这些方面的表现相对其他方面要好，因此对雇主整体满意度有正面影响，虽不能显著提升雇主满意度，但不是迫切需要花费精力的方面，维持就好。

表 7-47 落入锦上添花区的二级指标

一级指标	二级指标
雇主期望	公司招聘录用的中职毕业生入职以前您对他们满足企业需求的期望
	公司招聘录用的中职毕业生入职以前您对他们满足某一岗位要求的期望
质量感知	中职毕业生在工作中的交往和沟通能力
	中职毕业生在工作中表现出来的口头表达能力
	中职毕业生在工作中的团队合作能力
	中职毕业生在认真负责、吃苦耐劳、爱岗敬业方面的表现
	中职毕业生入职以后适应企业文化、规章制度等方面的表现
	中职毕业生在工作中能注意保护公司或客户的重要信息
	中职毕业生的操作技能能满足岗位需要
总体满意度	所录用的中职毕业生工作表现和您招聘前的期望相比的差距
	近年来录用的中职毕业生距离您理想的人才标准的差距

（4）竞争优势区

落在竞争优势区的有四个二级指标（见表7-48）。

首先是质量感知维度的三个二级指标："中职毕业生信息技术应用能力能满足岗位需要""中职毕业生在工作中继续学习新知识新技术的能力""中职毕业生的专业知识能满足岗位需要"。中职毕业生的岗位技能和相应的知识水平得到了雇主的相对认可。

其次是总体满意度维度的一个二级指标，即"对所录用的中职毕业生胜任工作的情况满意"。雇主对中职毕业生工作技能和表现持相对满意和认可的态度。

这四个二级指标对雇主整体满意度影响较大，而且学校和中职相关管理部门在这些方面的表现相对其他方面要好，有助于提升雇主整体满意度水平，应继续保持优势。

表 7–48 落入竞争优势区的二级指标

一级指标	二级指标
质量感知	中职毕业生信息技术应用能力能满足岗位需要
	中职毕业生在工作中继续学习新知识新技术的能力
	中职毕业生的专业知识能满足岗位需要
总体满意度	对所录用的中职毕业生胜任工作的情况满意

（四）热点问题

课题组为了详细了解中等职业教育雇主满意度情况，设置了一道开放题。经过整理发现，在 1047 份有效问卷中，有 819 份问卷填写了有意义的建议。通过聚类分析方法对答案进行分类汇总，得到实践能力、人文素质、雇主满意、雇主忠诚四个方面的建议。

1. 实践能力

在实践能力方面，雇主关注度较高的关键词有"动手操作""实际""实践"等。其中"动手操作"占比最高，达到 38.02%；其次是"实际"与"实践"，占比分别为 11.81% 和 9.55%（见图 7–29）。这一结果反映出雇主对中职毕业生的实际操作能力比较关注，而这也和中职教育的定位相符。

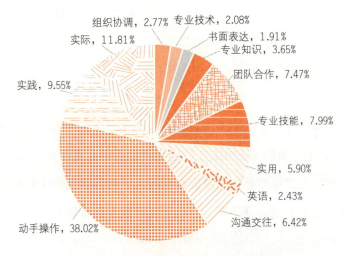

图 7–29 实践能力类关键词分布情况

2. 人文素质

在人文素质方面，雇主关注的有"文化""吃苦""责任""耐劳""敬业"等关键词。其中，"文化"占比最高，达 30.23%；"吃苦"占比达 22.09%；"责任""耐劳"占比达 16.28%（见图 7–30）。这反映出雇主对中职毕业生人文素质极为关注，全面提升中职毕业生综合素质是今后一个时期中职教育内涵发展的关键。

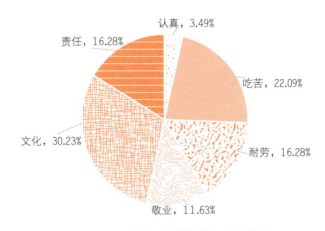

图 7–30 人文素质类关键词分布情况

3. 雇主满意

在雇主满意部分，雇主关注"满意""胜任""差距"三个方面。其中"满意"和"胜任"占比相当，均为 42.86%；"差距"占比为 14.29%（见图 7–31）。

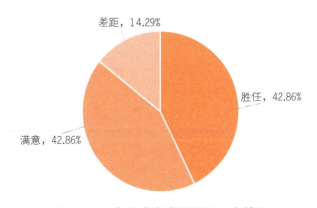

图 7–31 雇主满意类关键词分布情况

4. 雇主忠诚

在雇主忠诚部分，雇主关注"继续招聘"和"订单培养"，两者占比分别为 70.59% 和 29.41%（见图 7-32）。这反映出雇主对中职毕业生订单式培养的关注度不高。

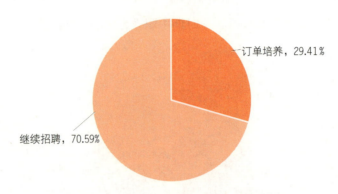

图 7-32　雇主忠诚类关键词分布情况

对雇主意见与建议关键词进行汇总并统计词频，挖掘出雇主关注度较高的词，如图 7-33 所示，雇主对"动手操作""实际""实践""专业技能""沟通交往"等词关注度相对较高。

图 7-33　雇主意见与建议

四、小结

（一）结论

尽管中等职业教育满意度不尽如人意，但从本次面向学生、教师和雇主的样本调查中仍然可以看到，随着我国政府对职业教育越来越重视，教育财政投入的增加，职业学校办学水平和管理水平进一步提高，学习环境和工作条件日渐优化，教育教学质量不断提升，取得了一些成效。

1. 德育为首理念落实好

受我国中等职业教育的历史发展等因素的影响，中职教育生源质量普遍不高，学校需加强对学生行为习惯及基本素质的培养。数据显示，学生对学校全面贯彻落实国家办学理念（70.16）、注重培养学生良好行为习惯（74.56）、加强纪律管理（77.82）和教师要求严格（71.80）方面给予高度认可。另外，从雇主满意度调查中也可以看出雇主在以下三个方面对中职毕业生给予认可：一是中职毕业生在认真负责、吃苦耐劳和爱岗敬业方面表现较好；二是中职毕业生入职后能够较快适应企业文化、规章制度；三是中职毕业生保护公司重要信息方面的意识强。这也体现出中职教育一直以来重视德育，很好地落实了"德育为首，技能为主，全面提升学生综合素质"的指导思想。

2. 教师教育教学水平提升快

近年来，我国采取多项措施提升中职学校教师学历和教学水平，教师素质得到全面提升。数据显示，这些强有力的措施得到了学生的高度认可：教师教学水平较高（75.92）、专业课程内容较为实用（71.08）、学生实训课程获得感较强（70.29）、学校实训课程设备能较好满足学生学习需要（70.43）和学校文化课教学质量高（68.91）。另外，在雇主满意度调查中，雇主对中职毕业生的实践应用能力和沟通合作能力也给予了肯定。雇主对中职毕业生在信息技术应用能力满足岗位需求、工作中继续学习新知识和新技术的能力、专业知识满足岗位需求和技能满足岗位需求等方面的满意度相对较高，对中职毕业生的沟通能力、口头表达能力和团队合作能力也给予认可。这显示出我国中职教育在教师队伍建设上取得了较大的成效。

3. 学校科学化管理日益完善

受我国当前中职教育发展的大环境所限，生源质量较低，无疑加大了中职教育教学工作的难度，学校要实现管理的科学化、规范化，创新和强化教育教学管理，完善管理制度。调查结果显示，中职学校教师对师生关系（72.94）与同事关系（76.78）给予较高认同；对办公环境（66.68）和实习实训条件（64.43）得到改善给予了肯定，在开放题中，有75%的教师提到学校在改善实习实训条件方面做出了很大努力；教师对学校支持双师型教师发展（65.58）、专业课程设置（64.30）、教学工作量安排（62.06）和职称评审公正（62.35）等方面也给予了较高评价。

4. 资助政策目标已基本实现

2012年12月以来，我国逐步建立了中等职业教育资助体系。中等职业教育资助体系以免学费、发放国家助学金为主，以学校和社会资助及顶岗实习等为补充。数据显示，学生对学校落实国家对中职学生的资助政策的情况（助学金、免学费、奖学金等）较为满意，分值达到73.48，明显高于各题项的均值（68.60）。满意度矩阵分析结果显示，落实国家资助政策得到较高评价。可以说，目前我国中等职业教育国家资助政策整体运行情况良好，资助政策目标基本实现。

5. 教师对学校发展充满信心

增强群体凝聚力，形成和谐的教育气氛是办好学校的重要保障。学校发展是教师走向成功的基础，教师是学校发展的重要因素。教师对学校发展充满信心，才会倾注满腔热忱，去认真完成教育教学任务，把教学改革落到实处，学生获得高质量的教育才能变为现实。调研数据显示，教师在对所在学校发展有充分信心方面的满意度达到67.67，高于总体满意度（62.43）。这反映出中等职业学校教师尽管认为自己与普通高中教师相比，社会地位、收入等方面存在不足，但整体而言无论是对个人在中职学校的发展前景还是对所在学校的发展前景都充满信心，同时也体现出近年来国家加大中等职业学校教师队伍建设取得的成效。

（二）问题

"十三五"时期是中等职业教育内涵建设的重要时期，也是实现教育均衡发展、促进教育公平、培养合格的技术技能人才的关键期。本次满意度调查显示，中职教育发展仍然面临严峻挑战，许多问题亟待解决。

1. 学校生活基础设施条件差

中等职业学校基础设施建设是中等职业教育的重要基础。但是本次调查结果显示，当前学生最不满意的学校基础设施为学校伙食（57.15）和宿舍条件（59.45），其次，课外活动场所和设施方面满意度也较低。72.24%的学生对食堂伙食存在意见，46.53%的学生对校园卫生（如食堂、宿舍等）不满意，21.27%的学生认为学校应加大操场的建设力度。此外，还有相当一部分学生的建议集中在学校其他硬件需求上，如空调（62.79%）、风扇（19.28%）、电脑硬件（9.47%）等。

2. 教师社会地位与工资待遇偏低

教师社会地位主要体现在社会对中职教师的尊重程度和中职教师工资、福利等待遇方面。数据显示，中职教师的工资大部分集中在2000—4000元之间，工资在5000元以上的仅占13%。60%以上的中职教师认为其待遇低于普通高中教师，对当前自身和普通高中教师待遇的差距不满。同时，中职教师的社会尊重感知也很低，为47.14。这反映出目前中职学校教师在自我价值体现和社会价值体现两个方面均具有强烈的不满足感。这也是致使中职教师对学校发展信心不足（58.80）的重要原因之一。

3. 教育公平与权益保障不足

中职学生教育公平感知维度的满意度最低，为64.15。学生对毕业后继续学习渠道的了解满意度最低，仅为58.99。学生普遍反映"学校条件难以满足学生特长发挥""各类技术技能大赛掐尖特培，普通学生机会不足""毕业后求学路径不畅及毕业后理想工作难找"等问题。学生认为向学校提出意见的渠道不畅，这是学生最不满意的方面之一，满意度仅为61.63。另外，学生对实训实习保障不足也表现出不满，具体表现在实训实习与专业契合程度、学校提供的实习实训机会、参加技能大赛的机会、行业教师聘请等方面。有60%以上的学生反映实习实训时间、机会及质量不足，教师不能一视同仁，对学校存在的歧视现象表现出极大的不满，而且越是来自弱势底层家庭的学生，满意度越低。这反映出目前我国中等职业教育学生参与学校管理的制度有待完善。另外，虽然国家一直以来都在强调加强校企合作、产教融合，但在雇主满意度调查中发现，雇主很少向中职学校提出人才培养方面的意见和建议，继续招聘中职毕业生及与学校开展订单式培养的意愿也明显不足，反映出雇主对中职教育缺乏关注。

4. 向上级反映意见渠道不畅

师生参与政策制定、向上级反映意见和建议是促进学校教育事业蓬勃发展的重要途径。但调查数据显示，中职学生认为向学校提出意见的渠道不畅，这是学生最不满意的方面之一，满意度仅为 61.63。开放题中，学生也表示对教师没收学生个人财产、学生意见反馈得不到落实等意见较大。教师也反映学校领导和教师的沟通交流较少（59.05）；教师群体向上级反映意见和建议的渠道不够畅通（55.18）；政府制定相关教育政策时，教师发表意见的机会比较少（43.00）。由此可以看出，迫切需要加强师生之间、教师与上级之间以及政策制定部门之间的有效沟通机制建设。

5. 中职毕业生知识面窄

雇主满意度对中等职业教育的质量提升与发展有重要的监测作用。调查数据显示，雇主对中职毕业生的知识水平与能力满意度较低，主要体现在三个方面：一是对中职毕业生的英语水平满足岗位需求不满意，满意度仅为 44.73；二是对中职毕业生了解国外相关行业发展的意识和能力的满意度低，满意度仅为 47.80；三是对中职毕业生完成岗位工作时所需要的书面表达能力的满意度低，满意度仅为 48.66。可以看出，雇主对中职毕业生在工作岗位能力上的要求已不仅局限在技术技能和动手操作能力方面，对学生的国际视野、岗位以外的相关技能、高水平的能力和素质也有一定的要求和期望。

6. 区域中职教育发展不均衡

首先，不同区域、不同性质的中职学校的学生满意度差异大。东部地区中职学生满意度最高，而西部地区相对较低。由此可以看出，中等职业教育的办学水平与地方经济社会发展水平密切相关。从教育质量感知和教育公平感知情况看，高于教育质量感知分值（68.69）的有 18 个省份，其中分值最高的省份为 78.81，最低的省份为 61.87，相差 16.94；高于教育公平感知分值（64.15）的有 18 个省份，最高

76.46，最低 55.46，相差 21.00。此外，不同类型的中职学校的学生满意度也有显著差异，县镇学校学生满意度明显低于城区学校学生；公办学校学生满意度低于民办学校学生；普通中职学校（含高职中专部）学生满意度相对最低；相比于示范和重点中职学校，普通中职学校学生在教育质量感知、教育公平感知、总体满意度方面分值较低，需要引起足够重视。

教师的满意度也存在较大区域差异。数据显示，教师总体满意度呈从中部、东部到西部依次下降趋势。在教师总体满意度维度，满意度最高的省份与最低的省份差值达到 16，其中满意度最高的前 5 个省份主要分布在东部，满意度最低的 5 个省份在西部和中部。高于学校管理感知分值（64.32）的有 14 个省份，最高 68.55，最低 54.32，相差 14.23；高于政府保障感知分值（52.31）的有 16 个省份，最高 59.04，最低 42.65，相差 16.39。由此可以看出，缩小区域教育差距仍然任重道远。

（三）建议

我国职业教育正处在转型发展关键期，提高中职教育办学水平，培养和造就一批适应社会经济转型发展的生产和服务一线的高素质技术技能人才，是教育部门需要完成的一项重要而艰巨的任务。努力办好人民满意的职业教育，提升学生、教师、雇主对中等职业教育的满意度，需要政府、学校和社会企业多方共同努力，为此，本研究提出以下建议。

1. 加大职业教育投入，实现区域均衡发展

中等职业教育在办学条件、师资力量、投入水平和校企合作条件等方面呈现出比较明显的区域不均衡现象。首先，要加大对教学薄弱环节的投入。农村和中西部地区教育资源短缺、学生食宿条件不佳等问题普遍存在，要有针对性地重点加大投入力度，缩小城乡和地区差距，提高学生生活质量。其次，要继续加强扶助贫困家庭学生力度。数据显示，地区经济越发达，家庭经济条件越好，学生的满意度越高，可见改善经济条件是提高教育满意度的一项关键举措，学校及政府应持续高度关注低收入家庭学生，加大对贫困地区、贫困家庭学生的多层次扶助力度。再次，各地区要细致研究影响区域教育均衡发展的因素，根据自身发展特点，有针对性地制定相关政策，缩小地区之间的差异。最后，要提高中职教师的工资待遇。职教振

兴，教师为本。目前中职教师无论是工作强度，还是心理压力，都比普通高中教师大得多。他们需要付出大量精力和时间改变学生的厌学状况，补齐学生学习基础差的短板，提高课堂纪律管理水平，纠正学生身上的不良习惯与问题行为（如吸烟、喝酒、泡网吧、夜不归宿）等，尽管这样付出，有时还难以得到学生和家长的认可。为此，要大幅度提高中职教师的基本工资，缩小因为绩效工资占比大而造成的地域差异，提高教师津贴补助。同时，将经费保障责任重心上移，由省级财政承担主要责任，县级财政承担次要责任。此外，给学校发放福利和奖金的自主权，允许学校通过开展职业教育培训获得创收的办法来增加教师收入。

2. 树立服务管理理念，构建畅通沟通机制

树立以学生为服务中心的管理理念。一是要改善学校食堂和宿舍条件，加快制定校园生活区域的各项管理规章制度及相关标准。二是加强信息公开制度建设，要有长效的意见反馈机制，使沟通渠道畅通，积极引导学生参与学校管理，充分发挥学生自治能力。三是使每个学生公平享受优质教育资源，促进教育教学过程公平，注重通过技能大赛带动学生整体技术技能水平提升，使"人人成才，人尽其才"成为中职教育评价的最终目标。四是增强教育行政管理部门的服务意识，在制定政策的过程中，用好政府信息公开平台，公开征集教师意见，畅通建言渠道，不断完善政策制定流程。五是学校内部要建构交流平台，营造和谐的工作氛围，利用校园网、电子邮箱、校长信箱等现代化的沟通工具，畅通学校行政人员与教师之间的交流渠道，始终让教师保持良好心态和愉快情绪，提高工作效率。六是探索校企合作的共进共赢、良性循环机制，吸引企业参与制定中职教育人才培养方案，创新中职学生教育教学方式，培养企业满意的技术技能人才。

3. 弘扬中职教师美德，引导各界帮扶职教

职教振兴，教师为本。建设一支品德过硬、业务精良的中等职业教育教师队伍，是中等职业教育事业得以长足发展的关键与基础。政府应该营造一个能激励中职教师发展的良好环境。通过报纸、杂志、电视、广播、互联网等多种媒体，宣传和弘扬中职学校教师的重要性和育人成功经验，改变社会各界对中职教育及教师"可有可无"的观念。此外，在优秀教师评选中，要不断扩大中职教师比例，完善

职业学校教师职称制度，形成一支专业特色突出的职业教育师资队伍，提高中职教师的职业成就感和社会认同度。

4. 积极推进产教融合，提升学生就业能力

判断职业教育发展水平高低的一个重要标准是职业教育与企业是否保持密切联系。充足、高质量的企业实习实训机会是培养中职学生的关键环节。当前企业和学校尚未真正形成长效合作关系，学生的实习实训机会不足。改变这一现状，需要政府、社会和学校三方联动。政府应出台更加有效的支持政策，如税收优惠、企业接纳实习生及参与公共实习实训基地建设等政策。职业学校与企业要建立深度长效的合作机制，规范实习实训管理，创新教师聘任流动机制，提高实习实训质量内涵。另外，雇主满意度调查显示，雇主对中职学校最大的期盼是加强学生综合人文素质能力培养。因此，中职教育相关管理部门和学校应建立相应的中职教育课程研究和学生能力素质培养方案、机制，以更好地贴近实际岗位需求，提升中职教育质量和雇主满意度，从而带动整个中职教育的发展。

5. 修订职业教育法规，保障职教发展壮大

实践证明，树立法治权威、加强执法检查，对推动教育事业改革发展意义重大、影响深远。职业教育在协调推进"四个全面"战略布局、实现中国梦中的战略地位越来越重要，在适应经济发展新常态、实施创新驱动发展中的支撑作用越来越突出，在保障改善民生、促进社会公平正义方面的独特价值日益彰显。职业教育的发展壮大必然离不开行业企业的参与和支持，它们是职业教育发展的践行者、推动者和受益者。本次调查中，雇主满意度最低，给中等职业教育敲响了"警钟"。要改变这一状况，推动职业教育健康发展，需要法律的保障和推动。《中华人民共和国职业教育法》实施已达20多年，有些条款已不适应现代职业教育发展的新要求，为此，要加快职业教育法律修订步伐，积极推进配套法律法规的建设。

第八章

高等教育满意度
调查结果

一、本科学生满意度

（一）全国本科学生总体满意度分值为 68.15

调查发现，全国本科学生教育质量感知分值为 64.31，教育环境感知分值为 67.48，教育公平感知分值为 68.00，教育期望分值为 65.11（见图 8-1）。教育期望和教育质量感知分值相对其他维度较低。由于本科学生教育环境感知和教育公平感知分值相对较高，促进了总体满意度的提高。总体满意度分值高出教育期望一定幅度，说明本科阶段的学习有效地促进了大学生对本科教育的认同。

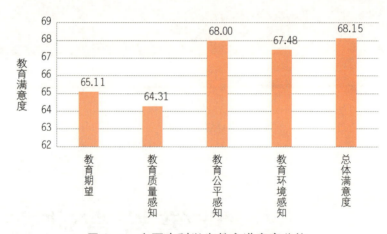

图 8-1 全国本科学生教育满意度分值

（二）中部地区本科生满意度水平高于东部和西部地区本科生

1. 各地区本科生总体满意度分值

全国有 14 个省份的本科生总体满意度分值高于全国平均水平，所占比例为 45%。在东、中、西部三个地区中，东部地区有 45% 的省份本科生总体满意度分值高于全国平均水平，中部地区为 63%，西部地区为 33%，中部地区本科生的总体满意度水平要高于东部和西部地区。

人均 GDP 与本科生总体满意度呈非线性关系。以 2015 年各省份人均 GDP 为自变量，以本科生总体满意度为因变量进行分析，拟合结果显示，大致以人均 GDP 8 万元为临界点，当人均 GDP 低于 8 万元时，总体满意度分值随人均 GDP 增长而增长；而当人均 GDP 高于 8 万元时，总体满意度分值随着人均 GDP 增长而下降（见图 8-2）。

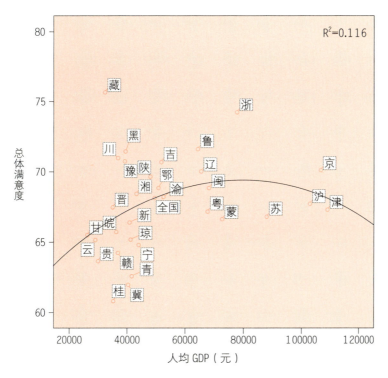

图 8-2　人均 GDP 与本科生总体满意度的关系

2.各地区本科生教育期望分值

全国有 13 个省份本科生教育期望分值高于全国平均水平，所占比例为 42%。在东、中、西部三个地区中，东部地区有 55% 的省份本科生教育期望分值高于全国平均水平，中部地区为 38%，西部地区为 33%。东部地区最高，中部地区次之，西部地区最低，说明经济发展水平越高，地区整体教育期望值越高。

人均 GDP 与本科学生教育期望值呈线性关系。以 2015 年各省份人均 GDP 为自变量，以本科生教育期望值为因变量进行分析，拟合结果显示，教育期望值随人均 GDP 增长而增长（见图 8-3）。

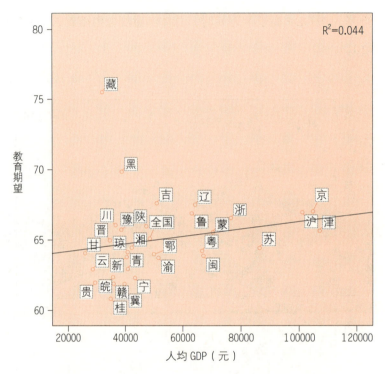

图 8-3　人均 GDP 与本科生教育期望值的关系

3. 各地区本科生教育质量感知分值

全国有 13 个省份本科生教育质量感知分值高于全国平均水平，所占比例为 42%。在东、中、西部三个地区中，东部地区有 55% 的省份本科生教育质量感知分值高于全国平均水平，中部地区为 38%，西部地区为 33%。东部地区最高，中部地区次之，西部地区最低，说明经济发展水平越高，地区整体教育质量感知分值越高。

人均 GDP 与本科生教育质量感知分值呈非线性关系。以 2015 年各省份人均 GDP 为自变量，以本科生教育质量感知分值为因变量进行分析，拟合结果显示，大致以人均 GDP 8 万元为临界点，当人均 GDP 低于 8 万元时，随着人均 GDP 的增长，教育质量感知分值也增长；而当人均 GDP 高于 8 万元时，教育质量感知分值随着人均 GDP 增长而下降，江苏、上海、北京、天津 4 省市位于该区间（见图 8-4）。

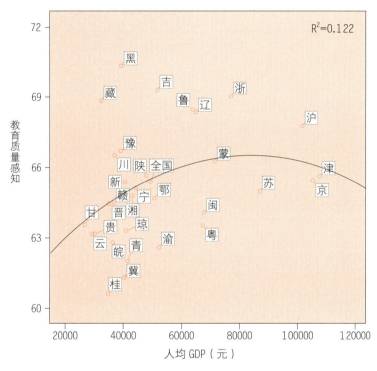

图 8-4　人均 GDP 与本科生教育质量感知分值的关系

4. 各地区本科生教育公平感知分值

全国有 13 个省份本科生教育公平感知分值高于全国平均水平，所占比例为 42%。在东、中、西部三个地区中，东部地区有 55% 的省份本科生教育公平感知分值高于全国平均水平，中部地区为 50%，西部地区为 25%。东部地区最高，中部地区次之，西部地区最低，说明经济发展水平越高，地区整体教育公平感知分值越高。

人均 GDP 与本科生教育公平感知分值呈非线性关系。以 2015 年各省份人均

GDP 为自变量，以本科生教育公平感知分值为因变量进行分析，拟合结果显示，大致以人均 GDP 8 万元为临界点，当人均 GDP 低于 8 万元时，随着人均 GDP 的增长，本科生教育公平感知分值也增长；而当人均 GDP 高于 8 万元时，本科生教育公平感知分值随着人均 GDP 增长而下降（见图 8-5）。

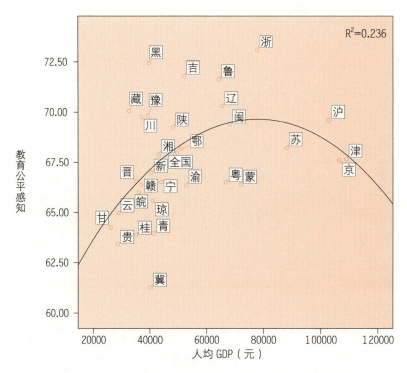

图 8-5　人均 GDP 与本科生教育公平感知分值的关系

5. 各地区本科生教育环境感知分值

全国有 12 个省份本科生教育环境感知分值高于全国平均水平，所占比例为 39%。在东、中、西部三个地区中，东部地区有 45% 的省份本科生教育环境感知分值高于全国平均水平，中部地区为 63%，西部地区为 17%，中部地区的整体教育环境感知分值要高于东部和西部地区。

人均 GDP 与本科生教育环境感知分值呈非线性关系。以 2015 年各省份人均 GDP 为自变量，以本科生教育环境感知分值为因变量进行分析，拟合结果显示，大致以人均 GDP 8 万元为临界点，当人均 GDP 低于 8 万元时，随着人均 GDP 的增长，本科生教育环境感知分值也增长；而当人均 GDP 高于 8 万元时，本科生教育环境感知分值随着人均 GDP 增长而下降（见图 8-6）。

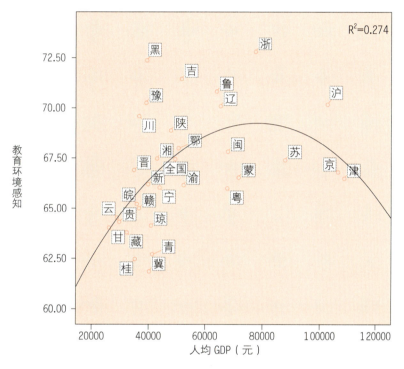

图 8-6　人均 GDP 与本科生教育环境感知分值的关系

（三）贫困生资助、教师职业精神和同学关系等十个方面学生最满意

本次调查中本科学生最满意的十个方面涉及贫困生资助、教师职业精神、同学关系、师生关系、处理不诚信行为的规则、学习场所、学校校风、信息化资源、考试评分规则、运动场地与体育设施（见表 8-1）。其中，有六项属于教育环境感知维度，三项属于教育公平感知维度，仅有一项属于教育质量感知维度。这说明本科学生对学校的校园文化、环境与资源、规则公平等方面满意度较高。

表 8-1　本科学生满意度最高的十个方面

序号	题目	分值
1	家庭经济困难学生能够得到有效资助吗？	80.12
2	任课老师的职业精神普遍怎么样？	78.90
3	学校里同学之间关系融洽吗？	78.89
4	学校里老师和同学们的关系融洽吗？	78.62
5	学校对学生作弊等不诚信行为的处理恰当吗？	77.61
6	学校的学习场所（图书馆、教室等）能满足你的学习需要吗？	77.42
7	学校的校风怎么样？	76.39
8	学校的网络资源和数据平台能满足你的学习需求吗？	75.90
9	学校课程考核中老师给学生评分公平吗？	75.79
10	运动场地和体育设施能满足你的活动需求吗？	75.37

这些方面能够得到学生较高的评价，主要原因在于近年来国家宏观教育政策的实施。

"家庭经济困难学生能够得到有效资助吗？"这一题项分值为 80.12，在所有题目中分值最高，说明我国在贫困生资助方面成效显著。近年来，中央有关部门密集出台相关资助政策措施，已建立起覆盖学前教育至研究生教育的学生资助政策体系，从制度上保障不让一个学生因家庭经济困难而失学。2017 年，多部委联合发布的《关于进一步落实高等教育学生资助政策的通知》强调，高校等培养单位要结合实际，综合采取减免学费、发放特殊困难补助、开辟入学"绿色通道"、提供助研助教助管"三助"津贴等方式，打好"组合拳"，加大对家庭经济困难学生的资助力度；高校等培养单位要严格按照规定的时间、标准、方式，及时足额将国家奖助学金等资助资金发放到符合条件的学生手中。我国学生资助政策体系日益完善，成效不断凸显，有力地促进和保障了教育公平，也为社会公平奠定了坚实基础。

"任课老师的职业精神普遍怎么样？"题项分值为 78.90，排第二，说明受访学生对高校教师的职业精神认可度高。有好教师，才有好教育；有好的教师职业精神，才能造就好的教师。《教育部关于全面提高高等教育质量的若干意见》指出，要制定高校教师职业道德规范，加强职业理想和职业道德教育。《统筹推进世界一流大学和一流学科建设总体方案》也强调，要加强师德师风建设，培养和造就一支有理想信念、有道德情操、有扎实学识、有仁爱之心的优秀教师队伍；要引导教师潜心教书育人、静心治学。

"学校的校风怎么样？"题项分值为76.39，表明学生对所在学校的校风建设认可度高。校风是学校精神文明的集中体现。习近平总书记指出："一所高校的校风和学风，犹如阳光和空气决定万物生长一样，直接影响着学生学习成长。好的校风和学风，能够为学生学习成长营造好气候，创造好生态。"加强校风建设是学校发展的关键，也是实现学校内涵式发展的主要方式。《教育部关于全面提高高等教育质量的若干意见》强调，要秉承办学传统，凝练办学理念，确定校训、校歌，形成优良校风、教风和学风，培育大学精神。北大的"爱国、进步、民主、科学"，清华的"自强不息、厚德载物"，人大的"实事求是"，武大的"自强、弘毅、求是、拓新"，无不是良好校风的体现，也是不同大学的底蕴、特质所在。

（四）课程组织形式、师资力量和师生课外互动等十个方面学生最不满意

如表8-2所示，本科学生最不满意的十个方面涉及课程组织形式、师资力量、师生课外互动、学生参与管理权、国际化资源、教学方式、参与科研、学术讲座、学习反馈、表达权和监督权。其中，有六项属于教育质量感知维度，两项属于教育环境感知维度，两项属于教育公平感知维度。这说明本科学生对学校的教师教学、课程组织、权利公平等方面最不满意。

表 8-2　本科学生满意度最低的十个方面

序号	题目	分值
1	老师安排的小组合作学习效果好吗？	60.50
2	本校知名教授给你们上课的机会多吗？	62.01
3	任课老师与你进行课外交流的时间多吗？	62.29
4	学生有机会参与学校管理吗？	63.99
5	学校为学生提供的开阔国际视野的机会充足吗？	64.12
6	任课老师中教学方式特别吸引你的人多吗？	65.42
7	学生参加有组织的课题研究或学术讨论的机会多吗？	65.64
8	学校举办的你感兴趣的学术讲座多吗？	66.17
9	任课老师能及时对你的学习情况进行反馈吗？	66.81
10	学生向学校反映意见和建议的渠道畅通吗？	67.02

（五）人才培养、教学成效、学校校风等方面处于重要性矩阵的竞争优势区

美国大学生满意度调查显示，学校的膳食服务质量和学生活动经费的使用经常是学生最不满意的领域，但谈及这些因素对整个院校教育经历的重要性时，学生们往往评价很低（韩玉志，2006）。要准确地找出重要的且真正影响学生学术成就的关键因素，则需借助满意度重要性矩阵分析工具。满意度重要性矩阵以满意度各题目分值平均值（71.23）和重要性指标平均值（0.613）为分界线，将整个区域划分为四个象限（见图8-7）。其中，竞争优势区和锦上添花区反映了本科教育的成绩与优势，亟须改进区和次须改进区则反映了本科教育需要改善与提高的方面。

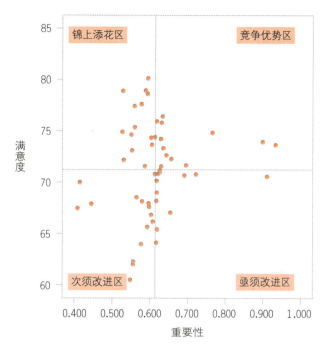

图 8-7　本科教育满意度重要性矩阵分析

位于竞争优势区的题目有 12 个。本科学生对学校的人才培养、教学成效、学校校风、信息化资源、尊重学生权益、知情权、考试评分规则、转专业和选课规则、学校整体状况和个人成长的状况等方面比较满意（见表 8-3）。

表 8-3　位于竞争优势区的题目

象限	题目
竞争优势区	学校重视学生德智体美的全面发展吗？
	你觉得育人为本的办学理念在你们学校落实得怎么样？
	课程教学提高了你的自主学习能力吗？
	学校的校风怎么样？
	学校的网络资源和数据平台能满足你的学习需求吗？
	学生可以通过公开渠道顺畅地了解学校中的重大事项吗？
	你能感受到学校对学生权益的尊重吗？

续表

象限	题目
竞争优势区	你能感觉到在参加学校各类活动时是被一视同仁的吗？
	学校课程考核中老师给学生评分公平吗？
	你觉得学校在转专业、选课等方面的规则合理吗？
	总体看你对学校满意吗？
	你对在大学里获得的成长感到满意吗？

（六）教师教学方式、课程组织、实习教学等处于重要性矩阵的亟须改进区

位于亟须改进区的题目有12个，本科学生对学校教师教学方式、课程组织、实习教学、社会实践、新生教育、心理咨询、就业指导、国际化资源、创业环境、个体特长发挥、表达权和监督权、教育信心等方面较不满意（见表8-4）。

表 8-4 位于亟须改进区的题目

象限	题目
亟须改进区	教学方式特别吸引你的任课老师多吗？
	学校实习教学环节组织得好吗？
	你觉得学校的课程教学质量高吗？
	学校为学生组织的社会实践活动多吗？
	刚入校时，新生入学教育对你尽快适应大学学习与生活帮助大吗？
	学校的心理咨询工作做得好吗？
	学校开展的就业指导对你的帮助大吗？
	学校为学生提供的开阔国际视野的机会多吗？
	学校为学生的创业提供了有效的支持吗？
	学生向学校反映意见和建议的渠道畅通吗？
	学校能为学生发挥个人特长创造条件吗？
	你愿意推荐亲友上你们学校吗？

（七）中央高校学生各维度满意度都高于地方高校学生

按学校举办者性质划分，在中央和地方两大类院校中，中央高校学生的总体满意度分值（71.91）显著高于地方高校学生（67.34）（见图8-8），显著性水平为 $p<0.01$。在教育期望、教育质量感知、教育环境感知、教育公平感知四个维度上，中央高校学生分值都显著高于地方高校学生。

图 8-8　中央高校和地方高校学生教育满意度分值

（八）国家重点建设高校学生各项教育满意度分值均偏高

1.＂985工程＂高校学生各维度分值都高于非＂985工程＂高校学生

＂985工程＂高校的学生总体满意度分值为73.62，非＂985工程＂高校学生为67.58（见图8-9），两者差异显著性水平为 $p<0.01$。＂985工程＂高校学生在教育期望、教育质量感知、教育环境感知、教育公平感知等各维度上的分值均显著高于非＂985工程＂高校学生。

图 8-9　＂985工程＂高校与非＂985工程＂高校学生教育满意度分值

2.“211工程”高校学生各维度分值都高于非“211工程”高校学生

“211工程”高校学生的总体满意度分值为70.52，非“211工程”高校学生为67.48（见图8-10），两者差异显著性水平为$p<0.01$。“211工程”高校学生在各维度上的分值均高于非“211工程”高校学生，其中教育期望和教育环境感知分值存在显著差异。

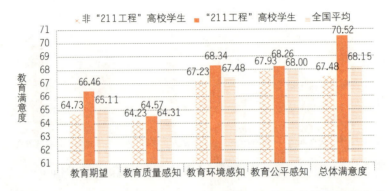

图8-10　“211工程”高校与非“211工程”高校学生教育满意度分值

（九）政法、师范、林业、理工和语文院校在多项指标上亟待提升

按学校性质类别划分的12类院校中，在总体满意度方面，农业院校学生分值最高，为72.75；政法院校学生分值最低，为59.81。其中，农业院校、艺术院校、民族院校、财经院校、医药院校、综合大学、体育院校学生分值高于全国平均水平，语文院校、理工院校、林业院校、师范院校、政法院校学生分值低于全国平均水平（见表8-5）。

表8-5　不同性质类别院校学生的教育满意度分值

类别	总体满意度		教育期望		教育质量感知		教育环境感知		教育公平感知	
	分值	排序	分值	排序	分值	排序	分值	排序	分值	排序
农业院校	72.75	1	67.85	3	69.10	2	72.10	1	72.62	1
艺术院校	71.93	2	75.23	1	69.26	1	65.71	9	68.34	7

续表

类别	总体满意度		教育期望		教育质量感知		教育环境感知		教育公平感知	
	分值	排序	分值	排序	分值	排序	分值	排序	分值	排序
民族院校	70.23	3	65.84	5	65.35	5	69.50	2	69.39	4
财经院校	69.85	4	65.60	6	64.99	7	69.19	3	69.98	2
医药院校	69.83	5	67.74	4	66.23	4	67.48	5	69.42	3
综合大学	68.97	6	65.34	7	65.01	6	68.12	4	68.45	6
体育院校	68.82	7	69.54	2	67.65	3	67.47	6	69.06	5
全国	68.15	—	65.11	—	64.31	—	67.48	—	68.00	—
语文院校	67.40	8	64.49	9	60.72	11	64.71	11	66.14	9
理工院校	67.26	9	64.69	8	63.87	9	67.28	7	67.70	8
林业院校	66.85	10	61.57	11	60.13	12	64.45	12	64.48	11
师范院校	65.92	11	63.80	10	62.21	10	65.12	10	65.64	10
政法院校	59.81	12	61.19	12	64.39	8	65.93	8	63.35	12

结合重要性矩阵分析结果，对于亟须改进区的12个方面，不同性质院校学生的分值呈现分化特征，其中，理工、林业、师范和语文院校学生在多项指标上分值低于全国平均水平（见表8-6）。

表8-6 不同性质类别院校学生在亟须改进区题目上的分值情况

题目	高于全国平均	低于全国平均
教学方式特别吸引你的任课老师多吗？	艺术、体育、农业、政法、医药、财经、综合、民族	理工、师范、语文、林业
学校实习教学环节组织得好吗？	农业、医药、体育、艺术、政法、民族、综合	理工、师范、财经、林业、语文
你觉得学校的课程教学质量高吗？	艺术、农业、医药、政法、体育、财经、综合	民族、理工、师范、语文、林业
学校为学生组织的社会实践活动多吗？	农业、政法、财经、综合、民族	理工、体育、医药、师范、艺术、林业、语文

题目	高于全国平均	低于全国平均
刚入校时，新生入学教育对你尽快适应大学学习与生活帮助大吗？	农业、医药、体育、民族、财经、艺术、综合	理工、政法、师范、语文、林业
学校的心理咨询工作做得好吗？	农业、政法、医药、体育、财经、艺术、民族、综合	理工、林业、师范、语文
学校开展的就业指导对你的帮助大吗？	农业、财经、政法、艺术、医药、民族、体育、综合	艺术、师范、语文、林业
学校为学生提供的开阔国际视野的机会多吗？	农业、政法、体育、财经、民族、综合	理工、医药、师范、语文、艺术、林业
学校为学生的创业提供了有效的支持吗？	农业、政法、体育、财经、民族、综合	理工、医药、师范、语文、艺术、林业
学生向学校反映意见和建议的渠道畅通吗？	农业、财经、医药、综合	民族、体育、理工、政法、语文、艺术、师范、林业
学校能为学生发挥个人特长创造条件吗？	农业、体育、艺术、民族、财经、医药、综合	理工、语文、师范、林业、政法
你愿意推荐亲友上你们学校吗？	艺术、农业、财经、民族、医药、综合、体育	语文、理工、林业、师范、政法

（十）不同亚群体大学生的满意度分值存在差异

学生个体因素可以分为学生先赋因素和学生获致因素。学生先赋因素是指学生在上学之前就带有的个体特征，包括人口学特征和家庭背景特征。学生获致因素是指在大学就读期间个体通过学习和生活获得的特征。

1. 女生的各维度分值显著高于男生

女生的总体满意度分值为 68.98，男生为 67.24，二者之间差异的显著性水平为 $p<0.01$。女生在教育期望、教育质量感知、教育环境感知和教育公平感知维度的分值也都高于男生。

2. 父母亲学历越高，学生各维度分值也越高

按学生父母亲的学历划分，在小学及以下、初中、高中、大学（大专）及以上四种学历类型中，父亲学历为大学（大专）及以上的学生总体满意度分值为 69.63，

父亲学历为高中的学生总体满意度分值为 68.48。在其他维度上，父亲学历越高，学生各维度的分值越高。母亲学历与学生满意度分值的关系和父亲学历与学生满意度分值间的关系类似。不同组学生分值差异显著。

3. 家庭经济状况越好，学生各维度分值越高

按学生家庭经济状况在居住地的水平，可将学生家庭经济状况划分为"非常差""比较差""一般""比较好""非常好"五个等级。家庭经济状况在居住地属于"非常好"的学生总体满意度分值最高，为 72.59；家庭经济状况在居住地属于"非常差"的学生分值最低，为 63.64。在其他维度上，家庭经济状况越好，学生分值也越高。不同组学生分值差异显著。

4. 第一代大学生的总体满意度分值显著低于非第一代大学生

第一代大学生的总体满意度分值为 67.84，非第一代大学生为 69.14，差异显著性水平为 $p<0.01$。在其他维度上，第一代大学生分值均低于非第一代大学生，但仅在教育期望维度差异显著。

5. 艺术学等专业学生总体满意度分值高于平均水平，文学等专业学生则低于平均水平

按不同学科门类看，艺术学专业的学生总体满意度分值最高，为 71.97；哲学专业的学生总体满意度分值最低，为 63.93。其中，艺术学、军事学、经济学、农学、医学、管理学专业的学生分值高于平均水平，工学、法学、理学、历史学、文学、教育学、哲学专业的学生分值低于平均水平。不同学科学生分值差异显著。

6. 担任过学生干部的学生各维度分值都更高

大学期间担任过学生干部的学生总体满意度分值为 69.30，高于未担任过学生干部的学生（66.27），二者之间的差异显著（$p<0.01$）。其他维度情况也类似。

7. 学习努力程度越高的学生各维度分值越高

学习非常努力的学生总体满意度分值为 75.91，远高于学习非常不努力的学生（57.65）。学习努力程度越高，学生总体满意度越高。其他维度情况也类似。

8. 学习成绩越好的学生各维度分值越高

学习成绩排名前 5% 的学生总体满意度分值为 70.41，学习成绩排名后 20% 的

学生总体满意度分值为 61.38。学习成绩越好,总体满意度分值越高。其他维度情况也类似。

9. 毕业后打算读研的学生总体满意度最高

毕业后打算读研(含出国)的学生总体满意度分值为 69.34,毕业后情况待定的学生总体满意度分值为 63.79,远低于其他三种情况的学生。在其他维度上,毕业后准备工作的学生分值最高,毕业后情况待定的学生分值最低。

(十一)食宿、体育设施、课程、实习等方面学生意见较多

针对开放题,本研究采用聚类算法将学生意见的关键词进行汇总,依据词频的高低进行不同大小的展示,图中文字越大,表示该关键词被提到的次数越多。学生反映较多的问题主要集中在课程、宿舍、食堂、体育设施、课外互动、实习、学术讲座、创新等方面(见图 8-11)。

分维度来看,在教育质量感知维度,学生意见最多的是课程(39%)、实习(14%)、选修课(7%)等方面;在教育环境感知维度,学生意见最多的是食堂(32%)、宿舍(28%)、体育设施(9%)、学术讲座(7%)、师生关系(5%)等方面;在教育公平感知维度,学生意见最多的是转专业和选课规则(23%)、参与权(22%)、奖学金(20%)、公平(17%)等方面。

图 8-11　开放题学生作答词频统计

学生结合自己的体会和思考，针对自己关心的问题发表了一些意见和建议，下面列举了部分学生的观点。

1. 关于教师教学方面的意见和建议

学生1："希望能够有更多与老师交流的机会，如任课老师每周抽出两个小时解答问题等。"

学生2："要建立促进教师不断提高的评价体系。评价要能使教师对自己的教学行为进行分析和反思，明确努力的方向，促进教师不断提高自己的教育教学水平和效果，使教学达到最优化，而不是用拼时间和精力的方法来提高学生的评价，要能使教师在教育实践中大胆地创新，开拓进取。"

学生3："希望学校能多引进一些秉持育人为本理念的优秀教师，少一些只为完成课时念念课件的老师，或者忙于学校组织的各种活动、无心备课应付学生的老师。我很庆幸我在大学中能遇到一位好老师，不仅仅在他的课上学到知识，更学到了好多做人的道理、做事的道理，每次上完他的课我都充满拼搏的动力。只可惜，我们的大学里这样的老师太少了。"

学生4："希望老师不要每堂课从头到尾读课件，希望行政老师办事态度好一点，负起自己应负的责任。"

学生5："应该出台相应的鼓励政策，鼓励老师在教学工作中投入更多精力，从而提高本科生教学质量。个别专业的培养计划还有完善的余地，希望能够组织相关人员更加科学地完善学生的培养计划。校方应该转换思维，突出老师和学生在学校日常管理中的地位，应该健全学生和学校管理层沟通的渠道和反馈机制。"

学生6："希望老师对学生和对自己的儿女一样好！"

2. 关于食堂、宿舍、实验室等基础设施方面的意见和建议

学生1："宿舍太小。图书馆需要早去排队。食堂就餐的性价比不是特别高。经常选不到想上的课。"

学生2："在学校基础设施建设上，开放更多的自习室等可供大家学习的地方。维护心理咨询室，全面开展心理健康教育活动。教学更加多样化，现在的教学方式相对单一。在学生个人能力培养方面，希望能因材施教。"

学生 3："学校食堂最应该改善，环境较差。宿舍的条件应该改善，保障学生的基本生活条件。实验室设备应该多多投入使用。学校的重大事项应该公开，学生应能知晓。在学生入党等各种评选活动中，不能只将名额留给班委等成员，要让一般学生也能公平参与。"

学生 4："我们不在乎学校里有多少棵树，不介意夏天走在路上没有阴凉，但我们在意每次做实验都要跑到其他大学排队等候，我们介意嘴上说天天做实验，可是实验室里并没有多少真正的实验仪器。"

3. 关于人才培养方面的意见和建议

学生 1："学校应该重视本科生教学质量，重视本科生的实践动手能力。注重听取学生意见，改善学生与管理人员之间的沟通方式，让学生积极参与学校的管理。尊重学生、尊重教师。注重开拓学生的视野，提供更多国际交流机会，多邀请各方面优秀人才来学校交流、做讲座。注重培养各行各业的人才，不要以学术科研能力来决定一切。"

学生 2："加强对学生主动学习意识的培养，否则四年时间只会荒废一个学生，而不是培养了一个人才。改善教学质量，不是一味'念书'，要尽量让学生总结自己学到的东西。尽量给学生自主管理的空间，而不是依赖老师的监督。"

学生 3："应加强学生的综合素质培养，比如接触社会上的志愿服务、工作岗位培训；应加强教师与学生之间的交流沟通；应加强对学生思想素质、政治意识、交际能力、做事能力的培养，促进学生全面发展。"

4. 关于大学教育总的看法

学生 1："大学四年，匆匆而过，不悔梦归处，只恨太匆匆。"

学生 2："课外活动不多、不充分，而且单一，没有吸引力，和想象中的大学生活极为不符。老师的教学内容比较枯燥，激发不了学生的兴趣，有敷衍的嫌疑，没有给学生带来榜样作用。学校办事效率不高，形式感太强。学校课程给学生参观或者校外学习的机会太少，基本没有，学生没有机会增长知识，专业性知识太缺乏。"

学生 3："学校比我高中刚毕业时的预期好很多。总体来说，学校的硬件设施很好，无论是教学区还是生活区都非常好。但是学校的学风不是很好，可能很多二本类的学校都这样吧。希望学校能提高自己的竞争力，首先要改善学风，平时老师应该给学生多布置一些任务，更重视学生平时的学习，而不是靠点名来给学生平时分。希望母校越办越好！"

二、高职学生满意度

2016 年，全国 31 个省份 168 所普通高等职业学校和普通高等专科学校的 23920 名毕业班学生参与了全国高等职业教育满意度调查。课题组回收问卷 23490 份，回收率为 98.20%。其中，有效样本量 21845 份，有效率为 93.00%。本次调查样本中，男生占 51.01%，女生占 48.99%；汉族学生占 88.01%，少数民族学生占 11.99%。各省份样本比例为 1.19%—6.83%，其中广东省样本量最大（6.83%），其次为山东省（5.55%）和湖南省（4.84%）。本次调查中，18.55% 的样本来自国家示范性高职院校。

（一）总体满意度

2016 年，全国高等职业教育学生总体满意度分值为 70.72，略高于同期全国本科学生（68.15）。全国高等职业教育学生总体满意度分值呈现出一定的地域差别，东北、中部地区满意度较高，西北、西南地区相对较低。

（二）维度分析

1. 全国高职学生教育满意度各维度分值

在 2016 年全国高等职业教育学生满意度调查中，教育期望分值为 67.81，教育质量感知分值为 71.52，教育环境感知分值为 71.01，教育公平感知分值为 70.52（见图 8-12），而教育总体满意度分值为 70.72。

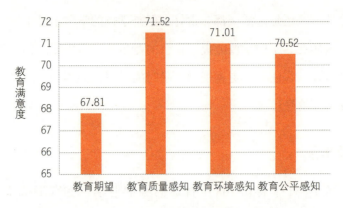

图 8-12　全国高职学生教育满意度各维度分值

2. 东北、中部地区学生四个维度分值较高，西北、西南地区学生分值较低

通过对各省份各维度的分值情况进行分析发现，高等职业教育学生在教育期望、教育质量感知、教育环境感知、教育公平感知四个维度上的分值都呈现出了一定的地域差别，主要表现为东北地区、中部地区学生分值较高，西北、西南地区学生分值较低。

3. 林业院校、政法院校学生五个维度分值均较高，师范院校学生五个维度分值均最低

根据高职院校的性质类别来分，在 2016 年抽取的样本中，有 45.69% 的学生在理工院校就读，有 23.88% 的学生在综合大学就读，有 10.19% 的学生在财经院校就读，抽样学生比例最低的是语文院校、体育院校、艺术院校和林业院校（见图 8-13）。

从五个维度的分值情况看，林业院校、政法院校学生在五个维度上分值都比较高；师范院校学生在五个维度上分值都是最低的。样本占比最大的三类院校，即理工院校、综合大学和财经院校的学生各维度分值处在中上水平（见表 8-7）。

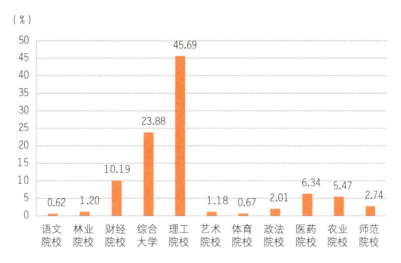

图 8-13　不同类型高职院校学生样本占比

表 8-7　不同性质类别高职院校学生在五个维度上的分值

性质类别	样本占比（%）	各维度分值				
		教育期望	教育质量感知	教育环境感知	教育公平感知	总体满意度
财经院校	10.19	67.61	71.50	71.51	71.27	72.46
理工院校	45.69	67.75	71.78	71.28	70.83	70.90
林业院校	1.20	70.37	75.38	73.97	73.92	74.32
农业院校	5.47	67.26	70.52	69.88	68.92	68.26
师范院校	2.74	61.68	63.07	61.89	61.60	62.33
体育院校	0.67	66.60	73.09	70.67	70.60	70.83
医药院校	6.34	66.48	70.93	69.76	69.27	69.22
艺术院校	1.18	69.58	73.87	70.54	70.97	70.86
语文院校	0.62	65.39	68.62	69.06	69.52	74.54
政法院校	2.01	70.75	73.42	74.16	71.80	70.03
综合大学	23.88	68.82	71.94	71.61	71.04	71.32

4. 国家示范性高职院校学生各维度分值普遍较高

从样本分布来看（见表8-8），此次调查中有18.55%的学生在国家示范性高职院校就读，有81.45%的学生在其他高职院校就读。从五个维度的分值情况看，国家示范性高职院校学生在各维度上的分值均高于其他高职院校的学生（见图8-14）。

表8-8　国家示范性高职院校学生与其他高职院校学生在五个维度上的分值

是否为示范性高职院校	样本占比（%）	各维度分值				
		教育期望	教育质量感知	教育环境感知	教育公平感知	总体满意度
国家示范性高职院校	18.55	69.31	72.83	72.53	71.35	73.40
其他高职院校	81.45	67.47	71.22	70.67	70.33	70.11

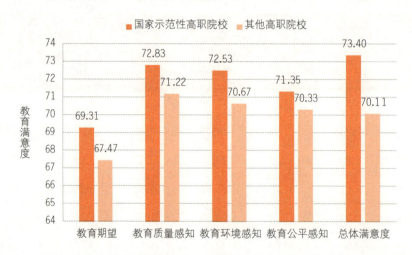

图8-14　国家示范性高职院校学生与其他高职院校学生教育满意度各维度分值

5. 中央其他部门举办的高职院校的学生各维度分值均最高

从高职院校的举办者类型来看（见表8-9），在2016年调查样本中，分别有30.86%和29.02%的学生在省级其他部门与省级教育部门举办的高职院校就读，有18.84%的学生在地级教育部门举办的高职院校就读，有10.38%的学生在民办高职院校就读，有 1.65% 的学生在地方企业举办的高职院校就读，而在中央其他部门和县级教育部门举办的高职院校就读的学生占比最低，分别为 0.57% 和 0.56%。

从五个维度的分值情况看，中央其他部门举办的高职院校的学生在各维度上的分值全部高于其他举办者举办的高职院校的学生的分值，并且分值差距较为明显。其他举办者举办的高职院校的学生在五个维度上的分值差别不大。

表 8-9 不同举办者类型的高职院校学生在五个维度上的分值

举办者类型	样本占比（%）	各维度分值				
		教育期望	教育质量感知	教育环境感知	教育公平感知	总体满意度
中央其他部门	0.57	74.08	84.84	83.54	83.99	86.07
省级教育部门	29.02	66.02	69.81	69.54	68.58	68.87
省级其他部门	30.86	68.77	73.04	72.22	71.91	72.18
地级教育部门	18.84	68.50	71.34	71.02	70.38	71.23
地级其他部门	8.13	68.57	72.01	71.48	71.31	71.22
县级教育部门	0.56	71.93	75.25	74.59	73.51	75.26
民办	10.38	67.43	70.89	70.40	70.59	69.65
地方企业	1.65	68.70	70.82	70.46	70.11	67.62

6. 性别、生源地、家庭居住地、父母受教育水平等不同的学生各维度的分值有所不同

从学生性别、生源地、家庭居住地、是否第一代大学生、父母受教育水平以及家庭经济状况等角度对高职学生教育满意度五个维度的分值进行比较发现，不同高职学生亚群体之间存在一定程度的差异。

（1）男生在五个维度上的分值均高于女生

从性别来看，此次调查样本中，男生、女生的比例分别为 51.01% 和 48.99%（见表 8-10）。从五个维度的分值情况看，男生在各维度上的分值全部高于女生，并且分值差距较为明显（见图 8-15）。

表 8-10 不同性别学生在五个维度上的分值

性别	样本占比（％）	各维度分值				
		教育期望	教育质量感知	教育环境感知	教育公平感知	总体满意度
男	51.01	68.52	71.94	71.51	70.98	70.81
女	48.99	67.07	71.09	70.49	70.04	70.63

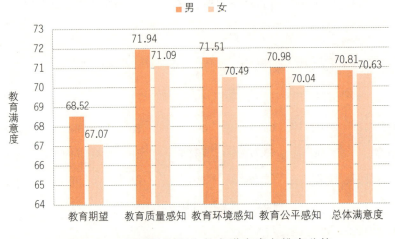

图 8-15 不同性别学生教育满意度各维度分值

（2）本省份生源的学生满意度更高

从生源地来看，本次调查抽样中，来自本省份的学生和来自外省份的学生比例分别为 83.03% 和 16.97%（见表 8-11）。从五个维度的分值情况看，来自本省份的学生在各维度上的分值全部高于来自外省份的学生，并且分值差距较为显著（见图 8-16）。

表 8-11 来自本省份和外省份的学生在五个维度上的分值

生源地	样本占比（％）	各维度分值				
		教育期望	教育质量感知	教育环境感知	教育公平感知	总体满意度
本省份	83.03	68.01	71.67	71.22	70.74	71.01
外省份	16.97	66.84	70.80	70.01	69.45	69.31

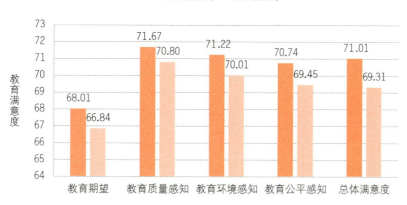

图 8-16 不同生源地学生教育满意度各维度分值

（3）家在城区和县城的学生教育期望和总体满意度明显更高

从学生家庭居住地来看，在本次调查样本中，家住城区的学生比例是 24.88%，家住县城的学生比例是 21.01%，家住乡镇的学生比例是 19.01%，家住农村的学生比例是 35.11%（见表 8-12），可见高职院校有超过半数的学生来自乡镇和农村家庭。从五个维度的分值情况看，家住城区和县城的学生比家住农村的学生教育期望和总体满意度分值高，家住城区、县城和乡镇的学生在教育质量感知、教育环境感知和教育公平感知维度的分值显著高于家住农村的学生（见图 8-17）。

表 8-12 不同居住地的学生在五个维度上的分值

性别	样本占比（%）	各维度分值				
		教育期望	教育质量感知	教育环境感知	教育公平感知	总体满意度
城区	24.88	68.43	72.50	72.01	71.65	71.61
县城	21.01	68.31	72.29	71.83	71.07	71.11
乡镇	19.01	67.80	71.60	71.13	70.53	70.63
农村	35.11	67.08	70.32	69.76	69.38	69.90

图 8-17 不同居住地学生教育满意度各维度分值

（4）第一代大学生在五个维度上的分值均低于非第一代大学生

有研究显示，是否为第一代大学生对学生的大学就读经验有显著的影响。第一代大学生是指父母及（外）祖父母中没有人上过大学的学生。此次调查样本中，第一代大学生和非第一代大学生比例分别为 79.97% 和 20.03%（见表 8-13）。从五个维度的分值情况看，第一代大学生在各维度上的分值均不同程度地低于非第一代大学生，这种差距在教育质量感知和教育环境感知维度更加显著，而在总体满意度维度不存在显著差异（见图 8-18）。

表 8-13　第一代及非第一代大学生在五个维度上的分值

是否为第一代大学生	样本占比（%）	各维度分值				
		教育期望	教育质量感知	教育环境感知	教育公平感知	总体满意度
第一代大学生	79.97	67.68	71.32	70.78	70.40	70.65
非第一代大学生	20.03	68.32	72.31	71.94	70.98	71.00

图 8-18　第一代及非第一代大学生教育满意度各维度分值

（5）母亲受过高中和大专及以上教育的学生各维度分值较高

从学生父母受教育程度来看，本次调查抽样中，母亲受过小学及以下教育的学生比例是 27.96%，母亲受过初中教育的学生比例是 40.11%，母亲受过高中教育的学生比例是 22.66%，母亲受过大专及以上教育的学生比例是 9.27%。从五个维度的分值情况看（见表 8-14），母亲受过小学及以下教育的学生和母亲受过初中教育的学生总体上分值低于母亲受过高中和大专及以上教育的学生，并且差异较为显著。

表 8-14　母亲学历不同的学生在五个维度上的分值

母亲学历	样本占比（%）	各维度分值				
		教育期望	教育质量感知	教育环境感知	教育公平感知	总体满意度
小学及以下	27.96	65.75	68.85	68.27	67.92	68.09
初中	40.11	68.03	71.78	71.26	70.88	71.42
高中	22.66	69.29	73.54	73.09	72.44	72.44
大专及以上	9.27	69.47	73.49	73.15	72.06	71.41

（6）父亲受过高中和大专及以上教育的学生各维度分值较高

在本次调查中，父亲受过小学及以下教育的学生比例是17.27%，父亲受过初中教育的学生比例是43.33%，父亲受过高中教育的学生比例是27.70%，父亲受过大专及以上教育的学生比例是11.70%，可以看出总体上父亲受教育水平要略高于母亲。从五个维度的分值情况看（见表8-15），父亲受过小学及以下教育的学生以及父亲受过初中教育的学生，在五个维度上的分值均低于父亲受过高中和大专及以上教育的学生，并且差异较为显著。

表8-15　父亲学历不同的学生在五个维度上的分值

父亲学历	样本占比（%）	各维度分值				
		教育期望	教育质量感知	教育环境感知	教育公平感知	总体满意度
小学及以下	17.27	66.37	69.44	69.00	68.38	68.45
初中	43.33	67.18	70.82	70.39	70.03	70.28
高中	27.70	69.12	73.16	72.57	71.97	72.31
大专及以上	11.70	69.21	73.29	72.61	72.04	71.93

（7）家庭经济状况好的学生各维度分值更高

从学生家庭经济状况来看，本次调查样本中，家庭经济状况非常差的学生比例是4.66%，家庭经济状况比较差的学生比例是18.26%，家庭经济状况一般的学生比例是62.79%，家庭经济状况比较好的学生比例是12.90%，家庭经济状况非常好的学生比例是1.39%（见表8-16）。从五个维度的分值情况看，随着学生家庭经济状况由差到好，学生在五个维度上的分值也逐渐增加，并且差异越发扩大。家庭经济状况非常差和比较差的学生在教育期望、教育质量感知和教育环境感知维度的分值不存在显著差异（见图8-19）。

表 8-16　不同家庭经济状况学生在五个维度上的分值

家庭经济状况	样本占比(%)	各维度分值				
		教育期望	教育质量感知	教育环境感知	教育公平感知	总体满意度
非常差	4.66	63.87	67.03	66.31	65.07	64.01
比较差	18.26	64.96	68.44	67.84	67.32	67.12
一般	62.79	67.93	71.80	71.26	70.92	71.38
比较好	12.90	71.85	75.35	75.10	74.17	74.28
非常好	1.39	75.77	78.71	79.20	78.45	77.66

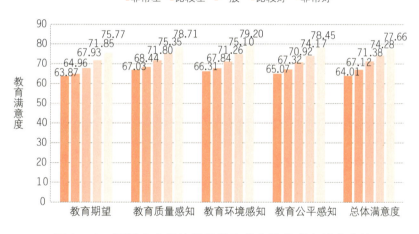

图 8-19　不同家庭经济状况学生教育满意度各维度分值

7. 专业类别、学习努力程度、学习成绩排名和毕业后打算不同的学生及学生干部与非学生干部在教育满意度各维度的分值有所不同

从专业类别、是否担任学生干部、学习努力程度、学习成绩排名和毕业后的打算等角度对高职学生教育满意度各维度的分值进行比较可以发现，学生在教育期望、教育质量感知、教育环境感知、教育公平感知和总体满意度这五个维度上都存在显著差异。

（1）休闲保健类、公共管理与服务类、农林牧渔类、交通运输类和财经商贸类专业的学生总体满意度较高

从学生所学专业类别来看，样本所占比例最大的五个专业类别是财经商贸类（14.46%）、土木水利类（11.44%）、信息技术类（11.19%）、加工制造类（11.13%）和医药卫生类（10.95%），所占比例最少的五个专业类别是轻纺食品类（1.44%）、石油化工类（1.42%）、司法服务类（1.30%）、体育与健身类（0.77%）和休闲保健类（0.24%）。从五个维度的分值情况看（见表 8-17），各专业类别学生在五个维度上的分值存在明显差异。总体满意度最高的五个专业类别为休闲保健类、公共管理与服务类、农林牧渔类、交通运输类和财经商贸类，总体满意度最低的五个专业类别是教育类、体育与健身类、轻纺食品类、能源与新能源类以及资源环境类。

表 8-17　不同专业的学生在五个维度上的分值

专业类别	样本占比（%）	各维度分值				
		教育期望	教育质量感知	教育环境感知	教育公平感知	总体满意度
农林牧渔类	3.75	70.07	73.97	74.20	72.66	72.37
资源环境类	2.11	66.62	70.89	71.48	69.26	67.78
能源与新能源类	2.42	65.30	69.91	69.19	68.65	67.69
土木水利类	11.44	68.65	72.31	71.27	71.08	70.95
加工制造类	11.13	69.00	72.94	72.47	72.20	71.80
石油化工类	1.42	68.12	72.12	72.79	71.41	71.49
轻纺食品类	1.44	66.11	69.48	67.91	67.22	67.43
交通运输类	6.50	68.65	72.99	72.81	72.21	72.27
信息技术类	11.19	66.83	71.35	70.83	70.40	70.39
医药卫生类	10.95	66.60	70.08	68.79	68.69	68.38
休闲保健类	0.24	68.49	74.90	73.61	73.39	74.43
财经商贸类	14.46	67.72	71.22	71.27	70.89	72.18

续表

专业类别	样本占比（%）	各维度分值				
		教育期望	教育质量感知	教育环境感知	教育公平感知	总体满意度
旅游服务类	3.74	66.61	70.99	71.45	70.48	71.42
文化艺术类	6.31	68.09	71.67	70.11	69.84	69.99
体育与健身类	0.77	65.23	69.79	68.88	67.54	67.32
教育类	4.12	66.54	67.91	66.97	66.42	67.12
司法服务类	1.30	69.39	72.25	73.46	71.92	71.03
公共管理与服务类	6.38	68.79	71.47	71.43	70.82	72.40

注：另有 0.33% 的样本由于专业类别不详，未列在此表中。

进一步通过教育期望与总体满意度排名的位差来考察不同专业类别学生的满意度情况，可见休闲保健类、财经商贸类和旅游服务类专业的学生，在大学即将毕业时对高职教育的总体满意度要高于他们入学前对高职教育的期望；加工制造类、文化艺术类、教育类、土木水利类和司法服务类专业的学生，在大学即将毕业时对高职教育的总体满意度要低于他们入学前对高职教育的期望；其他专业的学生在大学即将毕业时对高职教育的总体满意度与他们入学前对高职教育的期望基本保持一致（见表 8-18）。

表 8-18 不同专业类别的学生在五个维度上的排名

专业类别	教育期望	教育质量感知	教育环境感知	教育公平感知	总体满意度	教育期望与总体满意度位差
休闲保健类	7	1	2	1	1	6
财经商贸类	10	11	11	8	5	5
旅游服务类	13	12	8	10	8	5
公共管理与服务类	4	9	9	9	2	2
能源与新能源类	17	15	14	15	15	2

专业类别	教育期望	教育质量感知	教育环境感知	教育公平感知	总体满意度	教育期望与总体满意度位差
交通运输类	5	3	4	3	4	1
石油化工类	8	7	5	6	7	1
医药卫生类	14	14	16	14	13	1
体育与健身类	18	16	15	16	17	1
信息技术类	11	10	12	11	11	0
轻纺食品类	16	17	17	17	16	0
农林牧渔类	1	2	1	2	3	−2
资源环境类	12	13	7	13	14	−2
加工制造类	3	4	6	4	6	−3
文化艺术类	9	8	13	12	12	−3
教育类	15	18	18	18	18	−3
土木水利类	6	5	10	7	10	−4
司法服务类	2	6	3	5	9	−7

（2）担任过学生干部的学生在各维度上的分值均最高

从此次调查的样本来看，担任过学生干部的高职学生和未担任过学生干部的高职学生比例分别为 52.06% 和 47.94%（见表 8-19）。从五个维度的分值情况看，担任过学生干部的学生各维度的分值在不同程度上高于未担任过学生干部的学生，并且较之入学前（教育期望），在高职教育过程中（教育质量感知、教育环境感知、教育公平感知）和接受完高职教育之后（总体满意度），差距更大（见图 8-20）。

表 8-19 学生干部与非学生干部在五个维度上的分值

是否担任学生干部	样本占比（%）	各维度分值				
		教育期望	教育质量感知	教育环境感知	教育公平感知	总体满意度
担任过	52.06	68.44	72.66	72.04	71.76	72.29
未担任过	47.94	67.13	70.28	69.89	69.17	69.01

图 8-20 学生干部与非学生干部教育满意度各维度分值

（3）努力程度越高的学生各维度分值越高

从学生大学期间的努力程度来看，本次调查样本中自认为非常不努力的学生所占比例是 1.70%，不太努力的学生所占比例是 7.49%，努力程度一般的学生所占比例是 34.80%，比较努力的学生所占比例是 43.21%，非常努力的学生所占比例是 12.80%（见表 8-20）。从五个维度的分值情况看，随着学生大学期间努力程度由低到高，学生在五个维度上的分值也逐渐升高。仅有大学期间非常不努力和不太努力的学生在五个维度的分值上不存在显著差异（见图 8-21）。

表 8-20 不同努力程度的学生在五个维度上的分值

大学期间的努力程度	样本占比(%)	各维度分值				
		教育期望	教育质量感知	教育环境感知	教育公平感知	总体满意度
非常不努力	1.70	60.75	63.38	63.83	62.13	58.71
不太努力	7.49	59.26	62.18	62.45	61.39	58.80
一般	34.80	64.27	67.42	66.97	66.34	65.90
比较努力	43.21	70.24	74.42	73.75	73.46	74.44
非常努力	12.80	75.20	79.43	78.73	78.38	79.82

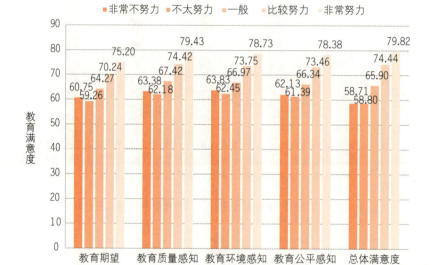

图 8-21 不同努力程度的学生教育满意度各维度得分

（4）学习成绩排名靠前的学生各维度分值更高

从学生学习成绩排名来看，本次调查样本中自述排名在前 5% 的学生比例是 16.16%，排名在前 5% 至前 20% 的学生比例是 30.87%，排名在前 20% 至前 50% 的学生比例是 34.96%，排名在 50% 至 80% 的学生比例是 16.22%，排名在后 20% 的学生比例是 1.79%（见表 8-21）。从五个维度的分值情况看，随着学生学习成绩排名由后到前，学生在五个维度上的分值也逐渐升高，并且差异较为显著（见图 8-22）。

表 8-21　不同学习成绩排名的学生在五个维度上的分值

学习成绩 排名位置	样本 占比（%）	各维度分值				
		教育 期望	教育质量 感知	教育环境 感知	教育公平 感知	总体满意度
前 5%	16.16	69.09	73.47	72.60	72.80	73.63
前 5% 至前 20%	30.87	68.41	72.09	71.56	71.14	71.45
前 20% 至前 50%	34.96	67.43	70.95	70.56	69.79	69.77
50% 至 80%	16.22	66.90	70.33	69.98	69.30	69.27
后 20%	1.79	61.48	66.01	65.36	64.25	63.60

图 8-22　不同学习成绩排名的学生教育满意度各维度分值

（5）毕业后有明确打算的学生各维度分值更高

从学生毕业后的打算来看，打算读本科（含出国）的学生比例是 10.71%，打算就业的学生比例是 63.47%，准备自己创业的学生比例是 14.67%，待定的学生比例是 11.15%（见表 8-22）。从五个维度的分值情况看，毕业后有明确目标的学生比待定的学生在各个维度上的分值都明显要高。具体而言，毕业后打算就业和准备自己创业的学生在各维度上分值都较高，其次是打算读本科（含出国）的学生，各维度分值最低的是毕业后没有明确打算的学生（见图 8-23）。

表 8-22　毕业后有不同打算的学生在五个维度上的分值

毕业后的打算	样本占比（%）	各维度分值				
		教育期望	教育质量感知	教育环境感知	教育公平感知	总体满意度
读本科（含出国）	10.71	66.43	71.23	70.57	70.69	70.27
就业	63.47	68.25	71.92	71.32	70.97	71.56
准备自己创业	14.67	68.96	72.39	72.51	71.19	71.09
待定	11.15	65.16	68.39	67.74	66.87	65.89

图 8-23　毕业后有不同打算的学生教育满意度各维度分值

（三）热点问题

通过对全国高职学生教育满意度的各维度分值情况进行分析，再结合高职学生满意度分值最高的十个题项和分值最低的十个题项进行分析，可以看出：我国高职教育质量总体上受到学生认可，总体满意度普遍高于教育期望；高职院校重视第一课堂的内涵建设，能够落实育人为本的理念；国家示范性高职院校的学生教育满意度较高。但与此同时，从满意度调查结果也可以看出，我国高职教育也存在如下问题：高职院校在创设第二课堂育人环境上无法满足学生需求；学生参与高职院校管理的渠道不畅，教育公平的满意度还有待提高；部分专业类别的学生高职教育满意度远远低于入学前的教育期望，应引起重视。

1. 高职学生满意度分值最高的十个题项

对全国高职学生满意度调查题项分值从高到低排序后可以发现，分值最高的十个题项涉及任课教师职业精神、落实育人为本理念、同学关系、贫困生资助、专业技术技能培养、师生关系、处理不诚信行为的规则、实习管理、实习实践和学校校风（见表8-23）。这些题项中，有四个题项属于教育质量感知维度，四个题项属于教育环境感知维度，两个题项属于教育公平感知维度。

表 8-23　高职学生满意度调查分值最高的题项

题项	分值	维度
12. 任课教师的职业精神普遍怎么样？	78.27	教育质量感知
51. 你觉得育人为本的办学理念在你们学校落实得怎么样？	76.83	教育质量感知
21. 学校里同学之间关系融洽吗？	76.44	教育环境感知
43. 家庭经济困难学生能够得到有效资助吗？	76.17	教育公平感知
7. 学校重视培养学生的专业技术技能吗？	76.02	教育质量感知
22. 学校里教师和同学们的关系融洽吗？	75.87	教育环境感知
49. 学校对学生作弊等不诚信行为的处理恰当吗？	75.32	教育公平感知
46. 学校能保障学生在实习期间的合法权益吗？	74.50	教育环境感知
18. 你在顶岗实习中的收获大吗？	74.27	教育质量感知
4. 学校的校风怎么样？	74.22	教育环境感知

2. 高职学生满意度分值最低的十个题项

全国高职学生满意度调查分值最低的十个题项涉及社团活动、升学机会、对高职总体状况的预期、学生参与权、餐饮服务、表达权和监督权、对专业适合性的预期、生师互动、参与科研机会、国际化资源（见表8-24）。这些题项中，有两个题项属于教育质量感知维度，三个题项属于教育环境感知维度，三个题项属于教育公平感知维度，还有两个题项属于教育期望维度。

表 8-24　高职学生满意度调查分值最低的题项

题项	分值	维度
19. 在学校里你感兴趣的社团活动多吗？	67.75	教育环境感知
45. 你对毕业后继续升学的机会和渠道了解吗？	67.49	教育公平感知
1. 上大学前你觉得我国的高等职业教育总体情况怎么样？	67.04	教育期望
39. 学生有机会参与学校管理吗？	67.03	教育公平感知
23. 学校食堂饭菜的性价比怎么样？	65.91	教育环境感知
40. 学生向学校反映意见和建议的渠道畅通吗？	65.42	教育公平感知
3. 上大学前你觉得现在所学的专业适合你吗？	64.88	教育期望
16. 任课教师与你进行课外交流的时间多吗？	64.52	教育质量感知
17. 学生参加有组织的课题研究的机会多吗？	63.63	教育质量感知
35. 学校为学生提供的开阔国际视野的机会充足吗？	61.12	教育环境感知

3. 教育质量感知方面，高职院校人才培养目标明确，教师职业精神及教学水平认可度较高，教学质量有待加强

表 8-25 呈现了教育质量感知维度各题项分值情况。从调查结果来看，在培养学生专业技术技能和实际动手操作能力、课程内容的实用性、顶岗实习等方面，高职学生的满意度比较高，与此同时，任课教师的职业精神及高职院校所需要的双师型教师的数量和教学水平，也都得到了学生的认可。这都表明，总体上来看，高职院校对于自身特点的把握是准确的，人才培养目标是明确的，人才培养路径是清晰的。

但与此同时，高职院校还应进一步加强高职教育内涵建设，根据社会发展需求动态调整课程结构，切实做到以学生为中心，关注学生的学习、成长与发展，通过多种途径提高教学质量。例如，加强师生之间在课堂内外的学术交流，及时对学生的学习情况进行反馈，注重培养学生的自主学习能力和创新能力，更加注重促进学生德智体美全面发展，创造更多机会让学生参与课题研究等。

表 8-25　教育质量感知维度各题项分值

题项	分值
12. 任课教师的职业精神普遍怎么样？	78.27
51. 你觉得育人为本的办学理念在你们学校落实得怎么样？	76.83
7. 学校重视培养学生的专业技术技能吗？	76.02
18. 你在顶岗实习中的收获大吗？	74.27
14. 总的来说，来自行业企业的教师教学水平高吗？	73.92
13. 学校既能讲授理论课又能讲授实操课的教师多吗？	73.16
10. 专业课程中动手实际操作的机会多吗？	71.95
8. 专业课程内容实用性强吗？	71.62
5. 学校重视学生德智体美的全面发展吗？	70.68
6. 学校重视培养学生的创新能力吗？	70.28
11. 课程教学提高了你的自主学习能力吗？	70.06
15. 任课教师能及时对你的学习情况进行反馈吗？	69.32
9. 学校安排的理论课程与实践（实验）课程的比例合适吗？	67.91
16. 任课教师与你进行课外交流的时间多吗？	64.52
17. 学生参加有组织的课题研究的机会多吗？	63.63

4. 教育环境感知方面，高职院校人际关系、校风、硬件设施、学校管理获得较高认可，但还需提高校园活动吸引力，为学生提供更有针对性的支持

如表 8-26 所示，高职学生对同学关系、师生关系、实习权益保障和校风的满意度都非常高，这表明，总体上，高职院校有比较积极、融洽的校园人文环境。此外，高职学生对校内实训基地、图书馆、体育场馆等硬件环境的满意度也比较高，其中学生对校内实训基地的满意度又相对最高。这一方面表明近年来高等教育基础能力建设的成效已经初步显现，另一方面也表明高职院校非常注重凸显实践教学，在资源配置上有一定的倾斜，能够为学生提供充足的实习实训条件。

但与此同时，调查也显示，在教育环境方面，高职院校为学生提供的支持还有待加强，校园活动的吸引力还亟待提高。例如，要为学生提供更有针对性的新生入学教育，增强就业指导和创业支持的有效性，关注学生身心健康，提高与学生学习和生活密切相关的教学行政管理部门的办事效率，增强学校社团活动和校企合作活动的吸引力，为学生提供更多参加职业技能大赛的机会和开阔国际视野的机会。

表 8-26　教育环境感知维度各题项分值

题项	分值
21. 学校里同学之间的关系融洽吗？	76.44
22. 学校里教师和同学们的关系融洽吗？	75.87
46. 学校能保障学生在实习期间的合法权益吗？	74.50
4. 学校的校风怎么样？	74.22
27. 学校为学生获取职业技能证书提供的帮助多吗？	72.42
33. 校内实训基地的设施设备能满足教学需要吗？	72.39
24. 学校宿舍管理得好吗？	72.28
31. 学校的学习场所（图书馆、教室等）能满足学生的学习需求吗？	72.21
34. 学校与行业企业在人才培养方面的合作多吗？	72.05
29. 学校开展的就业指导对学生的帮助大吗？	71.33
32. 运动场地和设施能满足你的活动需求吗？	71.30
36. 学校组织学生参加职业技能比赛的机会多吗？	71.07
2. 学校的周边环境安全性怎么样？	70.87
26. 学校的新生入学教育对你尽快适应大学学习与生活的帮助大吗？	70.65
25. 学校管理部门（如教务处等）的办事效率怎么样？	70.35
37. 学校为鼓励学生的创业提供了有效的支持吗？	69.59
20. 学校与企业联合开展的各类活动吸引力大吗？	69.57
28. 学校的心理咨询工作做得好吗？	69.22
19. 在学校里你感兴趣的社团活动多吗？	67.75
23. 学校食堂饭菜的性价比怎么样？	65.91
35. 学校为学生提供的开阔国际视野的机会充足吗？	61.12

5. 教育公平方面，高职院校在资助贫困生、端正学风、课程考核公正性等方面获得较高认可，但还需增加学生参与学校民主管理的机会，为学生的未来发展提供更有力支持

由表 8-27 可以看出，高职学生在学校的贫困生资助、学校对作弊行为的处理、教师给学生的课程评分、学校对学生权益的尊重等方面的满意度都比较高，说明高职院校这些方面的工作开展得比较好，获得了较高的认可。同时，也可以看到，学生在参与学校民主管理方面的满意度相对较低，学生对学校在转专业、选课方面的规定的合理性满意度较低，对于毕业后继续升学的机会和渠道了解得还不够深入，这些都需要引起高职院校的高度重视。

表 8-27   教育公平感知维度各题项分值

题项	分值
43. 家庭经济困难学生能够得到有效资助吗？	76.17
49. 学校对学生作弊等不诚信行为的处理恰当吗？	75.32
48. 学校课程考核中教师给学生的评分公平吗？	73.07
41. 你能感受到学校对学生权益的尊重吗？	71.15
44. 学校能为学生发挥个人特长创造条件吗？	71.02
47. 你认可学校奖学金的评定标准吗？	70.61
42. 你能感觉到在参加学校或企业实习见习时是被一视同仁的吗？	70.49
38. 学生可以通过公开渠道顺畅地了解学校的重大事项吗？	69.69
50. 你觉得学校在转专业、选课等方面的规定合理吗？	69.24
45. 你对毕业后继续升学的机会和渠道了解吗？	67.49
39. 学生有机会参与学校管理吗？	67.03
40. 学生向学校反映意见和建议的渠道畅通吗？	65.42

总之，通过对全国高职学生教育满意度各维度的分值情况进行分析，再结合高职学生满意度最高的十个题项和最低的十个题项进行分析，可以看出，我国高职教育总体上受到学生认可，教育满意度普遍高于教育期望；高职院校重视第一课堂的

内涵建设，能够落实育人为本的理念；国家示范性高职院校的学生教育满意度较高。但与此同时，从调查结果也可以看出，我国高职教育也存在如下问题：高职院校在创设第二课堂育人环境上无法满足学生需求；学生参与学校管理的渠道不畅，学生对教育公平的满意度还有待提高；部分专业的学生满意度远远低于入学前的教育期望，应引起重视。

三、高等教育雇主满意度

人才培养是大学的首要职能。人才培养质量，需要经过社会用人单位（即雇主）的检验。社会用人单位对人才的需求是多元化、多层次的。高校毕业生就业长期分布的行业领域实际上就代表了高校真实的办学层次和办学水平，也在很大程度上预示着未来高校毕业生的可能走向。高校人才培养质量集中反映在毕业生的发展上，因而通过对雇主进行调查来了解其对高校毕业生的满意度是了解高校人才培养质量的一种有效方法。

社会用人单位对大学毕业生的满意度，是高等教育满意度的重要组成部分。课题组设计开发了《雇主对大学毕业生满意度调查问卷》，调查问卷分本科版和高职版两种。2016 年 9 月，课题组组织实施了雇主对高等教育满意度在线网络调查，共收回调查问卷 2266 份，其中有效问卷 1663 份，有效率为 73.39%。回收的 2266 份问卷中，本科雇主问卷为 1141 份，有效率为 68.97%；高职雇主问卷为 1125 份，有效率为 77.87%。

（一）雇主对大学毕业生的总体满意度分值为 61.18

调查结果显示，雇主对大学毕业生的总体满意度分值为 61.18。其中，雇主对本科毕业生的总体满意度分值为 60.63，对高职毕业生的总体满意度分值为 61.74，两者不存在显著差异。

（二）雇主最满意毕业生的信息技术应用能力，最不满意毕业生的英语水平

课题组分别列举毕业生的不同能力让雇主逐一做判定。结果显示，雇主满意度最高的是大学毕业生的信息技术应用能力，分值为 63.49；雇主满意度最低的是大学毕业生的英语水平，分值为 57.40。其余各项能力中，被雇主所认可的能力按分

值由高到低排列依次为岗位技能（62.68），敬业精神、工作态度和责任心（62.54），学习能力（62.48），团队合作能力（62.32），人际交流与沟通能力（62.30），专业知识（62.20），组织协调能力（60.79），对企业的忠诚度（60.74），心理素质（60.64），书面表达能力（60.15）（见图 8-24）。

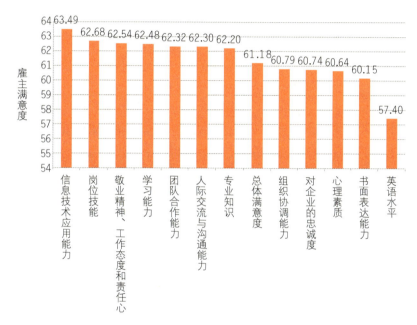

图 8-24　雇主对大学毕业生能力的满意度

（三）雇主最满意本科毕业生的专业知识，最不满意其身体素质

如图 8-25 所示，雇主对本科毕业生最满意的是专业知识，分值为 62.03；满意度最低的是身体素质，分值为 59.54。

雇主对本科毕业生能力水平的认可度按分值由高到低排列依次为：专业知识（62.03），信息技术应用能力（61.84），学习能力（61.79），书面表达能力（61.46），英语水平（61.28），口头表达能力（61.15），敬业精神、工作态度和责任心（61.12），组织协调能力（61.10），人际交流与沟通能力（60.97），团队合作能力（60.88），岗位技能（60.83），心理素质（59.94），对企业的忠诚度（59.83），身体素质（59.54）。雇主对本科毕业生的心理素质、对企业的忠诚度和身体素质的满意度较低，分值均低于 60 分。

尽管雇主对本科毕业生的各项能力和素质满意度不高，但雇主却较少向高校反馈意见或提出相关建议。

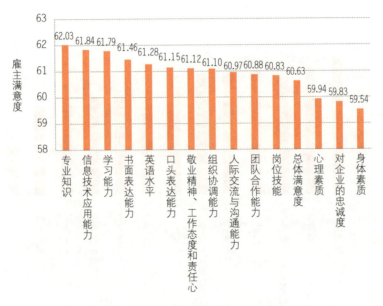

图 8-25 雇主对本科毕业生能力的满意度

（四）雇主最满意高职毕业生的培养质量，最不满意其英语水平

雇主满意度最高的是高职院校培养质量，分值为 65.36；雇主满意度最低的是高职毕业生的英语水平，分值为 53.52（见图 8-26）。

除了这两项，按分值由高到低排列分别为：计算机应用水平（65.13）、继续招聘员工母校毕业生的意愿（64.94）、岗位技能（64.53）、敬业精神（63.96）、团队合作精神与合作能力（63.76）、人际交往与沟通能力（63.62）、对企业文化的认同程度（63.47）、进取心（63.41）、继续学习能力（63.16）、对薪水的期望值（62.92）、专业基础知识（62.38）、吃苦耐劳精神和意志品质（61.89）、对企业的忠诚度（61.66）、心理素质和耐挫折能力（61.33）、相比本科生的贡献与薪酬比（60.94）、组织协调能力（60.49）、创新和技术攻关能力（60.05）、相比中专生的贡献与薪酬比（59.88）、书面表达能力（58.84）。

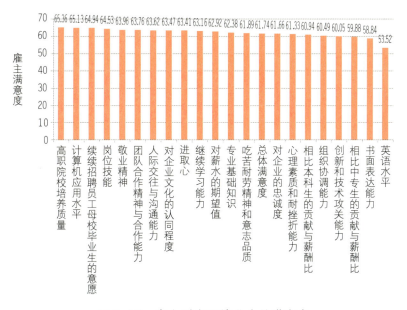

图 8-26 雇主对高职毕业生的满意度

（五）除英语水平、书面表达能力、组织协调能力外，雇主对高职毕业生各维度的满意度都高于本科毕业生

雇主对高职毕业生的满意度仅有 3 项低于本科毕业生，即英语水平、书面表达能力、组织协调能力。雇主对高职毕业生的英语水平满意度分值为 53.52，对本科毕业生的英语水平满意度分值为 61.28，二者具有显著差异。其余各项，雇主对高职毕业生的满意度均高于本科毕业生（见表 8-28）。

表 8-28 雇主对本科毕业生和高职毕业生满意度比较

项目	本科毕业生	高职毕业生
总体满意度	60.63	61.74
心理素质	59.94	61.33
人际交流与沟通能力	60.97	63.62

项目	本科毕业生	高职毕业生
书面表达能力	61.46	58.84
组织协调能力	61.10	60.49
团队合作能力	60.88	63.76
信息技术应用能力	61.84	65.13
英语水平	61.28	53.52
学习能力	61.79	63.16
敬业精神、工作态度和责任心	61.12	63.96
对企业的忠诚度	59.83	61.66
专业知识	62.03	62.38
岗位技能	60.83	64.53

四、小结

（一）结论

1. 本科生总体满意度分值为 68.15，中部地区本科生满意度高于东部和西部；高职学生总体满意度分值为 70.72，略高于本科，东北、中部地区高职学生满意度较高

调查发现，本科生教育公平感知分值为 68.00，教育环境感知分值为 67.48，这两项分值较高，促进了总体满意度的提高。分省份看，全国共有 14 个省份的本科生总体满意度高于全国平均水平，占比为 45%。分地区看，东部地区有 45% 的省份本科生总体满意度高于全国平均水平；中部地区该比例为 63%，西部地区为 33%，中部地区本科生的总体满意度要高于东部和西部地区。

高职学生总体满意度分值为 70.72，略高于同期本科生（68.15）。高职学生满意度呈现一定的地区差别，东北和中部地区较高，西北、西南地区相对较低。

2. 本科生对贫困生资助、教师职业精神和同学关系等十个方面最满意，而对课程组织形式、师资力量和师生课外互动等十个方面最不满意；高职学生对任课教师职业精神、落实育人为本理念和同学关系等十个方面最满意，而对社团活动、升学机会、学生参与权等十个方面最不满意

调查发现，本科生最满意的十个方面依次是贫困生资助、教师职业精神、同学关系、师生关系、处理不诚信行为的规则、学习场所、学校校风、信息化资源、考试评分规则、运动场地与体育设施。这表明，本科生对学校的校园文化、环境与资源、规则公平等方面满意度较高。高职学生最满意的十个方面依次是任课教师职业精神、落实育人为本理念、同学关系、贫困生资助、专业技术技能培养、师生关系、处理不诚信行为的规则、实习管理、实习实践和学校校风。其中，四项属于教育质量感知维度，四项属于教育环境感知维度，两项属于教育公平感知维度。

本科生最不满意的十个方面依次是课程组织形式、师资力量、师生课外互动、学生参与管理权、国际化资源、教学方式、参与科研、学术讲座、学习反馈、表达权和监督权。这表明，本科生对学校的教师教学、课程组织、权利公平等方面最不满意。高职学生最不满意的十个方面依次是社团活动、升学机会、对高职总体状况的预期、学生参与权、餐饮服务、表达权和监督权、对专业适合性的预期、生师互动、参与科研机会、国际化资源。其中，两项属于教育质量感知维度，三项属于教育环境感知维度，三项属于教育公平感知维度，两项属于教育期望维度。

3. 本科教育在人才培养、教学成效、学校校风等方面做得较好，在教师教学方式、课程组织、实习教学等方面亟须改进

本科生教育满意度矩阵分析结果表明，人才培养、教学成效、学校校风等 12 项位于竞争优势区，反映了本科教育的成绩与优势；教师教学方式、课程组织、实习教学、社会实践等 12 项位于亟须改进区，反映了这些方面亟待改善与提高。

4. 国家重点建设高校本科生各项满意度均偏高，国家示范性高职院校学生各项满意度较高

调查显示，"985 工程"高校学生各维度分值都高于非"985 工程"高校学生，具有统计上的显著差异；同样，"211 工程"高校学生各维度分值都高于非"211 工

程"高校学生，具有统计上的显著差异。

国家示范性高职院校学生各维度满意度均高于其他高职院校学生。

5. 不同亚群体本科生、高职学生满意度分值存在差异

本科生教育满意度调查显示，女生各维度分值显著高于男生；父母亲学历越高，学生各维度分值也越高；家庭经济状况越好，学生各维度分值越高；第一代大学生的总体满意度分值显著低于非第一代大学生。

高职学生教育满意度调查显示，男生各维度分值显著高于女生；本省学生各维度分值高于外省学生；来自城区和县城的学生教育期望和总体满意度明显更高；第一代大学生的满意度均低于非第一代大学生；父母受过高中和大专及以上教育的学生满意度更高；家庭经济状况好的学生各维度分值更高；专业类别、学习努力程度、学习成绩排名和毕业后打算不同的学生各维度分值有所不同。

6. 本科生对于食宿、体育设施、课程、实习等方面意见较多

开放题词频分析结果表明，本科生反映较多的问题主要集中在课程、宿舍、食堂、体育设施、课外互动、实习、学术讲座、创新等方面。分维度看，在教育质量感知维度，学生意见最多的是课程；在教育环境感知维度，学生意见最多的是食堂；在教育公平感知维度，学生意见最多的是转专业和选课规则。

7. 雇主总体满意度分值为61.18，其中对高职毕业生总体满意度分值（61.74）高于本科毕业生（60.63）

雇主满意度调查结果显示，雇主对大学毕业生的总体满意度分值为61.18。其中，对高职毕业生的总体满意度分值高于本科毕业生。

8. 雇主最满意毕业生的信息技术应用能力，最不满意其英语水平

调查显示，雇主最满意大学毕业生的信息技术能力（63.49），最不满意其英语水平（57.40）。具体来看，雇主最满意本科毕业生的专业知识（62.03），最不满意其身体素质（59.54）；最满意高职毕业生的培养质量（65.36），最不满意其英语水平（53.52）。

（二）问题

1. 部分院校在满意度各维度存在"塌陷现象"

在教育部门举办的本科高校中，中央教育部门举办的高校学生总体满意度分值

最高，为 71.97，省级教育部门举办的高校为 66.89，地级教育部门举办的高校为 71.04。省级部门举办的高校既低于中央教育部门举办的高校，也低于地级教育部门举办的高校，还低于全国平均水平，出现"省级塌陷"现象。地处县镇的高职院校在满意度各维度上则存在"塌陷现象"。

2. 不同性质类别院校学生在满意度各维度分值差异较大

本科高校中农业院校、民族院校等院校的学生各维度分值较高，师范院校、林业院校和政法院校的学生各维度分值较低；高职院校中理工院校、综合大学和财经院校的学生各维度满意度处于中上水平，林业院校的学生各维度满意度较高。

3. 重点高校学生满意度均高于非重点高校，形成"马太效应"

从具体调查结果看，无论高职院校，还是本科院校，均是重点院校学生各项满意度高于非重点院校学生，反映出广大普通院校学生的"获得感"普遍较低。而我国目前普通高校占比在 95% 以上，重点高校占比非常低。广大普通高校承载着最大的人才培养重任，学生满意度较低，不利于普通高校人才培养质量的提升。

4. 学生对教育教学环境诸多方面较不满意，师生互动较弱

通过对比本科生、高职学生最不满意的方面可以看出，广大学生对于教育教学的过程性问题存在更多不满。本科生对课程组织形式、师资力量、师生课外互动、教学方式、学习反馈等不满意；高职学生对社团活动、升学机会、对专业适合性的预期、师生互动、参与科研等不满意。

（三）建议

1. 狠抓教育教学质量，提升教师专业水平

教育教学质量是高校的生命线。"双一流"建设背景下，提升教育教学质量的任务更加艰巨、紧迫。然而，从调查结果来看，学生的教育质量感知结果并不乐观。学生对教学、课程组织等满意度较低。因此，必须以提升教育教学质量为核心，全面提高高等教育满意度。建议政府和高校将更多资源和精力投入教育教学改革，加大人才培养在学校和教师考评中的权重。加强师资队伍建设，着力提高教师专业水平。鼓励教师创新教学方法，更多地运用启发、探究、研究性教学等教学方式，增强师生教学互动，改善学生学习体验。加强课程体系建设和课程组织方式改

革，优化人才培养方案，更新课程内容，增强课程的前沿性、科学性和实践性。

2. 激发省属高校改革创新动力，抬升底部促提高

省属高校是我国高等教育系统的中坚力量。然而，省属高校在教育满意度调查中表现不佳，在总体满意度及各维度上存在"省级塌陷"现象。究其原因，主要是一些省属高校主动作为、开拓进取的精神不强，仍存在"等靠要"的思想；部分高校对内涵发展、特色发展认识不深，办学思想还停留在外延式发展阶段；部分高校只重科研创新而忽视人才培养创新。省属高校既没有重点大学那样强烈的荣誉感，也没有新办地方院校、民办院校的生存危机感，得过且过。思想观念认识不到位，改革创新内在动力不足，是制约省属高校创新能力提升和办学水平提高的重要因素，也是制约其学生满意度提高的关键所在。应鼓励地方深化教育放管服改革，简除烦苛，给省属高校松绑。尊重高等教育规律和高校特点，激发省属高校改革创新内在动力。推动省属高校加强内部治理结构改革，尽早实现学校内部治理体系和治理能力现代化。稳步提高省属高校办学水平，促进省属高校满意度水平较大幅度提升。

3. 加强师范类、理工类院校建设，增强学生获得感

在高等教育大众化进程中，我国原有的行业院校在追求综合化、规模化办学的过程中，逐渐淡化甚至丧失办学特色，办学质量和办学效益都没有得到很好的提升。调查结果显示，在本科高校中，农业院校、民族院校学生满意度较高，而师范院校、政法院校、林业院校则满意度较低。这几类院校应该对照调查结果，从办学理念、发展战略、管理制度和治校重点等方面进行分析，查找原因，综合施策。在改善学校人文环境上下功夫，在提高教育质量和促进教育公平上做文章，在点亮学生教育期望上加把油，切实增强学生的教育获得感，提高学生满意度。

4. 提高生均高等教育经费标准，夯实教育发展根基

高等教育是一项知识密集、人才密集和资金密集的事业。办好人民满意的高等教育，离不开强有力的财力支撑。要坚持和完善以政府投入为主、多种方式共同投资的高等教育投入体制。政府应依据经济社会发展和物价水平等因素，建立办学成本动态调整机制。依法落实政府教育支出主体责任，健全高等教育生均拨款制度。

完善高等教育成本分担机制，综合考虑经济发展水平、学科专业培养成本、社会居民承受能力，合理确立高等教育学费标准，适当提高学生和家庭分担高等教育办学成本的数量和比例。制定各种优惠政策，鼓励社会力量捐资。汇聚政府、个人和社会的强大合力，努力提高生均高等教育经费标准，为全面提升高等教育满意度固本强基。

第九章

社会公众满意度
调查结果

社会公众主要是教育的观察者或者间接参与者。社会公众满意度调查主要从两个方面开展：一是其对全国教育发展的满意度，二是其对当地基础教育工作的满意度。全国教育发展满意度和地方基础教育发展满意度调查各有四个维度。全国教育发展满意度调查的四个维度为：全国教育总体满意度、教育机会满意度、教育公平与保障满意度、教育质量满意度。地方基础教育发展满意度调查的四个维度为：地方教育总体满意度、教育期望满意度、教育规划与保障满意度、教育管理与服务满意度。

一、全国教育发展满意度

（一）总体满意度

1. 社会公众的全国教育总体满意度较高

社会公众的全国教育总体满意度分值为 76.09，除教育机会满意度略低（69.99）外，其他各维度满意度分值均超过 72 分。总体满意度各题项分值情况如表 9-1 所示。

表 9-1　社会公众的全国教育总体满意度分值

维度	分值	题项	题项原始均分	题项分值
总体满意度	76.09	Q23	5.75	79.12
		Q24	5.38	73.06

2. 东中西部社会公众的全国教育总体满意度差异不显著

从地区来看，东部地区社会公众的教育总体满意度略高于中部和西部地区，但差异并不显著（见图 9-1）。

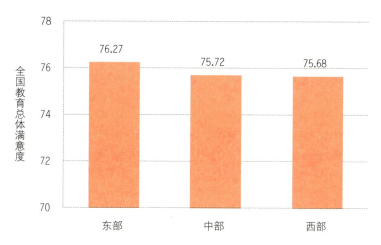

图 9-1　东中西部社会公众的全国教育总体满意度分值

3. 城区社会公众的全国教育总体满意度最高，镇区社会公众最低

从家庭所在地看，城区的社会公众的全国教育总体满意度明显高于镇区和乡村社会公众，镇区社会公众最低（见图 9-2）。

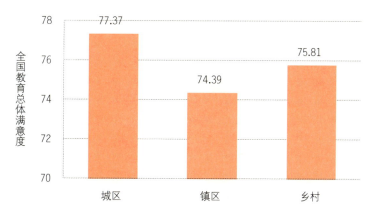

图 9-2　不同家庭所在地社会公众的全国教育总体满意度分值

4. 户籍在本县（市、区）的社会公众全国教育总体满意度更高

从户籍所在地来看，户籍在本县（市、区）的社会公众对全国教育的总体满意度最高，显著高于户籍在本省外县（市、区）和外省的社会公众，户籍在本省外县

（市、区）的社会公众对全国教育的总体满意度略高于户籍在外省的社会公众，但差异不显著（见图9-3）。

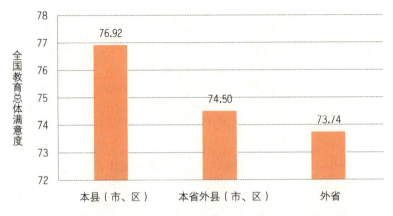

图9-3　不同户籍所在地社会公众的全国教育总体满意度分值

5. 男性社会公众的全国教育总体满意度高于女性

从性别看，男性社会公众的全国教育总体满意度高于女性（见图9-4）。

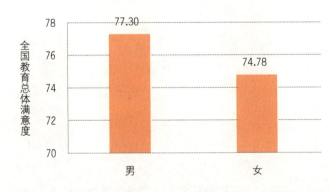

图9-4　不同性别社会公众的全国教育总体满意度分值

6. 41—50岁社会公众的全国教育总体满意度最高，20岁及以下社会公众最低

从年龄来看，41—50岁社会公众的全国教育总体满意度最高，20岁及以下和

51—60 岁社会公众的全国教育总体满意度偏低（见图 9-5）。

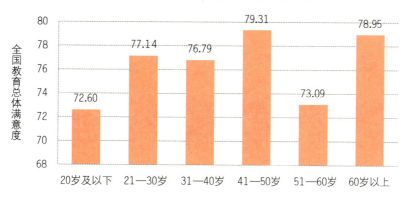

图 9-5　不同年龄社会公众的全国教育总体满意度分值

7. 高学历社会公众的全国教育总体满意度更高

从学历来看，社会公众全国教育总体满意度随学历的升高而提高，小学学历的社会公众全国教育总体满意度最低，研究生及以上学历的社会公众全国教育总体满意度最高，高中、专科和本科学历社会公众的全国教育总体满意度无显著差异（见图 9-6）。

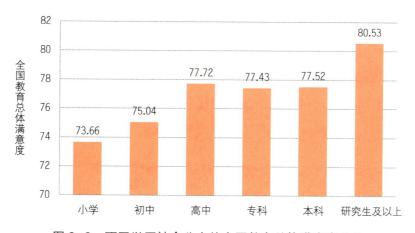

图 9-6　不同学历社会公众的全国教育总体满意度分值

8. 教育、医务和科研等专业技术人员的全国教育总体满意度最高，待业人员、工人、农民的全国教育总体满意度偏低

从职业来看，全国教育总体满意度分值排在前两位的是教育、医务和科研等专业技术人员以及企事业单位管理人员，排在后三位的是农民、工人和待业人员（见图9-7）。

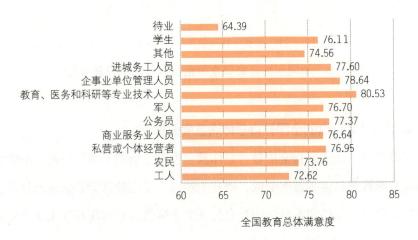

图9-7　不同职业社会公众的全国教育总体满意度分值

9. 家庭经济状况越好的社会公众全国教育总体满意度越高

从家庭收入状况来看，家庭经济状况越好的社会公众全国教育总体满意度越高，家庭经济状况非常好的社会公众全国教育总体满意度分值超过90，而家庭经济状况非常差和比较差的社会公众全国教育总体满意度分值不足70。除这两组社会公众外，其他组社会公众全国教育总体满意度之间均差异显著（见图9-8）。

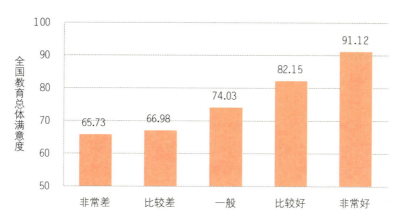

图 9-8　不同家庭经济状况社会公众的全国教育总体满意度分值

10. 无子女和子女就读中职的社会公众全国教育总体满意度相对较低

从子女就读情况来看，无子女的社会公众的全国教育总体满意度最低，子女就读普通高中和大学及以上的社会公众的全国教育总体满意度最高，社会公众满意度表现出随子女就读学段升高而升高的趋势，但子女就读中职的社会公众全国教育总体满意度明显偏低（见图 9-9）。

图 9-9　不同子女就读状况社会公众的全国教育总体满意度分值

（二）维度分析

1. 教育机会满意度

（1）社会公众的教育机会满意度分值偏低

调查结果显示，社会公众的教育机会满意度分值为 69.99，在四个维度中分值最低。各题项分值情况如表 9-2 所示。

表 9-2　社会公众的全国教育机会满意度分值

维度	分值	题项	题项原始均分	题项分值
教育机会满意度	69.99	Q1	5.05	67.47
		Q3	5.06	67.74
		Q4	5.08	68.03
		Q5	5.16	69.28
		Q6	5.19	69.75
		Q7	5.38	73.08
		Q8	5.29	71.47
		Q9	5.30	71.62
		Q10	5.29	71.48

（2）东中西部社会公众的教育机会满意度无显著差异

从地区来看，东部地区社会公众的教育机会满意度略高于中部、西部地区社会公众（见图 9-10），但差异并不显著。

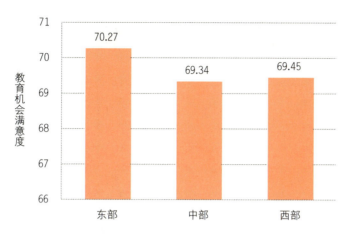

图 9-10 不同地区社会公众的教育机会满意度分值

（3）城区社会公众的教育机会满意度最高，镇区最低

从家庭所在地来看，城区社会公众的教育机会满意度明显高于镇区和乡村社会公众（见图 9-11）。

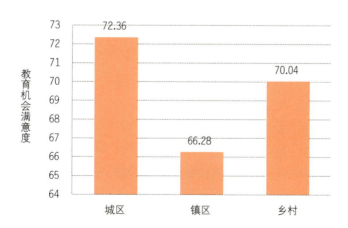

图 9-11 不同家庭所在地社会公众的教育机会满意度分值

（4）户籍在本县（市、区）的社会公众教育机会满意度更高

从户籍所在地来看，户籍在本县（市、区）的社会公众教育机会满意度最高，显著高于户籍在本省外县（市、区）和外省的社会公众（见图 9-12）。

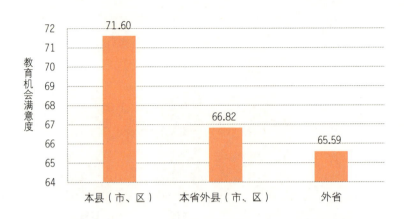

图 9-12　不同户籍所在地社会公众的教育机会满意度分值

（5）男性社会公众的教育机会满意度高于女性

从性别来看，男性社会公众的教育机会满意度高于女性（见图 9-13）。

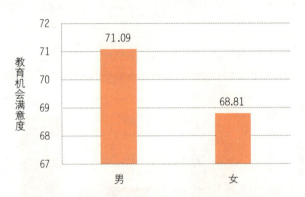

图 9-13　不同性别社会公众的教育机会满意度分值

（6）41—50 岁社会公众的教育机会满意度最高，20 岁及以下社会公众最低

从年龄来看，41—50 岁的社会公众教育机会满意度最高，之后依次是 31—40 岁、60 岁以上、21—30 岁、51—60 岁的社会公众，20 岁及以下的社会公众教育机会满意度最低（见图 9-14）。

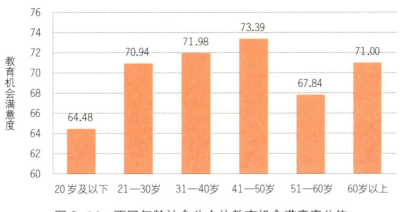

图 9-14 不同年龄社会公众的教育机会满意度分值

（7）高学历社会公众的教育机会满意度更高

从学历来看，研究生及以上学历的社会公众教育机会满意度最高，之后依次是本科、专科、高中、初中学历的社会公众，小学学历的社会公众教育机会满意度最低（见图9-15）。

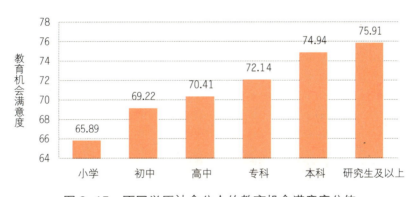

图 9-15 不同学历社会公众的教育机会满意度分值

（8）教育、医务和科研等专业技术人员的教育机会满意度最高，待业人员、工人的教育机会满意度偏低

从职业来看，教育机会满意度分值排在前两位的是教育、医务和科研等专业技术人员以及企事业单位管理人员，排在后两位的是工人和待业人员（见图9-16）。

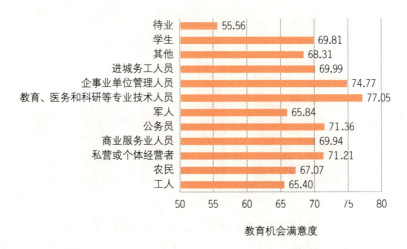

图9-16　不同职业社会公众的教育机会满意度分值

（9）家庭经济状况越好的社会公众的教育机会满意度越高

从家庭经济状况来看，家庭经济状况非常好的社会公众的教育机会满意度最高，而家庭经济状况比较差和非常差的社会公众的教育机会满意度明显偏低，分值均不足60（见图9-17）。

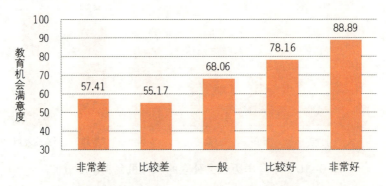

图9-17　不同家庭经济状况社会公众的教育机会满意度分值

（10）子女就读学段越高，社会公众的教育机会满意度越高，子女就读中职者除外

从子女就读情况来看，子女就读大学及以上的社会公众的教育机会满意度最高，之后依次是子女就读普通高中、初中的社会公众，无子女的社会公众教育机会满意度最低（见图9-18）。

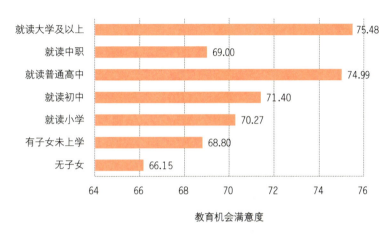

图 9-18　不同子女就读状况社会公众的教育机会满意度分值

2. 教育公平与保障满意度

（1）社会公众的教育公平与保障满意度较低

调查结果显示，社会公众的教育公平与保障满意度分值为72.41，在四个维度中排名第三。各题项分值情况如表9-3所示。

表 9-3　社会公众的教育公平与保障满意度分值

维度	分值	题项	题项原始均分	题项分值
教育公平与保障满意度	72.41	Q2	4.95	65.76
		Q11	5.52	75.35
		Q12	5.35	72.53
		Q13	5.30	71.73
		Q14	5.37	72.91
		Q15	5.40	73.38
		Q16	5.39	73.23

（2）东部社会公众的教育公平与保障满意度差异不显著

从地区来看，东部地区社会公众的教育公平与保障满意度略高于中部、西部地区社会公众，但地区差异不显著（见图9-19）。

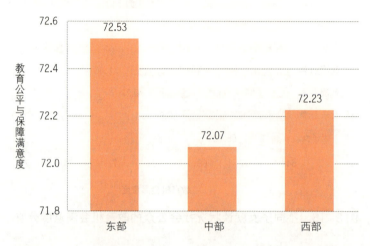

图9-19 不同地区社会公众的教育公平与保障满意度分值

（3）城区社会公众的教育公平与保障满意度最高，镇区最低

从家庭所在地来看，城区社会公众的教育公平与保障满意度明显高于镇区和乡村社会公众，镇区社会公众最低（见图9-20）。

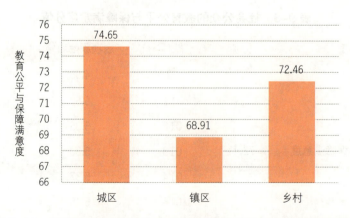

图9-20 不同家庭所在地社会公众的教育公平与保障满意度分值

（4）户籍在本县（市、区）的社会公众的教育公平与保障满意度更高

从户籍所在地来看，户籍在本县（市、区）的社会公众教育公平与保障满意度最高，显著高于户籍在本省外县（市、区）和外省的社会公众（见图9-21）。

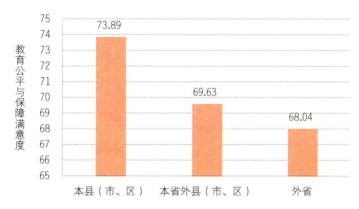

图9-21 不同户籍所在地社会公众的教育公平与保障满意度分值

（5）男性社会公众的教育公平与保障满意度高于女性

从性别看，男性社会公众的教育公平与保障满意度高于女性（见图9-22）。

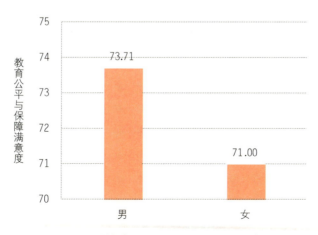

图9-22 不同性别社会公众的教育公平与保障满意度分值

（6）**41—50岁社会公众的教育公平与保障满意度最高，20岁及以下社会公众最低**

从年龄来看，41—50岁社会公众的教育公平与保障满意度最高，之后依次是31—40岁、21—30岁、60岁以上的社会公众，而20岁及以下和51—60岁社会公众的教育公平与保障满意度偏低（见图9-23）。

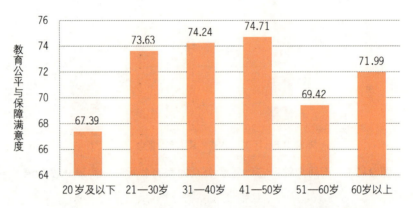

图9-23　不同年龄社会公众的教育公平与保障满意度分值

（7）**高学历社会公众的教育公平与保障满意度更高**

从学历来看，研究生及以上学历的社会公众教育公平与保障满意度最高，之后依次是本科、专科、高中、初中学历的社会公众，学历是小学的社会公众教育公平与保障满意度最低（见图9-24）。

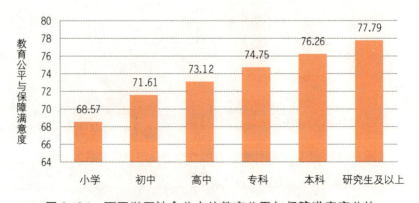

图9-24　不同学历社会公众的教育公平与保障满意度分值

（8）教育、医务和科研等专业技术人员以及企事业单位管理人员的教育公平与保障满意度较高

从职业来看，教育公平与保障满意度分值排在前两位的是教育、医务和科研等专业技术人员以及企事业单位管理人员，排在最后的是待业人员（见图9-25）。

图9-25 不同职业社会公众的教育公平与保障满意度分值

（9）家庭经济状况越好的社会公众教育公平与保障满意度越高

从家庭经济状况来看，家庭经济状况非常好的社会公众的教育公平与保障满意度最高，而家庭经济状况比较差的社会公众的教育公平与保障满意度最低（见图9-26）。

图9-26 不同家庭经济状况社会公众的教育公平与保障满意度分值

（10）子女就读普通高中和大学及以上的社会公众的教育公平与保障满意度相对较高

从子女就读情况来看，子女就读普通高中和大学及以上的社会公众的教育公平与保障满意度较高，无子女和子女就读中职的社会公众教育公平与保障满意度较低（见图9-27）。

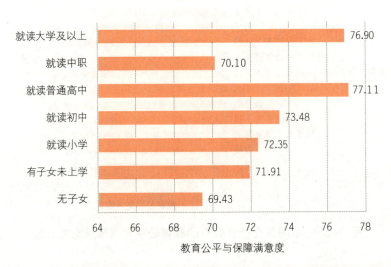

图9-27　不同子女就读状况社会公众的教育公平与保障满意度分值

3.教育质量满意度

（1）社会公众的教育质量满意度较高

调查结果显示，社会公众的教育质量满意度分值为74.01，在四个维度中排名第二，说明社会公众对各级教育的质量和成效是比较认可的。各题项分值情况如表9-4所示。

表 9-4 社会公众的教育质量满意度分值

维度	分值	题项	题项原始均分	题项分值
教育质量满意度	74.01	Q17	5.42	73.69
		Q18	5.40	73.40
		Q19	5.61	76.80
		Q20	5.41	73.43
		Q21	5.41	73.53
		Q22	5.39	73.20

（2）东中西部社会公众的教育质量满意度差异不显著

从地区来看，不同地区社会公众的教育质量满意度差异不显著，西部略高一些（见图9-28）。

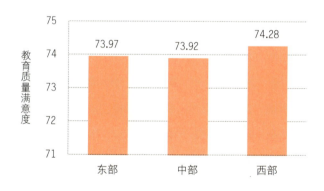

图 9-28 不同地区社会公众的教育质量满意度分值

（3）城区社会公众的教育质量满意度最高，镇区最低

从家庭所在地来看，城区社会公众的教育质量满意度明显高于镇区和乡村，镇区社会公众教育质量满意度最低（见图9-29）。

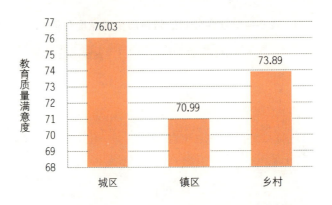

图 9-29　不同家庭所在地社会公众的教育质量满意度分值

（4）户籍在本县（市、区）的社会公众的教育质量满意度最高

从户籍所在地来看，户籍在本县（市、区）的社会公众教育质量满意度最高，显著高于户籍在本省外县（市、区）和外省的社会公众（见图 9-30）。

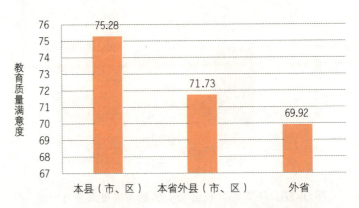

图 9-30　不同户籍所在地社会公众的教育质量满意度分值

（5）男性社会公众的教育质量满意度高于女性

从性别看，男性社会公众的教育质量满意度高于女性（见图 9-31）。

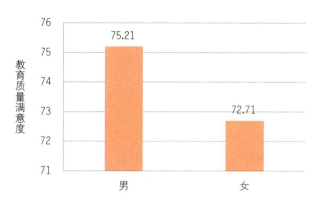

图 9-31 不同性别社会公众的教育质量满意度分值

（6）41—50 岁的社会公众的教育质量满意度最高，20 岁及以下的社会公众最低

从年龄来看，41—50 岁的社会公众教育质量满意度最高，之后依次是 31—40 岁、21—30 岁、60 岁以上的社会公众，20 岁及以下和 51—60 岁社会公众的教育质量满意度偏低（见图 9-32）。

图 9-32 不同年龄社会公众的教育质量满意度分值

（7）高学历社会公众的教育质量满意度更高

从学历来看，社会公众的教育质量满意度随学历的提高而提高，学历为研究生

及以上的社会公众教育质量满意度最高，学历为小学的社会公众教育质量满意度最低（见图9-33）。

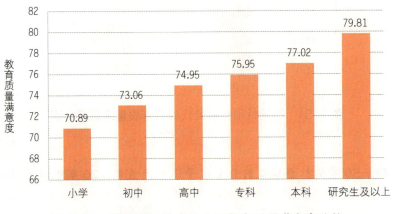

图9-33 不同学历社会公众的教育质量满意度分值

（8）教育、医务和科研等专业技术人员的教育质量满意度最高，待业人员的教育质量满意度最低

从职业来看，教育质量满意度分值排在前两位的是教育、医务和科研等专业技术人员以及企事业单位管理人员，排在后两位的是工人和待业人员（见图9-34）。

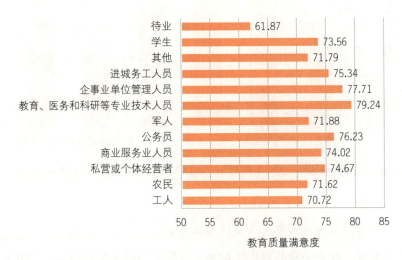

图9-34 不同职业社会公众的教育质量满意度分值

（9）家庭经济状况越好的社会公众的教育质量满意度越高

从家庭经济状况来看，家庭经济状况越好的社会公众教育质量满意度越高（见图9-35）。

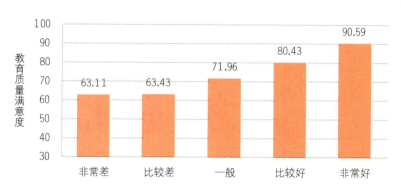

图9-35 不同家庭经济状况社会公众的教育质量满意度分值

（10）子女就读普通高中的社会公众教育质量满意度最高

从子女就读情况来看，子女就读普通高中的社会公众教育质量满意度最高，其次是子女就读大学及以上的社会公众，无子女和子女就读中职的社会公众的教育质量满意度较低（见图9-36）。

图9-36 不同子女就读状况社会公众的教育质量满意度分值

（三）题项分析

全国教育发展满意度调查的 24 道题目的平均分值在 65.76—79.12。其中分值最高的 5 道题目涉及教育综合发展水平、学生体质健康提升政策、贫困落后地区办学条件改善、基础教育质量监测和高等教育质量提升。分值最低的 5 道题目涉及教育经费投入、教育综合普及程度、学前教育普及、义务教育均衡发展和高中阶段教育普及。从各题项分值情况来看，社会公众普遍对加强学生体能、提高教育质量及改善落后地区办学条件等方面较为满意，但在教育投入、各级教育普及、义务教育均衡发展等方面满意度略低。

二、地方基础教育发展满意度

（一）地方教育总体满意度

1. 社会公众的地方教育总体满意度较高

社会公众的地方教育总体满意度分值为 72.82，各维度满意度分值均超过 72，说明社会公众的地方基础教育发展满意度是比较高的，评价在"比较满意"到"满意"之间。社会公众在地方教育总体满意度各题项上的分值情况如表 9–5 所示。其中第 40 题"对本地政府所提供的教育服务总体感受"题项分值最高，为 76.88，而第 41 题"是否愿意让自己的孩子或推荐亲友的孩子在本地上学"题项分值略低，为 70.42。

表 9–5　社会公众的地方教育总体满意度分值

维度	分值	题项	题项原始均分	题项分值
地方教育总体满意度	72.82	Q39	5.27	71.15
		Q40	5.61	76.88
		Q41	5.23	70.42

2.东中西部地区社会公众的地方教育总体满意度无显著差异

从东、中、西部地区来看，东部地区社会公众的地方教育总体满意度略高于中部、西部地区社会公众，但区域间差异并不显著（见图9-37）。

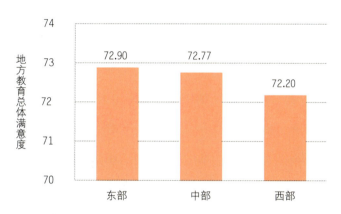

图9-37 不同地区社会公众地方教育总体满意度分值

3.城区社会公众的地方教育总体满意度最高，镇区社会公众最低

从家庭所在地来看，城区社会公众的地方教育总体满意度显著高于镇区和乡村社会公众，镇区社会公众的总体满意度最低（见图9-38）。

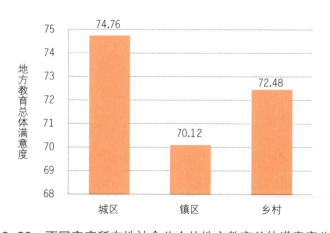

图9-38 不同家庭所在地社会公众的地方教育总体满意度分值

4. 户籍在本县（市、区）的社会公众地方教育总体满意度最高

从户籍所在地来看，户籍在本县（市、区）的社会公众地方教育总体满意度最高，显著高于户籍在本省外县（市、区）和外省的社会公众，户籍在本省外县（市、区）的社会公众的地方教育总体满意度略高于户籍在外省的社会公众（见图9-39），但差异不显著。

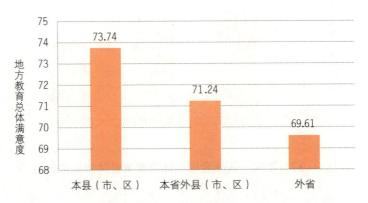

图 9-39 不同户籍所在地社会公众的地方教育总体满意度分值

5. 男性社会公众的地方教育总体满意度高于女性

从性别来看，男性社会公众的地方教育总体满意度高于女性（见图9-40）。

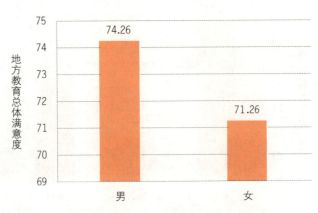

图 9-40 不同性别社会公众的地方教育总体满意度分值

6. 20岁及以下的社会公众的地方教育总体满意度最低

从年龄来看，60岁以上的社会公众的地方教育总体满意度最高，其次是41—50岁的社会公众，而20岁及以下和51—60岁的社会公众的地方教育总体满意度偏低（见图9-41）。

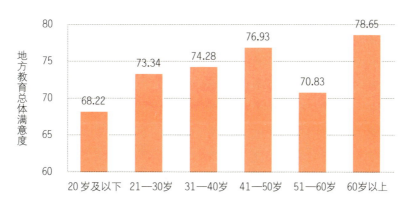

图9-41　不同年龄社会公众的地方教育总体满意度分值

7. 学历越高的社会公众地方教育总体教育满意度越高

从学历来看，社会公众的地方教育总体满意度随学历提升而提高，研究生及以上学历的社会公众地方教育总体满意度最高，小学学历的社会公众地方教育总体满意度明显偏低（见图9-42）。

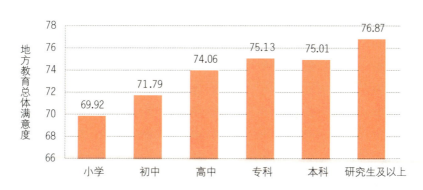

图9-42　不同学历社会公众的地方教育总体满意度分值

8. 教育、医务和科研等专业技术人员以及企事业单位管理人员的地方教育总体满意度较高，待业人员、工人的地方教育总体满意度偏低

从职业来看，教育、医务和科研等专业技术人员以及企事业单位管理人员地方教育总体满意度排在前两位，排在后两位的是工人和待业人员（见图9-43）。

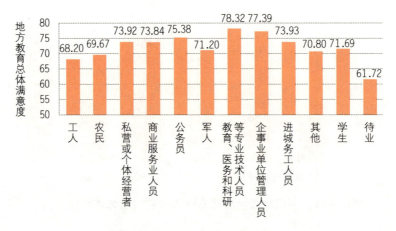

图 9-43　不同职业社会公众的地方教育总体满意度分值

9. 家庭经济状况越好的社会公众地方教育总体满意度越高

从家庭经济状况来看，家庭经济状况越好的社会公众地方教育总体满意度越高（见图9-44）。

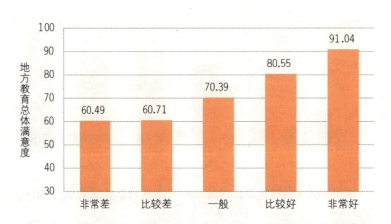

图 9-44　不同家庭经济状况社会公众的地方教育总体满意度分值

10. 子女就读普通高中的社会公众的地方教育总体满意度最高

从子女就读情况来看，子女就读普通高中的社会公众地方教育总体满意度最高，其次是子女就读大学及以上的社会公众，无子女的社会公众地方教育总体满意度最低（见图 9-45）。

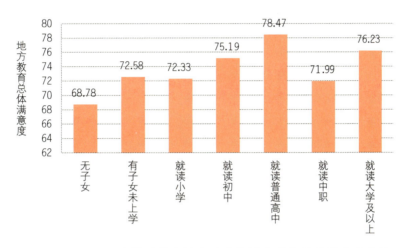

图 9-45　不同子女就读状况社会公众的地方教育总体满意度分值

（二）维度分析

1. 教育期望满意度

（1）社会公众的教育期望满意度在四个维度中分值最高

在地方基础教育发展满意度的四个维度中，社会公众的教育期望满意度分值最高，为 73.84，排在第一位，表明社会公众对当地基础教育发展的认可度是比较高的。各题项分值情况如表 9-6 所示。其中第 25 题"根据本地的经济社会状况，对本地基础教育综合发展水平的感受"题项分值最高，为 77.38，而第 27 题"根据本地的社会治理状况，对本地基础教育总体管理水平的感受"题项分值略低，为 71.21。

表 9-6　社会公众的教育期望满意度分值

分值	题项	题项原始均分	题项分值
73.84	Q25	5.64	77.38
	Q26	5.38	72.92
	Q27	5.27	71.21

（2）东中西部地区社会公众的教育期望满意度无显著差异

从东中西三个地区来看，东中西部社会公众的教育期望满意度分值均超过 73（见图 9-46），差异不显著。

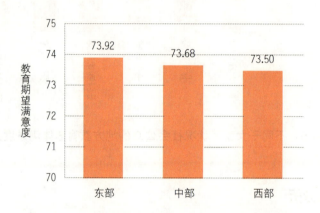

图 9-46　不同地区社会公众的教育期望满意度分值

（3）城区社会公众的教育期望满意度最高，镇区最低

从家庭所在地来看，家住城区的社会公众的教育期望满意度分值最高，为 75.58；家住镇区的社会公众的教育期望满意度分值最低，为 71.74（见图 9-47）。

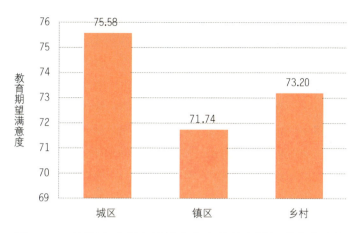

图 9-47　不同家庭所在地社会公众的教育期望满意度分值

（4）户籍在本县（市、区）的社会公众的教育期望满意度最高

从户籍所在地来看，户籍在本县（市、区）的社会公众的教育期望满意度分值最高，显著高于户籍在本省外县（市、区）和户籍在外省的社会公众的教育期望满意度（见图 9-48）。

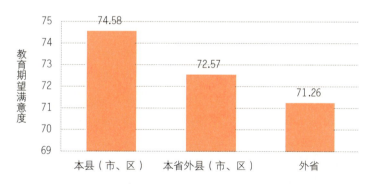

图 9-48　不同户籍所在地社会公众的教育期望满意度分值

（5）男性社会公众的教育期望满意度相对较高

从性别来看，男性社会公众的教育期望满意度分值为 74.98，显著高于女性社会公众（见图 9-49）。

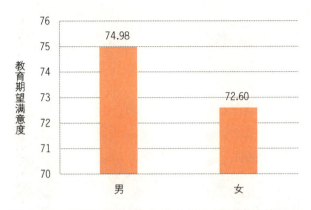

图 9-49　不同性别社会公众的教育期望满意度分值

（6）41—50 岁的社会公众的教育期望满意度最高，20 岁及以下的社会公众最低

从年龄来看，不同年龄社会公众的教育期望满意度差异明显。20 岁及以下社会公众的教育期望满意度分值最低，为 69.54；41—50 岁的社会公众教育期望满意度分值最高，为 77.31（见图 9-50）。

图 9-50　不同年龄社会公众的教育期望满意度分值

（7）学历越高的社会公众教育期望满意度越高

从学历来看，小学学历的社会公众教育期望满意度分值最低，为 71.43；研究生及以上学历的社会公众教育期望满意度分值最高，为 77.83（见图 9-51）。

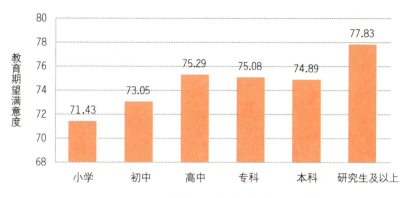

图 9-51 不同学历社会公众的教育期望满意度分值

（8）待业人员的教育期望满意度最低

从职业来看，教育、医务和科研等专业技术人员以及企事业单位管理人员的教育期望满意度分值排在前两位；待业人员的教育期望满意度分值最低，为 63.13（见图 9-52）。

图 9-52 不同职业社会公众的教育期望满意度分值

（9）家庭经济状况差的社会公众的教育期望满意度相对较低

从家庭经济状况来看，不同家庭经济状况的社会公众的教育期望满意度差异显著。通过比较可以看出，家庭经济状况差的社会公众的教育期望满意度相对较低（见图 9-53）。

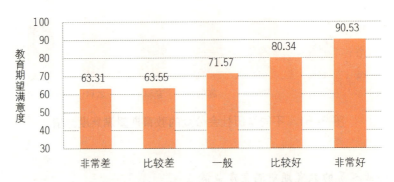

图 9-53 不同家庭经济状况社会公众的教育期望满意度分值

（10）无子女和子女就读中职的社会公众的教育期望满意度偏低

从子女就读情况来看，子女就读普通高中的社会公众的教育期望满意度分值最高，为 78.33；而无子女的社会公众的教育期望满意度分值最低，为 70.06（见图9-54）。

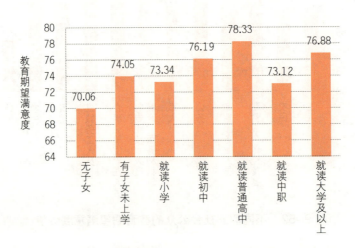

图 9-54 不同子女就读状况社会公众的教育期望满意度分值

2.教育规划与保障满意度

（1）社会公众教育规划与保障满意度较高

调查结果显示，社会公众教育规划与保障满意度分值为73.63，在地方基础教育发展满意度的四个维度中排名第二，介于满意和比较满意之间。各题项分值情况如表9-7所示。其中第32题"对本地政府保障困难群体就学扶持力度的感受"分值最高，为77.31；而第31题"对本地缩小城乡、校际义务教育学校差异的力度和效果的感受"分值最低，为69.67。

表9-7 社会公众的教育规划与保障满意度分值

分值	题项	题项原始均分	题项分值
73.63	Q28	5.60	76.59
	Q29	5.23	70.56
	Q30	5.44	74.02
	Q31	5.18	69.67
	Q32	5.64	77.31

（2）东中西部地区社会公众的教育规划与保障满意度无差异

从地区来看，东中西部地区社会公众的教育规划与保障满意度分值非常接近，无显著差异（见图9-55）。

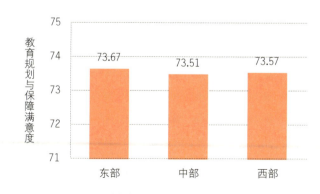

图9-55 不同地区社会公众的教育规划与保障满意度分值

（3）城区社会公众的教育规划与保障满意度最高，镇区社会公众最低

从家庭所在地来看，家住城区的社会公众的教育规划与保障满意度分值明显高于家住镇区和乡村的社会公众，镇区社会公众的教育规划与保障满意度分值最低（见图9-56）。

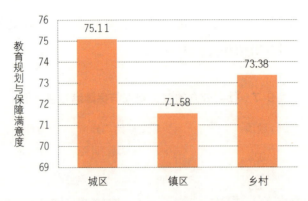

图9-56 不同家庭所在地社会公众的教育规划与保障满意度分值

（4）户籍在本县（市、区）的社会公众的教育规划与保障满意度最高

从户籍所在地来看，户籍在本县（市、区）的社会公众的教育规划与保障满意度分值最高，显著高于户籍在本省外县（市、区）和外省的社会公众的教育规划与保障满意度分值（见图9-57）。

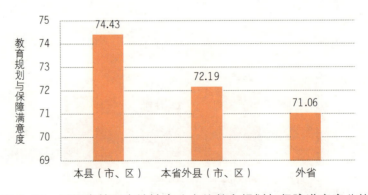

图9-57 不同户籍所在地社会公众的教育规划与保障满意度分值

（5）男性社会公众的教育规划与保障满意度高于女性

从性别来看，男性社会公众的教育规划与保障满意度分值高于女性（见图 9-58）。

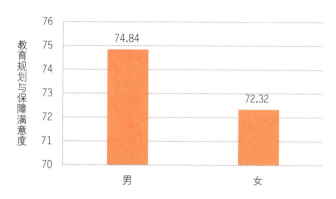

图 9-58　不同性别社会公众的教育规划与保障满意度分值

（6）41—50岁和60岁以上的社会公众的教育规划与保障满意度较高，20岁及以下的社会公众最低

从年龄来看，不同年龄社会公众的教育规划与保障满意度存在差异，60岁以上和41—50岁年龄组社会公众的教育规划与保障满意度分值较高，20岁及以下年龄组的社会公众的教育规划与保障满意度最低（见图 9-59）。

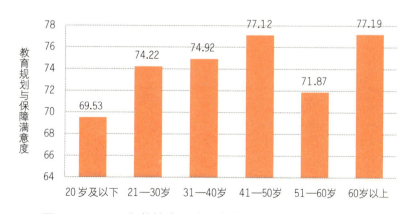

图 9-59　不同年龄社会公众的教育规划与保障满意度分值

（7）研究生以上学历的社会公众的教育规划与保障满意度最高

从学历来看，学历为研究生及以上的社会公众的教育规划与保障满意度分值最高，学历为小学的社会公众的教育规划与保障满意度分值最低（见图9-60）。

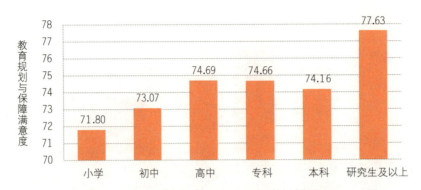

图9-60　不同学历社会公众的教育规划与保障满意度分值

（8）待业人员和工人的教育规划与保障满意度偏低

从职业来看，教育、医务和科研等专业技术人员，公务员，企事业单位管理人员的教育规划与保障满意度分值排在前三位。待业人员、工人和农民的教育规划与保障满意度分值排在后三位（见图9-61）。

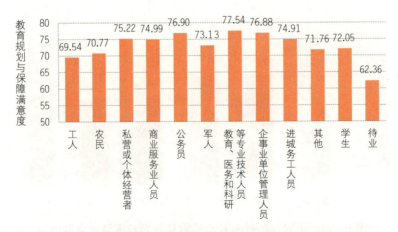

图9-61　不同职业社会公众的教育规划与保障满意度分值

（9）家庭经济状况越好的社会公众教育规划与保障满意度越高

从家庭经济状况来看，家庭经济状况越好的社会公众教育规划与保障满意度分值越高（见图 9-62）。

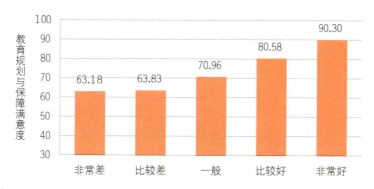

图 9-62 不同家庭经济状况社会公众的教育规划与保障满意度分值

（10）子女就读普通高中的社会公众的教育规划与保障满意度最高

从子女就读情况来看，子女就读普通高中的社会公众教育规划与保障满意度分值最高，无子女的社会公众教育规划与保障满意度分值最低（见图 9-63）。

图 9-63 不同子女就读状况社会公众的教育规划与保障满意度分值

3. 教育管理与服务满意度

（1）社会公众的教育管理与服务满意度较高

在地方基础教育发展满意度的四个维度中，教育管理与服务满意度与总体满意度分值最接近，排在第三位，分值为 72.83，处于比较满意到满意之间。其中第 36 题"对本地减轻中小学生课业负担的措施成效的感受"分值最高，为 76.17；而第 33 题"对本地中小学校、幼儿园校园内外环境治理的感受"分值最低，为 70.70（见表 9-8）。

表 9-8　社会公众的教育管理与服务满意度分值

分值	题项	题项原始均分	题项分值
	Q33	5.24	70.70
	Q34	5.46	74.27
	Q35	5.24	70.72
72.83	Q36	5.57	76.17
	Q37	5.26	71.07
	Q38	5.44	74.03

（2）东中西部地区社会公众的教育管理与服务满意度无差异

从地区来看，东中西部地区社会公众的教育管理与服务满意度分值非常接近（见图 9-64），并无显著差异。

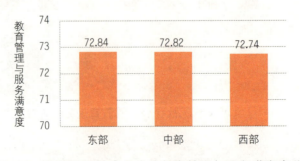

图 9-64　不同地区社会公众的教育管理与服务满意度分值

（3）城区社会公众的教育管理与服务满意度最高，镇区社会公众最低

从家庭所在地来看，家住城区的社会公众的教育管理与服务满意度分值最高，为 74.60；家住镇区的社会公众的教育管理与服务满意度分值最低，仅为 70.55（见图 9-65）。

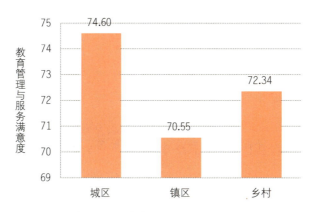

图 9-65 不同家庭所在地社会公众的教育管理与服务满意度分值

（4）户籍在本县（市、区）的社会公众的教育管理与服务满意度最高

从户籍所在地来看，户籍在本县（市、区）的社会公众的教育管理与服务满意度分值最高，显著高于户籍在本省外县（市、区）和外省的社会公众（见图 9-66）。

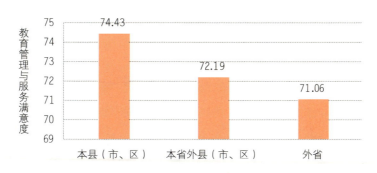

图 9-66 不同户籍所在地社会公众的教育管理与服务满意度分值

（5）男性社会公众的教育管理与服务满意度相对较高

从性别来看，男性社会公众的教育管理与服务满意度分值相对更高（见图9-67）。

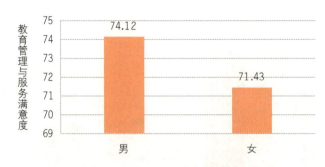

图9-67　不同性别社会公众的教育管理与服务满意度分值

（6）41—50岁的社会公众教育管理与服务满意度最高，20岁及以下的社会公众最低

从年龄来看，41—50岁的社会公众教育管理与服务满意度分值最高，20岁及以下的社会公众教育管理与服务满意度分值最低（见图9-68）。

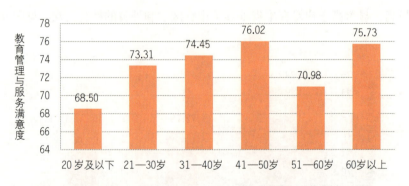

图9-68　不同年龄社会公众的教育管理与服务满意度分值

（7）小学学历社会公众的教育管理与服务满意度最低

从学历来看，小学学历的社会公众的教育管理与服务满意度分值最低，为

70.41；研究生及以上学历的社会公众的教育管理与服务满意度分值最高，为77.86（见图9-69）。

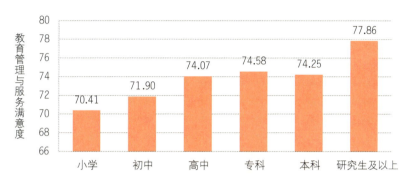

图 9-69　不同学历社会公众的教育管理与服务满意度分值

（8）待业人员、工人和农民的教育管理与服务满意度偏低

从职业来看，待业人员、工人、农民的教育管理与服务满意度分值偏低（见图9-70）。

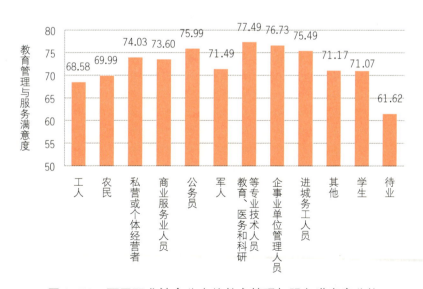

图 9-70　不同职业社会公众的教育管理与服务满意度分值

（9）家庭经济状况越好的社会公众教育管理与服务满意度越高

从家庭经济状况来看，家庭经济状况越好，社会公众的教育管理与服务满意度分值越高，家庭经济状况差的社会公众的教育管理与服务满意度分值偏低（见图9-71）。

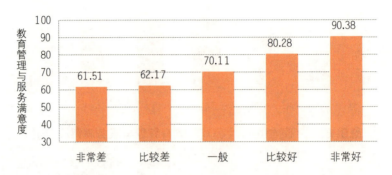

图9-71　不同家庭经济状况社会公众的教育管理与服务满意度分值

（10）无子女的社会公众教育管理与服务满意度最低

从子女就读情况来看，无子女的社会公众的教育管理与服务满意度分值最低，子女就读普通高中的社会公众的教育管理与服务满意度分值最高（见图9-72）。

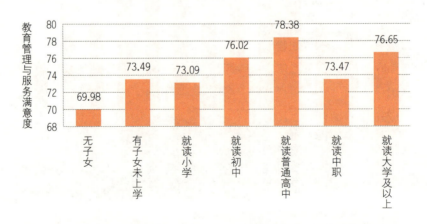

图9-72　不同子女就读状况社会公众的教育管理与服务满意度分值

（三）题项分析

地方基础教育发展满意度调查的题目的平均分值为 69.67—77.38，较全国教育发展满意度调查来说，题目分值相对集中。其中分值最高的 5 项涉及本地基础教育综合发展水平、本地政府保障困难群体就学力度、本地政府教育服务的总体感受、本地落实义务教育就近入学成效和本地减轻中小学生课业负担成效等；分值最低的 5 项涉及本地推进中小学素质教育成效、本地校园内外环境治理、本地规划学前教育发展规范收费情况、在本地上学的意愿和义务教育学校缩小城乡及校际差距成效等。从各题项分值情况来看，社会公众普遍对困难群体帮扶、缓解择校热、中小学生减负等方面较为满意，但对素质教育成效、校园环境治理、规范收费及缩小校际差距等方面满意度略低。

（四）热点问题

1."对贫困家庭学生的资助增加了""教育质量提高了""教师水平提高了"是社会公众对教育发展较满意的三个方面

关于社会公众对本地政府基础教育工作较满意的方面，排在前三位的分别是"对贫困家庭学生的资助增加了""教育质量提高了""教师水平提高了"。从图 9-73 可以看出，社会公众的选择比较分散，对各个方面都有一定的认同。其中"教育质量提高了"在 2015 年的调查中也排在前三位，比例接近本次调查数据（37.20%）。本次调查中社会公众的教育质量满意度分值也较高，说明社会公众对国家提升教育质量的认可。

图 9-73 社会公众对教育发展较满意的方面

2.“择校问题突出”“幼儿园入园难入园贵”“中小学生体质弱”是社会公众对本地政府基础教育工作较不满意的三个方面

关于社会公众对本地政府基础教育工作较不满意的方面，排在前三位的分别是“择校问题突出”“幼儿园入园难入园贵”“中小学生体质弱”（见图9-74）。其中，“择校问题突出”和“中小学生体质弱”在2015年的社会公众教育满意度调查中也排在前三位，但在本次调查中社会公众的选择比例均明显降低了，这也可以看出社会公众对相关问题的持续关注。

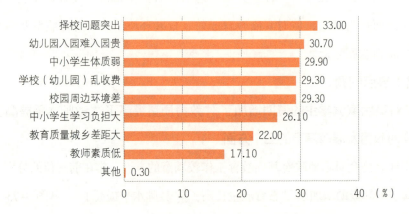

图9-74 社会公众对教育发展较不满意的方面

三、小结

我们通过网络问卷的形式，调查了社会公众（网民）对全国教育发展状况和当地政府推动基础教育发展状况的满意度。整体而言，社会公众的教育满意度较高，对全国教育发展状况的满意度略高于对地方基础教育发展状况的满意度。

（一）结论

1. 社会公众对全国教育发展和地方基础教育发展比较满意，全国和地方总体满意度分值分别为76.09和72.82

全国教育总体满意度分值达76.09，明显高于“比较满意”的评分线（66.67），接近“满意”的评分线（83.33）；地方教育总体满意度分值为72.82，也高于“比较满意"的评分线。

2. 社会公众对全国教育发展各维度的满意度略有不同，教育质量满意度最高，教育机会满意度最低

社会公众对全国教育发展各维度的满意度评分略有不同，但均超过"比较满意"评分线，其中，对教育质量的满意度最高，达74.01；教育机会满意度最低，为69.99；教育公平与保障满意度居中，为72.41。

3. 社会公众对地方基础教育发展各维度的满意度评分较为均衡

社会公众对地方基础教育发展各维度的评分较为均衡，教育期望满意度、教育规划与保障满意度、教育管理与服务满意度分值分别为73.84、73.63和72.83，整体比较满意。

4. 社会公众对教育质量提升、贫困地区及人群教育帮扶、加强学生体质、义务教育就近入学等方面最满意

从各题项分值情况来看，在全国教育发展方面，社会公众普遍对加强学生体质、提高教育质量及改善落后地区办学条件等问题较为满意，但在教育投入、各级教育普及、义务教育均衡发展等方面满意度略低；在地方基础教育发展方面，社会公众普遍对困难群体帮扶、缓解择校热、中小学生减负等较为满意，但对素质教育成效、校园环境治理、规范收费及缩小校际差距等满意度略低。

5. 社会公众的教育满意度不存在地域差异，东中西部不同地区及省际差异不显著，但存在城乡差异，城区分值最高，镇区分值最低

社会公众对全国教育发展和地方基础教育发展的满意度均不存在地域差异，东中西部地区社会公众的教育满意度差异不显著；但城乡社会公众的满意度存在显著差异，全国和地方教育总体满意度及各分维度均表现出城区社会公众的教育满意度最高、镇区社会公众的教育满意度最低的趋势。

6. 社会公众的教育满意度存在人群差异

社会公众的教育满意度存在人群差异，具体表现为：男性分值高于女性，学历越高满意度越高，家庭经济状况越好满意度越高，户籍不在本地的社会公众、20岁及以下的社会公众、待业人员及工人和农民等社会公众、无子女或子女就读中职的社会公众的教育满意度偏低。

（二）建议

调查结果表明，社会公众对全国和地方教育发展整体比较满意，然而不同维度、不同人群的教育满意度存在差异。我们认为可以从以下几个方面努力，进一步提高人民群众的教育满意度，增强社会公众的教育获得感。

1. 丰富教育资源，进一步增加各级各类教育机会

调查结果表明，社会公众对全国教育发展的总体满意度比较高，但各维度分值要低于总体满意度分值。教育机会满意度在各维度中分值最低，不足 70，特别是在各级教育机会的综合感知和学前教育机会感知方面分值偏低，分别为 67.47 和 67.74。除高等教育机会（73.08）外，该维度各题项的评分整体低于其他维度，说明人民群众对于各级各类教育资源的需求比较高，需要各级政府进一步做出努力，提供更加充足的教育资源，满足人民群众不断增长的教育需求。从结果看，在社会公众对教育较不满意的方面中，"幼儿园入园难入园贵"排在第二位。

习近平总书记在党的十九大报告中强调，中国特色社会主义进入新时代，我国社会主要矛盾已经转化为人民日益增长的美好生活需要和不平衡不充分的发展之间的矛盾。在教育领域也是如此，虽然近年来我国各级教育入学机会大幅提升，但还不能充分满足人民群众对更高水平、更加多样化教育的期待。

2. 加大教育投入，不断缩小城乡、校际义务教育学校差距

本次调查中分值最低的项目是社会公众对教育投入的感知，虽然 2016 年全国教育总经费达 36129 亿元，其中国家财政性经费比重超过 86%，国家财政性教育经费占国内生产总值的比重连续五年保持在 4% 以上，我国以政府为主的多渠道筹集教育经费的体制初步形成，但社会公众的评分（65.76）仍略低于"比较满意"的评分线（66.67），这也是本次调查中唯一低于该评分线的项目。这说明，社会公众期盼政府继续加大对教育的投入。此外，其他评分偏低的项目也多和教育的投入保障有一定的联系。例如，学前教育入园难入园贵问题、义务教育均衡发展问题、高中阶段教育全面普及与多样化发展问题等。

在本次调查中，评分低于 70 的项目中与义务教育相关的有两项，涉及义务教

育学校城乡和校际差距的问题。与之相对的是社会公众对义务教育学业质量、学生体质、落实就近入学情况、减轻学业负担、推动中西部农村教育发展等政策措施与成就的满意度又是比较高的，多个项目评分超过 76 分。这些说明，在义务教育全面普及的背景下，社会公众对义务教育城乡一体化和校际均衡的期待和要求更高了。

3. 关注相对弱势群体的教育需求，提升其教育满意度

调查结果显示，社会公众的教育满意度存在人群差异，小学学历的社会公众的教育满意度低于其他学历的社会公众；家庭经济状况越差，社会公众教育满意度越低，家庭经济状况比较差和非常差的社会公众对地方基础教育发展的满意度评分仅约为 60 分；户籍不在本地的社会公众教育满意度显著低于户籍在本地的社会公众，跨省流动群体的满意度更低；待业人员、工人和农民等职业群体的教育满意度低于其他职业的群体。这些教育满意度偏低的社会公众，其综合社会地位往往也偏低，在社会中处于相对弱势地位。我们有必要对这些群体多加关注，了解其教育需求，提供更多途径满足其教育需求，增强其教育信心。

调查还发现，社会公众的教育满意度存在城乡差异，城区社会公众的教育满意度显著高于乡村和镇区社会公众，镇区社会公众的教育满意度最低。而在 2015 年的调查中乡村社会公众的总体满意度也最低。这一结果一方面提示近几年的乡村教育支持计划取得了成效，另一方面也说明要继续加大对村、镇基础教育的扶持力度，尤其不能忽视镇区教育的发展。应进一步推进城乡教育一体化，减小城乡教育差距，提升村、镇学校办学条件和教育质量。

4. 让公众了解教育，增强其教育获得感和满意度

党的十九大报告强调，完善公共服务体系，保障群众基本生活，不断满足人民日益增长的美好生活需要，使人民获得感、幸福感、安全感更加充实、更有保障、更可持续。教育，特别是基础教育是公共服务体系的重要组成部分，关系到千家万户，被人民群众寄予很高的期望。若人民没有足够的教育获得感，就会影响其教育满意度。

2015 年开展的针对地方基础教育的社会公众满意度调查显示，社会公众的教

育满意度偏低，总体满意度分值仅为 52.64 分。而本次调查结果显示，社会公众对地方基础教育发展的总体满意度分值为 72.82，提升了约 20。这其中既有教育发展的原因，还有一个重要原因就是，本次调查中我们向参与调查的社会公众呈现了政府为促进教育发展做出的努力、采取的相关措施和取得的成绩，让社会公众在对我国教育发展有所了解的基础上进行满意度判断。调查中还发现，随着子女就读学段的提高，社会公众的教育满意度也有所提高，子女在普通高中和大学以上教育机构就读的社会公众，其教育满意度相对更高。这也提示了当社会公众对各级教育有更多了解时，其教育满意度也会提高。

特别值得注意的是，在 2015 年社会公众教育满意度调查中，进城务工人员各维度的教育满意度分值均明显低于均值，而本次调查中，进城务工人员的教育满意度除教育机会满意度分值与均值一致外，其他维度分值均高于均值。这也说明随着各地面向进城务工人员随迁子女相关教育政策的推进，进城务工人员的教育获得感和教育满意度均得到了提升。

本次调查的相关结果说明，政府在大力推进教育发展的同时，也要做好相应的宣传工作，让民众更加了解教育，了解政府为推进教育发展做出的努力。同时，政府也应了解人民群众的教育需求，切实增进人民群众的教育获得感，从而提升其教育满意度。

第十章

结论与建议

一　结论

　　办好人民满意的教育是党的十九大对教育工作提出的新目标。教育满意度是衡量人民群众对教育满意程度和水平的指标。中国教育科学研究院开展的全国教育满意度调查覆盖了学前教育、义务教育、普通高中教育、中等职业教育和高等教育五个类别，以及学生（家长）、教师、校长、雇主、社会公众五个群体，全面测评了人民群众对我国各级各类教育的满意程度。调查得出以下结论。

（一）学生和家长对教育服务比较满意

　　各类教育服务对象的总体满意度分值在69—88，达到"比较满意"或"满意"水平。随着学段的升高，教育服务对象的满意度呈下降趋势。小学生和幼儿园家长的总体满意度分值最高，分别为87.42、85.52，达到"满意"水平。中等职业教育学生的总体满意度最低，分值为66.46。

（二）城区学生的总体满意度高于镇区和乡村学生

　　在各类教育中，城区学生的满意度均高于镇区、乡村学生。其中，城乡差异在学前教育、义务教育和普通高中学段表现比较明显，分值差距在5左右。党的十八大以来，农村教育显著加强。全面改善贫困地区义务教育薄弱学校办学条件取得显著成效；农村义务教育学校营养改善计划全面实施，农村学生身体素质显著提高；重点大学面向农村贫困地区定向招生比例大幅增加。但是由于长期以来存在的城乡二元结构矛盾，乡村优质教育资源紧缺，造成农村学生的满意度较低。

（三）西部学生的总体满意度相对较低

　　教育服务对象满意度存在地区差异。在学前教育、义务教育、普通高中教育和中等职业教育学段，东部学生的总体满意度分值相对较高，西部学生较低，分值差距在4左右。在本科阶段，中部学生的满意度相对较高，西部较低。社会经济发展状况制约着教育事业发展的规模和速度。由于自然、历史、社会等多方面原因，中西部地区经济社会发展相对滞后，教育基础相对较差，优质教育资源相对较少，难以满足人民群众接受更好教育的需求。

（四）学生和家长对教育公平和教育质量比较满意

教育服务对象的教育公平感知、教育质量感知和教育期望均处于"比较满意"和"满意"水平。小学生的教育公平感知分值最高，为 84.05，中等职业教育学生分值最低，为 64.15。幼儿园家长的教育质量感知和教育期望分值最高，分别为 85.52 和 84.03；高等教育学生最低，仅为 67.87 和 66.45。党的十八大以来，我国城乡教育一体化进程加速，县域义务教育均衡发展成效显著，教育资助体系实现了从学前教育到研究生教育全覆盖。与此同时，一些教育难点热点问题也逐步得到解决：义务教育质量整体提高，随迁子女异地就学障碍逐步消除，留守儿童关爱体系初步建立。这一系列教育政策的出台和实施，提高了人民群众对教育公平和教育质量的认可度。

（五）教师和校长对政府教育工作满意度较低

教师和校长的总体满意度为"一般"和"比较满意"水平。随着学段的升高，教师和校长的总体满意度也呈下降趋势。幼儿园教师和园长的总体满意度分值最高，为 68.99 和 69.95；普通高中教师和校长最低，为 60.42 和 59.92。教师是影响教育质量的关键因素。工作压力大、待遇低、社会地位不高、缺乏社会尊重等是教师不满意的主要方面。

（六）教师和校长满意度存在城乡差异

城区教师和校长的满意度均高于镇区或乡村教师和校长。义务教育和普通高中教师的满意度城乡差异比较明显，两者分值差距在 3—4。虽然政府实施了《乡村教师支持计划（2015—2020 年）》，但是由于城乡发展不平衡，乡村交通地理条件不便，乡村教师发展机会较少、待遇低等，乡村教师的满意度仍然低于城区教师。

（七）教师和校长满意度存在地区差异

在学前教育学段，中部地区教师的总体满意度最高，西部地区教师最低，两者分值差距在 4 左右。在义务教育和普通高中教育学段，东部地区教师总体满意度最高，西部地区教师最低，两者分值差距在 5 左右。东部义务教育学校和普通高中校长的总体满意度最高，中部或西部地区校长较低。

（八）教师普遍认为政府保障不足

教师的政府保障感知分值为 52—60，分值较低。教师的学校管理感知分值为 64—78，接近或高于"比较满意"水平。教师的教育期望分值为 58—70，处于"一般"或"比较满意"水平。在此次调查中，政府保障感知通过社会地位、权益保障和政府发展支撑等指标测量。教师的政府保障感知分值较低，说明政府需要进一步提高教师社会地位，保障教师权益，并且为教师职业发展提供支持。

（九）雇主的满意度水平较低

雇主对中职毕业生和大学毕业生的总体满意度较低，处于"一般"或"比较满意"水平。其中，雇主对中职毕业生的总体满意度分值仅为 53.42，雇主对大学毕业生的总体满意度分值为 61.18。具体来看，雇主对中职毕业生的职业道德、实践应用能力、沟通合作能力等方面的认可度相对较高，而对中职毕业生知识水平与能力满意度较低。雇主对大学毕业生的信息技术应用能力、岗位技能、敬业精神等方面比较满意，对大学毕业生英语水平满意度最低。

（十）社会公众对教育发展比较满意

社会公众对全国和地方教育发展比较满意。社会公众对全国教育和地方教育的总体满意度分值分别为 76.09 和 72.82，处于"比较满意"水平。教育是公共服务体系的重要组成部分。社会公众的教育满意度受他们对政府教育工作的了解程度的影响。本次调查向参与调查的社会公众呈现了政府为促进教育发展所做出的努力、采取的相关措施和取得的成绩，让社会公众在对我国教育发展有所了解的基础上进行满意度判断，结果较客观。

二、政策建议

努力办好人民满意的教育，让人民享有发展的成果，既是我们教育工作的目标，也是党和国家的承诺。满意度调查有助于了解人民群众对教育的需求、期盼和感受，有助于促进教育服务供给侧改革、提升教育治理水平。结合此次调查结果，本研究提出以下建议。

（一）改善师生关系，关心关爱每一位学生

人们对于基础教育是否满意主要取决于在接受教育服务过程中的切身感受。在教育过程中，教师是与学生距离最近的人，师生关系则成为影响家长、学生对学校教育的满意度的重要因素。在 2017 年的调查中，学生和家长的满意度比 2015 年有所提高，说明我国基础教育发展取得了一定进步。调查也发现，约 22.03% 的学生希望形成平等的师生关系，希望教师多结合学生实际情况来制定相应制度，多站在学生角度思考问题，多和学生进行交流，不歧视差生，等等。

进一步提升学生和家长的教育满意度，重点应放在良好师生关系的构建上，教师应关心关爱每一位学生，尤其要重视小学低年级和学前教育阶段学生。首先，建立健全规范师生关系的制度。完善的制度能够使师生在各自的职责范围内行事，师生既要获得一定权力又要承担相应的责任，并为自己的行为负责。教师、学生应该认识到彼此间的相互尊重与理解是形成良好师生关系的关键。要推动教师转变对学生的态度，让爱的教育贯穿始终。其次，以学校为主体，引导家长积极配合。师生间存在的问题在某种程度上是家校、家长与教师间问题的反映。各级政府应推动学校发挥其在引导家长方面的主体性和主导性作用，呼吁社会公众尊师重教，引导家长配合构建良好的师生关系。最后，构建有利于良好师生关系形成的校园环境。学校应当为教师和学生提供轻松、和谐的校园环境，积极建设校园文化，开展师生互动等，为师生关系的构建提供良好的心理和文化氛围。

（二）始终坚持以提升教育质量为核心

教育质量是教育发展的"生命线"，也是影响教育满意度的关键因素。2017 年基础教育质量感知分值比 2015 年有所提高，增长幅度明显高于总体满意度、教育公平感知和教育期望，这说明我国基础教育质量明显提升。

为进一步提升基础教育满意度，我们需要始终坚持以教育质量提升为核心发展基础教育。第一，不断提升基础教育财政投入水平，优化学习条件和学习环境。鼓励和推动各级政府继续加大财政投入力度，实施基础教育学校标准化建设，重点关注镇区学校大班额问题。第二，回归教育常识，推动校长和教师育人理念的提升和完善。各级教育行政部门应倡导和落实立德树人、全面而有个性发展的教育质

量观，从整体育人高度推动学校为学生提供优质、多样的学习体验和机会，尤其要消除普通高中"千校一面"的发展顽疾。第三，扎实推进基础教育课程改革，尤其是普通高中课程改革。2017年，教育部印发了新的普通高中课程方案和各学科课程标准。以此为契机，各级政府应不断强化高中教育作为人才成长"立交桥"的功能，加强学生指导制度建设，推动学校从学业发展、生涯规划、未来发展、心理服务等多个方面给予学生有效的指导，帮助学生学会选择。第四，推进"课堂革命"，提升课堂教学效率。各地应持续深化课程改革，构建师生互动的教学氛围，采用先进的教学方法和教学模式，针对不同学生的特点进行有针对性的学习方法指导和课业指导。

（三）改进优质教育资源供给方式，增强教育公平感

党的十九大报告指出我国社会主要矛盾已经转化为人民日益增长的美好生活需要和不平衡不充分的发展之间的矛盾。教育是人民群众美好生活的重要组成部分。优质教育资源供给的不平衡不充分直接影响人民群众对教育满意度的判断。调查中发现，2017年教育公平感知分值比2015年有所提高，教育公平水平总体上有所提升。然而，基础教育阶段优质资源供给仍存在较大的提升空间，幼儿园入园难、入园贵问题仍然突出，中小学教育过程中的公平问题日渐凸显。统计数据显示，2016年学前三年毛入园率为77.4%，普惠性幼儿园比例为60%—70%，这与毛入园率达到85%、普惠性幼儿园占比80%的发展目标仍存在一定的距离。

进一步提升教育满意度，需要重点改进优质教育资源供给方式，增强学生和家长的公平感。第一，充分发挥各级政府的主体责任，加大政府财政投入力度，推动学前教育发展实现"双普"目标。加快提升公办幼儿园的数量和比例。区县教育行政部门要科学预测区域人口出生和流动的变化趋势，通过多种措施持续扩大公办学前教育资源。积极扶持普惠性民办幼儿园。各地根据实际情况有步骤、有计划、分批次地认定普惠性民办幼儿园。通过保证合理用地、减免或返还收费、以奖代补、政府购买服务、派驻公办教师、培训教师等方式积极引导支持面向大众、收费合理、办学规范的普惠性幼儿园发展。第二，重点关注中小学教育过程中的公平问题，提高学生的满意度。继续抓好中小学班主任队伍建设，充分发挥班主任在中

小学教育教学中的积极作用。改进学生评价方式，实施多元评价，促进学生全面发展。各地政府应积极推动学校根据自身实际情况建立多元主体共同参与的评价制度，坚持综合评价与发展性评价相结合，更关注个体的进步和多方面潜能的发展，激发学生的积极性，提高学生的自信心，发挥评价的激励和改进功能。

（四）发挥政府职能，提升教师保障水平

教师是教育服务的直接提供者，其对教育工作的付出决定着教育质量的高低，也决定着教育满意度水平。从调查结果来看，2017 年基础教育阶段教师对教育工作的总体满意度分值比 2015 年有所提高，但明显低于学生和家长的基础教育总体满意度分值。调查还发现，各个学段教师在政府保障感知维度上的分值偏低，大部分教师对职业社会地位和受尊重程度不满意，中小学教师对工作强度的满意度分值最低，半数以上教师认为与本地公务员相比自身待遇比较低或非常低。这些说明教师保障工作仍存在较大的改进空间。

进一步提升基础教育阶段教师工作满意度水平，需要充分发挥政府职能，不断提升教师保障水平。首先，稳步合理提高教师待遇，重点关注幼儿园教师待遇问题。人社部统计结果表明，2016 年全国中小学（含幼儿园）教师年平均工资为 6.8 万元，而幼儿园教师只有 3.5 万元（根据《中国教育经费统计年鉴》计算），两者存在明显差距。各地政府应加大对基础教育的"软件"投入，加强学前教师队伍建设，可以尝试设置行业最低工资标准与政府补贴相结合的方式，保障幼儿园教师工资收入，从而让幼儿园教师进得来、留得住、用得上。其次，着力提高教师社会地位。通过实行同工同酬，将幼儿园和中小学教师纳入统一的管理体系，切实保障教师合法权益，让更多教师在职业上有幸福感、在岗位上有成就感、在社会上有荣誉感。再次，提高幼儿园和中小学教师培训的有效性。针对不同学段、不同学历水平、不同年龄段的教师职业发展需求，对教师培训工作进行个性化设计，从工作、生活、心理等多个方面进行引导，激发教师职业热情。最后，合理划分工作职责，减轻一线教师工作压力。调查中教师普遍反映安全责任大、工作时间紧、任务繁杂，非教学工作压力偏大。因此，各地政府和学校应合理划分工作职责，适当减少事务性检查、评比等，减少一线教师非教学工作任务和压力。

（五）深化放管服改革，改善工作环境

苏霍姆林斯基说："一个好校长就是一所好学校。"校长对于提升教育满意度具有不可或缺的作用。调查发现，2017年幼儿园、义务教育学校和普通高中校长（园长）对教育工作的总体满意度分值分别为69.95、68.69和59.92，明显低于学生总体满意度。从不同的维度来看，校长（园长）在政府保障、社会环境、个体发展等几个方面分值较低，折射出校长（园长）对当前工作环境仍存在不满意之处。分值较低的题项主要涉及与本地政府的沟通、政府对学校周边环境的治理、政府落实办学自主权等。

提升校长（园长）对教育工作的满意度需要深化放管服改革，改善校长工作环境。第一，各地政府应进一步明确教育领域放管服改革的理念和思路，明确政府、市场、社会的边界和相互关系。教育行政部门要不断推动教育管理转型，确立为教育发展和学校发展服务的理念与角色定位，切实落实学校的办学自主权，充分支持和满足学校教育教学发展需求，增强学校办学活力。第二，各地政府切实担负起全局统筹的职责，协调相关部门，为学校和学生发展创造安全舒适的外部教育环境。第三，各地政府和学校应积极作为，打通和完善社会参与的渠道，加大社区对学校教育的支持力度。

（六）切实落实开放办学，激活协同育人

社会公众的态度是教育满意度的风向标，构成教育满意度的重要环境基础。2017年社会公众的全国教育总体满意度分值为76.09，比2015年提高23.5分，说明社会公众对教育工作的认识大为改观。调查还发现，社会公众的全国教育满意度各维度分值要低于总体满意度分值，教育机会满意度在各维度中分值最低（69.99），特别是对各级教育机会的综合感知和学前教育机会感知的评价偏低（分值分别为67.47和67.74）。除高等教育机会（73.08）外，该维度各题项的分值整体低于全国教育满意度的其他维度，说明人民群众对于各级各类教育资源的需求比较高，需要各级政府进一步努力提供更加充足的教育资源，满足人民群众不断增长的教育需求。

进一步提升社会公众满意度，需要切实落实开放办学，激活协同育人。第一，发挥已有的教育信息传播方式和渠道的优势，进一步挖掘信息传播新载体、新方

式、新角度，扩大社会公众对教育的知情权和参与权。第二，坚持和完善教育信息公开制度，提高教育管理透明度。此次调查中社会公众的教育满意度分值提升了20左右，这其中有教育发展的影响，还有一个重要原因就是本次调查中，我们向参与调查的社会公众呈现了政府为促进教育发展做出的努力、采取的相关措施和取得的成绩，让社会公众在对我国教育发展状况有所了解的基础上进行满意度判断。政府在大力推进教育发展的同时，也要做好相应的宣传工作，让民众更加了解教育，了解政府为推进教育发展做出的努力。同时，政府也应了解并满足人民群众的教育需求，切实增进人民群众的教育获得感，从而提升其教育满意度。第三，切实落实开放办学，让社会公众具有更强的获得感。各地政府应根据各地情况，积极推动构建开放办学机制和平台，鼓励学校"请进来""走出去""合作共生"。"请进来"要求学校理顺与社区的关系，通过学校开放日、向社区开放图书馆和体育场设施等方式，拉近学校与社区的距离，让社区走近学校、了解学校。"走出去"就是要讲好学校自己的故事，通过网站、微信公众号等多样化手段将学校发展的动态和亮点及时向社会传递，传播正能量。"合作共生"则要求学校充分发挥家长委员会的作用，开展与社区的合作，走进社区、亲近社会。

（七）坚持城乡一体化，缩小城乡差距

城乡差距一直是制约我国教育公平的一个重要因素，也直接影响着教育满意度的高低。2017 年，城区学生和家长的总体满意度分值最高，城乡差距比 2015 年有所扩大。这一结果并不能说明我国对农村教育不重视，只是提示我们发展乡村和镇区教育任重道远。农村教育满意度偏低是多个因素综合作用的结果，尤其是城镇化对乡村和镇区教育的影响不可忽视。

缩小城乡差距应重点从以下两个方面入手。第一，坚持城乡教育一体化建设。城乡教育一体化建设需要一个过程。推进城乡教育一体化建设，应以统一生均经费标准为基础，灵活运用标准化建设、集团化办学、区域内结对帮扶等多种方式，重点加强农村学校的内涵建设。第二，推动各地建立省域内和市域内学校对口帮扶机制。除去生源的影响，各地镇区和乡村学校与城区学校的差距主要在于教育理念、课程建设与资源、师资队伍这三个方面，而不在于硬件设施。因此，可以由省、市

级教育行政部门牵头，建立区域内学校发展帮扶机制，整合现代信息技术，将优质学校的先进办学理念和优质教育资源等传输到镇区和乡村学校，形成发展共同体。第三，构建城乡一体的教科研网络，弥补农村教育发展的短板。

（八）着重搞好"内装修"，缩小区域差距

东中西部地区教育发展不平衡是教育公平问题的一个重要表现，也影响到不同地区学生、教师、校长和社会公众对教育满意度的评判。2017年，东部地区教育满意度分值最高。与2015年相比，东西部地区差距基本没有变化。其中，普通高中学生总体满意度的区域差距最大。

进一步缩小区域差距应重点关注高中阶段教育。第一，打好高中阶段教育普及攻坚战，加强教育基础落后地区教育内涵发展。优先关注西部地区普通高中教育发展。坚持推进教育基础薄弱县普通高中建设项目，支持改建、扩建一批普通高中教学和学生生活类校舍，扩大培养能力。继续实施普通高中改造计划，支持中西部省份贫困地区教学生活设施不能满足基本需求、尚未达到国家基本办学条件标准的普通高中改建和扩建校舍、配置图书和教学仪器设备以及体育运动场等附属设施。第二，建立普通高中教育生均经费标准，完善高中教育经费保障机制。科学核定学校办学成本，建立合理的成本分担机制。落实以财政投入为主、其他渠道筹措经费为辅的普通高中投入机制。严格学费标准调整程序，建立动态调整机制。第三，改进普通高中招生办法，推动"分段招生"向"分区招生"转变，消除"一中"现象的负面影响，促进普通高中教育生态的改善。第四，提升普通高中教师质量。加强对普通高中教师的针对性培训，通过区域共享机制、政府购买服务等方式推动教师接触、学习和运用新理念、新方法和新技术。

（九）构建热点问题应对机制，提升应急能力

热点问题是影响教育满意度的"关键事件"。对热点问题以及有可能成为热点的突发事件的应对，在很大程度上影响教育服务使用者的满意度评价。因此，在2017年的基础教育满意度调查中，各个学段都增加了对热点问题的反馈，从而为教育满意度的改进提供参考和对照。

第一，提早预判，防患于未然。热点问题的形成"非一日之寒"，因此，我们

应提早关注有可能"发酵"成为热点的报道、观点等，形成对热点问题的预测和预判，从而防止社会关注的话题转化为社会热点。第二，提升教育突发事件应急处理能力。热点问题往往刺痛了广大家长的神经，但教育行政部门和学校往往缺乏应对这种"意外"的经验和能力。教育行政部门和学校应关注舆论动向，制定完备的突发事件应对机制，提升应急处理能力。第三，引导社会舆论，传播正能量。各地教育行政部门和学校在应对热点问题的过程中，应始终坚持信息公开，引导媒体和社会公众客观、公正、理性地报道热点问题。

（十）突破事业编制"瓶颈"，缓解教师短缺问题

教师编制问题是影响教师满意度的重要因素之一，也是制约当前我国基础教育改革和发展的一大问题。2017年的调查结果显示，大部分教师反映工作压力大、工作时间紧张，这与教师短缺，尤其是结构性短缺密切相关。

提升教育满意度应突破事业编制"瓶颈"，通过多种方式缓解教师短缺问题。第一，各地政府应对事业编制进行结构性调整，优先保障教师编制。各地应切实落实教育优先发展的理念，合理配置教师编制，防止挤占教育编制现象。第二，补齐高中教师的同时促进高中教师执教学科的合理转换。要适应普及高中教育和高考综合改革的需要，根据城乡统一的编制标准要求核定教职工编制，为学校及时补充配齐教师，特别是短缺学科教师。同时，受到新高考的影响，部分学科教师可能会出现"过剩"的现象，各地政府应提早摸底、提早准备，引导高中教师合理转换岗位或执教学科，并为教师转换岗位提供有力支持。第三，补足配齐幼儿园教师。按照《幼儿园教职工配备标准（暂行）》合理确定公办幼儿园教职工编制，满足正常教育教学需求，严禁挤占、挪用幼儿园教职工编制；民办幼儿园按照配备标准，配足配齐教师。增加幼儿园教师编制，使公办幼儿园在编教师不少于2/3，普惠性民办幼儿园在编教师不少于1/5。各地根据学前教育事业发展和幼儿园实际工作需要，建立幼儿园教师长效补充机制。第四，扩充"特岗教师"覆盖范围，将普通高中和幼儿园纳入覆盖范畴。

参考文献

陈宝生，2017.努力办好人民满意的教育 [EB/OL].(2017-09-08)[2018-10-08]. http: //theory.people.com.cn/n1/2017/0908/c40531-29522725.html.

陈云英，孙绍邦，1994.教师工作满意度的测量研究 [J]. 心理科学(3): 146-149，193.

邓赞洲，2010. 地方政府教育资源配置公众满意度测评研究 [D].湘潭：湘潭大学.

董仁忠，刘新学，2012.中职生满意度调查报告：以南京市若干中职学校 267 名中职生为样本 [J].职业技术教育(1): 34-38.

冯伯麟，1996.教师工作满意及其影响因素的研究 [J]. 教育研究(2): 42-49，6.

冯焕东，杨静，张蕊，等，2010. 城市道路公共服务设施满意度测评研究 [J]. 现代城市研究 (10): 89-94.

FORNELL C，刘金兰，2006. 顾客满意度与 ACSI [M]. 天津：天津大学出版社.

郭芳，2014.对教育服务质量和学生满意度的实证分析 [J]. 天津师范大学学报（基础教育版）(3): 64-68.

韩玉志，2006. 美国大学生满意度调查方法评介 [J].比较教育研究 (6): 60-64.

何华兵，2012. 基本公共服务均等化满意度测评体系的建构与应用 [J].中国行政管理 (11): 25-29.

洪彩真，2008.利益相关者理论及其在高等教育中的应用之展望 [J].广东工业大学学报（社会科学版)(1): 16-18.

洪生伟，2004.教育服务质量管理体系 [M]. 北京：中国计量出版社.

胡咏梅，2007.中学教师工作满意度及其影响因素的实证研究 [J]. 教育学报 (5)：46-52.

贾璇，徐大真，2016.关于职业教育满意度研究的文献分析 [J]. 职业教育研究 (5)：22-25.

金海平，2007.股东利益至上传统的颠覆：国外公司利益相关者理论评介 [J]. 南京社会科学 (3)：25-30.

金勇进，梁燕，张宗芳，2007.满意度评估系统应用研究 [M]. 北京：中国统计 出版社.

兰惠敏，2010.中等职业学校教师工作满意度的调查研究：以河南省为例 [J]. 职业技术教育（25）：51-55.

雷育胜，房俊东，王坤钟，2012.高校就业服务学生满意度指数模型研究 [J]. 河南社会科学（9）：103-104.

厉凌云，2014. 中职毕业生需求与满意度调查研究：基于河北省 X 地区用人单 位的调查 [J]. 河南科技学院学报 (10)：48-50.

李维，许佳宾，丁学森，2017.义务教育教师工作满意度的实证研究：基于 9 省 20 县的调查 [J]. 现代教育管理 (1)：79-84.

李曜明，2012.努力办好人民满意的教育：访十八大代表、教育部党组书记、 部长袁贵仁 [N]. 中国教育报，2012-11-11（1）.

李育辉，谭北平，王芸，等，2006.不同等级数利克特量表的比较研究：以满 意度研究为例 [J]. 数据分析 (2)：159-173.

梁燕，2007．顾客满意度研究评述 [J]．北京工商大学学报（社会科学版）(2)：75-80．

刘慧，2011．基于 PLS-SEM 的中国高等教育学生满意度测评研究 [D]．镇江：江苏大学．

刘慧，2012．基于 PLS-SEM 的中国高等教育学生满意度测评研究 [M]．镇江：江苏大学出版社．

刘建岭，2014．大学生满意度调查：现状、国际经验及发展策略 [J]．高等理科教育 (3)：64-69．

刘静，2008．地方政府教育管理公众满意度测评的实施流程与路径 [J]．求索 (11)：161-163．

刘静，2011．地方政府教育管理公众满意度指数模型构建及实证研究 [J]．湘潭大学学报（哲学社会科学版）(5)：22-27．

刘凯，张传庆，2014．高校毕业生用人单位满意度评价指标体系的构建：以西藏高校毕业生用人单位为例 [J]．中国高等教育评估 (1)：39-45．

刘凯，张传庆，刘武，2014．民族地区高校与一般高校大学生满意度比较研究：以西藏和辽宁高校大学生满意度为例 [J]．技术经济与管理研究 (10)：124-128．

刘凯，张传庆，张会庆，2013．西藏高等教育学生满意度指数模型的构建 [J]．黑龙江民族丛刊 (3)：184-190．

刘凯，张传庆，张会庆，2014．高校学生家长满意度指数模型的构建：以西藏高校学生家长为例 [J]．长春工业大学学报（高教研究版）(2)：31-36．

刘武，刘钊，孙宇，2009．公共服务顾客满意度测评的结构方程模型方法 [J]．

科技与管理(4): 40-44.

刘武，杨雪，2007. 中国高等教育顾客满意度指数模型的构建 [J]. 公共管理学报(1): 84-88，125.

刘燕，陈英武，2006. 电子政务顾客满意度指数模型实证研究 [J]. 系统工程(5): 50-56.

卢靖华，刘恩峰，2015. 基于用人单位的中职毕业生满意度调查研究 [J]. 当代职业教育（4）: 76-78，14.

马克思，恩格斯，1975. 马克思恩格斯全集：第 46 卷：上册 [M]. 中共中央马克思恩格斯列宁斯大林著作编译局，译. 北京：人民出版社.

穆洪华，胡咏梅，刘红云，2016. 中学教师工作满意度及其影响因素研究 [J] 教育学报(2): 71-80.

人民出版社，2002. 乌拉圭回合多边贸易谈判结果：法律文本 中国加入世界贸易组织法律文件 [M]. 北京：人民出版社.

人民日报评论员，2014. 从最坏处准备 向最好处努力："我们为什么赢得良好开局"之四 [N]. 人民日报，2014-01-06（1）.

邵宏润，迟景明，2016. 基于学生体验的英国高等教育质量评价："全国大学生调查"的形成、体系与问题解析 [J]. 外国教育研究(10): 101-117.

孙琳，2011. 未来十年我国职业教育发展的基本走向：基于《纲要》和《行动计划》的分析 [J]. 教育发展研究（19）: 53-56.

王宁，2016. 中职学生教育满意度情况调查研究 [J]. 南昌教育学院学报（1）: 92-94.

王陪航，杜凤伟，闫志利，2016. 中职学生职业能力的岗位表现及培养策略研究：基于全国 8 省（市）用人单位的调查 [J]. 职业技术教育（18）：60-65.

王身余，2008. 从"影响"、"参与"到"共同治理"：利益相关者理论发展的历史跨越及其启示 [J]. 湘潭大学学报（哲学社会科学版）(6)：28-35.

王晓永，2011. 黑龙江省研究生教育满意度指数测评方法及实证研究 [D]. 哈尔滨：哈尔滨工业大学 .

王玉欣，2013. 基于学校视角的中职毕业生就业满意度调查研究 [J]. 中国职业技术教育（25）：85-89.

魏慧敏，2013. 中等职业教育服务质量现状分析与对策研究：基于在校生满意度调查 [D]. 秦皇岛：河北科技师范学院 .

魏文婷，2015. 中职毕业生需求与满意度的调查研究：基于用人单位调查 [J]. 职教通讯（13）：15-19，29.

吴建南，庄秋爽，2005. 测量公众心中的绩效：顾客满意度指数在公共部门的分析应用 [J]. 管理评论 (5)：53-57.

武正营，汪霞，2012. 英国大学生调查 (NSS) 及对我国的启示 [J]. 现代教育科学 (5)：79-82.

习近平，2016. 习近平谈治国理政 [M]. 北京：外文出版社 .

咸桂彩，王玥，金景鲜，2011. 中等职业学校教师工作满意度和主观幸福感调查 [J]. 职教论坛（36）：83-86，91.

徐娴英，马钦海，2011. 期望与感知服务质量、顾客满意的关系研究 [J]. 预测 (4)：14-19.

徐增阳，崔学昭，姬生翔，2017.基于结构方程的农民工公共服务满意度测评：以武汉市农民工调查为例 [J]. 经济社会体制比较 (5): 62-74.

徐志勇，赵志红，2012.北京市小学教师工作满意度实证研究 [J]. 教师教育研究（1）: 85-92.

许寅，2008. 顾客满意度测评的综合评判方法研究 [J]. 今日南国（理论创新版）(3): 13-14.

赵玉，刘嘉欣，2007. 广州市中职教师工作满意度调查研究 [J]. 深圳职业技术学院学报（4）: 78-84.

郑建君，杨继平，郑华，2006. 山西省中等职业学校教师工作满意度抽样调查与分析 [J]. 中国职业技术教育（11）: 36-38.

中国教育科学研究院，2018.全国基础教育满意度稳中有升 [N]. 中国教育报，2018-04-11（4）.

中华人民共和国国家质量监督检验检疫总局，中国国家标准化管理委员会，2009. 顾客满意测评模型和方法指南 [EB/OL]. [2015-05-01]. http://www.dina.com.cn/news/UploadFiles/GBT19038.pdf.

周姗，2017.中职教师满意度研究：基于内部服务质量视角 [J]. 职业（11）: 61.

邹凯，包明林，2016.政务微博服务公众满意度指数模型及实证研究 [J]. 湘潭大学学报（哲学社会科学版）(1): 75-79, 121.

BENDING A W, 1954. Reliability and the number of rating scale categories[J]. Journal of Applied Psychology,38（1）: 38-40.

BOOTE A S, 1981. Reliability testing of psychographic scales [J]. Journal of Advertising Research, 21（5）: 53-60.

BROWN G, WIDING R E, COULTER R L, 1991.Customer evaluation of retail salespeople utilizing the SOCO scale: a replication, extension, and application[J]. Journal of the Academy of Marketing Science,19(4): 347-351.

CARDOZO R N, 1965. An experimental study of consumer effort, expectation, and satisfaction [J]. Journal of Marketing Research, 2(3): 244-249.

CHURCHILL G A, SURPRENANT C, 1982. An investigation into the determinants of customer satisfaction [J]. Journal of Marketing Research, 19 (4) :491-504.

CICCHETTI D V, SHOINRALTER D, TYRER P J, 1985.The effect of number of rating scale categories in levels of interrater reliability[J].Applied Psychological Measurement, 9: 31-36.

DIJKSTRA T, 1983.Some comments on maximum likelihood and partial least square methods[J]. Journal of Econometrics, 22(1/2): 67-90.

FINN R H, 1972.Effects of some variations in rating scale characteristics on the means and reliabilities of ratings[J]. Educational and Psychological Measurement, 32(2):255-265.

FORNELL C, 1992. A national customer satisfaction barometer: the Swedish experience [J]. Journal of Marketing, 56(1): 6-21.

JENSEN C, TØNDERING J, 2005. Perceived prominence and scale types[R]. Proceedings FONETIK 2005: the XVIIIth Swedish Phonetics Conference :111-114 .

KENNY D. Measuring model fit[EB/OL]. [2015-12-20]. http://davidakenny.net/

cm/fit.htm.

MATELL M S, JACOBY J, 1972.Is there an optimal number of alternatives for Likert-scale items？[J].Journal of Applied Psychology,56（6）：506-509.

NUNNALLY J,1967.Psychometric theory[M].New York：McGraw-Hill.

OLIVER R L, 1980. A cognitive model of the antecedents and consequence of satisfaction decisions [J]. Journal of Marketing Research 17(4):460-469.

OLIVER R L, 1993. Cognitive, affective and attribute bases of the satisfaction Response [J]. Journal of Consumer Satisfaction, 20(3): 418-430.

PEABODY D,1962.Two components in psychological scales：direction and extremeness[J]. Psychological Review, 69: 65-73.

WIDAMAN K F, 1993. Common factor analysis versus principal component research analysis: differential bias in representing model parameters?[J]. Multivariate Behavioral Research, 28(3):263-311.

WONG C S , PENG K Z , SHI J , et al. , 2011. Differences between odd number and even number response formats: evidence from mainland Chinese respondents[J]. Asia Pacific Journal of Management, 28(2):379-399.

后 记

　　"全国教育满意度测评研究"是中国教育科学研究院承担的2013年度教育部哲学社会科学研究重大课题委托项目（项目批准号:13JZDWJY02）。本课题研究意义重大，受教育部党组委托，并自始至终在部党组领导下开展工作，得到教育部社会科学司和华东师范大学的大力支持。

　　研究工作由全院齐心协力完成。此项研究任务得到中国教育科学研究院高度重视，院党政主要领导牵头组织，历任领导袁振国、徐长发、田慧生和现任领导崔保师、殷长春先后挂帅，曾天山、马涛副院长具体负责，刘芳所长担任执行人。研究工作举全院之力，参与课题研究工作的主要部门有教育督导评估研究所、教育信息和数据统计研究所、基础教育研究所、高等教育研究所、职业教育研究所、教师教育研究所。科研处、院办公室做了大量协调工作。各部门负责人为刘芳、任春荣、陈如平、马晓强、张男星、孙诚、单志艳、张布和、杨润勇、王小飞、于发友等。

　　研究组织是八方协作的结果。开展全国性的教育满意度调查在国内属于首创，在国外也不多见。教育部领导多次召集部内司局、省级教育行政部门和直属高校领导征求意见和建议，把握了课题研究的正确方向，提高了课题研究的针对性。课题组邀请国家统计局、中国人民大学、天津大学的有关专家学者在模型建构和抽样方案等方面给予指导，保证了问卷调查的科学性。全国教育调研联盟中的各省市教科院以及相关联络员和调查员积极认真负责地开展调查组织工作，保证了调查工作的顺利进行。参与调查的幼儿园、中小学、职业教育学校和高等院校认真对待，积极配合，保证了调查数据的可靠性。

　　研究成果是集体智慧的结晶。本课题研究是一项浩大工程，历时五年多，先后有 100 多人参加了文献研究、研究设计、问卷编制、调查试测、平台开发、数据收集、调研员培训、数据分析和报告撰写等各个环节工作，付出了艰辛的劳动。参与有关工作的人员主要有陈琴、刘大伟、史亚娟、王重、吴建涛、张臻等（不与本书执笔人重复）。前几轮调查报告执笔人有左晓梅（负责基础教育满意度调查技术报告）、燕学敏（负责幼儿园教师部分）、秦建群（负责小学生部分）、张文静（负责初中生部分）、李新翠（负责中小学教师部分）、刘玉娟和刘在花（负责中小学校长部分）。

　　课题阶段性研究成果受到广泛好评。课题组向教育部党组提交的研究报告受到部领导的重视，袁贵仁部长、陈宝生部长先后批示。在《中国教育报》《教育研究》等媒体发表的相关调查报告，以及在重要教育论坛上发布的调查结果，受到教育界支持、社会关注、学界肯定，对引导社会舆论发挥了重要作用。其中《基础教育满意度实证研究》获得首届教育实证研究优秀成果奖。

　　本书是课题研究成果的最终集成。各章节执笔人分别由相关部门指定。前言由刘芳执笔，第一章由曾天山执笔，第二章由崔吉芳执笔，第三章由任春荣组稿并执笔，第四章由高丙成、易凌云、刘占兰执笔，第五章由程蓓、武向荣和燕新执笔，第六章由李建民、牛楠森和王玉国执笔，第七章由孙诚、尹玉辉、马延伟、赵晶晶执笔，第八章由张男星、黄海军、孙继红、王纾和王春春执笔，第九章由崔吉芳、赵子莹、何春执笔，第十章由李建民、余蓉蓉执笔。曾天山、刘芳、任春荣、余蓉蓉负责全书统稿工作。

　　习近平总书记在全国教育大会上指示要以人民为中心发展教育，对加快教育现代化、建设教育强国做出了总体部署和战略设计，对办好人民满意的教育提出了更高要求。作为国家教育智库，中国教育科学研究院有责任有信心把教育满意度调查深入持久地进行下去，为办好人民满意的教育提供更加有力的智力支撑。

中国教育科学研究院"全国教育满意度测评研究"课题组
2019 年 2 月

出 版 人　李　东
责任编辑　王晶晶　何　蕴
版式设计　宗沅书装　郝晓红
责任校对　贾静芳
责任印制　叶小峰

图书在版编目（CIP）数据

办好人民满意的教育：全国教育满意度调查报告／
中国教育科学研究院著．—北京：教育科学出版社，
2019.9
　　ISBN 978-7-5191-1978-2

　　Ⅰ．①办… Ⅱ．①中… Ⅲ．①教育工作—调查报告—
中国　Ⅳ．① G52

中国版本图书馆 CIP 数据核字（2019）第 193162 号

办好人民满意的教育——全国教育满意度调查报告
BANHAO RENMIN MANYI DE JIAOYU ——QUANGUO JIAOYU MANYIDU DIAOCHA BAOGAO

出版发行	教育科学出版社			
社　　址	北京·朝阳区安慧北里安园甲 9 号	**市场部电话**	010-64989572	
邮　　编	100101	**编辑部电话**	010-64989363	
传　　真	010-64989419	**网　　址**	http://www.esph.com.cn	
经　　销	各地新华书店			
制　　作	宗沅书装			
印　　刷	中煤（北京）印务有限公司			
开　　本	787 毫米 ×1092 毫米　1/16	**版　　次**	2019 年 9 月第 1 版	
印　　张	31.5	**印　　次**	2019 年 9 月第 1 次印刷	
字　　数	500 千	**定　　价**	128.00 元	

如有印装质量问题，请到所购图书销售部门联系调换。
图片来源：高品（北京）图像有限公司